民法［財産法］基本判例

Basic Cases on Property and Obligation Law

新美育文・長坂　純・難波讓治
川地宏行・武川幸嗣・青木則幸
編著

有斐閣

本書のコピー、スキャン、デジタル化等の無断複製は著作権法上での例外を除き禁じられています。本書を代行業者等の第三者に依頼してスキャンやデジタル化することは、たとえ個人や家庭内での利用でも著作権法違反です。

はしがき

　成文法国家において「判例は法源でありうるか」という問題は，かつては大きな論点であったが，現在では，そのような議論をするまでもなく，判例で述べられる準則は，法規範として現実に機能している。したがって，法律学を学ぶうえで，判例を学ぶ意義はきわめて大きい。民法典は平成29年に改正され，新たな段階への途が拓かれようとしているが，これまでの判例が積み重ねてきた法準則を成文化することをその狙いの1つとした改正民法典が明確に否定していないかぎり，これまでの判例およびそれに影響を与えてきた学説を学ぶことは依然として大きな意義を有する。とりわけ，改正民法典の各条項の趣旨を知るうえで，これまでの判例理論の形成過程を理解することは重要である。そして，それは，改正民法典の今後の展開を予測することにも大いに資する。したがって，われわれは，民法の講義や研修において，あるいは，教科書の執筆に際して，それなりの時間あるいは頁数を判例への言及に割いてきたし，今後もそれが変わることはない。しかしながら，大学や法科大学院での講義においては，民法の基本的な枠組みや法準則に関する基礎的知識についての解説に多くの時間を取られ，判例を丁寧に扱う余裕がほとんどないのが現実である。
　「こうした経験を踏まえて，できるだけコンパクトで，かつ，できるだけ重要な判例を網羅的に収録するケース・ブックを作る」という意図の下で作られたのが，椿寿夫ほか編著『財産法基本判例』である。しかしながら，同書が発刊されてから15年を経過し，また，民法典も改正されるという大きな変化が生じたことから，同書の狙いを承継しつつ，新たなケース・ブックを作ることが適切であると考え，われわれは新たに本書を編むことにした。本書においては，現在（平成29年12月）から昭和45年度まで遡る最高裁判例の中で，法律学を学ぶ者ならば誰でも知っておいてよい公式先例（民集登載判例）の中から，特に法律論を展開している民法総則・物権・担保物権・債権総論・契約・不法行為等（法定債権）の領域（いわゆる財産法領域）に関する判例を選定し，収録することにした。
　本書は，各編の冒頭に，その分野の判例についての概観が示され，その後に，

i

はしがき

詳細を紹介する基本判例と要旨を紹介する参考判例とが収録される。講義では，基本判例の概要と必要な参考判例を指示することで，後は受講者の自習に任せることも可能である。また，ゼミでの報告資料に利用することもできよう。さらに，かつて民法の講義を受けたことがある者については，本書を通読することによって，その知識をアップ・デートすることができる。本書の利用手引き（後掲・本書の利用にあたって）を続けて説明するので，読者はそれぞれの目的に応じて本書を利用し，学習に役立てていただければ幸いである。

　本書の企画・編集・執筆作業を進めるに当たって，書籍編集部の五島圭司氏のひとかたならぬ協力をいただいた。記してお礼を申し述べておきたい。

　2018 年 7 月

新 美 育 文

本書の利用にあたって

1 採録の範囲

　原則として，最高裁判所民事判例集（民集）の昭和 45 年 1 月分（民集 24 巻 1 号）〜平成 29 年 12 月分（民集 71 巻 10 号）に登載された，財産法（民法総則・物権・債権）に関する判例のうち，主要ないし重要と考えたものを採録している。その数は合計 391 件になるが，全部を網羅したわけではない。また，ある判例が，民法と例えば民事訴訟法との両方にまたがっているような場合，他法域に関する判旨は紹介しない。さらに，並べ方は必ずしも条文の順序や表題によらず，ある数のまとまりによってグループ化した。

2 判例の分類

(1) 分野による区分

　本書では，財産法を以下 6 編に分けて解説している。

　　第 1 編　民法総則／第 2 編　物権／第 3 編　担保物権

　　第 4 編　債権総論／第 5 編　契約／第 6 編　不法行為等

(2) 重要度による区分

　判例は，学習上の重要度に応じて，以下 3 つのグループに分けた。

① 基本判例：これは 総則 1 といった表示で，各編ごとに「基本判例」の通し番号を付けた判例であり，このグループが最も詳しく説明される。次の *3* を参照。

② 参考判例：これは 参考 1 といった表示のある判例群。「基本判例」と同様，各編ごとに「参考判例」の通し番号を付けた。基本判例のどれかある判例に関連するという意味ではなく，ある領域においてやや軽く扱うというくらいに理解していただきたい。ここに掲げられた要旨は，必ずしも判例集の判決要旨（決定要旨）そのものではなく，担当者による独自の作文がむしろ多い。

③ 参照判例：〔参照〕として ⇨ で「基本判例」および「参考判例」のある判例を指示する判例群。これは，民法総則の側から債権総論を参照させる場合も，同じ領域（たとえば民法総則）の内部で参照させる場合もある。

3 基本判例の解説

　上記「基本判例」は，執筆担当者の作成した表題・要旨に続き，判例の年月日と出典，参照条文，事実，判旨（決定要旨）・判決文（決定文）の引用からなる。出典は，原則として民集である（なお，判例を引用する場合，民集のページは各号のものではなく巻の共通ページの最初に出てくる所とするのが慣例）。

〔備考〕民集のほか，判例を掲載する雑誌としては，判例時報・判例タイムズ・金融商事判例・金融法務事情などがある。民集にはその判例に関する解説がないが，判例雑誌にはトップに囲み解説があり，その中で先例・学説なども言及されていて便利であ

iii

る。利用者は，民集と並べて判例雑誌も同時に参照されたい。それ以外に裁判所の内部資料で若干の大学にしか配布されていない最高裁判所裁判集民事と呼ばれる判例集があり，この教材に採録した判例もそれを引用している（雑誌等の略称については下記 *9* を参照）。

4　文献の紹介

「基本判例」・「参考判例」とも，末尾に (文献) と題してその判例に対する評釈を挙げた。本書ではおもに，民法判例百選Ⅰ総則・物権，同Ⅱ債権，同Ⅲ親族・相続をはじめとする判例百選シリーズ，重要判例解説，民商法雑誌，法学協会雑誌，判例評論，私法判例リマークスを対象としている（雑誌等の略称については下記 *9* を参照）。これらから問題状況の概要を知り，主要学説や先例を検索されるとよい。なお，判例評論の直後のカッコ内に判例時報の号数を示したのは，判例評論が判例時報の付録としてその中にはさみ込んであり，判例時報の号数で探すほうが分別合本でないときは便利なことによる。

〔備考〕法書時報にも毎月，最高裁判所の判例解説が掲載され，各年度ごとにまとまると，最高裁判所判例解説・民事篇という単行本になる。学者など外部の人の評釈・批評とちがい，最高裁の調査官が執筆したものであって，部内からの重要資料といえる。

5　原告・被告の表記

原則として，事実，判旨（決定要旨）・判決（決定）文中，原告を X，被告を Y，それ以外の関係者を A，B，C 等とした。

6　判決本文の表記

民集登載の判決（決定）文は，55 巻 1 号より前のものは，すべて縦書きであるが，本書においてはすべて横書きで掲載した。それに伴い，漢数字はすべて算用数字に改めた。なお，判決（決定）文の引用中，「右……」「左記」などの記述があるが，それは判決（決定）文が縦書きされていた事情によるものである。

7　法律名の略記

法律名の略記法は，原則として，有斐閣・六法全書末尾の「法令名略語」に従った。

8　判例索引

判例索引は巻末に置き，判決年月日の古い順に配列して利用者の便宜を図った。

9　略語一覧

最大判（決）　　最高裁大法廷判決（決定）
最○小判（決）　最高裁第○小法廷判決（決定）

本書の利用にあたって

民集	最高裁判所民事判例集
裁判集民	最高裁判所裁判集民事
判時	判例時報
判タ	判例タイムズ
法協	法学協会雑誌
民商	民商法雑誌
判評	判例評論
私リ	私法判例リマークス
重判	重要判例解説（ジュリスト臨時増刊号）
百選Ⅰ	民法判例百選Ⅰ総則・物権（現行の第8版は版数を表示しない）
百選Ⅱ	民法判例百選Ⅱ債権（同）
百選Ⅲ	民法判例百選Ⅲ親族・相続（現行の第2版は版数を表示しない）
憲百選Ⅰ	憲法判例百選Ⅰ
行政百選Ⅰ	行政判例百選Ⅰ
租税百選	租税判例百選
不動産百選	不動産取引判例百選
供託百選	供託先例判例百選
交通事故百選	交通事故判例百選
家族百選	家族法判例百選
総則・商行為百選	商法（総則・商行為）判例百選
保険・海商百選	商法（保険・海商）判例百選
損保百選	損害保険判例百選
保険法百選	保険法判例百選
民執百選	民事執行法判例百選
執保百選	民事執行・保全判例百選
倒産百選	倒産判例百選
新倒産百選	新倒産判例百選
労働百選	労働判例百選
社会保障百選	社会保障判例百選
消費百選	消費者法判例百選

10 平成29年民法改正への対応

　平成29年に成立した民法改正法（平成29年法律第44号。いわゆる「債権法改正」）では，多くの条文が改正され，2020年4月1日から施行されるが，最近の六法類（たとえ

v

ば有斐閣の『ポケット六法』）やテキストにおいては，講学上の必要性から，平成29年改正後の条文の後に現行条文を掲げたものや，改正後の状態を前提に記述したものが多く見られる。

　当然のことながら，裁判においては，事件があった際に有効な条文によって判断が下される。そのため，本書も判例集としての性質上，当時の条数を掲げ，その条文に改正があった場合には「平成〇年法〇号による改正前」といった注記を付けることとしているが，未施行の改正がある場合にそのような注記を付けることは，必ずしも必要ではない。

　そこで，本書では，各編冒頭の「概説」においては，講学上の必要がある場合には平成29年改正の内容に適宜言及することとし（改正後の条数を「新〇条」等と表記している），また，「概説」・「基本判例」の〔参照条文〕・「参考判例」の【要旨】においては，同改正で改正される条数を太字で表記することとした。改正の内容については，「概説」や手持ちの六法類やテキスト等で確認していただきたい。

目　次

民法総則

第1編　民法総則

概　説 ……………………………………………………………………………………2

1　信義則

【総則1】賃貸借契約の終了と転借人への対抗の可否（最一小判平成 14・3・28）………4

【総則2】一定割合を超える金銭債権の支払請求──ダイヤル Q² 事件
　　　　　（最三小判平成 13・3・27）………………………………………5

　参考1　貸金業者の債務者に対する取引履歴開示義務（最三小判平成 17・7・19）………6

2　権利濫用

【総則3】原因関係のない振込みによる銀行預金の払戻請求と権利濫用
　　　　　（最二小判平成 20・10・10）…………………………………………7

　参考2　消滅時効の援用と権利濫用（最三小判昭和 51・5・25）……………………8

　参考3　所有権留保特約に基づく引渡請求と権利濫用（最二小判昭和 50・2・28）………8

3　人

【総則4】人格権──北方ジャーナル事件（最大判昭和 61・6・11）………………9

　参考4　後見人の追認拒絶（最三小判平成 6・9・13）………………………………10

4　法　人

【総則5】理事の代表権に対する制限における民法 110 条の意義
　　　　　（最二小判昭和 60・11・29）…………………………………………10

【総則6】法人の目的の範囲(1)──会社の政治献金（八幡製鉄政治献金事件）
　　　　　（最大判昭和 45・6・24）……………………………………………11

　参考5　法人の目的の範囲(2)──税理士会の政治献金（最三小判平成 8・3・19）………12

　参考6　法人代表者の不法行為と相手方の悪意重過失（最二小判昭和 50・7・14）………12

　参考7　社団における定款の解釈と退社した社員の地位（最一小判平成 22・4・8）………13

5　権利能力のない社団

【総則7】権利能力のない社団の取引上の債務（最三小判昭和 48・10・9）………13

【総則8】権利能力のない社団に属する不動産の登記名義（最二小判昭和 47・6・2）………14

　参考8　権利能力のない社団に属する不動産に関する所有権移転登記請求権と原告適格
　　　　　（最一小判平成 26・2・27）…………………………………………15

6　物

【総則9】海面下の土地と所有権の客体（最三小判昭和 61・12・16）………………15

vii

参考 9　埋立地と所有権の客体（最二小判平成 17・12・16）…………………16

7　公序良俗違反・強行法規違反

【総則 10】男女別定年制と公序良俗違反（最三小判昭和 56・3・24）…………………17

【総則 11】不倫関係の相手方に対する包括遺贈（最一小判昭和 61・11・20）…………18

【総則 12】証券取引における損失保証特約の有効性（最二小判平成 15・4・18）…………19

【総則 13】入学辞退における学納金不返還特約の有効性（最二小判平成 18・11・27）…20

参考 10　取締法規違反と法律行為の効力——文化財保護法に反する重要文化財の有償譲渡

（最一小判昭和 50・3・6）……………………………………………………………21

参考 11　独占禁止法違反の両建預金の私法上の効力（最一小判平成 9・9・4）…………21

参考 12　弁護士法違反の行為の私法上の効力（最一小決平成 21・8・12）……………22

参考 13　入会集団の慣習に基づく会則と公序良俗違反（最二小判平成 18・3・17）…………22

参考 14　敷引特約の有効性（最一小判平成 23・3・24）……………………………………22

参考 15　更新料条項の有効性（最二小判平成 23・7・15）…………………………………23

参考 16　生命保険契約における保険料不払を理由とする無催告失効条項の有効性

（最二小判平成 24・3・16）…………………………………………………………23

8　法律行為の解釈

【総則 14】任意規定と自動車保険約款における免責条項の修正的解釈

（最二小判昭和 62・2・20）…………………………………………………………24

【総則 15】遺言の解釈（最三小判平成 5・1・19）………………………………………25

参考 17　ゴルフ会員権譲渡に関する会則の解釈（最三小判平成 9・3・25）…………………26

9　虚偽表示

【総則 16】外形他人作出型における民法 94 条 2 項の類推適用

（最三小判昭和 45・9・22）…………………………………………………………26

【総則 17】民法 94 条と 110 条の法意の併用（最一小判昭和 45・11・19）…………………27

【総則 18】意思関与と同視しうる帰責性と民法 94 条 2 項・110 条の類推適用

（最一小判平成 18・2・23）…………………………………………………………28

10　錯　誤

【総則 19】信用保証契約における主債務者の属性に関する錯誤

（最三小判平成 28・1・12）…………………………………………………………29

参考 18　第三者による錯誤無効の主張（最一小判昭和 45・3・26）………………………31

参考 19　手形債務負担の意思がない場合における錯誤の一部無効（最一小判昭和 54・9・6）…31

11　詐　欺

【総則 20】民法 96 条 3 項の第三者と登記の要否（最一小判昭和 49・9・26）……………31

目　次

12　意思表示の到達

【総則21】 内容証明郵便の留置期間経過による不在返戻と到達の有無

（最一小判平成 10・6・11）……………………………………33

13　代　　理

【総則22】 親権者の利益相反行為と代理権濫用（最一小判平成 4・12・10）………34

参考 20　復代理人の義務の相手方（最二小判昭和 51・4・9）……………………35

参考 21　地方公共団体の長の代表行為と民法 108 条の類推適用（最三小判平成 16・7・13）…35

14　表見代理

【総則23】 白紙委任状の濫用と民法 109 条・110 条の重畳適用

（最三小判昭和 45・7・28）………………………………………36

【総則24】 民法 110 条における正当理由の判断(1)（最二小判昭和 51・6・25）………37

【総則25】 民法 110 条・112 条の重畳適用（最一小判昭和 45・12・24）……………38

参考 22　民法 110 条における基本代理権——登記申請（最一小判昭和 46・6・3）……39

参考 23　民法 110 条における正当理由の判断(2)（最三小判昭和 45・12・15）………39

15　無権代理

【総則26】 無権代理人の責任と表見代理の関係・民法 117 条 2 項における

「過失」の意義（最三小判昭和 62・7・7）……………………40

【総則27】 無権代理人による本人の共同相続（最一小判平成 5・1・21）…………41

参考 24　無権代理人の責任に関する本人相続（最三小判昭和 48・7・3）……………42

参考 25　本人による追認拒絶後における無権代理人の本人相続（最二小判平成 10・7・17）…42

参考 26　無権利者による販売委託に対する所有者の追認の効果（最三小判平成 23・10・18）…42

16　条件・期限

【総則28】 故意の条件成就（最三小判平成 6・5・31）……………………………43

参考 27　貸金の返済期日の解釈（最一小判平成 11・3・11）………………………44

17　時効の援用

【総則29】 援用権者の範囲(1)——後順位抵当権者（最一小判平成 11・10・21）……44

【総則30】 援用権者の範囲(2)——詐害行為の受益者（最二小判平成 10・6・22）…45

【総則31】 援用権者の範囲(3)——仮登記担保付不動産の第三取得者

（最一小判平成 4・3・19）………………………………………46

【総則32】 援用権者の範囲(4)——売買予約の仮登記に劣後する抵当権者

（最三小判平成 2・6・5）…………………………………………47

参考 28　援用権者の範囲(5)——抵当不動産の第三取得者（最二小判昭和 48・12・14）…47

参考 29　援用の効果（最二小判昭和 61・3・17）……………………………………47

参考 30　消滅時効完成後の債務承認と再度完成した時効援用の可否

（最一小判昭和 45・5・21）………………………………………48

ix

18 時効の中断（更新）・停止（完成猶予）

【総則33】 主債務を相続した保証人による保証債務の弁済と主債務の時効中断
（最二小判平成25・9・13）‥‥‥‥‥‥‥‥‥‥‥‥‥‥‥‥‥‥48

【総則34】 破産手続上の権利行使と時効中断の有無（最一小判昭和45・9・10）‥‥‥‥49

【総則35】 民法158条の法意と不法行為責任の権利行使期間
（最二小判平成10・6・12）‥‥‥‥‥‥‥‥‥‥‥‥‥‥‥‥‥‥50

参考31 一部請求の趣旨が明示されていない場合における時効中断の範囲
（最二小判昭和45・7・24）‥‥‥‥‥‥‥‥‥‥‥‥‥‥‥‥‥‥51

参考32 明示的一部請求の訴訟提起と時効中断の効力（最一小判平成25・6・6）‥‥‥‥51

参考33 民法160条の法意による724条後段の効果の制限（最三小判平成21・4・28）‥‥‥52

参考34 精神上の障害により事理弁識能力を欠く常況にある者に法定代理人がいない
場合における民法158条1項の類推適用（最二小判平成26・3・14）‥‥‥‥‥52

参考35 主債務者の破産手続における保証人による債権の届出名義変更の申出と求償権の
時効中断（最一小判平成7・3・23）‥‥‥‥‥‥‥‥‥‥‥‥‥‥‥53

参考36 第三者の申立てによる不動産競売手続における抵当権者の一部配当受領と
被担保残債権の時効中断（最一小判平成8・3・28）‥‥‥‥‥‥‥‥‥‥53

参考37 連帯保証債務の物上保証人に対する抵当権の実行と主債務の時効中断
（最二小判平成8・9・27）‥‥‥‥‥‥‥‥‥‥‥‥‥‥‥‥‥‥53

参考38 不動産競売手続における債権者の配当要求と時効中断（最三小判平成11・4・27）‥‥54

参考39 代位弁済した保証人による差押債権者の地位承継の申出と求償権の時効中断
（最三小判平成18・11・14）‥‥‥‥‥‥‥‥‥‥‥‥‥‥‥‥‥54

参考40 物上保証人に対する不動産競売において被担保債権の時効中断の効力発生時期
（最二小判平成8・7・12）‥‥‥‥‥‥‥‥‥‥‥‥‥‥‥‥‥‥54

参考41 動産執行による時効中断の効力発生時期（最三小判昭和59・4・24）‥‥‥‥‥‥55

参考42 仮差押えによる時効中断の効力の継続（最三小判平成10・11・24）‥‥‥‥‥‥55

19 取得時効

【総則36】 所有の意思の認定と他主占有事情（最二小判平成7・12・15）‥‥‥‥‥‥‥‥55

参考43 不動産の二重売買における所有権の取得時効（最二小判昭和46・11・5）‥‥‥‥56

参考44 所有権の取得時効における無過失の意義（最三小判昭和50・4・22）‥‥‥‥‥‥56

参考45 賃借権の時効取得（最三小判昭和45・12・15）‥‥‥‥‥‥‥‥‥‥‥‥‥‥57

参考46 公用地の取得時効の成否（最二小判昭和51・12・24）‥‥‥‥‥‥‥‥‥‥‥‥57

参考47 農地の取得時効と原始取得（最一小判昭和50・9・25）‥‥‥‥‥‥‥‥‥‥‥58

20 消滅時効

【総則37】 消滅時効の起算点(1)——担保責任に基づく損害賠償請求権
（最三小判平成13・11・27）‥‥‥‥‥‥‥‥‥‥‥‥‥‥‥‥‥58

参考48 消滅時効の起算点(2)——じん肺訴訟（最三小判平成6・2・22）‥‥‥‥‥‥‥59

目　次

参考 49　消滅時効の起算点(3)──自動継続定期預金の預金払戻請求権

　　　　　（最三小判平成 19・4・24）…………………………………………………59

参考 50　消滅時効の起算点(4)──利息制限法上の制限超過利息の過払金返還請求権

　　　　　（最一小判平成 21・1・22）…………………………………………………60

参考 51　消滅時効の起算点(5)──農地所有権移転許可の申請協力請求権

　　　　　（最二小判昭和 55・2・29）…………………………………………………60

参考 52　消滅時効の起算点(6)──預託金会員制ゴルフクラブの施設利用権

　　　　　（最三小判平成 7・9・5）……………………………………………………60

参考 53　マンション管理費用債権と定期金債権の消滅時効（最二小判平成 16・4・23）…………61

参考 54　破産免責の効力を受ける債権の消滅時効と保証人による援用の可否──自然債務

　　　　　（最三小判平成 11・11・9）…………………………………………………61

第2編　物　　権

概　説 ………………………………………………………………………………64

1　物権的請求権

【物権 1】抵当権に基づく妨害排除請求の代位（最大判平成 11・11・24）………………67

【物権 2】登記名義をなお保有する建物売主に対する物権的請求権の行使

　　　　　（最三小判平成 6・2・8）……………………………………………………68

参考 1　抵当権に基づく直接の妨害排除請求（最一小判平成 17・3・10）………………69

参考 2　動産留保所有権者に対する土地所有者からの撤去請求（最三小判平成 21・3・10）…70

参考 3　共有者の 1 人による不実登記の抹消請求（最二小判平成 15・7・11）………………70

2　物権変動

【物権 3】遺産分割と登記（最三小判昭和 46・1・26）………………………………71

【物権 4】贈与および遺贈と登記（最三小判昭和 46・11・16）……………………………72

【物権 5】賃貸人の地位の対抗要件（最三小判昭和 49・3・19）…………………………73

【物権 6】承役地の譲受人に対する登記のない通行地役権の主張

　　　　　（最二小判平成 10・2・13）…………………………………………………74

【物権 7】時効完成後に登記を得た背信的悪意者（最三小判平成 18・1・17）………………76

【物権 8】背信的悪意者からの転得者（最三小判平成 8・10・29）………………………77

【物権 9】中間省略登記請求の否定（最一小判平成 22・12・16）………………………79

参考 4　再度の時効取得と登記・抵当権消滅（最二小判平成 24・3・16）………………80

参考 5　付記登記による仮登記の流用とその後に出現した第三者

　　　　　（最三小判昭和 49・12・24）…………………………………………………80

3　混　同

参考 6　土地所有権と賃借権の混同（最一小判昭和 46・10・14）………………………81

xi

4 占有権

【物権10】民法186条1項の「所有の意思」の推定覆滅（最一小判昭和58・3・24）……81

【物権11】民法185条の新権原による自主占有（最一小判昭和51・12・2）……………83

【物権12】相続と民法185条の新権原（最三小判平成8・11・12）………………………85

参考7　占有承継の善意無過失判定時（最二小判昭和53・3・6）………………………87

5 即時取得

【物権13】指図による占有移転と民法192条（最三小判昭和57・9・7）……………88

【物権14】民法194条により盗品の引渡しを拒絶できる占有者の使用収益

（最三小判平成12・6・27）……………89

参考8　未登録自動車・登録抹消自動車の即時取得（最二小判昭和45・12・4）……90

6 占有訴権

参考9　民法200条2項ただし書の意義（最一小判昭和56・3・19）…………………91

7 相隣関係

【物権15】建築基準法65条所定の建物と民法234条1項の適用

（最三小判平成1・9・19）………………91

参考10　囲繞地通行権を負担する土地の特定承継による通行権の消長

（最三小判平成2・11・20）……………92

参考11　袋地の未登記所有者と囲繞地通行権（最二小判昭和47・4・14）…………92

参考12　自動車による隣地通行権（最一小判平成18・3・16）………………………93

8 添　付

【物権16】第三者が追加工事して完成した建物の所有権（最一小判昭和54・1・25）……93

参考13　抵当目的建物の合棟と抵当権の帰趨（最三小判平成6・1・25）…………94

9 共　有

【物権17】共有物の現物分割と価格賠償の調整（最大判昭和62・4・22）……………95

【物権18】全面的価格賠償による共有物分割（最一小判平成8・10・31）……………97

【物権19】共有者の1人が相続人なくして死亡した場合と持分の帰属

（最二小判平成1・11・24）……………98

参考14　相続した預貯金債権の帰属（最大決平成28・12・19）………………………99

参考15　共有者間の分割協議不調の意義ほか（最二小判昭和46・6・18）………100

10 区分所有権

参考16　建物区分所有法1条の構造上区分された建物部分の意義ほか

（最一小判昭和56・6・18）……………100

目　次

11　地上権

【物権20】 地代受領拒絶により提供を要しない場合と地主の地上権消滅請求

（最二小判昭和56・3・20） ……………………………………………101

12　入会権

【物権21】 入会権の訴訟の相手方（最一小判平成20・7・17） …………………102

参考17　権利能力のない社団である入会団体による総有権確認の訴え

（最三小判平成6・5・31） ………………………………………………104

第3編　担保物権

概　説 ………………………………………………………………………………106

1　留置権

【担保物権1】 売買目的物の譲渡と留置権（最一小判昭和47・11・16） ……………110

参考1　借家契約解除後の不法占有と留置権の不成立（最二小判昭和46・7・16） ……111

参考2　留置物の一部を債務者に引き渡した場合と被担保債権の範囲

（最三小判平成3・7・16） ………………………………………………111

参考3　譲渡担保の処分清算と設定者の留置権（最二小判平成9・4・11） ………………112

参考4　商人間の留置権の目的物と不動産（最一小判平成29・12・14） ………………112

2　先取特権

【担保物権2】 請負代金に対する動産売買の先取特権に基づく物上代位権の行使

（最三小決平成10・12・18） ……………………………………………113

参考5　債務者（買主）の破産宣告と先取特権者（売主）の物上代位

（最一小判昭和59・2・2） ………………………………………………114

参考6　一般債権者による仮差押え後の動産売買の先取特権に基づく物上代位権の行使

（最二小判昭和60・7・19） ……………………………………………114

参考7　譲渡された債権に対する動産売買の先取特権に基づく物上代位の行使

（最三小判平成17・2・22） ……………………………………………115

3　質　権

【担保物権3】 質権者に対する担保価値維持義務（最一小判平成18・12・21） …………115

参考8　指名債権質の通知・承諾における質権者の特定（最一小判昭和58・6・30） …………117

4　抵当権の物上代位

【担保物権4】 抵当不動産について供託された賃料の還付請求権と物上代位

（最二小判平成1・10・27） ……………………………………………117

参考9　転貸賃料債権に対する物上代位の行使（最二小決平成12・4・14） ……………118

物
権

担
保
物
権

xiii

【担保物権 5】抵当権者による物上代位権の行使と目的債権の譲渡

（最二小判平成 10・1・30）·································119

参考 10　一般債権者の賃料債権差押えと抵当権者の物上代位権に基づく差押えとの
優劣判断基準（最一小判平成 10・3・26）··············120

参考 11　転付命令後の物上代位（最三小判平成 14・3・12）·············120

【担保物権 6】賃料債権に対する抵当権者の物上代位による差押えと敷金の充当

（最一小判平成 14・3・28）·································121

参考 12　物上代位による賃料債権の差押えと賃借人の債権での合意相殺の優劣

（最三小判平成 13・3・13）·································122

5　抵当権に基づく担保不動産収益執行

【担保物権 7】収益執行と賃料債権の相殺（最二小判平成 21・7・3）·············123

6　抵当権侵害

【担保物権 8】劣後賃借人に対する妨害排除（最一小判平成 17・3・10）·············124

参考 13　分離搬出物の返還請求（最二小判昭和 57・3・12）·············126

7　法定地上権

【担保物権 9】共同抵当権設定後における建物の取壊し・新築と法定地上権

（最三小判平成 9・2・14）·································126

参考 14　非堅固建物から堅固建物への再築と法定地上権（最三小判昭和 52・10・11）·············127

参考 15　最三小判平成 9・2・14〔担保物権 9〕の特段の事由にあたらない事案

（最一小判平成 9・6・5）·································128

【担保物権 10】土地上の先順位抵当権が要件を充たさず後順位抵当権が充たす
場合の法定地上権の成否（最二小判平成 2・1・22）·············129

参考 16　土地上の要件を充たさない先順位抵当権消滅後の要件を充たす後順位抵当権と
法定地上権の成否（最二小判平成 19・7・6）··············130

【担保物権 11】建物共有者兼土地共有者の債務を担保するために土地共有者全員の
各持分に共同して抵当権を設定した場合と法定地上権

（最三小判平成 6・12・20）·································130

参考 17　建物共有者の 1 人が敷地を所有する場合と法定地上権

（最三小判昭和 46・12・21）·································132

参考 18　共有の土地と建物のうちの土地持分に対する強制競売と法定地上権

（最一小判平成 6・4・7）·································132

8　共同抵当

【担保物権 12】共同抵当における後順位抵当権者の優劣（最一小判昭和 60・5・23）·····133

【担保物権 13】共同抵当不動産が同一物上保証人の所有に属する場合と
後順位抵当権者の代位（最二小判平成 4・11・6）·············135

目　次

参考 19　物上保証人所有の不動産が先に競売された場合の物上保証人と後順位抵当権者の
　　　　優劣（最三小判昭和 53・7・4）　………………………………………………136

9　物上保証人

【担保物権 14】委託を受けた物上保証人と事前求償権（最三小判平成 2・12・18）　……137

10　借地上の建物の抵当権

参考 20　借地上抵当建物の競落人と土地賃借権の譲受人との法律関係
　　　　（最二小判昭和 52・3・11）　…………………………………………………138

11　根　抵　当

参考 21　信用保証協会のために設定された根抵当権の被担保債権の範囲
　　　　（最一小判平成 19・7・5）　……………………………………………………139

12　抵当権の消滅

【担保物権 15】再度完成した取得時効の援用（最二小判平成 24・3・16）　…………………140

参考 22　取得時効完成後に設定された抵当権と再度の時効援用
　　　　（最二小判平成 15・10・31）　…………………………………………………141

13　不動産譲渡担保

【担保物権 16】不動産譲渡担保の清算義務および債務者の引渡義務との関係
　　　　（最一小判昭和 46・3・25）　…………………………………………………142

参考 23　譲渡担保の認定（最三小判平成 18・2・7）　…………………………………143

【担保物権 17】帰属清算型の譲渡担保における清算金の有無等
　　　　（最一小判昭和 62・2・12）　…………………………………………………143

【担保物権 18】譲渡担保の目的不動産の譲受人が背信的悪意者の場合と設定者の
　　　　受戻権（最三小判平成 6・2・22）　……………………………………………145

参考 24　譲渡担保権設定者の受戻権放棄と清算金支払請求（最二小判平成 8・11・22）　……146

14　動産譲渡担保

【担保物権 19】変動する集合動産譲渡担保の効力および動産売買先取特権との
　　　　優劣（最三小判昭和 62・11・10）　……………………………………………147

参考 25　構成部分の変動する集合動産と譲渡担保の目的（最一小判昭和 54・2・15）　…………148

【担保物権 20】後順位譲渡担保・目的物の売却（最一小判平成 18・7・20）　…………148

参考 26　再譲渡担保と第三者異議の訴え（最一小判昭和 56・12・17）　………………150

【担保物権 21】集合動産譲渡担保の目的物滅失と物上代位
　　　　（最一小決平成 22・12・2）　…………………………………………………150

参考 27　動産譲渡担保に基づく物上代位権行使の許否（最二小決平成 11・5・17）　…………151

参考 28　貸渡しが行われた輸入商品上の譲渡担保の物上代位と占有改定
　　　　（最二小決平成 29・5・10）　…………………………………………………152

担保物権

xv

15 債権譲渡担保

【担保物権 22】流動債権譲渡担保の効力（最一小判平成 19・2・15）‥‥‥‥‥152

参考 29 将来債権譲渡の効力（最三小判平成 11・1・29）‥‥‥‥‥‥‥‥153

参考 30 集合債権譲渡担保契約における債権譲渡の第三者対抗要件

（最一小判平成 13・11・22）‥‥‥‥‥‥‥‥‥‥‥‥‥‥‥154

16 所有権留保

【担保物権 23】信販会社与信型所有権留保と自動車登録名義

（最二小判平成 22・6・4）‥‥‥‥‥‥‥‥‥‥‥‥‥‥‥‥155

【担保物権 24】所有権留保と物的責任（最三小判平成 21・3・10）‥‥‥‥‥156

第 4 編　債 権 総 論

概　説 ‥‥‥‥‥‥‥‥‥‥‥‥‥‥‥‥‥‥‥‥‥‥‥‥‥‥‥‥‥‥‥‥‥160

1 債権の目的

【債権総論 1】外貨債権における円建て請求権と換算基準時

（最三小判昭和 50・7・15）‥‥‥‥‥‥‥‥‥‥‥‥‥‥‥171

【債権総論 2】貸金業法旧 43 条（みなし弁済）における任意支払要件

（最二小判平成 18・1・13）‥‥‥‥‥‥‥‥‥‥‥‥‥‥‥172

参考 1 利息制限法 3 条の「みなし利息」（最二小判平成 15・7・18）‥‥‥‥‥‥173

参考 2 継続的貸付における利息制限法 1 条の「元本」（最三小判平成 22・4・20）‥‥174

2 債務不履行

【債権総論 3】不作為債務の間接強制における違反行為の存在の必要性

（最二小決平成 17・12・9）‥‥‥‥‥‥‥‥‥‥‥‥‥‥‥175

参考 3 不執行合意の主張と請求異議の訴え（最二小決平成 18・9・11）‥‥‥‥‥176

【債権総論 4】弁護士費用の賠償義務の履行遅滞時（最三小判昭和 58・9・6）‥‥176

参考 4 安全配慮義務違反に基づく損害賠償債務の履行遅滞時ならびに遺族固有の

慰謝料請求権（最一小判昭和 55・12・18）‥‥‥‥‥‥‥‥‥‥‥‥‥‥177

参考 5 請負代金債権と相殺された後の瑕疵修補に代わる損害賠償残債務の履行遅滞時

（最二小判平成 18・4・14）‥‥‥‥‥‥‥‥‥‥‥‥‥‥‥‥‥‥‥178

参考 6 民法 910 条に基づく他の共同相続人の価額支払義務の履行遅滞時

（最二小判平成 28・2・26）‥‥‥‥‥‥‥‥‥‥‥‥‥‥‥‥‥‥‥178

【債権総論 5】雇用契約上の安全配慮義務（最三小判昭和 59・4・10）‥‥‥‥‥178

参考 7 公務員に対する国の安全配慮義務（最三小判昭和 50・2・25）‥‥‥‥‥‥180

参考 8 安全配慮義務違反の主張立証責任（最二小判昭和 56・2・16）‥‥‥‥‥‥180

参考 9 安全配慮義務と履行補助者（最二小判昭和 58・5・27）‥‥‥‥‥‥‥‥180

xvi

目　次

　参考 10　拘置所に収容された被勾留者に対する国の安全配慮義務
　　　　　（最一小判平成 28・4・21）……………………………………………181
【債権総論 6】契約締結過程における説明義務（最二小判平成 23・4・22）…………181
【債権総論 7】診療契約上の説明義務（最三小判平成 13・11・27）……………183
　参考 11　チーム医療総責任者の説明義務（最一小判平成 20・4・24）……………184

3　損害賠償の範囲・賠償額の算定

【債権総論 8】通常損害の範囲（最二小判平成 21・1・19）……………………185
　参考 12　履行不能における損害額算定時期（最一小判昭和 47・4・20）…………186

4　受領遅滞

【債権総論 9】買主の引取義務（最一小判昭和 46・12・16）……………………187

5　債権者代位権

【債権総論 10】債権者代位権の転用と無資力要件（最一小判昭和 50・3・6）…………188
　参考 13　保険金請求権の代位行使と無資力要件（最三小判昭和 49・11・29）……189
【債権総論 11】遺留分減殺請求権に対する債権者代位権（最一小判平成 13・11・22）…189
　参考 14　具体的内容形成前の財産分与請求権を保全するための債権者代位権
　　　　　（最二小判昭和 55・7・11）…………………………………………190

6　詐害行為取消権の要件

【債権総論 12】債権譲渡通知と詐害行為取消権（最二小判平成 10・6・12）…………191
　参考 15　不動産登記と詐害行為取消権（最一小判昭和 55・1・24）……………192
　参考 16　遺産分割協議と詐害行為取消権（最二小判平成 11・6・11）……………192
　参考 17　離婚に伴う財産分与ならびに慰謝料支払の合意と詐害行為取消権
　　　　　（最一小判平成 12・3・9）……………………………………………192

7　詐害行為取消権の効果

【債権総論 13】弁済の詐害行為取消しと受益者による按分額の支払拒絶
　　　　　（最二小判昭和 46・11・19）………………………………………193
【債権総論 14】特定物債権者の詐害行為取消しと取消後の移転登記請求
　　　　　（最一小判昭和 53・10・5）………………………………………194
　参考 18　抵当権の付着した土地に対する譲渡担保設定契約と詐害行為取消権
　　　　　（最一小判昭和 54・1・25）………………………………………195
　参考 19　共同抵当不動産売買の詐害行為取消しと価格賠償（最一小判平成 4・2・27）………196

8　多数債権債務関係

【債権総論 15】遺産中の不動産における賃料債権の帰属（最一小判平成 17・9・8）…196
　参考 20　遺産中の預貯金債権の帰属（最大決平成 28・12・19）……………197
【債権総論 16】連帯債務者の事前通知と事後通知（最二小判昭和 57・12・17）…………198

債権総論

xvii

9 保証債務

【債権総論 17】 請負契約の合意解除と保証人の責任（最一小判昭和 47・3・23）………199

【債権総論 18】 保証人の主債務者に対する求償権と共同保証人間の求償権の関係
（最一小判平成 27・11・19）………200

【債権総論 19】 保証人の事前求償権と事後求償権の関係（最三小判平成 27・2・17）…201

参考 21　無委託保証人の求償権と委託保証人の求償権の違い（最二小判平成 24・5・28）……202

【債権総論 20】 根保証契約の随伴性（最二小判平成 24・12・14）………202

【債権総論 21】 身元保証人間の求償権（最一小判昭和 60・5・23）………203

10 債権の譲渡性

【債権総論 22】 譲渡禁止特約付債権の譲渡と重過失ある譲受人の保護
（最一小判昭和 48・7・19）………205

【債権総論 23】 譲渡禁止特約付債権の譲渡と債務者の事後承諾
（最一小判平成 9・6・5）………206

参考 22　譲渡禁止特約の存在を理由とした債権譲渡人による譲渡無効の主張
（最二小判平成 21・3・27）………207

11 債権譲渡の対抗要件

【債権総論 24】 債権の二重譲渡における優劣の基準（最一小判昭和 49・3・7）………207

【債権総論 25】 確定日付のある債権譲渡通知の同時到達（最三小判昭和 55・1・11）………209

参考 23　確定日付のある債権譲渡通知の到達時先後不明と供託（最三小判平成 5・3・30）…210

12 債権譲渡における債務者の抗弁

【債権総論 26】 債権譲渡と相殺（最一小判昭和 50・12・8）………210

参考 24　債務者の異議をとどめない承諾と過失ある譲受人の保護
（最二小判平成 27・6・1）………212

13 弁　済

【債権総論 27】 債権の二重譲渡と民法 478 条（最二小判昭和 61・4・11）………212

【債権総論 28】 預金自動入出機による預金払戻しと民法 478 条
（最三小判平成 15・4・8）………214

【債権総論 29】 預金担保貸付と民法 478 条の類推適用（最一小判昭和 59・2・23）………216

参考 25　保険契約者貸付と民法 478 条の類推適用（最一小判平成 9・4・24）………217

【債権総論 30】 損害賠償債務の一部の弁済提供と供託の効力
（最二小判平成 6・7・18）………218

14 弁済充当

【債権総論 31】 単一の基本契約内の他債務への過払金充当
（最二小判平成 15・7・18）………219

参考 26　過払金が生じた後に発生した他債務への過払金充当（最三小判平成 19・2・13）………221

xviii

参考 27　単一の基本契約内での過払金が生じた後に発生した他債務への過払金充当
　　　　　（最一小判平成 19・6・7）……………………………………………………221

参考 28　異なる基本契約間での過払金充当（最二小判平成 20・1・18）………………222

参考 29　リボルビング方式の継続的貸付における過払金充当（最三小判平成 24・9・11）……222

15　弁済による代位

【債権総論 32】弁済による代位における求償権の範囲に関する特約と代位割合に
　　　　　　　関する特約の効力（最三小判昭和 59・5・29）…………………………223

参考 30　弁済により代位された原債権と連帯保証債務について請求を認容する場合における
　　　　　求償権の表示（最一小判昭和 61・2・20）……………………………………226

参考 31　弁済による代位により取得した財団債権の破産手続外での行使
　　　　　（最三小判平成 23・11・22）………………………………………………………226

【債権総論 33】保証人と物上保証人を兼務する者の代位（最一小判昭和 61・11・27）……227

【債権総論 34】抵当権の複数の被担保債権のうちの 1 個の債権のみを保証した
　　　　　　　保証人が当該債権を全額を弁済した場合の抵当権者と保証人の
　　　　　　　関係（最一小判平成 17・1・27）……………………………………………228

参考 32　一部弁済による代位における抵当権者と一部代位者の関係
　　　　　（最一小判昭和 60・5・23）………………………………………………………230

【債権総論 35】担保保存義務免除特約の効力（最二小判平成 7・6・23）………………231

参考 33　担保保存義務と抵当不動産の第三取得者（最三小判平成 3・9・3）……………232

16　債権差押え

【債権総論 36】差押を受けた債権の第三債務者（最一小判平成 18・7・20）……………233

17　相　　殺

【債権総論 37】相殺適状の要件（最一小判平成 25・2・28）………………………………234

参考 34　除斥期間経過後の瑕疵修補に代わる損害賠償請求権を自働債権とする相殺
　　　　　（最一小判昭和 51・3・4）…………………………………………………………236

参考 35　三当事者間相殺（最二小判平成 28・7・8）………………………………………236

【債権総論 38】同一の不法行為から生じた損害賠償債権間の相殺
　　　　　　　（最三小判昭和 49・6・28）…………………………………………………237

参考 36　被害者の損害賠償債権に対して加害者が得た転付命令の効力
　　　　　（最一小判昭和 54・3・8）…………………………………………………………238

18　相殺と差押え

【債権総論 39】受働債権差押後の相殺（最大判昭和 45・6・24）…………………………238

参考 37　担保不動産収益執行開始後における賃料債権の帰属と相殺
　　　　　（最二小判平成 21・7・3）…………………………………………………………241

【債権総論 40】相殺の意思表示時点での相殺適状の存在（最三小判昭和 54・7・10）……241

債権総論

xix

19 混 同

参考 38 自賠法 3 条に基づく損害賠償債権と債務の混同（最一小判平成 1・4・20）…………242

第5編 契 約

概 説 ……………………………………………………………………………………246

1 事情変更の原則

【契約1】ゴルフクラブ入会契約締結後ののり面の崩壊と事情変更の原則の適用

（最三小判平成 9・7・1）……………………………………………………251

2 同時履行の抗弁権

【契約2】売買契約の取消しによる原状回復義務と同時履行

（最一小判昭和 47・9・7）……………………………………………………252

【契約3】賃借家屋の明渡債務と敷金返還債務との同時履行

（最一小判昭和 49・9・2）……………………………………………………253

参考1 譲渡担保の目的とされたゴルフ会員権の譲渡承認手続請求権と清算金支払請求権との

同時履行（最三小判昭和 50・7・25）………………………………………254

参考2 請負人の報酬債権と注文者の瑕疵修補に代わる損害賠償債権との相殺がされた後の

報酬残債務について，注文者が履行遅滞による責任を負う時期

（最三小判平成 9・7・15）……………………………………………………255

3 危険負担

【契約4】注文者の責めに帰すべき事由による履行不能と請負人の利得償還義務

（最三小判昭和 52・2・22）……………………………………………………255

参考3 ロックアウト期間中における使用者の賃金支払義務（最三小判昭和 50・4・25）………256

4 解 除

【契約5】土地賃貸借の合意解除と地上建物の賃借人（最二小判昭和 49・4・26）………257

【契約6】建物賃借人の付随的義務の不履行による信頼関係の破壊と無催告解除

（最一小判昭和 50・2・20）……………………………………………………258

【契約7】民法 561 条による解除と買主の使用利益返還義務

（最二小判昭和 51・2・13）……………………………………………………259

【契約8】同一当事者間における複数契約上の債務不履行と契約解除

（最三小判平成 8・11・12）……………………………………………………260

参考4 建物賃貸人が現実に提供された賃料の受領を拒絶した場合とその後における

賃料不払を理由とする契約の解除（最一小判昭和 45・8・20）……………261

参考5 建物賃借人の失火による建物焼燬と無催告解除（最二小判昭和 47・2・18）…………262

参考6 借地人の信義則上の義務違反と無催告解除（最一小判昭和 47・11・16）…………262

参考7 賃料不払を理由とする不動産賃貸借の無催告解除（最二小判昭和 49・4・26）………262

目　次

参考 8　訴訟上の和解条項に基づく建物賃貸借の当然解除の効力
　　　（最二小判昭和 51・12・17）……………………………………………263
参考 9　契約解除権の消滅時効（最三小判昭和 56・6・16）………………263
参考 10　契約解除権の消滅時効の起算点（最一小判昭和 62・10・8）……263
参考 11　遺産分割協議と民法 541 条による解除の可否（最一小判平成 1・2・9）………264
参考 12　遺産分割協議と合意解除の可否（最一小判平成 2・9・27）………264

5　贈　与

【契約 9】贈与と書面（最二小判昭和 60・11・29）………………………264
参考 13　死因贈与の取消しと民法 1022 条の準用（最一小判昭和 47・5・25）………265
参考 14　負担付死因贈与と遺言の撤回に関する規定の準用（最二小判昭和 57・4・30）………266

6　売　買

【契約 10】他人の権利の売主を相続した権利者の地位（最大判昭和 49・9・4）………266
【契約 11】数量指示売買と履行利益の賠償（最一小判昭和 57・1・21）………268
【契約 12】敷地賃借権付建物の売買における敷地の欠陥と瑕疵担保
　　　（最三小判平成 3・4・2）………………………………………………269
【契約 13】数量指示売買における数量超過と代金増額請求
　　　（最三小判平成 13・11・27）…………………………………………270
【契約 14】土地の売買契約締結後に規制された土壌汚染と瑕疵担保
　　　（最三小判平成 22・6・1）……………………………………………271
【契約 15】売買契約の無効と立替払契約の効力（最三小判平成 23・10・25）………272
参考 15　民法 566 条 3 項にいう 1 年の期間の性質と権利保存の方法
　　　（最三小判平成 4・10・20）……………………………………………274
参考 16　民法 557 条 1 項にいう「履行の着手」（最三小判平成 5・3・16）………274
参考 17　瑕疵担保による損害賠償請求権と消滅時効（最三小判平成 13・11・27）………274
参考 18　買戻特約付売買契約と譲渡担保（最三小判平成 18・2・7）………274

7　使用貸借

【契約 16】遺産である建物の相続開始後の使用関係（最三小判平成 8・12・17）………275

8　賃貸借

(1)　信頼関係の法理
【契約 17】有限会社における実質的な経営者の交代と信頼関係の法理
　　　（最二小判平成 8・10・14）……………………………………………276
参考 19　更新料の不払を理由とする賃貸借契約の解除（最二小判昭和 59・4・20）………278
(2)　敷　　金
【契約 18】敷金の被担保債権の範囲と敷金返還請求権の発生時期
　　　（最二小判昭和 48・2・2）……………………………………………279

契

約

xxi

【契約 19】土地賃借権の譲渡と敷金の承継（最二小判昭和 53・12・22）……………281

　参考 20　建物所有権の譲渡と保証金返還債務の承継（最一小判昭和 51・3・4）…………282

　参考 21　災害による賃借家屋の滅失と敷引特約の効力（最一小判平成 10・9・3）…………282

　参考 22　建物賃貸借における敷引特約と消費者契約法 10 条（最一小判平成 23・3・24）…………283

(3)　賃借権の譲渡・転貸

【契約 20】賃借人の債務不履行による賃貸借の解除と適法転貸借の帰趨

　　　　　　　（最三小判平成 9・2・25）……………………………………………283

【契約 21】借地上の建物の譲渡担保権者が建物の引渡しを受けて使用収益する

　　　　　　場合と民法 612 条（最一小判平成 9・7・17）……………………284

(4)　不動産の譲渡と賃貸人たる地位の移転

【契約 22】土地賃貸人の地位の譲渡（最二小判昭和 46・4・23）…………………286

　参考 23　賃貸中の宅地を譲り受けた者の賃貸人の地位の主張（最三小判昭和 49・3・19）……287

(5)　借地借家法

【契約 23】正当事由と建物賃借人の事情（最一小判昭和 58・1・20）……………287

　参考 24　立退料の提供と正当事由（最二小判平成 3・3・22）………………………288

　参考 25　建物賃貸借契約における更新料条項の効力（最二小判平成 23・7・15）…………288

(6)　サブリース

【契約 24】サブリース契約と賃料減額請求（最三小判平成 15・10・21）…………289

9　請　負

【契約 25】建物建築請負における工事出来形部分の所有権の帰属

　　　　　　（最三小判平成 5・10・19）……………………………………………291

【契約 26】瑕疵修補に代わる損害賠償請求権と報酬請求権との同時履行

　　　　　　（最三小判平成 9・2・14）………………………………………………292

　参考 26　建物の設計・施工者等の不法行為責任（最二小判平成 19・7・6）…………293

10　委　任

【契約 27】受任者の利益のためにも締結された委任契約の解除

　　　　　　（最二小判昭和 56・1・19）……………………………………………294

　参考 27　宅建業者を排除して売買契約を締結させた依頼者に対する報酬請求権

　　　　　　（最一小判昭和 45・10・22）……………………………………………295

11　消費寄託

【契約 28】誤振込金の返還請求と預金債権（最二小判平成 8・4・26）……………295

　参考 28　預金債権の帰属（最二小判平成 15・2・21）………………………………296

12　組　合

【契約 29】任意の脱退を許さない旨の組合契約の約定の効力

　　　　　　（最三小判平成 11・2・23）……………………………………………297

目　次

第6編　不法行為等

概　説 ……………………………………………………………………………300

1　不当利得

【不法行為等1】存在しない根抵当権の実行と不当利得（最二小判昭和63・7・1）……309

【不法行為等2】金銭を騙取した者から弁済を受けた者と不当利得の因果関係
　　　　　　　（最一小判昭和49・9・26）………………………………………310

【不法行為等3】転用物訴権（最三小判平成7・9・19）……………………………311

【不法行為等4】三者間の給付不当利得（最三小判平成10・5・26）………………312
　参考1　先登記抵当権の実行により所有権を喪失した劣後所有権者による当該所有権者に
　　　　劣後する抵当権者になされた配当についての不当利得返還請求の可否
　　　　（最一小判昭和63・12・1）………………………………………………313
　参考2　仮登記の抹消と後順位抵当権者の不当利得（最二小判平成3・3・22）……313
　参考3　金銭の交付による不当利得を得た者の返還義務の範囲（最三小判平成3・11・19）…314
　参考4　法律上の原因なくして利得した代替物を売却処分した受益者の不当利得返還義務の
　　　　範囲（最一小判平成19・3・8）……………………………………………314
　参考5　民法704条後段の趣旨（最二小判平成21・11・9）………………………314

2　不法原因給付

【不法行為等5】不法原因給付の目的物の所有権帰属（最大判昭和45・10・21）………315
　参考6　不法原因給付と既登記建物の引渡し（最一小判昭和46・10・28）…………316
　参考7　不法原因給付と損益相殺ないし損益相殺的調整の可否（最三小判平成20・6・10）…317

3　一般的不法行為の要件

(1)　過　失

【不法行為等6】鉄道のレール上への置き石遊びをしていた者の注意義務
　　　　　　　（最一小判昭和62・1・22）………………………………………318

【不法行為等7】医療水準の判断要素（最二小判平成7・6・9）…………………320
　参考8　体育授業中の事故と担当教師の注意義務（最二小判昭和62・2・13）………321
　参考9　能書と異なる医療慣行による医療事故（最三小判平成8・1・23）…………322
　参考10　証券取引における適合性原則違反と不法行為の成否（最一小判平成17・7・14）…322
　参考11　貸金業者の取引履歴開示義務違反と不法行為（最三小判平成17・7・19）………322
　参考12　プロバイダー責任制限法にいう重大な過失（最三小判平成22・4・13）………323
　参考13　医薬品の欠陥（イレッサ事件）（最三小判平成25・4・12）………………323

(2)　因果関係

【不法行為等8】ルンバール施術直後の発作とルンバール実施との因果関係
　　　　　　　（ルンバールショック事件）（最二小判昭和50・10・24）……………324

xxiii

【不法行為等 9】不作為による医療事故と患者死亡との因果関係

（最一小判平成 11・2・25）‥‥‥‥‥‥‥‥‥‥‥325

【不法行為等 10】不法行為による損害賠償への民法 416 条類推適用

（最一小判昭和 48・6・7）‥‥‥‥‥‥‥‥‥‥‥‥327

参考 14　妻と未成年の子のある男性と同棲した女性の，未成年の子に対する不法行為

（最二小判昭和 54・3・30）‥‥‥‥‥‥‥‥‥‥‥‥327

参考 15　集団予防接種と B 型肝炎との因果関係（最二小判平成 18・6・16）‥‥‥‥328

(3)　違法性

【不法行為等 11】前科の公表と不法行為（最三小判平成 6・2・8）‥‥‥‥‥‥‥‥‥‥329

【不法行為等 12】配信記事による名誉毀損についての新聞社の責任

（最三小判平成 14・1・29）‥‥‥‥‥‥‥‥‥‥‥330

【不法行為等 13】大学主催講演会の参加者名簿の警察への開示とプライバシー侵害

（最二小判平成 15・9・12）‥‥‥‥‥‥‥‥‥‥‥331

【不法行為等 14】テレビ報道による名誉毀損の有無の判断基準

（最一小判平成 15・10・16）‥‥‥‥‥‥‥‥‥‥‥332

【不法行為等 15】宗教上の理由による輸血拒否と自己決定権

（最三小判平成 12・2・29）‥‥‥‥‥‥‥‥‥‥‥334

【不法行為等 16】訴訟提起と不法行為の成否（最三小判昭和 63・1・26）‥‥‥‥‥‥335

【不法行為等 17】相当程度の生存可能性と保護法益（最二小判平成 12・9・22）‥‥‥337

参考 16　刑事事件第 1 審判決の事実認定とそれを真実と信じることの相当性

（最三小判平成 11・10・26）‥‥‥‥‥‥‥‥‥‥‥338

参考 17　論評と名誉毀損の成否（最一小判平成 16・7・15）‥‥‥‥‥‥‥‥‥‥‥‥338

参考 18　パブリシティ権（ピンク・レディー事件）（最一小判平成 24・2・2）‥‥‥‥339

参考 19　忘れられる権利（最三小決平成 29・1・31）‥‥‥‥‥‥‥‥‥‥‥‥‥‥‥339

(4)　損害の発生

【不法行為等 18】将来の損害（大阪空港騒音訴訟判決）（最大判昭和 56・12・16）‥‥‥340

参考 20　懲罰的損害賠償の可否（最二小判平成 9・7・11）‥‥‥‥‥‥‥‥‥‥‥‥‥341

参考 21　有価証券報告書虚偽記載による損害（最三小判平成 23・9・13）‥‥‥‥‥‥342

4　不法行為の効果

(1)　損害額の算定

【不法行為等 19】女子中学生の逸失利益算定（最二小判昭和 62・1・19）‥‥‥‥‥‥342

【不法行為等 20】後遺障害を負った交通事故被害者が別の事故で死亡した場合の

逸失利益算定（最一小判平成 8・4・25）‥‥‥‥‥‥‥‥‥344

参考 22　交通事故被害者が別の原因で死亡した場合の介護費用の算定

（最一小判平成 11・12・20）‥‥‥‥‥‥‥‥‥‥‥345

参考 23　不法残留外国人の逸失利益算定（最三小判平成 9・1・28）‥‥‥‥‥‥‥‥345

不法行為等

参考 24　中間利息控除は法定利率によらなければならない（最三小判平成 17・6・14）……… 346

⑵　損益相殺

【不法行為等 21】労災保険金の控除の可否（最三小判昭和 52・5・27） ……………………346

【不法行為等 22】受給した労災遺族補償年金と死亡による損害賠償請求権との

　　　　　　　　　損益相殺的調整（最大判平成 27・3・4） ……………………………347

　　参考 25　幼児死亡の場合の養育費の控除（最二小判昭和 53・10・20） ………………………348

⑶　近親者の慰謝料請求権

　　参考 26　民法 711 条の類推適用（最三小判昭和 49・12・17） ……………………………………348

⑷　過失相殺

【不法行為等 23】過失相殺と損益相殺との優先順位（最三小判平成 1・4・11） ………349

【不法行為等 24】絶対的過失割合による過失相殺（最二小判平成 15・7・11） ………350

【不法行為等 25】被害者の身体的特徴と 722 条 2 項（過失相殺）の類推適用

　　　　　　　　　（首長事件）（最三小判平成 8・10・29） ………………………………351

　　参考 27　不法行為損害賠償請求訴訟の訴訟物の個数および一部請求と過失相殺

　　　　　　（最一小判昭和 48・4・5） ……………………………………………………………352

　　参考 28　夫運転の車両に同乗する妻が第三者運転の車両との交通事故で負傷した場合の

　　　　　　夫の過失の斟酌（最一小判昭和 51・3・25） ……………………………………353

　　参考 29　心因的素因と民法 722 条 2 項（過失相殺）の類推適用

　　　　　　（最一小判昭和 63・4・21） …………………………………………………………353

　　参考 30　被害者の疾患と民法 722 条 2 項（過失相殺）の類推適用

　　　　　　（最一小判平成 4・6・25） ……………………………………………………………354

⑸　差止請求

【不法行為等 26】名誉毀損と差止め（北方ジャーナル事件）（最大判昭和 61・6・11）………354

5　特殊不法行為

⑴　監督義務者責任

【不法行為等 27】責任弁識能力に欠ける未成年者の監督義務者の監督義務の内容・

　　　　　　　　　程度（最一小判平成 27・4・9） ……………………………………………355

【不法行為等 28】認知症による精神障害者の準監督義務者該当性の判断

　　　　　　　　　（最三小判平成 28・3・1） ………………………………………………357

　　参考 31　責任無能力者による失火と失火責任法（最三小判平成 7・1・24） …………………360

　　参考 32　責任能力のある未成年者の不法行為と監督義務者の責任

　　　　　　（最二小判昭和 49・3・22） ……………………………………………………………360

⑵　使用者責任

【不法行為等 29】暴力団員による暴力行為と組長の使用者責任

　　　　　　　　　（最二小判平成 16・11・12） …………………………………………361

【不法行為等 30】使用者からの求償権の制限（最一小判昭和 51・7・8） ……………363

不法行為等

xxv

参考 33　自家用車による出張と業務の執行（最一小判昭和 52・9・22）············363

参考 34　運転初心者の弟と指揮監督していた兄との使用者・被用者関係
　　　　（最二小判昭和 56・11・27）··············364

(3)　工作物責任

参考 35　鉄道踏切事故と民法 717 条（最二小判昭和 46・4・23）··············364

(4)　共同不法行為

【不法行為等 31】交通事故と医療過誤の競合（最三小判平成 13・3・13）··············365

【不法行為等 32】共同不法行為者の 1 人に対する債務免除の他方に対する効果
　　　　　　　　　（最一小判平成 10・9・10）··············367

参考 36　被用者と第三者による共同不法行為における，賠償した第三者から使用者への
　　　　求償の可否（最二小判昭和 63・7・1）··············368

参考 37　異なる使用者の被用者達による共同不法行為において賠償した一方使用者から
　　　　他方使用者に対する求償の範囲（最二小判平成 3・10・25）··············368

6　損害賠償請求権と消滅時効

【不法行為等 33】民法 724 条後段の期間制限の性質（最一小判平成 1・12・21）········369

参考 38　被害者が禁治産宣告を受けた場合の民法 724 条後段の効果発生時期
　　　　（最二小判平成 10・6・12）··············370

参考 39　民法 724 条前段の起算点（最三小判平成 14・1・29）··············370

参考 40　殺人事件の被害者である被相続人の死亡の事実を相続人が不知の場合の
　　　　民法 724 条後段の起算点（最三小判平成 21・4・28）··············371

判 例 索 引 ··············373

第1編

民法総則

	概　　説	2
1	信義則	4
2	権利濫用	7
3	人	9
4	法　　人	10
5	権利能力のない社団	13
6	物	15
7	公序良俗違反・強行法規違反	17
8	法律行為の解釈	24
9	虚偽表示	26
10	錯　　誤	29
11	詐　　欺	31
12	意思表示の到達	33
13	代　　理	34
14	表見代理	36
15	無権代理	40
16	条件・期限	43
17	時効の援用	44
18	時効の中断（更新）・停止（完成猶予）	48
19	取得時効	55
20	消滅時効	58

第1編 民法総則

概　説

　総則においては，基本判例 37 件，参考判例 54 件を収録した。法人，意思表示，代理，表見代理，無権代理については，昭和期を中心に確立された判例法理を基軸としつつ，平成期に入ってから出された重要判例を補足した。具体的には，虚偽表示・錯誤などにおいて最新判例を加えた。信義則，権利濫用，公序良俗・強行法規違反，時効については，平成期になってフォローすべき重要判例が多く出されている。

1　信義則・2　権利濫用　〔総則1〕は不動産のサブリースに関する重要判例，〔総則2〕はいわゆるダイヤル Q^2 事件判決であり，〔総則3〕は振込取引の特殊性を前提とした注目すべき判例である。

3　人・4　法　　人・5　権利能力なき社団　〔総則4〕は人格権に関する北方ジャーナル事件を取り上げた。法人についての〔総則5〕は代表権に対する信頼保護，〔総則6〕は法人の目的の範囲に関するものであり，いずれも学習しておくべき重要判例である。権利能力なき社団を対象とする〔総則7〕，〔総則8〕からは，団体としての実態に見合う判断を積み重ねてきた判例法理がうかがえる。

6　物　〔総則9〕，〔参考9〕は，私法上の所有権の客体となりうるか否かが争われた事案に関するものである。

7　公序良俗違反・強行法規違反・8　法律行為の解釈　〔総則10〕は男女別定年制を定めた就業規則の効力を否定したもの，〔総則11〕は，不倫関係の相手方に対する包括遺贈につき，契約目的その他関係当事者の事情に照らしてその効力を肯定したもの，そして〔総則12〕は，証券取引の過程で不法性判断が変容した場合において，公序良俗違反の判断基準時を契約締結時とした判例である。取締法規違反の行為につき直ちに私法上の効力が否定されるものではない旨を判示したものとして，〔参考10〕，〔参考11〕，〔参考12〕を収めた。さらに，〔総則13〕は，消費者契約法に照らして契約条項の有効性が問題とされた近年の重要判例である。法律行為の解釈については，保険約款における免責約款の適用範囲を限定的に解釈した〔総則14〕，遺言の解釈に関する〔総則15〕を選定した。

9　虚偽表示・10　錯　　誤・11　詐　　欺・12　意思表示の到達　〔総則16〕，

〔総則 17〕,〔総則 18〕は,民法 94 条 2 項の類推適用についてフォローすべき判例法理を示している。〔総則 19〕は錯誤の要件に関する近年の重要判例,〔総則 20〕は民法 96 条 3 項における第三者の要件について判示した主要な判例,〔総則 21〕は,内容証明郵便の不在返戻を素材として意思表示の到達の意義を考えさせる判例である。

13 代 理・14 表見代理・15 無権代理 〔総則 22〕は親権者の代理権濫用に関するもの,〔総則 23〕~〔総則 25〕は,表見代理の成否について確立された判例法理を示す判例である。無権代理人の責任の意義と要件に関する〔総則 26〕は,平成 29 年改正との比較のうえでも重要な判断を示すものである。無権代理ではその他に,いわゆる無権代理と相続をめぐる重要論点に関する〔総則 27〕を取り上げた。

16 条件・期限 〔総則 28〕は故意の条件成就を条件不成就とみなしたものである。

17 時効の援用・18 時効の中断(更新)・停止(完成猶予) 〔総則 29〕~〔総則 32〕は時効の援用権者の範囲に関する主要な判例である。

時効の中断(平成 29 年改正により「更新」)についても学習するに値する重要判例が多い。具体的には,債務承認の意義を考えさせる応用事例に関する〔総則 33〕,中断を生ずべき権利行使の意義に関する〔総則 34〕,中断が生じる債権の範囲に関する〔参考 31〕,中断の効力発生時期に関する〔参考 40〕を収録した。時効の停止(平成 29 年改正により「完成猶予」)に関する重要判例である〔総則 35〕は,停止(完成猶予)規定の柔軟な運用による妥当な解決を志向する最高裁の工夫を示すものである。

19 取得時効・20 消滅時効 取得時効については,所有の意思の推定をくつがえす他主占有事情の認定に関する〔総則 36〕を取り上げた。消滅時効では,売主の担保責任について一般消滅時効の適用を示した重要判例である〔総則 37〕,主要な論点である起算点の認定に関してフォローすべき〔参考 48〕~〔参考 52〕を選定した。

〔武川幸嗣〕

第1編 民法総則

1 信義則

民法総則

❶

総則1 賃貸借契約の終了と転借人への対抗の可否

◆ビルの賃貸，管理を業とする会社を賃借人とする事業用ビルの賃貸借契約が賃借人の更新拒絶により終了した場合において，賃貸人が，賃借人にその知識，経験等を活用してビルを第三者に転貸し収益を上げさせることによって，自ら各室を個別に賃貸することに伴う煩わしさを免れるとともに，賃借人から安定的に賃料収入を得ることを目的として賃貸借契約を締結し，賃借人が第三者に転貸することを賃貸借契約締結の当初から承諾していたものであること，転借人および再転借人が，上記のような目的のもとに賃貸借契約が締結され転貸および再転貸の承諾がされることを前提として，転貸借契約を締結し，再転借人が現にその貸室を占有しているなど判示の事実関係があるときは，賃貸人は，信義則上，賃貸借契約の終了をもって再転借人に対抗することができない。

最一小判平成 14・3・28 民集 56 巻 3 号 662 頁

〔参照条文〕民 1 条 2 項・612 条，借地借家 34 条

【事実】X 社は，その代表者所有の甲土地上にビルを建築して A に一括して賃貸し，A から第三者に対し店舗または事務所として転貸させ，これにより安定的に収入を得ることを計画し，本件ビルを建築した。X は A との間で，本件ビルにつき，昭和 51 年 12 月 1 日から平成 8 年 11 月 30 日まで，更新拒絶の通知または条件の変更がなければ更新されることを予定して本件賃貸借を行い，A が本件ビルを転貸することを予め承諾した。本件ビルのうち本件転貸部分については，使用目的を店舗として A から B に転貸され，さらに C に対して本件再転貸借がされた。A は，転貸方式による本件ビルの経営が採算に合わないとして，X に対し本件賃貸借を更新しない旨を通知し，X は B および C に対して，本件賃貸借は期間満了により終了する旨を通知した。なお，C については会社更生手続開始決定がされ，Y が管財人に選任された。

　　X が Y に対して本件転貸部分の明渡しと賃料相当損害金の支払を求めたのに対して，Y は X の主張が信義則に反するとしてこれを争った。第 1 審は X の請求を斥けたが，原審はこれを認容したため，Y が上告。

【判旨】　破棄自判　「本件再転貸借は，本件賃貸借の存在を前提とするものであるが，本件賃貸借に際し予定され，前記のような趣旨，目的を達成するために行われたものであって，X は，本件再転貸借を承諾したにとどまらず，本件

4

1 信義則

再転貸借の締結に加功し，Cによる本件転貸部分二の占有の原因を作出したものというべきであるから，Aが更新拒絶の通知をして本件賃貸借が期間満了により終了しても，Xは，信義則上，本件賃貸借の終了をもってCに対抗することはできず，Cは，本件再転貸借に基づく本件転貸部分二の使用収益を継続することができると解すべきである。」

文献 佐藤岩夫・百選Ⅰ，金山直樹・重判〔平14〕，中田裕康・私リ27号

民法総則

❷

総則2 一定割合を超える金銭債権の支払請求
——ダイヤルQ²事件

◆加入電話契約者の承諾なしにその未成年の子が利用したダイヤルQ²サービスに関する通話料につき，電気通信事業者が事業開始時において，有料情報サービスの内容や通話料高額化の危険性等につき，その周知および現実化防止のための措置を講じる責務を果たしていなかったときは，同事業者がその5割を超える部分の支払請求をすることは信義則ないし衡平の観念に反して許されない。

最三小判平成13・3・27民集55巻2号434頁
〔参照条文〕民1条，日本電信電話株式会社法1条2項（平9法98号による改正前）

【事実】Yの未成年の子Aは，平成3年1月2日から同年2月初めにかけて，Yの自宅に設置されている本件加入電話から，見知らぬ女性と会話する番組を提供する情報提供者に電話をかけて，Yの承諾なしにダイヤルQ²サービスを利用した。電気通信事業者Xは，ダイヤルQ²事業の開始に際して，従来からの加入電話契約者に対して同サービスの利用意思を具体的に確認したり，その内容等につき個別に告知したりすることなく，同サービスを既設の電話回線から一般的に利用可能なものとしていた。XがYに対し，Aの上記利用に係る本件通話料の支払を請求して本訴を提起した。

第1審・原審ともに，ダイヤルQ²サービスに係る通話料につきXの請求を棄却したため，Xが上告。

【判旨】 一部破棄自判，一部棄却 「ダイヤルQ²事業は電気通信事業の自由化に伴って新たに創設されたものであり，Q²情報サービスは当時における新しい簡便な情報伝達手段であって，その内容や料金徴収手続等において改善すべき問題があったとしても，それ自体としてはすべてが否定的評価を受けるべ

5

第1編　民法総則

きものではない。しかし，同サービスは，日常生活上の意思伝達手段という従来の通話とは異なり，その利用に係る通話料の高額化に容易に結び付く危険を内包していたものであったから，公益的事業者であるXとしては，一般家庭に広く普及していた加入電話から一般的に利用可能な形でダイヤルQ²事業を開始するに当たっては，同サービスの内容やその危険性等につき具体的かつ十分な周知を図るとともに，その危険の現実化をできる限り防止するために可能な対策を講じておくべき責務があったというべきである。本件についてこれを見ると，上記危険性等の周知及びこれに対する対策の実施がいまだ十分とはいえない状況にあった平成3年当時，加入電話契約者であるYが同サービスの内容及びその危険性等につき具体的な認識を有しない状態の下で，Yの未成年の子による同サービスの多数回・長時間に及ぶ無断利用がされたために本件通話料が高額化したというのであって，この事態は，Xが上記責務を十分に果さなかったことによって生じたものということができる。こうした点にかんがみれば，Yが料金高額化の事実及びその原因を認識してこれに対する措置を講ずることが可能となるまでの間に発生した通話料についてまで，本件約款118条1項の規定が存在することの一事をもってYにその全部を負担させるべきものとすることは，信義則ないし衡平の観念に照らして直ちに是認し難いというべきである。そして，その限度は，加入電話の使用とその管理については加入電話契約者においてこれを決し得る立場にあることなどの事情に加え，前記の事実関係を考慮するとき，本件通話料の金額の5割をもって相当とし，Xがそれを超える部分につきYに対してその支払を請求することは許されないと解するのが相当である。」（補足意見がある）

文献　新美育文・重判〔平13〕，小島彩・法協119巻9号，伊藤進・私リ25号

参考1　貸金業者の債務者に対する取引履歴開示義務

最三小判平成17・7・19民集59巻6号1783頁

【要旨】　貸金業者は，債務者から取引履歴の開示が求められた場合，その開示要求が濫用と認められる特段の事情のない限り，信義則上，その業務に関する帳簿に基づいて取引履歴を開示すべき義務を負う。

文献 小粥太郎・重判〔平17〕

2 権利濫用

総則3 **原因関係のない振込みによる銀行預金の払戻請求と権利濫用**

◆振込依頼人と受取人との間に振込みに関する原因関係が存しない場合において，受取人が払戻しを受けることが金員を不正に取得するための行為であって，詐欺罪等の犯行の一環を成す場合であるなど，これを認めることが著しく正義に反するような特段の事情があるときは，権利の濫用にあたるとしても，受取人が振込依頼人に対して不当利得返還義務を負担しているというだけではこれにあたらない。

最二小判平成 20・10・10 民集 62 巻 9 号 2361 頁
〔参照条文〕民 1 条 3 項・666 条

【事実】X は S 銀行において本件普通預金口座を有しており，X の夫 A は T 銀行において定期預金口座を有していたところ，B らは本件普通預金および A の定期預金の通帳および届出印を盗取した。C・D・E は B から依頼を受けて，A の定期預金の口座を解約するとともに，解約金を本件普通預金口座に振込依頼・入金し（以下，「本件振込み」という），本件普通預金口座から 1100 万円の本件払戻しを受けた。X が S の権利義務を承継した Y 銀行に対して本件振込みに係る 1100 万円の払戻しを請求したが，Y は権利濫用にあたるとしてこれを争った。

第 1 審が X の請求を一部認容したのに対し，原審はこれを斥けたため，X が上告。

【判旨】 **破棄差戻** 「受取人の普通預金口座への振込みを依頼した振込依頼人と受取人との間に振込みの原因となる法律関係が存在しない場合において，受取人が当該振込みに係る預金の払戻しを請求することについては，払戻しを受けることが当該振込みに係る金員を不正に取得するための行為であって，詐欺罪等の犯行の一環を成す場合であるなど，これを認めることが著しく正義に反するような特段の事情があるときは，権利の濫用に当たるとしても，受取人が振込依頼人に対して不当利得返還義務を負担しているというだけでは，権利の濫用に当たるということはできないものというべきである。……本件払戻しが債権の準占有者に対する弁済として有効であるか等について更に審理を尽くさ

第1編 民法総則

せるため，同部分につき本件を原審に差し戻すこととする。」

文献 松岡久和・重判〔平20〕，本多正樹・民商141巻1号，中舎寛樹・私リ40号

参考2 消滅時効の援用と権利濫用

最三小判昭和51・5・25民集30巻4号554頁

【要旨】 母に対し，老後の生活保障と妹らの扶養および婚姻費用等に充てる目的で農地を贈与した長男が，その母が引渡しをうけて20数年これを耕作し，妹らの扶養および婚姻等の諸費用を負担したという事情のもとにおいて，農地法3条に定める許可申請に関する協力請求権につき消滅時効を援用することは，権利濫用にあたる。

文献 菅野耕毅・百選Ⅰ〔5版〕，川井健・法協95巻3号，幾代通・民商76巻2号

参考3 所有権留保特約に基づく引渡請求と権利濫用

最二小判昭和50・2・28民集29巻2号193頁

【要旨】 自動車販売につき，サブディーラーが，ディーラー所有の自動車につき予めユーザーに売却した後でディーラーからこれを買い受ける方法がとられた場合において，ディーラーがサブディーラーとユーザー間の売買契約の履行に協力しながら，サブディーラーとの売買契約において所有権留保特約を付したうえ，サブディーラーの代金不払を理由に売買契約を解除して，すでにサブディーラーに代金を完済して当該自動車の引渡しを受けているユーザーに対し，所有権に基づく返還請求をすることは権利濫用にあたる。

文献 千葉恵美子・百選Ⅰ〔6版〕，米倉明・法協93巻8号，森井英雄・民商73巻6号

3 人

総則4 人格権——北方ジャーナル事件

◆人格権としての名誉権に基づく出版物の印刷，製本，販売，頒布等の事前差止めは，出版物が公務員または公職選挙の候補者に対する評価，批判等に関するものである場合には，原則として許されず，その表現内容が真実でないか，または専ら公益を図る目的のものでないことが明白であって，かつ，被害者が重大にして著しく回復困難な損害を被るおそれがあるときに限り，例外的に認められる。

最大判昭和 61・6・11 民集 40 巻 4 号 872 頁

〔参照条文〕憲 13 条・21 条，民 198 条・199 条・709 条・710 条，刑 230 条の 2，民訴 757 条 2 項・760 条（平 8 法 109 号による新法施行前の旧法）

【事実】Y は A 市長であり，北海道知事選挙への立候補を予定していた。本件雑誌の出版社である X の代表者 B は，本件雑誌に掲載するために，Y の人格を評するとともに私生活に関する本件記事を作成したところ，Y の申立てに基づいて，名誉権の侵害予防を理由とする，本件雑誌の発行・販売の禁止を命じる旨の本件仮処分決定がされ，執行されたため，X が Y に対して損害賠償を求めて本訴を提起した。

第 1 審・原審ともに X の請求を棄却したため，X が上告。

【判旨】上告棄却 「本件記事は，北海道知事選挙に重ねて立候補を予定していた Y の評価という公共的事項に関するもので，原則的には差止めを許容すべきでない類型に属するものであるが，前記のような記事内容・記述方法に照らし，それが Y に対することさらに下品で侮辱的な言辞による人身攻撃等を多分に含むものであつて，到底それが専ら公益を図る目的のために作成されたものということはできず，かつ，真実性に欠けるものであることが……明らかであつたというべきところ，……Y としては，本件記事を掲載する本件雑誌の発行によつて事後的には回復しがたい重大な損失を受ける虞があつたということができるから，……本件仮処分は，差止請求権の存否にかかわる実体面において憲法上の要請をみたしていたもの……というべきである」。（補足意見がある）

〔文献〕山本敬三・百選 I，阿部照哉・重判〔昭 61〕

第1編 民法総則

民法総則

④⑤

参考4 後見人の追認拒絶

最三小判平成6・9・13民集48巻6号1263頁

【要旨】 禁治産者の後見人が，その就職前に禁治産者の無権代理人によって締結された契約の追認を拒絶することが信義則に反するか否かは，(1)交渉経緯および当該契約締結前に無権代理人が相手方との間でした法律行為の内容と性質，(2)追認により禁治産者が被る不利益と追認拒絶により相手方が被る不利益，(3)後見人就職までの間における当該契約の履行等に関する交渉経緯，(4)無権代理人と後見人との人的関係および，後見人が就職前において当該契約の締結に関与した程度，(5)本人の意思能力に関する相手方の認識の有無・可能性など諸般の事情を勘案して，追認拒絶が当事者間の信頼を裏切り，正義の観念に反するような例外的な場合にあたるか否かを判断して，決しなければならない。

文献 熊谷士郎・百選Ⅰ，新井誠・不動産百選〔3版〕，同・重判〔平6〕，中舎寛樹・私リ12号

4 法 人

総則5 理事の代表権に対する制限における民法110条の意義

◆民法旧54条にいう「善意」とは，理事の代表権に制限を加える定款の規定または総会の決議の存在を知らないことをいうが，かかる意味において善意であるとはいえない場合であっても，第三者において，理事が具体的行為につき代表権を有するものと信じ，かつ，このように信じることにつき正当の理由があるときは，民法110条を類推適用する。

最二小判昭和60・11・29民集39巻7号1760頁
〔参照条文〕水協45条（平5法23号による改正前），民53条・54条（平18法50号による改正前）・110条

【事実】 Xは，漁業協同組合Yの理事長Aとの間で，Y所有の本件土地を買い受ける旨の本件売買契約を締結した。ところが，Yの定款には，固定資産の処分は理事会の決議を要する旨が記載されていたにもかかわらず，Aは理事会の決議を経ずに本件売買契約の締結に及んでいた。XがYに対して本件土地の所有権移転登

10

4 法 人

記手続を求めたところ，Yがこれを拒んで争った。

第1審・原審ともにXの請求を棄却したため，Xが上告。

【判旨】 上告棄却 「漁業協同組合は，水産業協同組合法45条の準用する民法53条，54条の規定により，定款の規定又は総会の決議によつて特定の事項につき理事が代表権を行使するためには理事会の決議を経ることを必要とするなどと定めて理事の代表権を制限することができるが，善意の第三者に対してはその制限をもつて対抗することができないものであるところ，右にいう善意とは，理事の代表権に制限が加えられていることを知らないことをいうと解すべきであり，また，右の善意についての主張・立証責任は第三者にあるものと解すべきである。そして，第三者が右にいう善意であるとはいえない場合であつても，第三者において，理事が当該具体的行為につき理事会の決議等を得て適法に漁業協同組合を代表する権限を有するものと信じ，かつ，このように信じるにつき正当の理由があるときには，民法110条を類推適用し，漁業協同組合は右行為につき責任を負うものと解するのが相当である。」

文献 中原太郎・百選Ⅰ，森泉章・重判〔昭61〕，上柳克郎・民商95巻3号

総則6 **法人の目的の範囲(1)**
──会社の政治献金（八幡製鉄政治献金事件）

◆会社による政治資金の寄付は，客観的，抽象的に観察して，会社の社会的役割を果たすためになされたものと認められる限り，会社の権利能力の範囲に属する行為である。

最大判昭和45・6・24民集24巻6号625頁

〔参照条文〕民43条（平18法50号による改正前）・644条，憲3章，商166条1項1号・254条の2・254条3項（平17法87号による改正前）

【事実】 A社の代表取締役であったYらは，同社を代表して，B政党に政治資金350万円を寄付したところ，Xは，当該寄付は同社の定款に定められた目的の範囲外の行為であるとして，Yらに対して取締役の責任を追及して本訴を提起した。

第1審はXの請求を認容したが，原審がこれを斥けたため，Xが上告。

【判旨】 上告棄却 「会社は定款に定められた目的の範囲内において権利能力を有するわけであるが，目的の範囲内の行為とは，定款に明示された目的自体

民法総則

6

11

第1編 民法総則

に限局されるものではなく，その目的を遂行するうえに直接または間接に必要な行為であれば，すべてこれに包含されるものと解するのを相当とする。そして必要なりや否やは，当該行為が目的遂行上現実に必要であつたかどうかをもつてこれを決すべきではなく，行為の客観的な性質に即し，抽象的に判断されなければならないのである……。会社による政治資金の寄附は，客観的，抽象的に観察して，会社の社会的役割を果たすためになされたものと認められるかぎりにおいては，会社の定款所定の目的の範囲内の行為であるとするに妨げないのである。」

文献 前田達明・百選Ⅰ〔5版〕，河本一郎・重判〔昭45〕，西原寛一・民商64巻3号

参考5 法人の目的の範囲(2)——税理士会の政治献金

最三小判平成8・3・19民集50巻3号615頁

【要旨】 公的な性格を有する税理士会が政党など政治資金規正法上の政治団体に金員を寄付することは，税理士法の全く予定していないところであり，税理士会の目的の範囲外の行為である。

文献 後藤元伸・百選Ⅰ，渡辺康行・重判〔平8〕，木下智史・民商116巻1号，甲斐道太郎・私リ15号

参考6 法人代表者の不法行為と相手方の悪意重過失

最二小判昭和50・7・14民集29巻6号1012頁

【要旨】 地方公共団体の長がした職務権限外の行為が，外形からみてその職務行為に属するものと認められる場合であっても，相手方がその職務行為に属さないことを知り，またはこれを知らないことに重大な過失のあるときは，当該地方公共団体は相手方に対し損害賠償責任を負わない。

文献 森泉章・百選Ⅰ〔3版〕，石田穣・法協93巻12号，前田達明・民商74巻4号

5 権利能力のない社団

参考7 社団における定款の解釈と退社した社員の地位

最一小判平成 22・4・8 民集 64 巻 3 号 609 頁

【要旨】 医療法人の定款に当該法人の解散時にはその残余財産を払込出資額に応じて分配する旨の規定がある場合において，同定款中の退社した社員はその出資額に応じて返還を請求することができる旨の規定は，出資した社員は，退社時に当該法人に対し，同時点における当該法人の財産の評価額に，同時点における総出資額中の当該社員の出資額が占める割合を乗じて算定される額の返還を請求することができることを規定したものと解すべきである。

文献 後藤元伸・民商 143 巻 3 号，鹿野菜穂子・私リ 43 号

5 権利能力のない社団

総則7 権利能力のない社団の取引上の債務

◆権利能力のない社団の代表者が社団の名において行った取引上の債務は，社団の構成員全員に 1 個の債務として総有的に帰属し，社団の総有財産だけがその責任財産となり，構成員各自は，取引の相手方に対し個人的債務ないし責任を負わない。

最三小判昭和 48・10・9 民集 27 巻 9 号 1129 頁

〔参照条文〕民 33 条・427 条・675 条，民訴 46 条（平 8 法 109 号による
新法施行前の旧法，現行 29 条）

【事実】 権利能力のない社団である A 栄養食品協会の代表者 B は，X らとの間で，A の名において麺類の売買契約，消費貸借契約，金員借入などの本件取引を行った。X が A の構成員である Y らに対して，本件取引に係る売掛代金の支払を求めたところ，Y はこれを拒んで争った。

　第 1 審・原審ともに X の請求を棄却したため，X が上告。

【判旨】 上告棄却 「権利能力なき社団の代表者が社団の名においてした取引上の債務は，その社団の構成員全員に，1 個の義務として総有的に帰属するとともに，社団の総有財産だけがその責任財産となり，構成員各自は，取引の相手方に対し，直接には個人的債務ないし責任を負わないと解するのが，相当である。」

13

第1編 民法総則

文献 西内康人・百選Ⅰ，福地俊雄・重判〔昭48〕，同・民商71巻4号

総則8 権利能力のない社団に属する不動産の登記名義

◆権利能力のない社団の資産である不動産については，社団の代表者が，社団の構成員全員の受託者たる地位において，個人名義で所有権登記をすることができるにすぎず，社団名義または，社団代表者である旨の肩書を付した個人名義の登記をすることは許されない。

最二小判昭和47・6・2民集26巻5号957頁

〔参照条文〕民43条（平18法50号による改正前）・177条，不登26条・36条
（平16法123号による新法施行前の旧法）

【事実】権利能力のない社団であるA連合会の資産である本件不動産につき，Aの旧代表者Yの個人名義で登記が経由されていたが，Yが辞任により代表者の地位を失い，Xが新代表者となったため，XがYに所有権移転登記手続を求めたのに対して，Yは，本件請求の原告適格はAであってXではないと主張して争った。

第1審・原審ともにXの請求を認容したため，Yが上告。

【判旨】 上告棄却 「権利能力なき社団の構成員全員の総有に属する社団の資産たる不動産については，従来から，その公示方法として，本件のように社団の代表者個人の名義で所有権の登記をすることが行なわれているのである。これは，不動産登記法が社団自身を当事者とする登記を許さないこと，社団構成員全員の名において登記をすることは，構成員の変動が予想される場合に常時真実の権利関係を公示することが困難であることなどの事情に由来するわけであるが，本来，社団構成員の総有に属する不動産は，右構成員全員のために信託的に社団代表者個人の所有とされるものであるから，代表者は，右の趣旨における受託者たるの地位において右不動産につき自己の名義をもつて登記をすることができる……。所論は，右の場合においても，登記簿上，たんに代表者個人名義の記載をするにとどめるのは相当でなく，社団の代表者である旨の肩書を付した記載を認めるべき……ものと主張する。しかしながら，……かような登記を許すことは，実質において社団を権利者とする登記を許容することにほかならないものであるところ，不動産登記法は，権利者として登記せらるべき者を実体法上権利能力を有する者に限定し，みだりに拡張を許さないものと

6 物

解すべきである」。

文献 森泉章・重判〔昭47〕，同・民商68巻1号，星野英一・法協90巻10号

参考8 権利能力のない社団に属する不動産に関する所有権
移転登記請求権と原告適格

最一小判平成26・2・27民集68巻2号192頁

【要旨】 権利能力のない社団は，構成員全員に総有的に帰属する不動産について，実質的には当該社団が有しているとみるのが事の実態に即していることにかんがみると，その所有権の登記名義人に対し，当該社団の代表者個人名義に所有権移転登記手続をすることを求める訴訟の原告適格を有する。

文献 田邊誠・民訴百選〔5版〕，西内康人・重判〔平26〕，堀野出・同，川嶋四郎・私リ50号

6 物

総則9 海面下の土地と所有権の客体

◆海は，民法施行当時特定の者が排他的総括支配権を取得していたときを除いては，同法86条1項にいう土地にあたらない。

最三小判昭和61・12・16民集40巻7号1236頁

〔参照条文〕民85条・86条1項，不登1条（平16法123号による
新法施行前の旧法，現行3条）

【事実】 A県内の干潟の埋立ておよび造成計画において，Aは，干潟の一部であり，満潮時に海面下に没する土地に関する登記簿上の所有名義人に滅失登記申請を指導してきたが，Xらはこれに従わなかったため，昭和44年秋分の日の満潮時に，法務局出張所登記官Yは，本件係争地について「年月日不詳海没」として滅失登記処分をしたところ，Xらはその取消しを求めて本訴を提起した。

第1審・原審ともにXの主張を容れたため，Yが上告。

【判旨】 破棄自判 「不動産登記法による登記の対象となる土地とは，私法上の所有権の客体となる物としての土地をいう。所有権の客体となる物は，人が

第1編 民法総則

社会生活において独占的・排他的に支配し利用できるものであることを要する。……海も，およそ人の支配の及ばない深海を除き，その性質上当然に私法上の所有権の客体となりえないというものではなく，国が行政行為などによつて一定範囲を区画し，他の海面から区別してこれに対する排他的支配を可能にした上で，その公用を廃止して私人の所有に帰属させることが不可能であるということはできず，そうするかどうかは立法政策の問題であつて，かかる措置をとつた場合の当該区画部分は所有権の客体たる土地に当たると解することができる。……私有の陸地が自然現象により海没した場合についても，当該海没地の所有権が当然に消滅する旨の立法は現行法上存しないから，当該海没地は，人による支配利用が可能でありかつ他の海面と区別しての認識が可能である限り，所有権の客体たる土地としての性格を失わないものと解するのが相当である。」（補足意見がある）

文献 来生新・百選Ⅰ〔5版〕，新田敏・重判〔昭61〕，前田陽一・法協107巻3号，曽田厚・民商98巻2号

参考9 埋立地と所有権の客体

最二小判平成17・12・16民集59巻10号2931頁

【要旨】 公有水面埋立法に基づく埋立地であっても，長年にわたり事実上公の目的に使用されることもなく放置され，公共用財産としての形態，機能を完全に喪失し，その上に他人の平穏かつ公然の占有が継続したがそのため実際上公の目的が害されるようなこともなく，これを公共用財産として維持すべき理由がなくなり，同法に基づく原状回復義務の対象とならなくなった場合には，土地として私法上所有権の客体になる。

文献 松尾弘・重判〔平17〕

7 公序良俗違反・強行法規違反

7 公序良俗違反・強行法規違反

総則10 男女別定年制と公序良俗違反

◆会社がその就業規則中に定年年齢を男子60歳，女子55歳と定めた場合において，企業経営上定年年齢において女子を差別しなければならない合理的理由が認められないときは，就業規則中女子の定年年齢を男子より低く定めた部分は，性別のみによる不合理な差別を定めたものとして民法90条の規定により無効である。

最三小判昭和56・3・24民集35巻2号300頁

〔参照条文〕憲14条1項，民1条の2（平16法147号による改正前，現行2条）・90条，労基1章

【事実】Xは，昭和21年からA社に雇傭されて工場従業員として勤務していたが，労働契約上の地位は営業譲渡によりB社に承継され，その後Bを吸収合併したY社に承継された。Yの就業規則中には，男子満55歳・女子満50歳をもって定年退職となる旨の定めがあり，Xは昭和44年1月に50歳となるため，YはXに対し，同年1月末日限りで退職を命じる旨の予告を行った。なお，Yは昭和48年4月に，定年年齢を男子満60歳・女子満55歳とすべく，就業規則を改めた。XがYに対して雇傭関係存続確認等を請求して本訴を提起した。

第1審・原審ともにXの請求を認容したため，Yが上告。

【判旨】上告棄却「Yの就業規則は男子の定年年齢を60歳，女子の定年年齢を55歳と規定しているところ，右の男女別定年制に合理性があるか否かにつき，原審は，Yにおける女子従業員の担当職種，男女従業員の勤続年数，高齢女子労働者の労働能力，定年制の一般的現状等諸般の事情を検討したうえ，Yにおいては，……女子従業員各個人の能力等の評価を離れて，その全体をYに対する貢献度の上がらない従業員と断定する根拠はないこと，しかも，女子従業員について労働の質量が向上しないのに実質賃金が上昇するという不均衡が生じていると認めるべき根拠はないこと，少なくとも60歳前後までは，男女とも通常の職務であれば企業経営上要求される職務遂行能力に欠けるところはなく，……一律に従業員として不適格とみて企業外へ排除するまでの理由はないことなど，Yの企業経営上の観点から定年年齢において女子を差別しなければならない合理的理由は認められない旨認定判断したものであり，……正当

17

第1編 民法総則

として是認することができる。そうすると，……Yの就業規則中女子の定年年齢を男子より低く定めた部分は，専ら女子であることのみを理由として差別したことに帰着するものであり，性別のみによる不合理な差別を定めたものとして民法90条の規定により無効であると解するのが相当である」。

〔文献〕 水野紀子・百選 I，春名麻季・憲百選 I〔6版〕，川口美貴・労働百選〔6版〕，中山勲・重判〔昭56〕，星野英一・法協99巻12号，阿部照哉・民商85巻5号

総則 11 不倫関係の相手方に対する包括遺贈

◆妻子のある男性が不倫関係にある女性に対し包括遺贈した場合であっても，妻との婚姻の実体がある程度失われた状態のもとで，不倫関係の維持ではなく専ら同女の生活保全を目的とするものであること，妻も遺贈を受けており生活の基盤が脅かされるものとはいえないなどの事情があるときは，遺贈は公序良俗に反しない。

最一小判昭和61・11・20民集40巻7号1167頁

〔参照条文〕民90条・964条

【事実】Aは妻子がありながら，昭和44年頃から死亡時までYと7年間不倫関係を維持していたが，妻X_1とは昭和40年頃から別居しており，夫婦としての実体はある程度喪失していた。また，Aの子X_2はすでに嫁いで高校の講師等をしている。本件遺言の内容は，X_1・X_2・Yに全遺産の3分の1ずつを遺贈するものであった。Xらは，本件遺言がAの真意に反するか強迫に基づくものである，あるいは公序良俗違反にあたるなどと主張して，Yに対して遺言の無効確認を求めるなどとして本訴を提起した。

第1審・原審ともにXの主張を斥けたため，Xが上告。

【判旨】 上告棄却 「本件遺言は不倫な関係の維持継続を目的とするものではなく，もっぱら生計を亡Aに頼っていたYの生活を保全するためにされたものというべきであり，また，右遺言の内容が相続人らの生活の基盤を脅かすものとはいえないとして，本件遺言が民法90条に違反し無効であると解すべきではないとした原審の判断は，正当として是認することができる。」

〔文献〕 原田昌和・百選 I，松川正毅・家族百選〔7版〕，加藤永一・重判〔昭61〕，内田貴・法協107巻9号，佐藤義彦・民商98巻5号

7 公序良俗違反・強行法規違反

総則 12 証券取引における損失保証特約の有効性

◆法律行為が公序に反することを目的とするものであるとして無効になるかどうかは，法律行為のされた時点の公序に照らして判断すべきである。

最二小判平成 15・4・18 民集 57 巻 4 号 366 頁

〔参照条文〕民 90 条，憲 29 条，証取 42 条の 2 第 1 項 3 号

（平 18 法 25 号による改正前，金商 39 条 1 項 3 号）

【事実】鉄鋼専門商社 X と証券会社 Y は，昭和 60 年 6 月 14 日，X を委託者兼受益者，Y を受託者とする信託金 30 億円の特定金銭信託契約（以下，「本件特金契約」という）を締結した。また，Y は X に対し，本件特金契約に関して元本割れが生じた場合における損失を補てんする旨を約する本件保証契約および本件追加保証契約が締結された。X が Y に対して，本件保証契約および本件追加保証契約の履行として 23 億円余および平成 5 年 3 月 11 日から支払済みまでの遅延損害金の支払を求めて本訴を提起した。

　　第 1 審が，本件保証契約および本件追加保証契約ともに公序良俗違反により無効であるとして X の請求を棄却したのに対し，原審は，本件追加保証契約のみが無効であるとして X の請求を一部認容したため，Y が上告。

【判旨】　一部破棄自判，一部破棄差戻　「法律行為が公序に反することを目的とするものであるとして無効になるかどうかは，法律行為がされた時点の公序に照らして判断すべきである。けだし，民事上の法律行為の効力は，特別の規定がない限り，行為当時の法令に照らして判定すべきものであるが……，この理は，公序が法律行為の後に変化した場合においても同様と考えるべきであり，法律行為の後の経緯によって公序の内容が変化した場合であっても，行為時に有効であった法律行為が無効になったり，無効であった法律行為が有効になったりすることは相当でないからである。……本件保証契約が締結されたのは，昭和 60 年 6 月 14 日であるが，上記の経緯にかんがみると，この当時において，既に，損失保証等が証券取引秩序において許容されない反社会性の強い行為であるとの社会的認識が存在していたものとみることは困難であるというべきである。」

（文献）山本敬三・百選 I，潮見佳男・重判〔平 15〕，小塚荘一郎・同，吉田克己・私リ 29 号

第1編　民法総則

民法総則

⑬

総則13　入学辞退における学納金不返還特約の有効性

◆大学と在学契約を締結した者は，原則として，いつでも任意に将来に向かって解除することができる。入学試験の合格者が在学契約またはその予約を締結して当該大学に入学しうる地位を取得するための対価としての性質を有する入学金を納付した後に解除しても，当該大学は当該合格者に入学金を返還する義務を負わない。在学契約における納付済みの授業料等を返還しない旨の特約は，在学契約の解除に伴う損害賠償の予定または違約金の定めの性質を有するが，解除の意思表示が3月31日までにされた場合には，原則として，消費者契約法9条1号により無効となる。

最二小判平成 18・11・27 民集 60 巻 9 号 3437 頁

〔参照条文〕民 3 編 2 章・420 条・540 条 1 項・703 条，消費契約 9 条

【事実】X らは，Y 大学の平成 14 年度入試に合格し，入学者納付金（以下，「本件学納金」という）として入学金および授業料を納付して入学手続を行った。Y の入試要項および入学手続要項には，いったん提出した入学手続書類および入学者納付金はいかなる理由があっても返還しない旨が記載されており，X・Y 間において本件不返還特約が成立した。Y に対して，X_1 は平成 14 年 3 月 13 日に「退学願」と題する書面を提出して入学辞退の申出を行い，X_2 は同月 29 日頃に電話で入学辞退の旨を告げた後「入学辞退届出」と題する書面を送付し，4 月 3 日に Y に到達した。X らが不当利得返還請求権に基づき，本件学納金相当額および遅延損害金の支払を求めたのに対し，Y は本件不返還特約を理由としてこれを争った。

　第 1 審は X らの請求を棄却したが，原審が X_1 の請求のみを一部認容したため，X_2・Y が上告。

【判旨】　一部破棄差戻，一部破棄自判，一部棄却　「学生は，原則として，いつでも任意に在学契約等を将来に向かって解除することができる……。

　……入学辞退の申出が当該学生本人の確定的な意思に基づくものであることが表示されている以上は，口頭によるものであっても，原則として有効な在学契約の解除の意思表示と認めるのが相当である。

　……学生が大学に入学し得る地位を取得する対価の性質を有する入学金については，その納付をもって学生は上記地位を取得するものであるから，その後に在学契約等が解除され，あるいは失効しても，大学はその返還義務を負う理由はないというべきである。

20

　　　　　　　　　　　　　　　　　　　　7　公序良俗違反・強行法規違反

　……不返還特約のうち授業料等に関する部分は，在学契約の解除に伴う損害
賠償額の予定又は違約金の定めの性質を有するものと解するのが相当である。
　……一般に，4月1日には，学生が特定の大学に入学することが客観的にも
高い蓋然性をもって予測されるものというべきである。そうすると，在学契約
の解除の意思表示がその前日である3月31日までにされた場合には，原則と
して，大学に生ずべき平均的な損害は存しないものであって，不返還特約はす
べて無効となり，在学契約の解除の意思表示が同日よりも後にされた場合には，
原則として，学生が納付した授業料等及び諸会費等は，それが初年度に納付す
べき範囲内のものにとどまる限り，大学に生ずべき平均的な損害を超えず，不
返還特約はすべて有効となるというべきである。」

（文献）　潘阿憲・総則・商行為百選〔5版〕，松本恒雄・消費百選，野澤正充・重判〔平
19〕，後藤巻則・民商136巻4＝5号，平野裕之・私リ36号

（参考10）　取締法規違反と法律行為の効力
　　　　　　　——文化財保護法に反する重要文化財の有償譲渡

　　　　　　　　　　　　　　　　最一小判昭和50・3・6民集29巻3号220頁

【要旨】　文化財保護法46条1項は，所有者の自由な処分権限を前提として重
要文化財の保存を目的とする国の先買権を規定したにとどまるため，重要文化
財の所有者が，予め国に対する売渡しの申出をせずにこれを第三者に有償で譲
渡しても，その効力に影響がない。

（文献）　谷口知平・民商73巻6号

（参考11）　独占禁止法違反の両建預金の私法上の効力

　　　　　　　　　　　　　　　　最一小判平成9・9・4民集51巻8号3619頁

【要旨】　いわゆる拘束された即時両建預金を取引条件とする貸付が独占禁止法
19条に違反する場合でも，その違反により貸付契約が直ちに私法上無効とな
るとはいえず，また公序良俗に反するともいえないが，両建預金および超過利
息があるために実質金利が利息制限法所定の制限利率を超過しているときは，

第1編 民法総則

その限度で貸付契約中の利息・損害金についての約定は無効となる。

（文献） 杉浦市郎・民商28巻3号

参考12 弁護士法違反の行為の私法上の効力

最一小決平成21・8・12民集63巻6号1406頁

【要旨】 債権の管理または回収の委託を受けた弁護士が，その手段として本案訴訟の提起や保全命令の申立てをするために当該債権を譲り受ける行為は，仮にそれが弁護士法28条に違反するものであったとしても，他人間の法的紛争に介入し，司法機関を利用して不当な利益を追求することを目的として行われたなど，公序良俗に反するような事情があれば格別，直ちにその私法上の効力が否定されるものではない。

（文献） 河野信夫・判評619（判時2081）号，小粥太郎・重判〔平21〕，吉田直弘・私リ41号，平野裕之・私リ42号，大澤逸平・法協129巻3号

参考13 入会集団の慣習に基づく会則と公序良俗違反

最二小判平成18・3・17民集60巻3号773頁

【要旨】 入会部落の慣習に基づく入会集団の会則のうち，入会権の資格要件を世帯主に限定する部分は公序良俗に反しないが，原則として男子孫に限定し，同入会部落民以外の男性と婚姻した女子孫は離婚して旧姓に復しない限り入会権者の資格を認められないとする部分は，公序良俗に反して無効である。

（文献） 大村敦志・重判〔平18〕，佐々木雅寿・同，吉田邦彦・民商135巻4＝5号，関武志・私リ35号

参考14 敷引特約の有効性

最一小判平成23・3・24民集65巻2号903頁

【要旨】 消費者契約である居住用建物の賃貸借契約に付されたいわゆる敷引特約は，信義則に反して賃借人の利益を一方的に害するものであると直ちにいう

7　公序良俗違反・強行法規違反

ことはできないが，賃借人が社会通念上通常の使用をした場合に生ずる損耗や経年により自然に生ずる損耗の補修費用として通常想定される額，賃料の額，礼金等他の一時金の授受の有無およびその額等に照らし，敷引金の額が高額に過ぎると評価すべきものであるときは，当該賃料が近傍同種の建物の賃料相場に比して大幅に低額であるなど特段の事情のない限り，消費者契約法10条により無効となる。

〔文献〕　丸山絵美子・重判〔平23〕，小野秀誠・私リ45号

〔参照〕建物賃貸借における敷引特約と消費者契約法10条⇨〔契約参考22〕

参考15　更新料条項の有効性

最二小判平成23・7・15民集65巻5号2269頁

【要旨】　賃貸借契約書に一義的かつ具体的に記載された更新料の支払を約する条項は，更新料の額が賃料の額，賃貸借契約が更新される期間等に照らし高額に過ぎるなどの特段の事情がない限り，消費者契約法10条にはあたらない。

〔文献〕　大澤彩・百選Ⅱ，磯村保・重判〔平23〕，幡野弘樹・法協130巻2号，桑岡和久・民商146巻1号，松本恒雄・私リ46号

〔参照〕建物賃貸借契約における更新料条項の効力⇨〔契約参考25〕

参考16　生命保険契約における保険料不払を理由とする無催告失効条項の有効性

最二小判平成24・3・16民集66巻5号2216頁

【要旨】　生命保険契約に適用される約款中の保険料不払を理由とする無催告失効条項は，①保険料が期限内に払い込まれず，かつ，その後1か月の猶予期間内に不払が解消されない場合に，初めて保険契約が失効する旨を明確に定めるものであり，②払い込むべき保険料等の額が解約返戻金の額を超えないときは，自動的に保険会社が保険契約者に保険料相当額を貸し付けて契約を有効に存続させる旨の条項が置かれており，③保険会社が，契約締結当時において，保険料不払があった場合に失効前に保険契約者に対して督促を行う実務上の運用を

第 1 編　民 法 総 則

確実にしているときは，消費者契約法 10 条にあたらない。

(文献)　潮見佳男・重判〔平 24〕

8　法律行為の解釈

総則 14　任意規定と自動車保険約款における免責条項の修正
　　　　 的解釈

◆自動車保険契約において，保険契約者または被保険者が対人事故の通知義務
を懈怠したときには保険者は損害を塡補しない旨の免責条項は，保険契約者
または被保険者が保険金詐取等保険契約における信義則上許されない目的の
もとに通知を懈怠したときを除き，保険者において塡補責任を免れうるのは，
通知を受けなかったために取得することのあるべき損害賠償請求権の限度に
おいてであることを定めたものと解すべきである。

最二小判昭和 62・2・20 民集 41 巻 1 号 159 頁

〔参照条文〕商 658 条（平 20 法 57 号による改正前。現行保険 14 条）

【事実】A 社と Y 保険会社との間で，A 所有の本件自動車を被保険自動車，A を被
保険者とする自家用自動車保険普通保険約款（以下，「本件約款」という）に基づく保
険契約が締結された。その後 A の代表取締役の長男 B が本件自動車で C を轢いて
死亡させ，B の傷害致死罪が確定した。C の相続人 X らは，A・B に対して損害賠
償請求訴訟を提起し，認容判決を得たが，A らが無資力であったため，債権者代
位権に基づき，A の Y に対する保険金請求権を行使した。これに対し Y は，被保
険者から対人事故の通知を受けずに事故発生の日から 60 日が経過した場合，被保
険者が過失なくして事故の発生を知らなかったときまたはやむをえない事由により
通知できなかったときを除き，保険者は損害を塡補しない旨の免責条項（本件約款
14 条）を主張して争った。

　第 1 審・原審ともに X の請求を認容したため，Y が上告。

【判旨】　上告棄却　「保険契約者又は被保険者が保険金を詐取し又は保険者の
事故発生の事情の調査，損害てん補責任の有無の調査若しくはてん補額の確定
を妨げる目的等保険契約における信義誠実の原則上許されない目的のもとに事
故通知をしなかった場合においては保険者は損害のてん補責任を免れうるもの
というべきであるが，そうでない場合においては，保険者が前記の期間内に事
故通知を受けなかったことにより損害のてん補責任を免れるのは，事故通知を

24

8 法律行為の解釈

受けなかつたことにより損害を被つたときにおいて，これにより取得する損害
賠償請求権の限度においてであるというべきであり，前記 14 条もかかる趣旨
を定めた規定にとどまるものと解するのが相当である。」

文献 石川博康・百選 I，石山卓磨・保険法百選，南出行生・交通事故百選〔4 版〕，
坂口光男・保険・海商百選〔2 版〕，同・損保百選〔2 版〕，同・重判〔昭 62〕，洲崎博史・
民商 97 巻 5 号

民法総則

⑮

総則 15 遺言の解釈

◆遺言の解釈にあたっては，遺言書に表明されている遺言者の意思を尊重して
合理的にその趣旨を解釈すべきであるが，遺言者が遺言書作成に至った経緯
およびその置かれた状況等を考慮しながら，可能な限りこれを有効となるよ
うに解釈することがその意思に沿う。

最三小判平成 5・1・19 民集 47 巻 1 号 1 頁

〔参照条文〕民 960 条・964 条・1006 条

【事実】 亡 A の法定相続人は妹である Y らだけであったが，本件遺言がされた時
点では，A と Y らは長らく絶縁状態にあった。A は X に，遺言の執行を委嘱する
旨の自筆による本件遺言執行者指定の遺言書を作成してこれを X に託し，さらに
X の面前で，遺産については一切の相続を排除して全部を公共に寄与する旨の記載
のある自筆の本件遺言書を作成して本件遺言をしたうえ，これを X に託して，自
分は天涯孤独である旨を述べた。その後 A が死亡したため，X は本件遺言執行者
指定の遺言書および本件遺言書の検認を受け，遺言執行者に就職する旨を Y らに
通知した。Y らが A の遺産に含まれる本件不動産について相続を原因とする所有
権移転登記を経由したため，X がその抹消登記手続を求めて本訴を提起したのに対
し，Y らは X につき遺言執行者の地位不存在の確認を求めて反訴に及んだ。

第 1 審は双方の主張を斥けたが，原審が X の本訴請求を認容したため，Y が上告。

【判旨】　上告棄却　「本件遺言書の文言全体の趣旨及び同遺言書作成時の A の
置かれた状況からすると，同人としては，自らの遺産を Y ら法定相続人に取
得させず，これをすべて公益目的のために役立てたいという意思を有していた
ことが明らかである。そして，本件遺言書において，あえて遺産を『公共に寄
与する』として，遺産の帰属すべき主体を明示することなく，遺産が公共のた
めに利用されるべき旨の文言を用いていることからすると，本件遺言は，右目

25

第1編　民法総則

的を達成することのできる団体等……にその遺産の全部を包括遺贈する趣旨であると解するのが相当である。」

（文献）　新井誠・百選Ⅲ〔初版〕，同・民商109巻3号，伊藤昌司・重判〔平5〕，星野豊・法協111巻8号，泉久雄・私リ8号

参考17　ゴルフ会員権譲渡に関する会則の解釈

最三小判平成9・3・25民集51巻3号1609頁

【要旨】　預託金会員制ゴルフクラブにおいて，会則等に会員としての地位の相続に関する定めがなくても，地位の譲渡に関する規定に照らすと，本件会則の趣旨は，会員の死亡によりその相続人が地位の譲渡に準ずる手続を踏んでこれを取得することができるというところにあると解すべきである。

（文献）　高山征治郎・判評465（判時1612）号

9　虚偽表示

総則16　外形他人作出型における民法94条2項の類推適用

◆不実登記が他人によって作出された場合であっても，所有者がそのような登記を知りながらこれを存続させることを明示または黙示に承認していたときは，民法94条2項類推適用により，所有者は，登記名義人が所有権を取得していないことをもって，善意の第三者に対抗することができない。

最三小判昭和45・9・22民集24巻10号1424頁

〔参照条文〕民94条

【事実】　Xは，自己所有の本件土地につき，AがXの実印等を冒用してA名義の所有権移転登記を経由した事実をその直後に知りながら，経費の都合からその抹消登記手続を見送り，その後Aと夫婦となって同居する関係に至ったこともあり，かかる登記を4年余にわたって存続させていた。その間には，XがA所有名義のままで本件土地につき根抵当権を設定するなどしていた。AがYに対して本件土地を売却し，所有権移転登記手続が行われたため，Xが同登記の抹消登記手続を求めて本訴を提起したのに対し，Yは本件土地の所有権確認および，本件土地上にAが建築した本件建物収去土地明渡しを求めて反訴に及んだ。

9 虚偽表示

第1審・原審ともにXの本訴請求を認容したため，Yが上告。

【判旨】 一部破棄差戻，一部棄却 「不実の所有権移転登記の経由が所有者の不知の間に他人の専断によつてされた場合でも，所有者が右不実の登記のされていることを知りながら，これを存続せしめることを明示または黙示に承認していたときは，右94条2項を類推適用し，所有者は，……その後当該不動産について法律上利害関係を有するに至つた善意の第三者に対して，登記名義人が所有権を取得していないことをもつて対抗することをえないものと解するのが相当である。けだし，不実の登記が真実の所有者の承認のもとに存続せしめられている以上，右承認が登記経由の事前に与えられたか事後に与えられたかによつて，登記による所有権帰属の外形に信頼した第三者の保護に差等を設けるべき理由はないからである」。

〔文献〕 野々上敬介・百選 I，星野英一・法協 89 巻 6 号，石田喜久夫・民商 65 巻 3 号

総則17 民法 94 条と 110 条の法意の併用

◆不動産について売買の予約がされていないにもかかわらず，相通じて，その予約を仮装して仮登記手続をした場合において，外観上の仮登記権利者がほしいままに仮登記に基づいて本登記手続をしたときは，仮登記義務者は本登記の無効をもって善意無過失の第三者に対抗することができない。

最一小判昭和 45・11・19 民集 24 巻 12 号 1916 頁

〔参照条文〕民 94 条・369 条・482 条，不登 2 条 2 号 （平 16 法 123 号による
新法施行前の旧法，現行 105 条 2 号）

【事実】 Aが所有する本件宅地をYが買い受けたが，当該売買によって取得した所有権を保全するために，YがAに対して仮登記手続を求めたところ，Aはこれを承諾したが，司法書士を介して，YのAに対する貸金債権を担保することを目的とする本件抵当権設定登記および停止条件付代物弁済契約に基づく所有権移転請求権保全の本件仮登記を，本件宅地についてそれぞれ行った。本件各登記手続に際しYは，上記売買により取得した所有権保全のための仮登記手続に必要であると信じて登記原因を証する書面に押印していた。その後，本件宅地をAからBを経由して買い受けたXは，Yに上記貸金相当額および利息・損害金を弁済のため提供したが，Yがこれを拒んだため，弁済供託するとともに，Yに対して本件各登記の抹消登記手続を求めて本訴に及んだ。

27

第1編　民法総則

第1審はXの請求を棄却し，原審もXの本件仮登記の抹消登記手続請求を斥けたため，Xが上告。

【判旨】　破棄差戻　「Yは，登記の記載上は抵当権設定登記および所有権移転請求権保全の仮登記を有する者であるが，真実はAから所有権を取得した所有者であり，その所有権の保全のために仮登記手続をすべきところを前記のような事情で，登記手続を委任された司法書士が抵当権設定登記および停止条件付代物弁済契約に基づく所有権移転請求権保全の仮登記手続をしたものであることは，前記のとおりである。したがつて，右抵当権設定登記および停止条件付代物弁済契約に基づく所有権移転請求権保全の仮登記はYの意思に基づくものというべきである。そうとすれば，前記①の判例〔最一小判昭和43・10・17民集22巻10号2188頁〕の趣旨からみて，Yは，善意無過失の第三者に対し，右登記が実体上の権利関係と相違し，Yが仮登記を経た所有権者であり，抵当権者ないし停止条件付代物弁済契約上の権利者ではないと主張しえないものというべきである。」

（文献）　伊藤進・百選Ⅰ〔5版〕，星野英一・法協89巻7号，玉田弘毅・民商67巻6号

総則18　意思関与と同視しうる帰責性と民法94条2項・110条の類推適用

◆不実登記がされたことにつき，所有者に自らこれに積極的に関与した場合やこれを知りながらあえて放置した場合と同視しうるほど重い帰責性があるときは，民法94条2項・110条の類推適用により所有者は，登記名義人が所有権を取得していないことにつき，善意無過失の第三者に対して主張することができない。

最一小判平成18・2・23民集60巻2号546頁

〔参照条文〕民94条2項・110条

【事実】　XはAの紹介により本件不動産を買い受け，これを第三者に賃貸するにあたり，その手続をAに委ねるとともに，他に所有する土地に関する登記手続もAに依頼していた。Xは，Aから求められるままに本件不動産の登記済証，印鑑登録証明書をAに交付し，さらに，本件不動産をXからAに売却する旨の売買契約書につき，その意思がないにもかかわらず，Aから言われるままに署名押印した

うえに実印を渡して，本件不動産に関する登記申請書にＡが押印するのを漫然と見ていた。ＡはＸから交付された登記済証および印鑑登録証明書ならびに実印を用いて，売買を原因とするＡ名義の所有権移転登記手続を行い，本件不動産をＹに売却して所有権移転登記（以下，「本件登記手続」という）が経由された。そこで，ＸがＹに対し，本件不動産の所有権移転登記の抹消登記手続を求めて本訴を提起した。

　第１審・原審ともにＸの請求を棄却したため，Ｘが上告。

【判旨】　**上告棄却**　「Ａが本件不動産の登記済証，Ｘの印鑑登録証明書及びＸを申請者とする登記申請書を用いて本件登記手続をすることができたのは，上記のようなＸの余りにも不注意な行為によるものであり，Ａによって虚偽の外観（不実の登記）が作出されたことについてのＸの帰責性の程度は，自ら外観の作出に積極的に関与した場合やこれを知りながらあえて放置した場合と同視し得るほど重いものというべきである。そして，前記確定事実によれば，Ｙは，Ａが所有者であるとの外観を信じ，また，そのように信ずることについて過失がなかったというのであるから，民法94条2項，110条の類推適用により，Ｘは，Ａが本件不動産の所有権を取得していないことをＹに対し主張することができないものと解するのが相当である。」

文献　佐久間毅・百選Ｉ，磯村保・重判〔平18〕，武川幸嗣・民商135巻2号，中舎寛樹・私リ34号

10　錯　誤

総則19　信用保証契約における主債務者の属性に関する錯誤

◆表意者の動機が明示または黙示に表示されたとしても，当事者の意思解釈上，これが保証契約の内容となっていたとは認められない場合は，保証契約の意思表示に要素の錯誤はないというべきである。

最三小判平成28・1・12民集70巻1号1頁

〔参照条文〕民91条・95条・446条

【事実】Ｘ銀行とＹ信用保証協会は，Ｘが行う融資につきＹが信用保証を行う旨の本件基本契約を締結し，これに基づいて，平成20年7月，ＸのＡ社に対して実

第1編　民法総則

施した本件各貸付のために Y が連帯保証を行う旨の本件各保証契約が締結された。本件基本契約においては，X が保証契約に違反した場合，Y は保証債務の全部または一部を免れる旨の免責条項が設けられていたが，保証契約締結後に主債務者が反社会的勢力であったことが判明した場合の取扱いについては，本件基本契約および本件各保証契約上定めが置かれていなかった。平成 22 年 12 月，A 社につき，暴力団員である代表取締役が実質的に支配しており，反社会的勢力に属する旨が判明した。平成 23 年 3 月，A は本件各貸付につき期限の利益を喪失したため，X が Y に対して本件各保証契約に基づく連帯保証債務の履行を求めたところ，Y は錯誤を理由として本件各保証契約上の債務につき免責を主張するなどして争った。

第 1 審・原審ともに Y の主張を容れて X の請求を斥けたため，X が上告。

【判旨】　破棄差戻　「保証契約は，主債務者がその債務を履行しない場合に保証人が保証債務を履行することを内容とするものであり，主債務者が誰であるかは同契約の内容である保証債務の一要素となるものであるが，主債務者が反社会的勢力でないことはその主債務者に関する事情の 1 つであって，これが当然に同契約の内容となっているということはできない。そして，X は融資を，Y は信用保証を行うことをそれぞれ業とする法人であるから，主債務者が反社会的勢力であることが事後的に判明する場合が生じ得ることを想定でき，その場合に Y が保証債務を履行しないこととするのであれば，その旨をあらかじめ定めるなどの対応を採ることも可能であった。それにもかかわらず，本件基本契約及び本件各保証契約等にその場合の取扱いについての定めが置かれていないことからすると，主債務者が反社会的勢力でないということについては，この点に誤認があったことが事後的に判明した場合に本件各保証契約の効力を否定することまでを X 及び Y の双方が前提としていたとはいえない。また，保証契約が締結され融資が実行された後に初めて主債務者が反社会的勢力であることが判明した場合には，……債権者と保証人において，できる限り上記融資金相当額の回収に努めて反社会的勢力との関係の解消を図るべきである……。

　そうすると，A 社が反社会的勢力でないことという Y の動機は，それが明示又は黙示に表示されていたとしても，当事者の意思解釈上，これが本件各保証契約の内容となっていたとは認められず，Y の本件各保証契約の意思表示に要素の錯誤はないというべきである。」

（文献）山下純司・百選Ⅰ，原田昌和・重判〔平 28〕

11 詐 欺

参考18 第三者による錯誤無効の主張

最一小判昭和45・3・26民集24巻3号151頁

【要旨】 第三者が表意者に対する債権を保全する必要がある場合において，表意者がその意思表示に要素の錯誤があることを認めているときは，表意者自らは当該意思表示の無効を主張する意思がなくても，その第三者は当該意思表示の無効を主張して，その結果生ずる表意者の債権を代位行使することができる。

文献 須田晟雄・百選I〔5版〕，幾代通・民商64巻2号

参考19 手形債務負担の意思がない場合における錯誤の一部無効

最一小判昭和54・9・6民集33巻5号630頁

【要旨】 手形の裏書人が，金額1500万円の手形を金額150万円の手形と誤信して同金額の手形債務を負担する意思において裏書をした場合，その旨につき悪意の取得者に対して裏書人が錯誤を理由にして手形金償還義務の履行を拒めるのは，手形金のうち150万円を超える部分についてだけである。

文献 清水巌・重判〔昭54〕

11 詐 欺

総則20 民法96条3項の第三者と登記の要否

◆民法96条3項の第三者については，必ずしも，所有権その他の物権の転得者で，かつ，これにつき対抗要件を備えた者に限定しなければならない理由は見出し難い。

最一小判昭和49・9・26民集28巻6号1213頁

〔参照条文〕民96条3項

【事実】 AはX所有の本件農地を建売住宅の敷地とする目的で買い受け（以下，「本件売買契約」という），本件農地につき農地法5条の許可を停止条件とする所有権移

第1編　民法総則

転仮登記を得たうえで，本件農地を債権者Yに対して売渡担保として譲渡し，Yのために上記仮登記移転の付記登記が経由された。その後Xは，売買代金の支払能力等に関するAの詐欺を理由として本件売買契約を取り消すとともに，Yに対して本件農地上の付記登記の抹消登記手続を求めて本訴を提起した。なお，Yは，上記売渡担保契約の締結に際し，上記のような詐欺の事実を知らなかった。

　第1審はXの請求を棄却したが，原審はこれを認容したため，Yが上告。

【判旨】　破棄自判　「民法96条第1項，3項は，詐欺による意思表示をした者に対し，その意思表示の取消権を与えることによって詐欺被害者の救済をはかるとともに，他方その取消の効果を『善意の第三者』との関係において制限することにより，当該意思表示の有効なことを信頼して新たに利害関係を有するに至つた者の地位を保護しようとする趣旨の規定であるから，右の第三者の範囲は，同条のかような立法趣旨に照らして合理的に画定されるべきであつて，必ずしも，所有権その他の物権の転得者で，かつ，これにつき対抗要件を備えた者に限定しなければならない理由は，見出し難い。

　……Yは，もし本件売買契約について農地法5条の許可がありAが本件農地の所有権を取得した場合には，その所有権を正当に転得することのできる地位を得たものということができる。

　そうすると，Yは，以上の意味において，本件売買契約から発生した法律関係について新たに利害関係を有するに至つた者というべきであつて，民法96条3項の第三者にあたると解するのが相当である。」

文献　竹中悟人・百選Ⅰ，宇佐見大司・不動産百選〔3版〕，須永醇・重判〔昭49〕，星野英一・法協93巻5号，生熊長幸・民商73巻1号

12 意思表示の到達

12　意思表示の到達

総則21 　内容証明郵便の留置期間経過による不在返戻と到達の有無

◆遺留分減殺の意思表示が記載された内容証明郵便が留置期間の経過により返戻された場合において，受取人が不在配達通知書の記載その他の事情からその内容を十分に推知することができ，受領の意思があれば，郵便物の受取方法の指定によりさしたる労力・困難を伴うことなく受領することができたなどの事情のもとにおいては，当該遺留分減殺の意思表示は，社会通念上，受取人の了知可能な状態に置かれ，遅くとも留置期間満了時に到達したものと認められる。

最一小判平成 10・6・11 民集 52 巻 4 号 1034 頁

〔参照条文〕民 97 条・907 条・1031 条

【事実】Aは平成 5 年 11 月 10 日に死亡し，その相続人は実子であるXらと養子であるYであったが，Aは公正証書遺言により本件不動産を含む遺産のすべてをYに遺贈していた。Xらは，平成 6 年 2 月 9 日，減殺すべき遺贈があったことを知り，その弁護士であるBは，Yに対して遺産分割協議を申し入れる趣旨を記載した本件普通郵便を送付した。Yは本件普通郵便を受領した後でC弁護士を訪れ，遺留分減殺について説明を受けた。BはYに対して遺留分減殺の意思表示を記載した本件内容証明郵便を発送したものの，Yが不在のため配達されず，Yは不在配達通知書の記載によりその存在を知ったが，多忙のため受領に赴かず，本件内容証明郵便は留置期間経過によりBに返送された。YはBに対し，多忙のため上記郵便物を受領しなかったことおよび，遺産分割するつもりはない旨を記載した書面を郵送しており，本件内容証明郵便が遺産分割に関するものではないかと推測していた。BはYに対し，Xらの遺留分を認めるか否かを照会する普通郵便を送付したが，民法 1042 条所定の消滅時効期間（1 年）がすでに経過していた。XらがYに対して，遺留分減殺を原因とする本件不動産の持分に関する所有権移転登記手続を求めたのに対し，Yは遺留分減殺の意思表示の効力について争った。

第 1 審・原審ともにXらの請求を棄却したため，Xらが上告。

【判旨】 **破棄差戻**　「Yは，不在配達通知書の記載により，Bから書留郵便（本件内容証明郵便）が送付されたことを知り……，その内容が本件遺産分割に関するものではないかと推測していたというのであり，さらに，この間弁護

第1編　民法総則

士を訪れて遺留分減殺について説明を受けていた等の事情が存することを考慮すると，Yとしては，本件内容証明郵便の内容が遺留分減殺の意思表示又は少なくともこれを含む遺産分割協議の申入れであることを十分に推知することができたというべきである。また，Yは，……仕事で多忙であったとしても，受領の意思があれば，郵便物の受取方法を指定することによって……，さしたる労力，困難を伴うことなく本件内容証明郵便を受領することができたものということができる。そうすると，本件内容証明郵便の内容である遺留分減殺の意思表示は，社会通念上，Yの了知可能な状態に置かれ，遅くとも留置期間が満了した時点でYに到達したものと認めるのが相当である。」

（文献）滝沢昌彦・百選Ｉ，山本敬三・重判〔平10〕，副田隆重・民商120巻4=5号，大石忠生=相澤眞木・私リ19号

13　代　　理

総則22　親権者の利益相反行為と代理権濫用

◆親権者が子を代理してその所有する不動産を第三者の債務の担保に供する行為は，親権者に代理権を授与した法の趣旨に著しく反すると認められる特段の事情が存しない限り，代理権の濫用にはあたらない。

最一小判平成4・12・10民集46巻9号2727頁

〔参照条文〕民93条ただし書・824条

【事実】本件土地は未成年の子Xが所有しており，Xの母AがXの親権者であった。そして，Xの叔父Bが，諸事にわたりAとXの面倒をみていた。AはXの親権者として，Bが経営する会社に対してYが有する債権を担保するために本件土地につき根抵当権を設定することを承諾し，BがAを代行して根抵当権契約書の作成および本件根抵当権登記手続を行った。その後，BはAの承諾に基づいて，Aを代行して上記根抵当権の債権極度額を3000万円から4500万円に変更する旨の根抵当権変更契約書を作成し，根抵当権変更の付記登記手続を了した。やがて成年に達したXは，Yに対し，Aの代理権の濫用を理由として，本件根抵当権設定登記の抹消登記手続を求めて本訴を提起した。

　第1審はXの請求を棄却したが，原審は代理権の濫用を認めてこれを認容したため，Yが上告。

13 代　理

【判旨】　**破棄差戻**　「親権者が子を代理してする法律行為は，親権者と子との利益相反行為に当たらない限り，それをするか否かは子のために親権を行使する親権者が子をめぐる諸般の事情を考慮してする広範な裁量にゆだねられているものとみるべきである。そして，親権者が子を代理して子の所有する不動産を第三者の債務の担保に供する行為は，利益相反行為に当たらないものであるから，それが子の利益を無視して自己又は第三者の利益を図ることのみを目的としてされるなど，親権者に子を代理する権限を授与した法の趣旨に著しく反すると認められる特段の事情が存しない限り，親権者による代理権の濫用に当たると解することはできないものというべきである。」

文献　福永礼治・百選Ⅰ〔5版〕，同・家族百選〔7版〕，右近健男・重判〔平4〕，米倉明・法協111巻3号，道垣内弘人・民商108巻6号，辻正美・私リ8号

参考20　**復代理人の義務の相手方**

最二小判昭和51・4・9民集30巻3号208頁

【要旨】　本人と代理人間で委任契約が締結され，代理人と復代理人間で復委任契約が締結された場合において，復代理人が委任事務を処理するにあたり，受領した物を代理人に引き渡したときは，特別に事情がない限り，復代理人の本人に対する受領物引渡義務は消滅する。

文献　林脇トシ子・重判〔昭51〕，小川浩三・法協95巻1号，遠田新一・民商76巻1号

参考21　**地方公共団体の長の代表行為と民法108条の類推適用**

最三小判平成16・7・13民集58巻5号1368頁

【要旨】　普通地方公共団体の長が当該普通地方公共団体を代表するとともに，相手方を代理しまたは代表して契約を締結した場合においては，民法108条が類推適用される。

文献　木藤伸一朗・行政百選Ⅰ〔5版〕，稲葉一将・重判〔平16〕

35

第1編 民法総則

14 表見代理

総則23 白紙委任状の濫用と民法109条・110条の重畳適用

◆Yが自己所有の不動産甲をAに売り渡すとともに，白紙委任状と名宛人白地の売渡証書を交付したところ，AがこれらをさらにBに交付し，Bが上記各書類を濫用して，Yの代理人としてXとの間で甲につき交換契約を締結した場合において，Bに代理権があると信じたことにつきXに正当な理由があるときは，民法109条・110条が適用される。

最三小判昭和45・7・28民集24巻7号1203頁

〔参照条文〕民109条・110条

【事実】Yは，自己所有の本件山林をAに売り渡すとともに，所有権移転登記手続に必要な書類として，白紙委任状および名宛人白地の売渡証書などをAの代理人Bに交付した。そしてAは，Bを代理人として本件山林をXらが所有する山林と交換することとしたが，Bは，Yからは何らの代理権も授与されていないにもかかわらず，Yの代理人と称して，Yから交付された上記各書類をXらの代理人Cに示し，Xらとの間で本件山林に関する本件交換契約を締結した。Xらは，Yに対して本件山林の所有権移転登記手続を求めて本訴を提起した。

第1審・原審ともにXの請求を斥けたため，Xが上告。

【判旨】 破棄差戻 「Bは，Yから右各書類を直接交付され，また，Aは，Bから右各書類の交付を受けることを予定されていたもので，いずれもYから信頼を受けた特定他人であつて，たとい右各書類がAからさらにBに交付されても，右書類の授受は，Yにとつて特定他人である同人ら間で前記のような経緯のもとになされたものにすぎないのであるから，Bにおいて，右各書類をCに示してYの代理人として本件交換契約を締結した以上，Yは，Cに対しBに本件山林売渡の代理権を与えた旨を表示したものというべきであつて，X側においてBに本件交換契約につき代理権があると信じ，かく信ずべき正当の事由があるならば，民法109条，110条によつて本件交換契約につきその責に任ずべきものである。」

文献 臼井豊・百選Ⅰ，多田利隆・不動産百選〔3版〕，川井健・法協89巻3号，川村フク子・民商64巻4号

36

14　表見代理

総則24　民法 110 条における正当理由の判断(1)

◆代理による保証契約の締結において，代理人が本人の実印が押印されている
本人名義の契約書および本人の印鑑証明書を持参した場合であっても，かか
る契約の締結が本人の意思に基づくものであると信ずるには足りない特段の
事情があるときは，相手方はさらに本人に保証意思の存否を確認すべきであ
り，民法 110 条における正当理由があるということはできない。

民二小判昭和 51・6・25 民集 30 巻 6 号 665 頁

〔参照条文〕民 110 条

【事実】A 社の X に対する電気製品の継続的売買取引上の債務につき，連帯保証人
を立てるよう X から求められた A の代表者 B は，署名代理の方法により Y の名に
おいて，X との間で本件根保証契約を締結した。B は Y から，A の社員寮を賃借
するについて Y が保証人となる旨の保証契約締結の権限を与えられ，実印と印鑑
証明書の交付を受けていたが，B はかかる権限を逸脱して，Y の名で根保証約定書
を作成して Y の実印を押印したうえ，上記印鑑証明書を添付して X に差し入れた。
X は上記実印と印鑑証明書を確認し，本件根保証契約の締結が Y の意思に基づく
ものと信じていた。X は，A の X に対する手形債務のための保証債務の履行を Y
に求めて，本訴を提起した。

　第 1 審は，民法 110 条における正当理由を否定して X の請求を棄却したが，原
審はこれを認容したため，Y が上告。

【判旨】　破棄差戻　「印鑑証明書が日常取引において実印による行為について
行為者の意思確認の手段として重要な機能を果たしていることは否定すること
ができず，X としては，Y の保証意思の確認のため印鑑証明書を徴したのであ
る以上は，特段の事情のない限り，前記のように信じたことにつき正当理由が
あるというべきである。

　しかしながら，原審は，他方において，(一) X が B に対して本件根保証契約
の締結を要求したのは，A との取引開始後日が浅いうえ，A が代金の決済条
件に違約をしたため，取引の継続に不安を感ずるに至つたからであること，X
は，当初，B に対し B 及び B の実父（……A の親会社……の経営者でもある
ことが窺われる。)……に連帯保証をするよう要求したのに，B から『父親と
は喧嘩をしていて保証人になつてくれないが，自分の妻の父親が保証人にな
る。』との申し入れがあつて，これを了承した（なお，Y は B の妻の父ではな

民法総則

37

第1編　民法総則

く，妻の伯父にすぎない。）こと，Ｙの代理人として本件根保証契約締結の衝
にあたつたＢは右契約によつて利益をうけることとなるＡの代表取締役であ
ることなど，Ｘにとつて本件根保証契約の締結におけるＢの行為等について
疑問を抱いて然るべき事情を認定し，㈁また，……本件根保証契約については，
保証期間も保証限度額も定められておらず，連帯保証人の責任が比較的重いこ
とが推認されるのであるから，Ｙみずからが本件約定書に記名押印をするのを
現認したわけでもないＸとしては，単にＢが持参したＹの印鑑証明書を徴し
ただけでは，本件約定書がＹみずからの意思に基づいて作成され，ひいて本
件根保証契約の締結がＹの意思に基づくものであると信ずるには足りない特
段の事情があるというべきであつて，さらにＹ本人に直接照会するなど可能
な手段によつてその保証意思の存否を確認すべきであつたのであり，かような
手段を講ずることなく，たやすく前記のように信じたとしても，いまだ正当理
由があるということはできない」。

(文献) 早川眞一郎・百選Ｉ，星野英一・法協95巻2号，遠田新一・民商76巻5号

(総則25) 民法110条・112条の重畳適用

◆本人が無権代理行為を追認した後，代理人がさらに別の相手方との間で再度
　無権代理行為を行った場合において，相手方が代理人に権限ありと信ずべき
　正当な理由があるときは，民法110条および112条が類推適用される。

最一小判昭和45・12・24民集24巻13号2230頁

〔参照条文〕民110条・112条

【事実】Ａは兄であるＸの名で，Ｘ所有の本件不動産につきＢ銀行のために根抵当
権を設定したが，予めＸから代理権を授与されていなかったところ，Ｘは後に上
記根抵当権設定について追認した。ところがその後，Ａは債権者Ｃのために，本
件不動産につきＸの印章を偽造使用して本件根抵当権設定契約を締結し，設定登
記が行われた。競売により本件不動産を買い受けたＹが所有権移転登記を了した
ため，Ｘがその抹消登記手続を求めて本訴を提起した。
　第1審・原審ともにＸの請求を認容したため，Ｙが上告。

【判旨】　破棄差戻　「債権者をＣとする本件根抵当権設定契約およびその登記
は，前記Ｂに対する根抵当権設定行為をＸが追認した後になされたものとい

うべく，追認は，法律行為の行なわれる前にその代理人を信頼して代理権を与えるものではないが，別段の意思表示のないときは契約の時に遡つてその効力を生ずるものであることは民法116条の定めるところであるから，第三者に対する関係においては，Aに権限を付与した外観を与えたものとも解され，前記CがAにXを代理して本件根抵当権設定行為をする権限があると信ずべき正当の事由を有したときは，民法110条および同112条を類推適用し，XはAのした右行為につき責に任ずべきものと解すべき余地がある。」

文献 高橋三知雄・民商65巻5号

参考22 **民法110条における基本代理権——登記申請**

最一小判昭和46・6・3民集25巻4号455頁

【要旨】 本人から登記申請を委任されてこれに必要な権限を与えられた者が，その権限を越えて代理行為をした場合において，その登記申請が私法上の契約による義務の履行のためになされるものであるときは，その権限を基本代理権として，民法110条を適用することができる。

文献 五十川直行・百選Ⅰ〔5版〕，川村フク子・民商66巻6号

参考23 **民法110条における正当理由の判断(2)**

最三小判昭和45・12・15民集24巻13号2081頁

【要旨】 金融機関が保証人の代理人との間で，その代理人を主債務者とする元本限度額の定めのない継続的取引上の債務につき，保証限度額および保証期間の期限のない連帯保証契約を締結するにあたっては，代理人が本人の実印を所持している場合においても，他に代理権の存在を信ずるに足りる事情のない限り，本人に対し保証の限度等について照会するなどして保証意思を確認する義務があり，これを怠って代理人が実印を所持していたことのみにより代理権があるものと信じたにすぎないときは，いまだ民法110条にいう正当理由がある場合にあたるとはいえない。

文献 瀬川信久・法協89巻10号，好美清光・民商66巻1号

第1編　民法総則

15　無権代理

総則26　無権代理人の責任と表見代理の関係・民法117条
　　　　　　2項における「過失」の意義

◆無権代理人の責任は表見代理が成立しない場合における補充的な責任ではな
　く，両者は互いに独立した制度である。民法117条2項にいう「過失」は重
　大な過失に限定されない。

最三小判昭和62・7・7民集41巻5号1133頁

〔参照条文〕民117条2項

【事実】X信用組合のA社に対する貸金債権を担保するために，Aの代表者の妻B
の従姉妹であるYは，その夫Cの実印と印鑑証明書を用いて，Cに無断で同人を
連帯保証人とする旨の本件連帯保証契約を，Cの代理人としてBを介して締結した。
XはCに対して本件連帯保証契約の履行を求めて提訴したが，無権代理であると
して敗訴したため，Yに対して無権代理人の責任に基づく保証債務の履行を求めて
本訴を提起した。

　第1審・原審ともにXの請求を認容したため，Yが上告。

【判旨】　破棄差戻　「同法〔民法〕117条による無権代理人の責任は，……相手
方の保護と取引の安全並びに代理制度の信用保持のために，法律が特別に認め
た無過失責任であり，同条2項が……と規定しているのは，同条1項が無権代
理人に無過失責任という重い責任を負わせたところから，相手方において代理
権のないことを知つていたとき若しくはこれを知らなかつたことにつき過失が
あるときは，同条の保護に値しないものとして，無権代理人の免責を認めたも
のと解されるのであつて，その趣旨に徴すると，右の『過失』は重大な過失に
限定されるべきものではないと解するのが相当である。また，……無権代理人
の責任をもつて表見代理が成立しない場合における補充的な責任すなわち表見
代理によつては保護を受けることのできない相手方を救済するための制度であ
ると解すべき根拠はなく，右両者は，互いに独立した制度であると解するのが
相当である。したがつて，無権代理人の責任の要件と表見代理の要件がともに
存在する場合においても，表見代理の主張をすると否とは相手方の自由である
と解すべきであるから，相手方は，表見代理の主張をしないで，直ちに無権代
理人に対し同法117条の責任を問うことができるものと解するのが相当である

15　無権代理

……。そして，表見代理は本来相手方保護のための制度であるから，無権代理人が表見代理の成立要件を主張立証して自己の責任を免れることは，制度本来の趣旨に反するというべきであり，したがつて，右の場合，無権代理人は，表見代理が成立することを抗弁として主張することはできないと解するのが相当である。」

文献 難波譲治・百選Ⅰ，半田吉信・重判〔昭62〕

総則27 無権代理人による本人の共同相続

◆無権代理人が本人を共同相続した場合，共同相続人全員が共同して無権代理行為を追認しない限り，無権代理人の相続分に相当する部分についても無権代理行為が当然に有効となるものではない。

最一小判平成5・1・21民集47巻1号265頁

〔参照条文〕民113条・117条・896条・898条

【事実】AのBに対する貸金債権の担保として，Bの依頼を受けてYの父であるCが連帯保証する旨の本件連帯保証契約が締結された。本件連帯保証契約は，YがCから代理権を授与されていなかったにもかかわらず，Cに無断でBの依頼に応じ，借用証書に連帯保証人としてCの名を記載し，預かっていたCの実印を押印することにより締結されたものであった。AはBに対する上記貸金債権をXに譲渡した。その後Cが死亡し，同人の妻DおよびYが各2分の1の割合で共同相続した。そこでXがYに対して，貸金額全額および遅延損害金の支払を求めて本訴を提起した。

　第1審はXの請求を棄却したが，原審は，Yは相続によりCの地位を2分の1の割合により承継し，その分についてはY自ら連帯保証契約を締結したのと同様の効果が生ずるとして，Xの請求を一部容認したため，Yが上告。

【判旨】 破棄自判 「無権代理人が本人を他の相続人と共に共同相続した場合において，無権代理行為を追認する権利は，その性質上相続人全員に不可分的に帰属するところ，無権代理行為の追認は，本人に対して効力を生じていなかった法律行為を本人に対する関係において有効なものにするという効果を生じさせるものであるから，共同相続人全員が共同してこれを行使しない限り，無権代理行為が有効となるものではないと解すべきである。そうすると，他の共同相続人全員が無権代理行為の追認をしている場合に無権代理人が追認を拒絶

41

第1編 民法総則

することは信義則上許されないとしても，他の共同相続人全員の追認がない限り，無権代理行為は，無権代理人の相続分に相当する部分においても，当然に有効となるものではない。」（反対意見がある）

（文献） 後藤巻則・百選Ⅰ，潮見佳男・重判〔平5〕，奥田昌道・私リ8号

参考24 **無権代理人の責任に関する本人相続**

最三小判昭和48・7・3民集27巻7号751頁

【要旨】 無権代理人を相続した本人は，無権代理人が民法117条により相手方に債務を負担していたときには，無権代理行為について追認を拒絶できる地位にあったことを理由として，その債務を免れることができない。

（文献） 安永正昭・百選Ⅰ〔5版〕，潮見佳男・家族百選〔7版〕，星野英一・法協92巻9号，遠田新一・民商70巻6号

参考25 **本人による追認拒絶後における無権代理人の本人相続**

最二小判平成10・7・17民集52巻5号1296頁

【要旨】 本人が無権代理行為の追認を拒絶した場合には，無権代理行為の効力が本人に及ばないことが確定し，その後無権代理人が本人を相続したとしても，無権代理行為が有効になるものではない。

（文献） 佐久間毅・百選Ⅰ〔5版〕，磯村保・重判〔平10〕，山本敬三・私リ19号

参考26 **無権利者による販売委託に対する所有者の追認の効果**

最三小判平成23・10・18民集65巻7号2899頁

【要旨】 無権利者を委託者とする物の販売委託契約が締結された場合に，その物の所有者が，自己と当該契約の受託者との間に当該契約に基づく債権債務を発生させる趣旨でこれを追認したとしても，当該契約は無権利者と受託者との

間に有効に成立しているのであり，その所有者が当該契約に基づく販売代金債権を取得することはできない。

（文献）岩藤美智子・百選Ⅰ，同・重判〔平23〕，佐々木典子・民商147巻2号，伊藤進・私リ46号

16 条件・期限

総則28 故意の条件成就

◆条件成就によって利益を受ける当事者が故意に条件を成就させた場合，民法130条の類推適用により，相手方は条件不成就とみなすことができる。

最三小判平成6・5・31民集48巻4号1029頁

〔参照条文〕民130条

【事実】X社らを債務者，Y社らを債権者とする裁判上の和解調書における本件和解条項第1項には，Xらが同項に定める製品を製造販売しないこと，同第2項には，Xらがこれに違反した場合には連帯してYに対し違約金1000万円を支払う旨の記載がある。Yの取引先関係者であるAは，Yの指示のもとに，通常の客を装ってXの店舗に赴き，本件和解条項第1項に定める製品の購入を強く申し入れ，Xとの間で購入契約を締結したうえで同製品の引渡しを受けた。Yは，本件和解条項第2項の条件が成就したとして，上記和解調書によるXに対する強制執行のための執行文付与を受けたのに対して，Xが強制執行の不許を求める異議の訴えを提起して本訴に及んだ。

第1審がXの請求を斥けたのに対して，原審はこれを容れたため，Yが上告。

【判旨】**上告棄却**　「〔Xの〕行為が本件和解条項第1項に違反する行為に当たるものであることは否定できないけれども，Yは，単に本件和解条項違反行為の有無を調査ないし確認する範囲を超えて，Aを介して積極的にXを本件和解条項第1項に違反する行為をするよう誘引したものであって，これは，条件の成就によって利益を受ける当事者であるYが故意に条件を成就させたものというべきであるから，民法130条の類推適用により，Xらは，本件和解条項第2項の条件が成就していないものとみなすことができると解するのが相当である。」

43

第1編　民法総則

（文献）　上野達也・百選Ｉ，沖野眞巳・重判〔平6〕，永田眞三郎・私リ11号

（参考27）　**貸金の返済期日の解釈**

最一小判平成11・3・11民集53巻3号451頁

【要旨】　毎月1回ずつの分割払により元利金を返済する約定の消費貸借契約において返済期日を単に「毎月Ｘ日」と定めただけで，その日が日曜日その他の一般の休日にあたる場合の取扱いが明定されていなかった場合には，特段の事情がない限り，Ｘ日が休日であるときはその翌営業日を返済期日とする旨の黙示の合意があったことが推認される。

（文献）　上田誠一郎・重判〔平11〕，賀集唱・私リ21号

17　時効の援用

（総則29）　**援用権者の範囲(1)──後順位抵当権者**

◆後順位抵当権者は，先順位抵当権の被担保債権の消滅時効を援用することができない。

最一小判平成11・10・21民集53巻7号1190頁
〔参照条文〕民145条・369条・373条1項（平16法147号による改正前）

【事実】　Ｙ信用組合のＡに対する本件貸金債権等を担保するために，本件各不動産につきＹのために本件根抵当権が設定され，本件根抵当権設定登記が経由された。Ｙは，本件貸付金の支払がなかったため，本件根抵当権の実行として競売申立てを行った。本件根抵当権設定登記後，本件各不動産に根抵当権が設定され，これらをＸらに移転する旨の根抵当権付記登記が行われた。ＸらはＹに対して，本件貸金債権は時効の完成により消滅したとして，本件根抵当権設定登記の抹消登記手続を求めて本訴を提起した。

第1審・原審ともにＸらの請求を棄却したため，Ｘらが上告。

【判旨】　**上告棄却**　「先順位抵当権の被担保債権が消滅すると，後順位抵当権者の抵当権の順位が上昇し，これによって被担保債権に対する配当額が増加することがあり得るが，この配当額の増加に対する期待は，抵当権の順位の上昇

17　時効の援用

によってもたらされる反射的な利益にすぎないというべきである。そうすると，後順位抵当権者は，先順位抵当権の被担保債権の消滅により直接利益を受ける者に該当するものではなく，先順位抵当権の被担保債権の消滅時効を援用することができないものと解するのが相当である。」

(文献)　森田宏樹・百選Ⅰ，金山直樹・重判〔平11〕，伊藤進・私リ22号

民法総則

---

③

(総則30)　**援用権者の範囲(2)――詐害行為の受益者**

◆詐害行為の受益者は，詐害行為取消権を行使する債権者の債権の消滅時効を
　援用することができる。

最二小判平成10・6・22民集52巻4号1195頁

〔参照条文〕民145条・424条

【事実】　XはAに対して，連帯保証債権および求償債権（以下，「本件各債権」という）を有しており，Aは多額の債務を負担していたが，AとYは，他の債権者を害することを知りながら，A所有の本件不動産をYに贈与し，本件所有権移転登記が経由された。XがYに対して，A・Y間における上記の贈与契約の取消しおよび本件所有権移転登記の抹消登記手続を求めたのに対し，Yは，Xの被保全債権である本件各債権につき消滅時効を援用して争った。

　第1審・原審ともにXの請求を認容したため，Yが上告。

【判旨】　**破棄差戻**　「詐害行為の受益者は，詐害行為取消権行使の直接の相手方とされている上，これが行使されると債権者との間で詐害行為が取り消され，同行為によって得ていた利益を失う関係にあり，その反面，詐害行為取消権を行使する債権者の債権が消滅すれば右の利益喪失を免れることができる地位にあるから，右債権者の債権の消滅によって直接利益を受ける者に当たり，右債権について消滅時効を援用することができるものと解するのが相当である。」

(文献)　松久三四彦・百選Ⅰ〔5版〕，佐藤岩昭・重判〔平10〕，中井美雄・民商120巻3号，草野元己・私リ19号

第1編 民法総則

民法総則

総則31 援用権者の範囲(3)
——仮登記担保付不動産の第三取得者

◆担保目的において売買予約に基づく所有権移転請求権保全の仮登記がされた
不動産の第三取得者は，予約完結権の消滅時効を援用することができる。

最一小判平成4・3・19民集46巻3号222頁

〔参照条文〕民145条・556条

【事実】AのBに対する本件貸金債権を担保するため，A・B間において，B所有
の本件土地につき，Aを予約完結権者とする本件売買予約が締結され，所有権移
転請求権保全の本件仮登記が行われた。その後，本件貸金債権および本件売買予約
に基づく本件予約完結権はXへと譲渡され，本件土地はYが取得して所有権移転
登記を了するに至った。XがAに対して本件予約完結権行使の意思表示をすると
ともに，Yに対して本件土地につき所有権移転登記手続の承諾を求めたのに対し，
Yは本件予約完結権の消滅時効を援用し，本件仮登記の抹消登記手続を求めて争っ
た。

　第1審はXの請求を認容したが，原審がYの主張を容れたため，Xが上告。

【判旨】 **上告棄却** 「売買予約に基づく所有権移転請求権保全仮登記の経由さ
れた不動産につき所有権を取得してその旨の所有権移転登記を経由した者は，
予約完結権が行使されると，いわゆる仮登記の順位保全効により，仮登記に基
づく所有権移転の本登記手続につき承諾義務を負い，結局は所有権移転登記を
抹消される関係にあり……，その反面，予約完結権が消滅すれば所有権を全う
することができる地位にあるから，予約完結権の消滅によって直接利益を受け
る者に当たり，その消滅時効を援用することができるものと解するのが相当で
ある。」

文献 松久三四彦・百選Ⅰ〔4版〕，山本豊・重判〔平4〕，中田裕康・法協111巻2号，
金山直樹・民商107巻6号，磯村保・私リ7号

46

17 時効の援用

総則32 援用権者の範囲(4)
── 売買予約の仮登記に劣後する抵当権者

◆売買予約に基づく所有権移転請求権保全の仮登記がされた不動産の抵当権者
は,予約完結権の消滅時効を援用することができる。

最三小判平成2・6・5民集44巻4号599頁

〔参照条文〕民145条・369条・556条

【事実】A自己所有の本件土地につき,Bとの間で本件売買予約を締結し,Bのた
めに本件所有権移転請求権保全仮登記を経由した。その後Aの地位は相続により
Yらが承継取得した。さらに,本件土地につきX信用金庫のために抵当権が設定
され,設定登記が経由された。XはYに対して,本件売買予約の締結後,予約完
結権が行使されないまま10年が経過したことにより,予約完結権が時効により消
滅したとして,本件土地上の本件所有権移転請求権保全仮登記の抹消登記手続を求
めて本訴を提起した。

　第1審はXの請求を認容したが,原審はこれを斥けたため,Xが上告。

【判旨】　**破棄自判**　「Xは,本件売買予約に基づく予約完結権の消滅により直
接利益を受ける者に当たり,右予約完結権の消滅時効を援用することができる
ものというべきである。」

（文献）　松久三四彦・重判〔平2〕,森田宏樹・法協108巻8号,永田眞三郎・私リ3号

参考28 援用権者の範囲(5)──抵当不動産の第三取得者

最二小判昭和48・12・14民集27巻11号1586頁

【要旨】　抵当不動産の譲渡を受けた第三者は,抵当権の被担保債権の消滅時効
を援用することができる。

（文献）　岡本担・百選I〔3版〕,野村豊弘・法協92巻9号,石外克喜・民商72巻3号

参考29 援用の効果

最二小判昭和61・3・17民集40巻2号420頁

第1編　民法総則

【要旨】　時効による債権消滅の効果は，時効が援用されたときにはじめて確定的に生ずる。

文献　松久三四彦・百選I，同・重判〔昭61〕，同・民商96巻1号

参考30　消滅時効完成後の債務承認と再度完成した時効援用の可否

最一小判昭和45・5・21民集24巻5号393頁

【要旨】　債務者は，消滅時効の完成後に債権者に対して当該債務を承認した場合においても，その後再度完成した消滅時効を援用することができる。

文献　藤岡康宏・法協89巻1号，遠藤浩・民商65巻1号

18　時効の中断（更新）・停止（完成猶予）

総則33　主債務を相続した保証人による保証債務の弁済と主債務の時効中断

◆保証人が主債務を相続したことを知りながら保証債務の弁済をした場合，特段の事情がない限り，主債務者による承認として主債務の消滅時効が中断する。

最二小判平成25・9・13民集67巻6号1356頁

〔参照条文〕民147条3号・446条

【事実】Bが A銀行に対して負担している貸金債務につき，X信用保証協会が保証人となる旨の保証契約がX・A間で締結され，これに基づいてBがXに対して負担すべき本件求償金債務につき，Yが連帯保証する旨の連帯保証契約がX・Y間において締結された。Bが本件貸金債務につき期限の利益を喪失したため，XがAに対して代位弁済した。その後Bが死亡し，Yが単独で相続した。なお，YはXに対して，YがBを単独相続する旨を告げていた。YはXに対し，上記連帯保証契約に基づく本件連帯保証債務の履行として，本件求償金債務の一部を支払った。その後，XがYに対して本件連帯保証債務の履行を求めて支払督促を行ったところ，Yが異議申立てをしたため，本訴に及んだ。Yは，主債務である本件求償金債務の時効消滅を主張して争った。

18 時効の中断（更新）・停止（完成猶予）

第1審・原審ともにXの請求を棄却したため，Xが上告。

【判旨】 **破棄自判** 「主たる債務を相続した保証人は，従前の保証人としての地位に併せて，包括的に承継した主たる債務者としての地位をも兼ねるものであるから，相続した主たる債務について債務者としてその承認をし得る立場にある。そして，保証債務の附従性に照らすと，保証債務の弁済は，通常，主たる債務が消滅せずに存在していることを当然の前提とするものである。しかも，債務の弁済が，債務の承認を表示するものにほかならないことからすれば，主たる債務者兼保証人の地位にある者が主たる債務を相続したことを知りながらした弁済は，これが保証債務の弁済であっても，債権者に対し，併せて負担している主たる債務の承認を表示することを包含するものといえる。これは，主たる債務者兼保証人の地位にある個人が，主たる債務者としての地位と保証人としての地位により異なる行動をすることは，想定し難いからである。

したがって，保証人が主たる債務を相続したことを知りながら保証債務の弁済をした場合，当該弁済は，特段の事情のない限り，主たる債務者による承認として当該主たる債務の消滅時効を中断する効力を有すると解するのが相当である。」

（文献） 遠藤歩・民商150巻2号

（総則34） **破産手続上の権利行使と時効中断の有無**

◆破産手続における債権者による権利行使の意思表示は，破産申立てが取り下げられた場合においても，債務者に対する催告として時効中断の効力を有する。

最一小判昭和45・9・10民集24巻10号1389頁

〔参照条文〕民147条・149条・153条，破132条（平16法75号による改正前）

【事実】Xの先代AらのYらに対する本件貸金債権につき，その消滅時効期間の経過前に，Aらは，Yらを被申立人として破産申立てを行い，その審理手続上，破産原因の存在を明らかにするために，本件貸金債権に関する計算書および約束手形等を提出して，Yらに対して権利行使の意思表示を行った。Aを相続したXらは，Yらに対して本件貸金債権の履行を求めて本訴を提起した後，上記破産申立て

49

第1編　民法総則

を取り下げた。X・Y間においては，本件貸金債権に関する消滅時効完成の有無などが争われている。

第1審・原審ともにXの請求を認容したため，Yが上告。

【判旨】　上告棄却　「Aが破産手続上においてした右権利行使の意思の表示は，破産の申立が申立の適法要件として申述された債権につき消滅時効の中断事由となるのと同様に，一種の裁判上の請求として，当該権利の消滅時効の進行を中断する効力を有するものというべきであり，かつ，破産の申立がのちに取り下げられた場合でも，破産手続上権利行使の意思が表示されていたことにより継続してなされていたものと見るべき催告としての効力は消滅せず，取下後6ヶ月内に他の強力な中断事由に訴えることにより，消滅時効を確定的に中断することができるものと解するのを相当とする。」

(文献)　川井健・法協89巻8号，高田昌宏・倒産百選〔3版〕

総則 35　民法158条の法意と不法行為責任の権利行使期間

◆不法行為の被害者が，不法行為の時から20年を経過する前6か月内において，当該不法行為を原因として心神喪失の常況にありながら法定代理人を有しなかった場合において，その後後見人に就職した者が6か月内に損害賠償請求権を行使したなど特段の事情があるときは，民法158条の法意に照らし，724条後段の効果は生じない。

最二小判平成10・6・12民集52巻4号1087頁

〔参照条文〕民158条・724条

【事実】X₁は予防接種法に基づいて実施された痘そうの予防接種（以下，「本件接種」という）を受けた後，本件接種を原因として重度の心身障害者となった。Xらは，国Yに対して不法行為を理由とする損害賠償を求めて本訴を提起した。その後X₁について禁治産宣告がなされ，X₂が後見人に就職した。そこで，X₂が後見人として本訴を追行したが，Xらによる本訴提起の時点において，本件接種から20年以上が経過していた。

第1審はXらの請求を一部認容したが，原審は民法724条後段を根拠としてこれを棄却したため，Xが上告。

【判旨】　一部破棄差戻，一部棄却　「民法724条後段の規定は，不法行為によ

る損害賠償請求権の除斥期間を定めたものであり，……除斥期間の主張が信義則違反又は権利濫用であるという主張は，主張自体失当である……。

　……しかし，これによれば，その心神喪失の常況が当該不法行為に起因する場合であっても，被害者は，およそ権利行使が不可能であるのに，単に20年が経過したということのみをもって一切の権利行使が許されないこととなる反面，心神喪失の原因を与えた加害者は，20年の経過によって損害賠償義務を免れる結果となり，著しく正義・公平の理念に反するものといわざるを得ない。そうすると，少なくとも右のような場合にあっては，当該被害者を保護する必要があることは，前記時効の場合と同様であり，その限度で民法724条後段の効果を制限することは条理にもかなうというべきである。

　したがって，不法行為の被害者が不法行為の時から20年を経過する前6箇月内において右不法行為を原因として心神喪失の常況にあるのに法定代理人を有しなかった場合において，その後当該被害者が禁治産宣告を受け，後見人に就職した者がその時から6箇月内に右損害賠償請求権を行使したなど特段の事情があるときは，民法158条の法意に照らし，同法724条後段の効果は生じないものと解するのが相当である。」（反対意見がある）

（文献）　大塚直・重判〔平10〕

参考31　一部請求の趣旨が明示されていない場合における時効中断の範囲

最二小判昭和45・7・24民集24巻7号1177頁

【要旨】　1個の債権の一部についてのみ判決を求める趣旨が明示されていないときは，訴提起による消滅時効中断の効力は，当該債権の同一性の範囲内においてその全部に及ぶ。

（文献）　谷口知平・民商64巻5号

参考32　明示的一部請求の訴訟提起と時効中断の効力

最一小判平成25・6・6民集67巻5号1208頁

第1編　民法総則

【要旨】　数量的に可分な債権の一部についてのみ判決を求める旨を明示して訴えが提起された場合，債権者が将来にわたって残部を請求しない旨の意思を明らかにしているなど，残部につき権利行使の意思が継続的に表示されているとはいえない特段の事情のない限り，当該訴えの提起は，残部について裁判上の催告としての効力を生じ，債権者は訴訟終了後 6 か月以内に民法 153 条所定の措置を講じることにより，残部について消滅時効を確定的に中断することができる。

（文献）　松久三四彦・重判〔平 25〕，越山和広・同

参考 33　民法 160 条の法意による 724 条後段の効果の制限

最三小判平成 21・4・28 民集 63 巻 4 号 853 頁

【要旨】　被害者を殺害した加害者が，被害者の相続人において被害者の死亡の事実を知りえない状況を殊更に作出し，そのために相続人はその事実を知ることができず，相続人が確定しないまま上記殺害の時から 20 年が経過した場合において，その後相続人が確定した時から 6 か月内に相続人が上記殺害に係る不法行為責任に基づく損害賠償請求権を行使したなど特段の事情があるときは，民法 160 条の法意に照らし，同法 724 条後段の効果は生じない。（意見がある）

（文献）　松久三四彦・重判〔平 21〕，石綿はる美・法協 128 巻 3 号，吉村良一・民商 141 巻 4＝5 号，橋本佳幸・私リ 41 号

参考 34　精神上の障害により事理弁識能力を欠く常況にある者に法定代理人がいない場合における民法 158 条 1 項の類推適用

最二小判平成 26・3・14 民集 68 巻 3 号 229 頁

【要旨】　時効期間満了前 6 か月以内の間に精神上の障害により事理弁識能力を欠く常況にある者に法定代理人がない場合において，少なくとも，時効期間満了前の申立てに基づき後見開始の審判がされたときは，民法 158 条 1 項の類推適用により，法定代理人が就職した時から 6 か月を経過するまでの間は，そ

18　時効の中断（更新）・停止（完成猶予）

の者に対して時効は完成しない。

文献　河上正二・重判〔平 26〕，冷水登紀代・民商 150 巻 2 号，中舎寛樹・私リ 51 号

参考 35　主債務者の破産手続における保証人による債権の届出名義変更の申出と求償権の時効中断

最一小判平成 7・3・23 民集 49 巻 3 号 984 頁

【要旨】　主債務者の破産手続において債権者が債権全額の届出をし，保証人が債権全額を弁済したうえ，破産裁判所に債権の届出をした者の地位を承継した旨の届出名義の変更の申出をしたときは，弁済により保証人が取得した求償権の消滅時効は，求償権の全部について届出名義変更の時から破産手続終了に至るまで中断する。

文献　松久三四彦・私リ 13 号

参考 36　第三者の申立てによる不動産競売手続における抵当権者の一部配当受領と被担保残債権の時効中断

最一小判平成 8・3・28 民集 50 巻 4 号 1172 頁

【要旨】　抵当権者が，第三者の申立てに係る不動産競売手続において債権の届出をし，その届出に係る債権の一部に対する配当を受けたとしても，配当を受けることは，その債権の残部について，差押えその他の消滅時効の中断事由に該当せず，これに準ずる時効中断の効力も生じない。

文献　金山直樹・私リ 15 号

参考 37　連帯保証債務の物上保証人に対する抵当権の実行と主債務の時効中断

最二小判平成 8・9・27 民集 50 巻 8 号 2395 頁

【要旨】　連帯保証債務を担保するための物上保証人に対する，債権者による抵当権実行の申立ておよび手続の進行は，民法 147 条 1 号所定の「請求」には

第1編　民法総則

該当せず，主債務の消滅時効の中断事由に該当しない。（意見がある）

（文献）　山野目章夫・重判〔平8〕，中田裕康・民商116巻4＝5号，河野玄逸・私リ15号

参考38　**不動産競売手続における債権者の配当要求と時効中断**

最三小判平成11・4・27民集53巻4号840頁

【要旨】　不動産競売手続において執行力のある債務名義の正本を有する債権者がする配当要求は，差押えに準ずるものとして，配当要求に係る債権につき時効中断の効力を生ずる。

（文献）　松久三四彦・重判〔平11〕

参考39　**代位弁済した保証人による差押債権者の地位承継の申出と求償権の時効中断**

最三小判平成18・11・14民集60巻9号3402頁

【要旨】　物上保証人に対する不動産競売開始決定正本が主債務者に送達された後に代位弁済した保証人が，債権者から物上保証人に対する担保権移転の付記登記を受け，差押債権者の承継を執行裁判所に申し出た場合には，上記承継の申出につき主債務者に対して民法155条所定の通知がされなくても，代位弁済によって保証人が主債務者に対して取得する求償権の消滅時効は，上記承継の申出の時から不動産競売手続終了に至るまで中断する。

（文献）　高橋眞・民商136巻6号，原田剛・私リ36号

参考40　**物上保証人に対する不動産競売において被担保債権の時効中断の効力発生時期**

最二小判平成8・7・12民集50巻7号1901頁

【要旨】　物上保証人に対する不動産競売が行われた場合における被担保債権の

54

消滅時効中断の効力は，競売開始決定による差押えの効力が生じた後，同決定
正本が債務者に送達された時に生ずる。

（文献）　松久三四彦・重判〔平8〕，山野目章夫・私リ15号

参考41　**動産執行による時効中断の効力発生時期**

最三小判昭和59・4・24民集38巻6号687頁

【要旨】　動産執行による金銭債権の消滅時効中断の効力は，執行の着手に至っ
た時ではなく，債務者が執行官に執行の申立てをした時に生ずる。

（文献）　松久三四彦・重判〔昭59〕

参考42　**仮差押えによる時効中断の効力の継続**

最三小判平成10・11・24民集52巻8号1737頁

【要旨】　仮差押えによる時効中断の効力は，仮差押えの執行保全の効力が存続
する間は継続する。

（文献）　中田裕康・重判〔平10〕，中舎寛樹・私リ19号

19　取得時効

総則36　**所有の意思の認定と他主占有事情**

◆占有者がその性質上所有の意思のないものとされる権原に基づき占有を取得
　した事実が証明されるか，または占有者が，真の所有者であれば通常はとら
　ない態度を示し，もしくは所有者であれば当然とるべき行動に出なかったな
　どの他主占有事情が証明された場合，所有の意思は否定される。

最二小判平成7・12・15民集49巻10号3088頁

〔参照条文〕民162条・186条1項

【事実】本件土地は，相続によりAからその長男Cを経て，Cの妻子であるYら
の所有名義で登記されていたところ，Aの弟Bの子であるXらは，Yらに対して

第1編　民法総則

本件土地につき所有権移転登記手続を求めて本訴を提起した。Xらの主張は，①本件土地は，A・B間におけるB所有の甲土地との交換契約によりBが取得した後，その長女夫婦であるXらに贈与した，②仮に①が認められないとしても，本件土地につきBおよびXらが取得時効によって所有権を取得した，というものである。

第1審・原審ともにXの請求を斥けたため，Xが上告。

【判旨】　一部破棄差戻，一部却下　「所有の意思は，占有者の内心の意思によってではなく，占有取得の原因である権原又は占有に関する事情により外形的客観的に定められるべきものであるから，……占有者がその性質上所有の意思のないものとされる権原に基づき占有を取得した事実が証明されるか，又は占有者が占有中，真の所有者であれば通常はとらない態度を示し，若しくは所有者であれば当然とるべき行動に出なかったなど，外形的客観的にみて占有者が他人の所有権を排斥して占有する意思を有していなかったものと解される事情（このような事情を以下「他主占有事情」という。）が証明されて初めて，その所有の意思を否定することができるものというべきである……。

　これらの事実〔BとXらが長期間にわたって移転登記手続を求めなかったこと，および本件土地の固定資産税を全く負担しなかったこと〕は，他主占有事情の存否の判断において占有に関する外形的客観的な事実の1つとして意味のある場合もあるが，常に決定的な事実であるわけではない。」

（文献）　藤原弘道・重判〔平7〕，同・民商115巻6号，草野元己・私リ14号

参考43　**不動産の二重売買における所有権の取得時効**

最二小判昭和46・11・5民集25巻8号1087頁

【要旨】　不動産の二重売買において，引渡しを受けたが未登記の第一譲受人が，その所有権の取得をもって登記を備えた第二譲受人に対抗することができないときは，その所有権の取得時効は占有を取得した時から起算する。

（文献）　村田健介・百選I，磯村保・民商80巻1号

参考44　**所有権の取得時効における無過失の意義**

最三小判昭和50・4・22民集29巻4号433頁

【要旨】 賃借人が国から賃借地の払下げを受けた場合において，賃貸人以外の第三者が所有する隣地部分もこれに含まれるものと信じていたとしても，当該払下げを受けるにあたって土地の境界を隣地所有者や公図等について確認する等の調査をしないでそのように信じたとすれば，過失がなかったとはいえない。

（文献） 高木多喜男・民商 74 巻 2 号

（参考 45） **賃借権の時効取得**

最三小判昭和 45・12・15 民集 24 巻 13 号 2051 頁

【要旨】 他人の土地の継続的な用益という外形的事実が存在し，かつ，その用益が賃借の意思に基づくものであることが客観的に表現されているときには，民法 163 条にしたがい，土地の賃借権の取得時効が成立しうるが，賃貸借契約が法令違反により無効とされる場合であっても，賃借人がその契約に基づき平穏公然に目的土地の占有を継続し，約定の賃料の支払を続けていたときは，有効な賃貸借契約に基づく場合と同様の賃借権を時効により取得することができる。

（文献） 武藤達・法協 89 巻 10 号，新関輝夫・民商 65 巻 5 号

（参考 46） **公用地の取得時効の成否**

最二小判昭和 51・12・24 民集 30 巻 11 号 1104 頁

【要旨】 公共用財産が，長年の間事実上公の目的に供用されることなく放置され，公共用財産としての形態，機能を全く喪失し，その物の上に他人の平穏かつ公然の占有が継続したが，そのため実際上の公の目的が害されることもなく，もはやその物を公共用財産として維持すべき理由がなくなった場合には，その公共用財産について，黙示的に公用が廃止されたものとして，取得時効の成立を妨げない。

（文献） 水辺芳郎・百選 I 〔3 版〕，川井健＝岡孝・重判〔昭 51〕

〔参照〕埋立地と所有権の客体⇨〔**参考 9**〕

第1編　民法総則

民法総則

47
37

参考47　農地の取得時効と原始取得

最一小判昭和50・9・25民集29巻8号1320頁

【要旨】　時効による所有権取得の効果は，いわゆる原始取得であって，新たに所有権を移転する行為ではないから，農地法3条による許可を受けなければならない行為にあたらない。

文献　加藤正男・民商74巻6号

20　消滅時効

総則37　消滅時効の起算点(1)──担保責任に基づく損害賠償請求権

◆瑕疵担保による損害賠償請求権には消滅時効の規定が適用され，消滅時効は買主が売買目的物の引渡しを受けた時から進行する。

最三小判平成13・11・27民集55巻6号1311頁
〔参照条文〕民167条1項・566条3項・570条

【事実】　XはYから本件宅地および地上建物等を買い受け，引渡しおよび所有権移転登記がされた。本件宅地の一部には本件道路位置指定がされていたため，本件宅地上の建物の改築の際には床面積を大幅に縮小しなければならないなどの支障が生じるが，Xは本件宅地の引渡しを受けてから21年近くが経過してから本件道路位置指定の存在を知るに至った。XがYに瑕疵担保による損害賠償請求を行ったのに対して，Yが消滅時効を主張して争った。

　　第1審がXの請求を斥けたのに対して，原審はこれを認容したため，Yが上告。

【判旨】　破棄差戻　「買主の売主に対する瑕疵担保による損害賠償請求権は，売買契約に基づき法律上生ずる金銭支払請求権であって，これが民法167条1項にいう『債権』に当たることは明らかである。この損害賠償請求権については，……除斥期間の定めがあるが……，これは法律関係の早期安定のために買主が権利を行使すべき期間を特に限定したものであるから，この除斥期間の定めがあることをもって，瑕疵担保による損害賠償請求権につき同法167条1項の適用が排除されると解することはできない。さらに，買主が売買の目的物の引渡しを受けた後であれば，遅くとも通常の消滅時効期間の満了までの間に瑕

疵を発見して損害賠償請求権を行使することを買主に期待しても不合理でないと解されるのに対し，瑕疵担保による損害賠償請求権に消滅時効の規定の適用がないとすると，買主が瑕疵に気付かない限り，買主の権利が永久に存続することになるが，これは売主に過大な負担を課するものであって，適当といえない。

したがって，瑕疵担保による損害賠償請求権には消滅時効の規定の適用があり，この消滅時効は，買主が売買の目的物の引渡しを受けた時から進行すると解するのが相当である。」

〔文献〕 松井和彦・百選Ⅱ，森田宏樹・重判〔平13〕

〔参照〕瑕疵担保による損害賠償請求権と消滅時効⇨〔契約参考17〕

参考48 消滅時効の起算点(2)——じん肺訴訟

最三小判平成6・2・22民集48巻2号441頁

【要旨】 雇用者の安全配慮義務違反によりじん肺に罹患したことを理由とする損害賠償請求権の消滅時効は，じん肺法所定の管理区分についての最終の行政上の決定を受けた時から進行する。

〔文献〕 松本克美・百選Ⅰ，藤岡康宏・重判〔平6〕，新美育文・私リ11号

参考49 消滅時効の起算点(3)
——自動継続定期預金の預金払戻請求権

最三小判平成19・4・24民集61巻3号1073頁

【要旨】 自動継続定期預金契約における預金払戻請求権の消滅時効は，預金者による解約申入れがされたことなどにより，それ以降自動継続の取扱いがされることのなくなった満期日が到来した時から進行する。

〔文献〕 山田誠一・重判〔平19〕，吉田光碩・私リ36号

第1編 民法総則

参考50 消滅時効の起算点(4)
——利息制限法上の制限超過利息の過払金返還請求権

最一小判平成 21・1・22 民集 63 巻 1 号 247 頁

【要旨】 利息制限法上の超過利息に関する過払金充当合意を含む基本契約に基づく継続的な金銭消費貸借取引により発生した過払金返還請求権の消滅時効は，過払金発生時ではなく，同取引が終了した時点から進行する。

（文献） 金山直樹・重判〔平21〕，小野秀誠・民商 140 巻 4＝5 号

参考51 消滅時効の起算点(5)
——農地所有権移転許可の申請協力請求権

最二小判昭和 55・2・29 民集 34 巻 2 号 197 頁

【要旨】 他人の農地の売買において買主が売主に対して有する農地法 3 条所定の所有権移転許可の申請協力請求権の消滅時効は，売主が当該農地の所有権を取得した時から進行する。

（文献） 平井一雄・重判〔昭55〕，宮崎俊行・民商 83 巻 2 号

参考52 消滅時効の起算点(6)
——預託金会員制ゴルフクラブの施設利用権

最三小判平成 7・9・5 民集 49 巻 8 号 2733 頁

【要旨】 預託金会員制ゴルフクラブの施設利用権の消滅時効は，会員がゴルフ場施設の利用をしない状態が継続したとしても，そのことのみによっては進行せず，契約関係に基づく包括的権利としてのゴルフ会員権が消滅することはないが，ゴルフ場経営会社が会員に対してその資格を否定して施設の利用を拒絶し，あるいは会員の利用を不可能な状態としたような時から進行し，その利用権が時効により消滅したときは，ゴルフ会員権はもはや包括的権利としては存続しえない。

（文献） 金山直樹・重判〔平7〕，今中利昭・私リ 14 号

20 消滅時効

参考53 マンション管理費用債権と定期金債権の消滅時効

最二小判平成 16・4・23 民集 58 巻 4 号 959 頁

【要旨】 マンション管理組合が組合員である区分所有者に対して有する管理費等の債権は，管理規約の規定に基づいて発生するものであり，その具体的な額は総会の決議によって確定し，月ごとに所定の方法で支払われるものであって，基本権たる定期金債権から派生する支分権として，民法 169 条所定の債権にあたる。（補足意見がある）

文献 金山直樹・重判〔平 16〕，丸山英気・民商 131 巻 4 = 5 号，鎌野邦樹・私リ 31 号

参考54 破産免責の効力を受ける債権の消滅時効と保証人による援用の可否 —— 自然債務

最三小判平成 11・11・9 民集 53 巻 8 号 1403 頁

【要旨】 破産免責決定の効力を受ける債権は，債権者において訴えをもって履行を請求しその強制的実現を図ることができなくなり，消滅時効の進行を観念することができないというべきであるから，保証人はその債権の消滅時効を援用することはできない。

文献 上原敏夫・重判〔平 11〕，菅野佳夫・私リ 22 号

第2編

物 権

概　　説	………………………………………	64
1　物権的請求権	…………………………………	67
2　物権変動	…………………………………………	71
3　混　　同	…………………………………………	81
4　占有権	……………………………………………	81
5　即時取得	…………………………………………	88
6　占有訴権	…………………………………………	91
7　相隣関係	…………………………………………	91
8　添　　付	…………………………………………	93
9　共　　有	…………………………………………	95
10　区分所有権	……………………………………	100
11　地上権	…………………………………………	101
12　入会権	…………………………………………	102

第2編　物　権

概　説

　第2編は，民法第2編物権の中の，物権総論および物権各論のうち担保物権を除く部分を扱う。

　この分野は，物権総論について基本判例9件，参考判例6件を，物権各論のうち担保物権を除く部分について，基本判例12件，参考判例11件をそれぞれ収録する。全体的には，物権変動が9件あり，しかもそのうち基本判例が7件を占めており，重要な判例が多い。後半では，即時取得を含む占有権が多いが，最近の判例では共有関係や入会権のものが目につくところである。主要判例を中心に外観しておく。

1　物権的請求権　〔物権1〕は，非占有担保権である抵当権の目的不動産が不法占拠されている場合，それまでの判例では抵当権者から妨害を排除することが認められていなかったが，債権者代位権の法意にしたがって，所有者の不法占拠者に対する妨害排除請求権を代位行使することを，大法廷判決によって認めたものである。この判決において，抵当権者が直接に妨害排除請求できることも示唆されていたが，〔参考1〕は，まさに直接の妨害排除請求を認めたものである。〔物権2〕は，物権的請求権の相手方に関する判例である。土地上の建物が土地所有権を侵害していれば，原則として相手方は建物の所有権者であるが，例外的に，建物の所有権を失っていても建物の登記名義が残っていれば，その登記名義人に請求できるというものである。

2　物権変動　〔物権3〕は，遺産分割によって物権を取得した者と遺産分割後の第三者が対抗関係に立つとした判例である。判旨は，相続放棄の場合と比較しながら詳細に理由を示している。〔物権4〕は，生前贈与と遺贈も対抗関係に立つとした。〔物権5〕は，賃貸中の土地を譲り受けた者が，登記ある建物を所有する借地権者に対して賃貸人の地位を主張するには登記が必要とした。土地の賃貸人と賃借人の権利は両立するので，対抗関係ではないとも考えられるが，判例は登記を広く要求している。なお，平成29年改正において，この判例の趣旨が明文化された（新605条の2第3項）。以上の3判決は，どのような物権変動に登記が必要かに関するものである。〔参考4〕も，時効と登記という物権変動と登記に関する重要問題の一環であるが，所有権ではなく抵当権が問題になっている。〔物権6〕〔物権7〕〔物権8〕の3判決は，民法177条の「第三者」

64

に関するものである。従来，177 条の「第三者」については，「背信的悪意者」のみ排除されるというのが判例・通説とされてきた。ところが，〔物権 6〕は，背信的悪意者でなくても，登記を有するのに保護されない場合を認めた。もっとも，この判例の射程については，地役権に限定したものとみる見解が多い。〔物権 7〕は，最高裁が改めて，悪意＋信義則という「背信的悪意者」論を堅持することを明らかにした判決である。しかし，その内容については，悪意の要件を緩和しており，「背信的悪意者」を柔軟に判断する方向に進んでいるという見方が妥当しそうである。〔物権 8〕は，「背信的悪意者」は権利を取得するが信義則上権利を主張できないだけであるから，背信的悪意者からの転得者は，その者が背信的悪意でない限り保護されるとしたものである。〔物権 9〕は，物権変動の過程を忠実に反映させるのが登記法の原則であるという理由で中間省略登記請求を否定したものであり，今後は中間者を含む合意があっても中間省略登記は認められないと考えられる。

3　混　同・4　占有権　〔物権 10〕は，時効取得の要件としての「所有の意思」の推定（民 186 条 1 項）の判断に関するものである。〔物権 11〕は，無権代理人との契約であっても民法 185 条の「新権原」が認められるとする。〔物権 12〕は，他主占有者の相続人の時効取得の事例で，相続だけでは新権原とならず，外形的客観的に所有の意思が認められる事情が必要とする。

5　即時取得　〔物権 13〕は，荷渡指図書の事例で，指図による占有移転（民 184 条）の場合でも即時取得を認める。判例は，占有改訂では即時取得を認めないので，両者の比較が重要である。〔参考 8〕は，未登録の自動車，登録を抹消した自動車は即時取得の対象となるとする。〔物権 14〕は，民法 194 条によって盗品等の引渡しを拒絶できる占有者について，使用収益権限を認めるものである。盗品等の回復がなされるまでは占有者に所有権が帰属するという説からは説明しやすいが，所有権を有しなくても特別の使用収益権を認めるという見解もある。

6　占有訴権・7　相隣関係　〔物権 15〕は，建築基準法 65 条を民法 234 条 1 項の特則とする判例である。〔参考 11〕は，袋地の所有者は，登記なくとも囲繞地通行権が認められるとする。囲繞地通行権は概ね最低限の通路のみ認められるが，〔参考 12〕によれば，具体的事情によっては自動車による通行も認める。

第 2 編 物 権

8 添 付 〔物権16〕は，独立の建物となる前の建築途中の物（建前）を別
の建築業者が建築を続行して建物に仕上げた場合，付合（民243条）ではなく，
加工（民246条2項）により所有権を決定すべきという。請負建築物の所有権は，
材料を誰が提供したか，下請けがなされたか等によって結論が変わりうるので
類型ごとの整理が必要である。

9 共 有 〔物権17〕，〔物権18〕は，共有物の分割方法に関する判例であ
る。〔物権17〕は，現物分割をめぐる各種の分割方法を認め，〔物権18〕は，全
面的価額賠償まで認め，柔軟な解決を図っている。〔物権19〕は，共有者の1
人が相続人なく死亡した場合に，他の共有者への帰属（民255条）よりも，特
別縁故者への財産分与が優先するとした。

10 区分所有権・11 地上権 〔物権20〕は，地代の受領拒絶意思が明確な場
合における地上権消滅の方法についてである。弁済を受領しない意思が明確で
あるときは，債務者は言語上の提供をしなくても債務不履行責任を負わないと
いうこと等を前提とするものである。

12 入会権 〔物権21〕は，入会権に関する訴訟は，入会権者全員が共同での
み提起しうるという先例があったが，訴えの提起に同調しない構成員がいた場
合には，その者を被告に加えればよいとした。

〔難 波 譲 治〕

1 物権的請求権

物権 1　抵当権に基づく妨害排除請求の代位

◆抵当権者は，抵当不動産所有者に対して抵当不動産の適切な維持または保存を求める請求権を有し，その請求権を保全する必要があるときは，民法 423条の法意に従い，所有者の不法占拠者に対する妨害排除請求権を代位行使することができる。

最大判平成 11・11・24 民集 53 巻 8 号 1899 頁

〔参照条文〕民 423 条

【事実】X は A に対して金銭を貸し付け，A 所有の土地・建物に根抵当権が設定された。その後，当該建物は，無権原の Y が占有していた。A の債務不履行により，X は当該土地建物の競売を申し立てたが，買受人が現れなかった。そこで，X は，A の Y に対する所有権に基づく妨害排除請求権を代位行使して，Y に対して当該建物の明け渡しを請求した。第 1 審，原審とも X の請求を認容。Y 上告。

【判旨】　上告棄却　「抵当権は，競売手続において実現される抵当不動産の交換価値から他の債権者に優先して被担保債権の弁済を受けることを内容とする物権であり，不動産の占有を抵当権者に移すことなく設定され，抵当権者は，原則として，抵当不動産の所有者が行う抵当不動産の使用又は収益について干渉することはできない。

　しかしながら，第三者が抵当不動産を不法占有することにより，競売手続の進行が害され適正な価額よりも売却価額が下落するおそれがあるなど，抵当不動産の交換価値の実現が妨げられ抵当権者の優先弁済請求権の行使が困難となるような状態があるときは，これを抵当権に対する侵害と評価することを妨げるものではない。そして，抵当不動産の所有者は，抵当権に対する侵害が生じないよう抵当不動産を適切に維持管理することが予定されているものということができる。したがって，右状態があるときは，抵当権の効力として，抵当権者は，抵当不動産の所有者に対し，その有する権利を適切に行使するなどして右状態を是正し抵当不動産を適切に維持又は保存するよう求める請求権を有するというべきである。そうすると，抵当権者は，右請求権を保全する必要があるときは，民法 423 条の法意に従い，所有者の不法占有者に対する妨害排除請

第2編 物　権

求権を代位行使することができると解するのが相当である。

　なお，第三者が抵当不動産を不法占有することにより抵当不動産の交換価値
の実現が妨げられ抵当権者の優先弁済請求権の行使が困難となるような状態が
あるときは，抵当権に基づく妨害排除請求として，抵当権者が右状態の排除を
求めることも許されるものというべきである。」

（文献）斉藤和夫・私リ22号，松岡久和・百選Ⅰ〔5補版〕，生熊長幸・重判〔平11〕，伊
藤進・判評496（判時1706）号

物権2　登記名義をなお保有する建物売主に対する物権的請求権の行使

◆他人の土地上の建物の所有権を取得して自ら所有権取得の登記をした場合に
　おいて，建物を第三者に譲渡したとしても，なお登記名義を保有するときは，
　土地所有者からの物権的請求権としての建物収去・土地明渡請求から所有権
　喪失を理由に義務を免れることはできない。

最三小判平成6・2・8民集48巻2号373頁
〔参照条文〕民177条・200条・206条

【事実】Xは，競売による売却によって土地の所有権を取得したが，土地上には建
物が存在していた。当該建物は，相続によってYが取得し登記名義もYであった
が，土地の競落前に既にZに売却されていた。Xは，Yに対して建物収去土地明
渡訴訟を提起したが，Yは，建物を所有し土地を占有しているのはZであると主
張した。第1審，原審ともXの請求を棄却。X上告。

【判旨】　破棄自判　「他人の土地上の建物の所有権を取得した者が自らの意思
に基づいて所有権取得の登記を経由した場合には，たとい建物を他に譲渡した
としても，引き続き右登記名義を保有する限り，土地所有者に対し，右譲渡に
よる建物所有権の喪失を主張して建物収去・土地明渡しの義務を免れることは
できないものと解するのが相当である。けだし，建物は土地を離れては存立し
得ず，建物の所有は必然的に土地の占有を伴うものであるから，土地所有者と
しては，地上建物の所有権の帰属につき重大な利害関係を有するのであって，
土地所有者が建物譲渡人に対して所有権に基づき建物収去・土地明渡しを請求
する場合の両者の関係は，土地所有者が地上建物の譲渡による所有権の喪失を

68

否定してその帰属を争う点で，あたかも建物についての物権変動における対抗関係にも似た関係というべく，建物所有者は，自らの意思に基づいて自己所有の登記を経由し，これを保有する以上，右土地所有者との関係においては，建物所有権の喪失を主張できないというべきであるからである。もし，これを，登記に関わりなく建物の『実質的所有者』をもって建物収去・土地明渡しの義務者を決すべきものとするならば，土地所有者は，その探求の困難を強いられることになり，また，相手方において，たやすく建物の所有権の移転を主張して明渡しの義務を免れることが可能になるという不合理を生ずるおそれがある。他方，建物所有者が真実その所有権を他に譲渡したのであれば，その旨の登記を行うことは通常はさほど困難なこととはいえず，不動産取引に関する社会の慣行にも合致するから，登記を自己名義にしておきながら自らの所有権の喪失を主張し，その建物の収去義務を否定することは，信義にもとり，公平の見地に照らして許されないものといわなければならない。」

（文献）鎌田薫・重判〔平6〕，藤原弘道・民商111巻4＝5号，湯浅道男・私リ11号，横山美夏・百選Ⅰ

参考1 抵当権に基づく直接の妨害排除請求

最一小判平成17・3・10民集59巻2号356頁

【要旨】 抵当不動産の所有者から占有権原の設定を受けてこれを占有する者であっても，抵当権設定登記後に占有権原の設定を受けたものであり，その設定に抵当権の実行としての競売手続を妨害する目的が認められ，その占有により抵当不動産の交換価値の実現が妨げられて抵当権者の優先弁済請求権の行使が困難となるような状態があるときは，抵当権者は，当該占有者に対し，抵当権に基づく妨害排除請求として，上記状態の排除を求めることができる。

（文献）松岡久和・重判〔平17〕，道垣内弘人・私リ32号，田高寛貴・百選Ⅰ

〔参照〕劣後賃借人に対する妨害排除⇨〔担保物権8〕

第2編 物　権

参考2　動産留保所有権者に対する土地所有者からの撤去請求

最三小判平成 21・3・10 民集 63 巻 3 号 385 頁

【要旨】　動産の購入代金を立替払し立替金債務の担保として当該動産の所有権を留保した者は，第三者の土地上に存在してその土地所有権の行使を妨害している当該動産について，弁済期が到来するまでは，特段の事情がない限り，撤去義務や不法行為責任を負うことはないが，上記弁済期が経過した後は，留保された所有権が担保権の性質を有するからといって撤去義務や不法行為責任を免れることはない。

文献　安永正昭・重判〔平 21〕，岡林伸幸・判評 616（判時 2072）号，古積健三郎・私リ 40 号，占部洋之・民商 142 巻 6 号

〔参照〕所有権留保と物的責任⇨〔担保物権 24〕

参考3　共有者の1人による不実登記の抹消請求

最二小判平成 15・7・11 民集 57 巻 7 号 787 頁

【要旨】　不動産の共有者の1人は，その持分権に基づき，共有不動産に対して加えられた妨害を排除することができるところ，不実の持分移転登記がされている場合には，その登記によって共有不動産に対する妨害状態が生じているということができるから，共有不動産について全く実体上の権利を有しないのに持分移転登記を経由している者に対し，単独でその持分移転登記の抹消登記手続を請求することができる。

文献　七戸克彦・重判〔平 15〕，同・百選Ⅰ，鎌田薫・私リ 29 号

2 物権変動

2 物権変動

物権3 遺産分割と登記

◆相続財産中の不動産につき，遺産分割により権利を取得した相続人は，登記
を経なければ，分割後に当該不動産につき権利を取得した第三者に対し，法
定相続分をこえる権利の取得を対抗することができない。

最三小判昭和 46・1・26 民集 25 巻 1 号 90 頁
〔参照条文〕民 177 条・909 条

【事実】Ｘらは，未登記不動産について法定相続分と異なる割合での遺産分割の合
意をしたが，その旨の登記はしていなかった。Ｘらの一部の者に対する債権者が，
当該不動産の仮差押えをし，裁判所の嘱託等により法定相続分での所有権保存登記
がなされた。Ｘらは，当該登記が実体的権利に合致しないとして，更生登記手続を
進めていたが，その途中で，Ｘらに対する債権者が当該不動産の仮差押えをし，移
転登記をなしたので，Ｘらは，更生登記の承諾を求めてＹらに訴訟を提起した。
第 1 審，原審とも請求棄却。Ｘ上告。

【判旨】 上告棄却 「遺産の分割は，相続開始の時にさかのぼつてその効力を
生ずるものではあるが，第三者に対する関係においては，相続人が相続により
いつたん取得した権利につき分割時に新たな変更を生ずるのと実質上異ならな
いものであるから，不動産に対する相続人の共有持分の遺産分割による得喪変
更については，民法 177 条の適用があり，分割により相続分と異なる権利を取
得した相続人は，その旨の登記を経なければ，分割後に当該不動産につき権利
を取得した第三者に対し，自己の権利の取得を対抗することができないものと
解するのが相当である。
　論旨は，遺産分割の効力も相続放棄の効力と同様に解すべきであるという。
しかし，民法 909 条但書の規定によれば，遺産分割は第三者の権利を害するこ
とができないものとされ，その限度で分割の遡及効は制限されているのであつ
て，その点において，絶対的に遡及効を生ずる相続放棄とは，同一に論じえな
いものというべきである。遺産分割についての右規定の趣旨は，相続開始後遺
産分割前に相続財産に対し第三者が利害関係を有するにいたることが少なくな
く，分割により右第三者の地位を覆えすことは法律関係の安定を害するため，

物

権

❸

71

第2編 物 権

これを保護するよう要請されるというところにあるものと解され，他方，相続
放棄については，これが相続開始後短期間にのみ可能であり，かつ，相続財産
に対する処分行為があれば放棄は許されなくなるため，右のような第三者の出
現を顧慮する余地は比較的乏しいものと考えられるのであつて，両者の効力に
差別を設けることにも合理的理由が認められるのである。そして，さらに，遺
産分割後においても，分割前の状態における共同相続の外観を信頼して，相続
人の持分につき第三者が権利を取得することは，相続放棄の場合に比して，多
く予想されるところであつて，このような第三者をも保護すべき要請は，分割
前に利害関係を有するにいたつた第三者を保護すべき前示の要請と同様に認め
られるのであり，したがつて，分割後の第三者に対する関係においては，分割
により新たな物権変動を生じたものと同視して，分割につき対抗要件を必要と
するものと解する理由があるといわなくてはならない。」

文献 高野竹三郎・重判〔昭46〕，星野英一・法協90巻2号，岡垣学・民商65巻6号，
遠藤浩・家族百選〔3版〕，品川孝次・家族百選〔5版〕，同・百選Ⅰ〔4版〕，松岡久和・
百選Ⅰ〔6版〕，高木多喜男・不動産百選〔2版〕，大塚直・家族百選〔7版〕，作内良平・
百選Ⅲ

物権4 贈与および遺贈と登記

◆被相続人が不動産を相続人の1人に生前贈与したが，それを他の相続人にも
遺贈して相続が開始した場合，両者の優劣は，対抗要件である登記の有無に
よる。

最三小判昭和46・11・16民集25巻8号1182頁
〔参照条文〕民177条

【事実】Aは，夫の遺産を子ら他の相続人と共同相続し，遺産である不動産の共有
持分を子の1人Bに贈与したが，登記はせず，その共有持分を他の子Xにも遺贈
した。その状態でBが死亡してYらが相続していた。その後，Aが死亡し，Xが
共同相続登記をするとともに遺贈を原因とする共有持分の取得登記をしたが，持分
についての争いが生じたため，Yらに対して，共有持分の確認訴訟を提起した。こ
れに対して，Yらは，遺贈は無効であるとしてXに対して登記抹消請求の反訴を
提起した。第1審は，XとYは二重譲渡関係に立つとして登記のあるXを勝訴さ
せた。原審も，Xの共有持分を変更したものの，やはりX勝訴。Y上告。

2 物権変動

【判旨】 **破棄自判** （原審を破棄したのは，共有持分の変更の点であり，対抗関係の部分では原審維持）「被相続人が，生前，その所有にかかる不動産を推定相続人の1人に贈与したが，その登記未了の間に，他の推定相続人に右不動産の特定遺贈をし，その後相続の開始があつた場合，右贈与および遺贈による物権変動の優劣は，対抗要件たる登記の具備の有無をもつて決すると解するのが相当であり，この場合，受贈者および受遺者が，相続人として，被相続人の権利義務を包括的に承継し，受贈者が遺贈の履行義務を，受遺者が贈与契約上の履行義務を承継することがあつても，このことは右の理を左右するに足りない。」

〔文献〕 篠原弘志・民商 67 巻 2 号，池田恒男・法協 92 巻 2 号，須永醇・判評 171（判時 697）号，山野目章夫・家族百選〔6 版〕

物権

⑤

物権5 **賃貸人の地位の対抗要件**

◆賃貸中の土地を譲り受けた者は，その所有権の移転につき登記を経由しないかぎり，賃貸人たる地位の取得を登記ある建物を所有する土地賃借人に対抗することができない。

最三小判昭和 49・3・19 民集 28 巻 2 号 325 頁

〔参照条文〕民 177 条

【事実】 Y は，A の所有する土地建物のうち建物のみ A から買い受けて所有権移転登記を経由し，土地については A から賃借した。その後，A は，本件土地を X に譲渡し仮登記がなされた。X は，Y に対して土地の賃料を請求したが Y が応じなかったので土地の賃貸借契約を解除し，Y に対して建物収去請求を提起した。第 1 審，原審とも X 勝訴。Y 上告。

【判旨】 **一部破棄差戻，一部棄却** 「本件宅地の賃借人としてその賃借地上に登記ある建物を所有する Y は本件宅地の所有権の得喪につき利害関係を有する第三者であるから，民法 177 条の規定上，X としては Y に対し本件宅地の所有権の移転につきその登記を経由しなければこれを Y に対抗することができず，したがつてまた，賃貸人たる地位を主張することができないものと解するのが，相当である〔大判昭 8・5・9 民集 12 巻 1123 頁参照〕。

ところで，原判文によると，Y が X の本件宅地の所有権の取得を争つていること，また，X が本件宅地につき所有権移転登記を経由していないことを自

73

第2編 物 権

陳していることは，明らかである。それゆえ，Xは本件宅地につき所有権移転
登記を経由したうえではじめて，Yに対し本件宅地の所有権者であることを対
抗でき，また，本件宅地の賃貸人たる地位を主張し得ることとなるわけである。
したがつて，それ以前には，Xは右賃貸人としてYに対し賃料不払を理由と
して賃貸借契約を解除し，Yの有する賃借権を消滅させる権利を有しないこと
になる。そうすると，Xが本件宅地につき所有権移転登記を経由しない以前に，
本件宅地の賃貸人としてYに対し賃料不払を理由として本件宅地の賃貸借契
約を解除する権利を有することを肯認した原判決の前示判断には法令解釈の誤
りがあり，この違法は原判決の結論に影響を与えることは，明らかである。」

（文献）石外克喜・百選Ⅰ〔3版〕，内田勝一・百選Ⅰ〔5版〕，永田眞三郎・民商72巻1
号，本城武雄・不動産百選〔2版〕，岡本裕樹・百選Ⅱ

物権6 **承役地の譲受人に対する登記のない通行地役権の主張**

◆通行地役権の承役地が譲渡された場合において，譲渡の時に，承役地が要役
地の所有者によって継続的に通路として使用されていることが客観的に明ら
かであり，かつ，譲受人がそのことを認識していたかまたは認識することが
可能であったときは，譲受人は，通行地役権が設定されていることを知らな
かったとしても，特段の事情がない限り，地役権設定登記の欠缺を主張する
ことができない。

最二小判平成10・2・13民集52巻1号65頁

〔参照条文〕民177条

【事実】Aは，所有地を宅地6区画と通路に分割し，公道に面していない1区画を
Xに分譲した。XとAは，Aの通路の通行地役権について，黙示的に合意してい
た。その後，Aは，通路と宅地3区画をBに譲渡したが，Bも，Xの地役権を黙
示に合意していた。さらに，Bは，Yに当該土地を譲渡したが，YはAの通行を
認識していたが通行権の有無について確認はしていなかった。YがXの通行を妨
害したため，Xは，Yに対して，通行地役権の確認等の訴訟を提起した。第1審は
Xの請求のうち囲繞地通行権のみを認めたが，原審は，Yが背信的悪意者にあたる
として，Xの通行地役権を認めた。Y上告。

【判旨】**上告棄却**「通行地役権（通行を目的とする地役権）の承役地が譲渡

74

された場合において，譲渡の時に，右承役地が要役地の所有者によって継続的に通路として使用されていることがその位置，形状，構造等の物理的状況から客観的に明らかであり，かつ，譲受人がそのことを認識していたか又は認識することが可能であったときは，譲受人は，通行地役権が設定されていることを知らなかったとしても，特段の事情がない限り，地役権設定登記の欠缺を主張するについて正当な利益を有する第三者に当たらないと解するのが相当である。その理由は，次のとおりである。

(一)　登記の欠缺を主張するについて正当な利益を有しない者は，民法177条にいう『第三者』（登記をしなければ物権の得喪又は変更を対抗することのできない第三者）に当たるものではなく，当該第三者に，不動産登記法4条又は5条〔現5条1項・2項〕に規定する事由のある場合のほか，登記の欠缺を主張することが信義に反すると認められる事由がある場合には，当該第三者は，登記の欠缺を主張するについて正当な利益を有する第三者に当たらない。

(二)　通行地役権の承役地が譲渡された時に，右承役地が要役地の所有者によって継続的に通路として使用されていることがその位置，形状，構造等の物理的状況から客観的に明らかであり，かつ，譲受人がそのことを認識していたか又は認識することが可能であったときは，譲受人は，要役地の所有者が承役地について通行地役権その他の何らかの通行権を有していることを容易に推認することができ，また，要役地の所有者に照会するなどして通行権の有無，内容を容易に調査することができる。したがって，右の譲受人は，通行地役権が設定されていることを知らないで承役地を譲り受けた場合であっても，何らかの通行権の負担のあるものとしてこれを譲り受けたものというべきであって，右の譲受人が地役権者に対して地役権設定登記の欠缺を主張することは，通常は信義に反するものというべきである。ただし，例えば，承役地の譲受人が通路としての使用は無権原でされているものと認識しており，かつ，そのように認識するについては地役権者の言動がその原因の一半を成しているといった特段の事情がある場合には，地役権設定登記の欠缺を主張することが信義に反するものということはできない。

(三)　したがって，右の譲受人は，特段の事情がない限り，地役権設定登記の欠缺を主張するについて正当な利益を有する第三者に当たらないものというべきである。なお，このように解するのは，右の譲受人がいわゆる背信的悪意者

第2編 物 権

であることを理由とするものではないから，右の譲受人が承役地を譲り受けた
時に地役権の設定されていることを知っていたことを要するものではない。」

（文献） 野澤正充・私リ 18 号，横山美夏・重判〔平 10〕

物権 7 時効完成後に登記を得た背信的悪意者

◆ Y が時効取得した不動産について，時効完成後に X が当該不動産の譲渡を
受けて所有権移転登記を了した場合において，X が，譲渡を受けた時に，Y
が多年にわたり当該不動産を占有している事実を認識しており，Y の登記の
欠缺を主張することが信義に反するものと認められる事情が存在するときは，
X は背信的悪意者にあたる。

最三小判平成 18・1・17 民集 60 巻 1 号 27 頁
〔参照条文〕民 177 条

【事実】 X らは，自己所有地の公道に面する間口を広げる目的で，本件土地を A か
ら買い受けた。一方，Y は本件土地の西側隣接地を所有し，本件土地は Y が本件
土地を取得する以前からコンクリート舗装されており，Y が通路として使用してい
た。X らは，Y に対して本件土地の所有権確認，コンクリート舗装の撤去を求めた。
Y は，本件土地の時効取得を主張し，それに対して，X は Y の登記の欠缺を主張，
さらに Y は X が背信的悪意者にあたると主張した。第 1 審は，X の請求を認容。
原審は，X らは，調査すれば通路の時効取得を容易に知り得たので，X らは Y の
登記欠缺を主張する正当な利益を有しないとして，Y 勝訴。X 上告。

【判旨】 一部破棄差戻，一部棄却 「甲が時効取得した不動産について，その
取得時効完成後に乙が当該不動産の譲渡を受けて所有権移転登記を了した場合
において，乙が，当該不動産の譲渡を受けた時点において，甲が多年にわたり
当該不動産を占有している事実を認識しており，甲の登記の欠缺を主張するこ
とが信義に反するものと認められる事情が存在するときは，乙は背信的悪意者
に当たるというべきである。取得時効の成否については，その要件の充足の有
無が容易に認識・判断することができないものであることにかんがみると，乙
において，甲が取得時効の成立要件を充足していることをすべて具体的に認識
していなくても，背信的悪意者と認められる場合があるというべきであるが，
その場合であっても，少なくとも，乙が甲による多年にわたる占有継続の事実

76

を認識している必要があると解すべきであるからである。

　以上によれば，XらがYによる本件通路部分aの時効取得について背信的悪意者に当たるというためには，まず，Xらにおいて，本件土地等の購入時，Yが多年にわたり本件通路部分aを継続して占有している事実を認識していたことが必要であるというべきである。

　ところが，原審は，XらがYによる多年にわたる占有継続の事実を認識していたことを確定せず，単に，Xらが，本件土地等の購入時，Yが本件通路部分aを通路として使用しており，これを通路として使用できないと公道へ出ることが困難となることを知っていたこと，Xらが調査をすればYによる時効取得を容易に知り得たことをもって，XらがYの時効取得した本件通路部分aの所有権の登記の欠缺を主張するにつき正当な利益を有する第三者に当たらないとしたのであるから，この原審の判断には，判決に影響を及ぼすことが明らかな法令の違反がある。論旨は理由があり，原判決のうち別紙記載の部分は破棄を免れない。そして，Xらが背信的悪意者に当たるか否か等について更に審理を尽くさせるため，上記部分につき，本件を原審に差し戻すとともに，Xらのその余の上告を棄却することとする。」

〔文献〕 鎌田薫・私リ34号，石田剛・重判〔平18〕，同・百選Ⅰ

物権8 **背信的悪意者からの転得者**

◆所有者AからXが不動産を買い受け，その登記が未了の間に，AからBが当該不動産を二重に買い受け，更にBから転得者Yが買い受けて登記を完了した場合に，Bが背信的悪意者にあたるとしても，Yは，Xに対する関係でY自身が背信的悪意者と評価されるのでない限り，当該不動産の所有権取得をもって対抗することができる。

最三小判平成8・10・29民集50巻9号2506頁

〔参照条文〕民177条

【事実】X市は，本件土地を所有するAから土地を買い受けたが，登記手続に手違いが生じ，登記はA名義のままになっていた。本件土地は，それ以来市道として一般市民に利用されていたが，固定資産税はAに課されていた。B社，C社，D社の実質的経営者であるEは，Aが，所在不明なのに固定資産税を課されている

第 2 編 物 権

本件土地を処分したがっているのを知り，調査して市道になっているのを知りながら，B 名義で A から本件土地を 500 万円で買い受けた。なお，道路でなければ時価 6000 万円とされていた。その後本件土地は，C 社，D 社へ売却および移転登記がなされ，さらに，Y が買い受けて登記を経由し，本件土地上に建物を建てバリケードを設置した。そこで，X は，Y に対して，所有権移転登記手続請求等の訴訟を提起した。第 1 審は，登記請求を棄却したが，原審は，B 社は背信的悪意者であり X に対抗できないから，B から買い受けた C，D，Y も X に対抗できないとした。Y 上告。

【判旨】 一部破棄差戻，一部棄却 「所有者甲から乙が不動産を買い受け，その登記が未了の間に，丙が当該不動産を甲から二重に買い受け，更に丙から転得者丁が買い受けて登記を完了した場合に，たとい丙が背信的悪意者に当たるとしても，丁は，乙に対する関係で丁自身が背信的悪意者と評価されるのでない限り，当該不動産の所有権取得をもって乙に対抗することができるものと解するのが相当である。けだし，㈠丙が背信的悪意者であるがゆえに登記の欠缺を主張する正当な利益を有する第三者に当たらないとされる場合であっても，乙は，丙が登記を経由した権利を乙に対抗することができないことの反面として，登記なくして所有権取得を丙に対抗することができるというにとどまり，甲丙間の売買自体の無効を来すものではなく，したがって，丁は無権利者から当該不動産を買い受けたことにはならないのであって，また，㈡背信的悪意者が正当な利益を有する第三者に当たらないとして民法 177 条の『第三者』から排除される所以は，第一譲受人の売買等に遅れて不動産を取得し登記を経由した者が登記を経ていない第一譲受人に対してその登記の欠缺を主張することがその取得の経緯等に照らし信義則に反して許されないということにあるのであって，登記を経由した者がこの法理によって『第三者』から排除されるかどうかは，その者と第一譲受人との間で相対的に判断されるべき事柄であるからである。」

文献 瀬川信久・百選 I〔6 版〕，七戸克彦・民商 117 巻 1 号，鎌田薫・私リ 16 号，幡野弘樹・百選 I，石田喜久夫・判評 468（判時 1621）号

78

2 物権変動

物権 9 中間省略登記請求の否定

◆不動産の所有権が, 元の所有者 X から中間者 A, 次いで A から現在の所有者 Y に, 順次移転したにもかかわらず, 登記名義が X のもとに残っている場合, Y が X に対し, X から Y に対する真正な登記名義の回復を原因とする所有権移転登記手続を請求することは許されない。

最一小判平成 22・12・16 民集 64 巻 8 号 2050 頁

〔参照条文〕民 177 条

物
権
❾

【事実】X は所有していた本件土地を A に贈与した。その後 A が死亡し, Y が相続によって本件土地を取得した。ところが, 本件土地について持分 10 分の 3 の X 名義の登記が残っていた。X は, Y らに対して本件土地の分割を求めるなどの本訴を提起した。これに対し, Y は, X に対して, 本件土地の持分移転登記を求める反訴を提起した (以下, 反訴のみ扱う)。第 1 審, 原審とも Y の反訴を認容。X 上告。

【判旨】 破棄差戻 「不動産の所有権が, 元の所有者から中間者に, 次いで中間者から現在の所有者に, 順次移転したにもかかわらず, 登記名義がなお元の所有者の下に残っている場合において, 現在の所有者が元の所有者に対し, 元の所有者から現在の所有者に対する真正な登記名義の回復を原因とする所有権移転登記手続を請求することは, 物権変動の過程を忠実に登記記録に反映させようとする不動産登記法の原則に照らし, 許されないものというべきである。

　これを本件についてみると, 前記事実関係等によれば, 本件土地の所有権は, 本件贈与により X から A に, 本件相続により A から Y に, 順次移転したにもかかわらず, X 名義の持分登記がなお残っているというのであるから, Y としては, X 名義で登記されている持分につき, X から A に対する本件贈与を原因とする移転登記手続を請求し, その認容判決を得た上で, A から Y に対する本件相続を原因とする持分移転登記手続をすべきであって, このような場合に, 真正な登記名義の回復を原因として, 直接 X から Y に対する持分移転登記手続を請求することは許されないというべきである。Y の反訴請求を認容すべきものとした原審の判断には, 法令の解釈適用を誤った違法があり, この違法は原判決に影響を及ぼすことが明らかである。論旨はこの趣旨をいうものとして理由があり, 原判決中, 反訴請求に関する部分は破棄を免れない。」

79

第2編　物　権

文献　石田剛・重判〔平23〕，大場浩之・民商144巻4＝5号

参考4　再度の時効取得と登記・抵当権消滅

最二小判平成24・3・16民集66巻5号2321頁

【要旨】　不動産の取得時効の完成後，所有権移転登記がされないまま，第三者が原所有者から抵当権の設定を受けて抵当権設定登記を了した場合において，上記不動産の時効取得者である占有者が，その後引き続き時効取得に必要な期間占有を継続した後に取得時効を援用したときは，上記占有者が上記抵当権の存在を容認していたなど抵当権の消滅を妨げる特段の事情がない限り，上記占有者が，上記不動産を時効取得する結果，上記抵当権は消滅する。

文献　松岡久和・百選Ⅰ，岩川隆嗣・法協131巻9号

〔参照〕再度完成した取得時効の援用⇨〔担保物権16〕

参考5　付記登記による仮登記の流用とその後に出現した第三者

最三小判昭和49・12・24民集28巻10号2117頁

【要旨】　既に消滅した債権について担保のための仮登記が残存しており，その登記に付記登記をすることによって新たな担保権のために流用した場合，その後に当該不動産に利害関係を有するに至った第三者は，付記登記が現実の状態に付合するときは，特別の事情がない限り，流用による登記無効を主張できない。

文献　半田正夫・民商74巻3号，石田穣・法協93巻5号，藪重夫・判評197（判時777）号

3　混　同

参考6　土地所有権と賃借権の混同

最一小判昭和 46・10・14 民集 25 巻 7 号 933 頁

【要旨】　土地の所有権と賃借権が同一人に帰属するに至った場合でも，その賃借権が対抗要件（建物保護法 1 条〔現借地借家 10 条 1 項〕によるものを含む）を具備したもので，かつその後に抵当権が設定されたときは，民法 179 条 1 項ただし書の準用により，賃借権は消滅しない。

文献　石田喜久夫・民商 66 巻 5 号

4　占有権

物権 10　民法 186 条 1 項の「所有の意思」の推定覆滅

◆民法 186 条 1 項の「所有の意思」の推定は，占有者がその性質上所有の意思のないものとされる権原に基づき占有を取得した事実が証明されるか，または占有者が占有中，真の所有者であれば通常はとらない態度を示し，もしくは所有者であれば当然とるべき行動に出なかったなど，外形的客観的にみて占有者が他人の所有権を排斥して占有する意思を有していなかったものと解される事情が証明されるときは，覆される。

最一小判昭和 58・3・24 民集 37 巻 2 号 131 頁

〔参照条文〕民 186 条

【事実】　A の長男 X は，昭和 33 年元日に，「お綱の譲り渡し」を受け，本件不動産の占有を取得した。「お綱の譲り渡し」とは，当時の熊本県で，所有権移転や家計収支の権限を譲渡するといった多義的な意味を持つとされる慣習であった。昭和 40 年に A が死亡し，子である X および Y らが相続した。X は，「お綱の譲り渡し」によって本件不動産の生前贈与を受けたこと，また，10 年または 20 年の取得時効が成立したとして，Y らに対して本件不動産の所有権移転登記を請求した。第 1 審，原審とも，時効取得を理由に X の請求を認容した。Y らは，X の所有の意思に問題があるとして上告。

【判旨】　破棄差戻　「民法 186 条 1 項の規定は，占有者は所有の意思で占有す

第2編 物　権

るものと推定しており，占有者の占有が自主占有にあたらないことを理由に取
得時効の成立を争う者は右占有が所有の意思のない占有にあたることについて
の立証責任を負うのであるが〔最三小判昭和54・7・31裁判集民127号317頁参照〕，
右の所有の意思は，占有者の内心の意思によってではなく，占有取得の原因で
ある権原又は占有に関する事情により外形的客観的に定められるべきものであ
るから〔最一小判昭和45・6・18裁判集民99号375頁，最二小判昭和47・9・8民集
26巻7号1348頁参照〕，占有者がその性質上所有の意思のないものとされる権
原に基づき占有を取得した事実が証明されるか，又は占有者が占有中，真の所
有者であれば通常はとらない態度を示し，若しくは所有者であれば当然とるべ
き行動に出なかったなど，外形的客観的にみて占有者が他人の所有権を排斥し
て占有する意思を有していなかったものと解される事情が証明されるときは，
占有者の内心の意思のいかんを問わず，その所有の意思を否定し，時効による
所有権取得の主張を排斥しなければならないものである。しかるところ，原判
決は，XはAからいわゆる『お綱の譲り渡し』により本件各不動産についての
管理処分の権限を与えられるとともに右不動産の占有を取得したものである
が，Aが本件各不動産をXに贈与したものとは断定し難いというのであって，
もし右判示が積極的に贈与を否定した趣旨であるとすれば，右にいう管理処分
の権限は所有権に基づく権限ではなく，Xは，A所有の本件各不動産につき，
実質的にはAを家長とする一家の家計のためであるにせよ，法律的には同人
のためにこれを管理処分する権限を付与されたにすぎないと解さざるをえない
から，これによってXがAから取得した本件各不動産の占有は，その原因で
ある権原の性質からは，所有の意思のないものといわざるをえない。また，原
判決の右判示が単に贈与があったとまで断定することはできないとの消極的判
断を示したにとどまり，積極的にこれを否定した趣旨ではないとすれば，占有
取得の原因である権原の性質によってXの所有の意思の有無を判定すること
はできないが，この場合においても，AとXとが同居中の親子の関係にある
ことに加えて，占有移転の理由が前記のようなものであることに照らすと，そ
の場合におけるXによる本件各不動産の占有に関し，それが所有の意思に基
づくものではないと認めるべき外形的客観的な事情が存在しないかどうかにつ
いて特に慎重な検討を必要とするというべきところ，Xがいわゆる『お綱の譲
り渡し』を受けたのち家計の収支を一任され，農業協同組合から自己の一存で

金員を借り入れ，その担保とする必要上Ａ所有の山林の一部を自己の名義に
変更したことがあるとの原判決挙示の事実は，いずれも必ずしも所有権の移転
を伴わない管理処分権の付与の事実と矛盾するものではないから，Ｘの右占有
の性質を判断する上において決定的事情となるものではなく，かえって，右
『お綱の譲り渡し』後においても，本件各不動産の所有権移転登記手続はおろ
か，農地法上の所有権移転許可申請手続さえも経由されていないことは，Ｘの
自認するところであり，また，記録によれば，Ａは右の『お綱の譲り渡し』
後も本件各不動産の権利証及び自己の印鑑をみずから所持していてＸに交付
せず，Ｘもまた家庭内の不和を恐れてＡに対し右の権利証等の所在を尋ねる
こともなかつたことがうかがわれ，更に審理を尽くせば右の事情が認定される
可能性があつたものといわなければならないのである。そして，これらの占有
に関する事情が認定されれば，たとえ前記のようなＸの管理処分行為があつ
たとしても，Ｘは，本件各不動産の所有者であれば当然とるべき態度，行動に
出なかつたものであり，外形的客観的にみて本件各不動産に対するＡの所有
権を排斥してまで占有する意思を有していなかつたものとして，その所有の意
思を否定されることとなつて，Ｘの時効による所有権取得の主張が排斥される
可能性が十分に存するのである。」

（文献）　田中整爾・重判〔昭 58〕，有地亨＝生野正剛・民商 90 巻 5 号，小山昇・判評 301
（判時 1101）号

物権

⓫

物権 11　民法 185 条の新権原による自主占有

◆Ｘ所有の農地を小作し，長期にわたり農地の管理人のように振る舞ってい
たＢに小作料を支払っていたＡが，Ｘの代理人と称するＢからその農地を
買い受け，買受につき農地法所定の許可を得て所有権移転登記手続を経由し，
その代金を支払った等判示の事情のもとにおいては，Ａは，ＢにＸを代理
する権限がなかったとしても，遅くとも登記の時には民法 185 条にいう新権
原により所有の意思をもって農地の占有を始めたものであり，かつ，その占
有の始めに所有権を取得したものと信じたことに過失がないということがで
きる。

最一小判昭和 51・12・2 民集 30 巻 11 号 1021 頁

〔参照条文〕民 162 条 2 項・185 条

第2編 物 権

【事実】 X 所有の本件土地は，小作人 A が耕作していたが，小作料は管理人のよう
に振る舞っていた B に支払っていた。昭和31年7月23日頃，代理権がないにも
かかわらず X の代理人と称する B と A との間で本件土地の売買契約が成立し，A
は農地法3条の許可を得たうえで昭和32年3月9日，移転登記，代金支払を済ま
せた。それ以来，A は本件土地の所有権を取得したと信じて占有していたが，本
件土地の一部については，A から取得した Y₂ らが A の占有を承継していた。X は，
本件土地を売却していないとして，A の相続人 Y₁ や所有権承継人 Y₂ に対して真
正な登記名義の回復としての所有権移転登記を，Y₃ に対しては抵当権設定登記の
抹消を求めて訴訟を提起した。第1審，原審とも X 敗訴。X 上告。

【判旨】 上告棄却 「本件土地の譲渡につきされた農地法所定の許可及び所有
権移転登記の各申請手続になんらかの瑕疵があつたことは確定されていないと
ころ，土地所有者である X には，すくなくとも，B に公然と本件土地の管理
人のような行動をする余地を与えた（事柄の性質上長期にわたるものであつた
と推測することができ，原審認定の趣旨もここにあるものと考えられる。）等
の点において権利者として本件土地につき適切な管理を怠つていたものといわ
れてもやむをえないところがあり，これらの点からすると，右所有権移転登記
を経由した A が B を通じて適法に本件土地を譲り受けることができるものと
信じ，その代金を支払つたことは無理ではないといえる。従つて，以上の事実
関係のもとにおいては，B に X を代理する権限がなかつたことを考慮に入れ
ても，本件土地の小作人としてこれを他主占有していた A は，遅くとも右の
登記がされた昭和32年3月9日には民法185条にいう新権原により所有の意
思をもつて本件土地の占有を始めたものであり，かつ，その占有の始めに土地
所有権を取得したものと信じたことには過失がなかつたものというべきである。
これと同旨の原審の判断は正当として是認することができ」る。

文献 金山正信・民商77巻4号

84

4　占有権

物権 12　相続と民法 185 条の新権原

◆①他主占有者の相続人が独自の占有に基づく取得時効の成立を主張する場合には，相続人において，その事実的支配が外形的客観的にみて独自の所有の意思に基づくものと解される事情を証明すべきである。

②他主占有者の相続人が被相続人を土地建物の所有権者と信じて，その登記済証を所持し，固定資産税を納付しつつ，管理使用を専行し，賃借人から賃料を取り立てている等の事情があり，所有権者およびその相続人らは，上記土地建物の事実的支配を認識しながら，異議を述べていないなど判示の事実関係があるときは，上記占有者の土地建物についての事実的支配は，外形的客観的にみて独自の所有の意思に基づくものであり，取得時効が成立する。

最三小判平成 8・11・12 民集 50 巻 10 号 2591 頁

〔参照条文〕民 185 条

物権 ⑫

【事実】本件土地建物は，A が所有していたが，昭和 29 年 5 月頃から A の五男 B が占有管理していた。昭和 32 年 7 月 24 日に B が死亡して以降，B の妻 X_1 は，本件土地建物は B が A から贈与されたと信じ，土地建物の登記済証を所持し，固定資産税を納付しつつ管理使用を専行し，賃借人から賃料を取り立てて費消してきた。昭和 36 年に A が死亡し，妻 Y_1，子 Y_2，Y_3 らが相続した。昭和 47 年，X_1 が Y_1 らに本件土地建物の登記を求め，Y_1 は承諾し，Y_2，Y_3 は積極的異議は唱えなかったが同意に至らず登記できなかった。そこで，X_1 およびその子 X_2 は，贈与または取得時効を主張して本件土地建物の登記を請求した。第 1 審は贈与を認めて X の請求を認容。原審は，贈与を否定し，他主占有だとして時効取得も否定して請求棄却。X 上告。

【判旨】　破棄自判　「1　被相続人の占有していた不動産につき，相続人が，被相続人の死亡により同人の占有を相続により承継しただけでなく，新たに当該不動産を事実上支配することによって占有を開始した場合において，その占有が所有の意思に基づくものであるときは，被相続人の占有が所有の意思のないものであったとしても，相続人は，独自の占有に基づく取得時効の成立を主張することができるものというべきである〔最三小判昭和 46・11・30 民集 25 巻 8 号 1437 頁参照〕。

　ところで，右のように相続人が独自の占有に基づく取得時効の成立を主張する場合を除き，一般的には，占有者は所有の意思で占有するものと推定される

85

第2編 物　権

から（民法 186 条 1 項），占有者の占有が自主占有に当たらないことを理由に
取得時効の成立を争う者は，右占有が他主占有に当たることについての立証責
任を負うべきところ〔最三小判昭和 54・7・31 裁判集民 127 号 315 頁〕，その立証が
尽くされたか否かの判定に際しては，㈠占有者がその性質上所有の意思のない
ものとされる権原に基づき占有を取得した事実が証明されるか，又は㈡占有者
が占有中，真の所有者であれば通常はとらない態度を示し，若しくは所有者で
あれば当然とるべき行動に出なかったなど，外形的客観的にみて占有者が他人
の所有権を排斥して占有する意思を有していなかったものと解される事情（ち
なみに，不動産占有者において，登記簿上の所有名義人に対して所有権移転登
記手続を求めず，又は右所有名義人に固定資産税が賦課されていることを知り
ながら自己が負担することを申し出ないといった事実が存在するとしても，こ
れをもって直ちに右事情があるものと断ずることはできない。）が証明されて
初めて，その所有の意思を否定することができるものというべきである〔最一
小判昭和 58・3・24 民集 37 巻 2 号 131 頁，最二小判平成 7・12・15 民集 49 巻 10 号
3088 頁参照〕。

　これに対し，他主占有者の相続人が独自の占有に基づく取得時効の成立を主
張する場合において，右占有が所有の意思に基づくものであるといい得るため
には，取得時効の成立を争う相手方ではなく，占有者である当該相続人におい
て，その事実的支配が外形的客観的にみて独自の所有の意思に基づくものと解
される事情を自ら証明すべきものと解するのが相当である。けだし，右の場合
には，相続人が新たな事実的支配を開始したことによって，従来の占有の性質
が変更されたものであるから，右変更の事実は取得時効の成立を主張する者に
おいて立証を要するものと解すべきであり，また，この場合には，相続人の所
有の意思の有無を相続という占有取得原因事実によって決することはできない
からである。

　2　これを本件についてみるに，前記事実関係によれば，X_1 は，A の死亡後，
本件土地建物について，B が生前に A から贈与を受け，これを X らが相続し
たものと信じて，幼児であった X_2 を養育する傍ら，その登記済証を所持し，
固定資産税を継続して納付しつつ，管理使用を専行し，そのうち東門司の土地
及び花月園の建物について，賃借人から賃料を取り立ててこれを専ら X らの
生活費に費消してきたものであり，加えて，本件土地建物については，従来か

86

らAの所有不動産のうち門司市に所在する一団のものとして占有管理されていたことに照らすと，Xらは，Bの死亡により，本件土地建物の占有を相続により承継しただけでなく，新たに本件土地建物全部を事実上支配することによりこれに対する占有を開始したものということができる。そして，他方，Xらが前記のような態様で本件土地建物の事実的支配をしていることについては，A及びその法定相続人である妻子らの認識するところであったところ，同人らがXらに対して異議を述べたことがうかがわれないばかりか，X_1が昭和47年に本件土地建物につきXら名義への所有権移転登記手続を求めた際に，Y_1はこれを承諾し，Y_2及びY_3もこれに異議を述べていない，というのである。右の各事情に照らせば，Xらの本件土地建物についての事実的支配は，外形的客観的にみて独自の所有の意思に基づくものと解するのが相当である。原判決の挙げる(1)Aの遺産についての相続税の修正申告書の記載内容についてX_1が格別の対応をしなかったこと，(2)Xらが昭和47年になって初めて本件土地建物につき自己名義への所有権移転登記手続を求めたことは，XらとA及びその妻子らとの間の人的関係等からすれば所有者として異常な態度であるとはいえず，前記の各事情が存在することに照らせば，Xらの占有を所有の意思に基づくものと認める上で妨げとなるものとはいえない。

　右のとおり，Xらの本件土地建物の占有は所有の意思に基づくものと解するのが相当であるから，相続人であるXらは独自の占有に基づく取得時効の成立を主張することができるというべきである。そうすると，Yらから時効中断事由についての主張立証のない本件においては，Xらが本件土地建物の占有を開始した昭和32年7月24日から20年の経過により，取得時効が完成したものと認めるのが相当である。」

文献　本田純一・重判〔平8〕，藤原弘道・私リ16号，中田裕康・百選Ⅰ〔7版〕，大場浩之・百選Ⅰ

参考7　占有承継の善意無過失判定時

最二小判昭和53・3・6民集32巻2号135頁

【要旨】　民法162条2項の規定は，時効期間を通じて占有主体に変更がなく同

物権

⑦

第2編 物 権

一人により継続された占有が主張される場合について適用されるだけではなく，占有主体に変更があって承継された2個以上の占有が併せて主張される場合についてもまた適用されるものであり，後者の場合にはその主張にかかる最初の占有者につきその占有開始の時点においてこれを判定すれば足りる。

文献 田中整爾・重判〔昭53〕，藤原弘道・民商80巻1号，松久三四彦・百選 I，田中整爾・判評238（判時903）号，能見善久・法協102巻9号

5 即時取得

物権13 指図による占有移転と民法192条

◆寄託者が倉庫業者に対して発行した荷渡指図書に基づき倉庫業者が寄託者台帳上の寄託者名義を変更して寄託の目的物の譲受人が指図による占有移転を受けた場合には，民法192条の適用がある。

最三小判昭和57・9・7民集36巻8号1527頁

〔参照条文〕民184条・192条

【事実】A は本件豚肉を海上運送人 Y に依頼して輸入し，代金を支払って船荷証券を受け取ることによって引き渡す手はずであった。A は，本件豚肉を C に転売し，C はさらに X に転売していた。A は代金を支払えなかったにもかかわらず，Y に依頼して売主に無断で本件豚肉を引き渡してもらった。A は本件豚肉を倉庫業者 B に寄託し，A および C は，引渡しの方法として，B あてに本件豚肉を買受人に引き渡すことを依頼する旨の荷渡指図書を発行し，その正本を B に副本を各買受人に交付し，B は寄託者台帳の寄託者名義を A から C，C から X へと変更した。一方，Y は売主から責任を問われ，損害金を支払って船荷証券を取得した。その後，X，Y，C の合意により本件豚肉は換価処分され，その換価代金についての争いとなった。X は，Y に対して，本件動産を即時取得したことによって換価代金が自己に属することの確認を求めて訴訟を提起した。第1審，原審とも X 勝訴。Y 上告。

【判旨】 上告棄却 「右事実関係のもとにおいて，X が右寄託者台帳上の寄託者名義の変更により C から本件豚肉につき占有代理人を B とする指図による占有移転を受けることによつて民法192条にいう占有を取得したものであるとした原審の判断は，正当として是認することができる。」

5 即時取得

（文献） 佐野彰・重判〔昭 57〕，米倉明・法協 101 巻 4 号，田中整爾・民商 88 巻 5 号

（物権 14） 民法 194 条により盗品の引渡しを拒絶できる占有者の使用収益

◆占有者が民法 194 条に基づき支払った代価の弁償があるまで盗品等の引渡しを拒むことができる場合には，占有者は，その弁償の提供があるまで盗品等の使用収益を行う権限を有する。

最三小判平成 12・6・27 民集 54 巻 5 号 1737 頁
〔参照条文〕民 189 条 2 項・190 条・194 条

物権 ❶❹

【事実】 X は，平成 6 年 10 月，土木機械（本件バックホー）を，A らに窃取された。一方，Y は，同年 11 月 7 日，中古機械販売業者 B から，無過失で本件バックホーを購入し，使用していた。平成 8 年 8 月 8 日，X は，Y に対して訴訟を提起し，所有権に基づいて本件バックホーの返還を求め，合わせて訴状送達の翌日から引渡日までの使用利益相当額を求めた。第 1 審は，Y に対して代価弁償と引換えで X に本件バックホーを引き渡すことおよび不当利得として使用利益を支払うことを命じた。Y 控訴，X 附帯控訴。原審継続中に，Y は第 1 審で命じられた使用利益額の増大を恐れて本件バックホーを X に返還したので，X は，返還までの使用利益に請求を変更し，Y は民法 194 条に基づく代価弁償を求めて反訴を提起した。原審は，民法 189 条 2 項および 190 条により，X の使用利益の請求を一部認め，Y の反訴請求についても一部認めた。Y 上告。

【判旨】 一部破棄自判，一部棄却 ①「盗品又は遺失物（以下『盗品等』という。）の被害者又は遺失主（以下『被害者等』という。）が盗品等の占有者に対してその物の回復を求めたのに対し，占有者が民法 194 条に基づき支払った代価の弁償があるまで盗品等の引渡しを拒むことができる場合には，占有者は，右弁償の提供があるまで盗品等の使用収益を行う権限を有すると解するのが相当である。けだし，民法 194 条は，盗品等を競売若しくは公の市場において又はその物と同種の物を販売する商人から買い受けた占有者が同法 192 条所定の要件を備えるときは，被害者等は占有者が支払った代価を弁償しなければその物を回復することができないとすることによって，占有者と被害者等との保護の均衡を図った規定であるところ，被害者等の回復請求に対し占有者が民法 194 条に基づき盗品等の引渡しを拒む場合には，被害者等は，代価を弁償して

89

第2編 物　権

盗品等を回復するか，盗品等の回復をあきらめるかを選択することができるの
に対し，占有者は，被害者等が盗品等の回復をあきらめた場合には盗品等の所
有者として占有取得後の使用利益を享受し得ると解されるのに，被害者等が代
価の弁償を選択した場合には代価弁償以前の使用利益を喪失するというのでは，
占有者の地位が不安定になること甚だしく，両者の保護の均衡を図った同条の
趣旨に反する結果となるからである。また，弁償される代価には利息は含まれ
ないと解されるところ，それとの均衡上占有者の使用収益を認めることが両者
の公平に適うというべきである。」

　②「一連の経緯からすると，Xは，本件バックホーの回復をあきらめるか，
代価の弁償をしてこれを回復するかを選択し得る状況下において，後者を選択
し，本件バックホーの引渡しを受けたものと解すべきである。このような事情
にかんがみると，Yは，本件バックホーの返還後においても，なお民法 194 条
に基づき X に対して代価の弁償を請求することができるものと解するのが相
当である。〔大判昭和 4・12・11 民集 8 巻 923 頁〕は，右と抵触する限度で変更す
べきものである。」

　文献　伊藤高義・百選 I 〔5 版〕，好美清光・民商 124 巻 4＝5 号，佐賀徹哉・重判〔平
12〕，鳥谷部茂・判評 505（判時 1734）号，笠井修・百選 I

参考8　未登録自動車・登録抹消自動車の即時取得

最二小判昭和 45・12・4 民集 24 巻 13 号 1987 頁

【要旨】　道路運送車両法による登録を受けていない自動車は，同法 5 条 1 項等
により登録を対抗要件とせず，また自動車抵当法 20 条により質権の設定を禁
じられるものではないから，取引保護の要請により，一般の動産として民法
192 条の規定の適用を受けるべきであり，この理は，登録を抹消された場合も
同様である。

　文献　甲斐道太郎・民商 65 巻 5 号，石田穣・法協 89 巻 5 号

7 相隣関係

6 占有訴権

参考9 民法 200 条 2 項ただし書の意義

最一小判昭和 56・3・19 民集 35 巻 2 号 171 頁

【要旨】 民法 200 条 2 項ただし書の「承継人が侵奪の事実を知っていたとき」
とは，侵奪があったことについてのなんらかの認識を有していたことをいい，
侵奪の可能性の認識にとどまる場合は含まれない。

文献 土田哲也・重判〔昭 56〕，田中整爾・判評 273（判時 1013）号

7 相隣関係

物権 15 建築基準法 65 条所定の建物と民法 234 条 1 項の
適用

◆建築基準法 65 条は所定の建物については，民法 234 条 1 項が排除されるの
で，隣地境界線に接して建てることができる。

最三小判平成元・9・19 民集 43 巻 8 号 955 頁
〔参照条文〕民 234 条，建基 65 条

【事実】 X と Y は，準防火地域内で隣接する土地を所有していたところ，Y が境界
線から 50 cm 以内に耐火構造の建物を建築した。X は，民法 234 条 1 項違反として，
Y に対し建物収去を請求したが，Y は，建築基準法 65 条によって境界線に設置す
る建築が認められていると主張した。第 1 審，原審とも X の請求を認容したので，
Y が上告。

【判旨】 破棄自判 「建築基準法 65 条は，防火地域又は準防火地域内にある外
壁が耐火構造の建築物について，その外壁を隣地境界線に接して設けることが
できる旨規定しているが，これは，同条所定の建築物に限り，その建築につい
ては民法 234 条 1 項の規定の適用が排除される旨を定めたものと解するのが相
当である。けだし，建築基準法 65 条は，耐火構造の外壁を設けることが防火
上望ましいという見地や，防火地域又は準防火地域における土地の合理的ない
し効率的な利用を図るという見地に基づき，相隣関係を規律する趣旨で，右各

91

第2編　物　権

地域内にある建物で外壁が耐火構造のものについては，その外壁を隣地境界線に接して設けることができることを規定したものと解すべきであって，このことは，次の点からしても明らかである。すなわち，第一に，同条の文言上，それ自体として，同法6条1項に基づく確認申請の審査に際しよるべき基準を定めたものと理解することはできないこと，第二に，建築基準法及びその他の法令において，右確認申請の審査基準として，防火地域又は準防火地域における建築物の外壁と隣地境界線との間の距離につき直接規制している原則的な規定はない（建築基準法において，隣地境界線と建築物の外壁との間の距離につき直接規制しているものとしては，第一種住居専用地域内における外壁の後退距離の限度を定めている54条の規定があるにとどまる。）から，建築基準法65条を，何らかの建築確認申請の審査基準を緩和する趣旨の例外規定と理解することはできないことからすると，同条は，建物を建築するには，境界線から50センチメートル以上の距離を置くべきものとしている民法234条1項の特則を定めたものと解して初めて，その規定の意味を見いだしうるからである。」

（文献）　好美清光・重判〔平元〕，甲斐道太郎・私リ1号，同・判評377（判時1346）号，吉岡祥充・百選Ⅰ〔5版〕，見上崇洋・民商102巻2号

（参考10）　囲繞地通行権を負担する土地の特定承継による通行権の消長

最三小判平成2・11・20民集44巻8号1037頁

【要旨】　民法213条の規定する囲まれた土地（袋地）の通行権は，物権的権利であり通行される囲んだ土地（囲繞地）についての物権的負担であるから，囲んだ土地に特定承継が生じた場合にも消滅しない。

（文献）　澤井裕・重判〔平2〕，岡本詔治・私リ4号，同・百選Ⅰ〔5版〕，秋山靖浩・百選Ⅰ

（参考11）　袋地の未登記所有者と囲繞地通行権

最二小判昭和47・4・14民集26巻3号483頁

【要旨】 民法 209 条〜238 条は，隣接する不動産相互間の利用の調整を目的とする規定であり，同法 210 条も袋地の効用を完全にするための規定であるから，袋地の所有権を取得した者は，所有権取得登記を経由することなく囲繞地通行権を主張することができる。

(文献) 石田喜久夫・民商 67 巻 4 号，星野英一・法協 91 巻 1 号，澤井裕・判評 166 (判時 682) 号，山野目章夫・百選 I 〔5 版〕

参考 12　**自動車による隣地通行権**

最一小判平成 18・3・16 民集 60 巻 3 号 735 頁

【要旨】 自動車による通行を前提とする民法 210 条 1 項所定の通行権の成否およびその具体的内容は，公道に至るため他の土地について自動車による通行を認める必要性，周辺の土地の状況，上記通行権が認められることにより他の土地の所有者が被る不利益等の諸事情を総合考慮して判断すべきである。

(文献) 岡本詔治・民商 135 巻 4=5 号，秋山靖浩・百選 I 〔6 版〕，山野目章夫・重判〔平 18〕

---

8 添 付

物権 16　**第三者が追加工事して完成した建物の所有権**

◆建築途上のいまだ独立の不動産に至らない建前に第三者が材料を提供して工事をし独立の不動産である建物に仕上げた場合の所有権の帰属は，民法 246 条 2 項（加工）の規定による。

最一小判昭和 54・1・25 民集 33 巻 1 号 26 頁
〔参照条文〕民 243 条・246 条 2 項

【事実】 Y から本件建物の建築工事を請け負った A から工事を下請けした B は，棟上げを終えたが，A が約定の工事代金を支払わなかったため，工事を中止した。そこで，Y は，A との請負契約を合意解除し，C に対して，工事進行に伴い建築中の建物の所有権は Y に帰する旨の特約を付して建築の続行を請け負わせた。C は，自己の材料を提供して独立の建物とした。B（B の死亡後 X が承継）は，Y に対して，本件建物の所有権は自己にあるとして，建物引渡請求訴訟を提起した。第 1 審，原

第2編 物 権

審とも X 敗訴。X 上告。

【判旨】 上告棄却 「建物の建築工事請負人が建築途上において未だ独立の不動産に至らない建前を築造したままの状態で放置していたのに，第三者がこれに材料を供して工事を施し，独立の不動産である建物に仕上げた場合においての右建物の所有権が何びとに帰属するかは，民法 243 条の規定によるのではなく，むしろ，同法 246 条 2 項の規定に基づいて決定すべきものと解する。けだし，このような場合には，動産に動産を単純に附合させるだけでそこに施される工作の価値を無視してもよい場合とは異なり，右建物の建築のように，材料に対して施される工作が特段の価値を有し，仕上げられた建物の価格が原材料のそれよりも相当程度増加するような場合には，むしろ民法の加工の規定に基づいて所有権の帰属を決定するのが相当であるからである。」

文献 新田敏，重判〔昭 54〕，内山尚三・民商 81 巻 6 号，瀬川信久・判評 249（判時 938）号，安永正昭・百選 I〔3 版〕，坂本武憲・百選 I〔7 版〕，髙橋智也・百選 I

参考13 抵当目的建物の合棟と抵当権の帰趨

最三小判平成 6・1・25 民集 48 巻 1 号 18 頁

【要旨】 主従の関係にない甲・乙 2 棟の建物が隔壁の除去等により 1 棟の建物丙となった場合，甲あるいは乙を目的としていた抵当権は消滅することなく，丙のうちの甲または乙の価額の割合に応じた持分を目的とするものとして存続する。

文献 瀬川信久・百選 I〔5 版〕，村田博史・重判〔平 6〕，石田喜久夫・判評 431（判時 1509）号，高木多喜男・私リ 10 号

94

9 共 有

物権17 共有物の現物分割と価格賠償の調整

◆①民法258条により共有物の現物分割をする場合には，持分の価格を超える現物を取得する共有者に当該超過分の対価を支払わせて過不足を調整することも許される。

②数か所に分かれて存在する多数の共有不動産について，民法258条により現物分割をする場合には，これらを一括して分割の対象とし，分割後のそれぞれの不動産を各共有者の単独所有とすることも許される。

③多数の者が共有する物を民法258条により現物分割する場合には，分割請求者の持分の限度で現物を分割し，その余は他の者の共有として残す方法によることも許される。

最大判昭和62・4・22民集41巻3号408頁

〔参照条文〕民256条1項・258条，憲29条1項・2項，森林186条（昭62法48号による改正〔削除〕前）

【事実】Aが，自己所有の本件山林（合計68筆）をXとYにそれぞれ2分の1の割合で贈与したことにより，本件山林はX・Yの共有となっていたが，YがXの反対にもかかわらず立木を伐採した。そこでXは，Yに対して，本件山林の現物分割等を求めて訴訟を提起した。第1審，原審とも分割は森林法186条に反するとしてX敗訴。X上告。

【判旨】破棄差戻（判旨は憲法問題等を含むが共有に関する部分に限定する）「共有とは，複数の者が目的物を共同して所有することをいい，共有者は各自，それ自体所有権の性質をもつ持分権を有しているにとどまり，共有関係にあるというだけでは，それ以上に相互に特定の目的の下に結合されているとはいえないものである。そして，共有の場合にあつては，持分権が共有の性質上互いに制約し合う関係に立つため，単独所有の場合に比し，物の利用又は改善等において十分配慮されない状態におかれることがあり，また，共有者間に共有物の管理，変更等をめぐつて，意見の対立，紛争が生じやすく，いつたんかかる意見の対立，紛争が生じたときは，共有物の管理，変更等に障害を来し，物の経済的価値が十分に実現されなくなるという事態となるので，同条は，かかる弊害を除去し，共有者に目的物を自由に支配させ，その経済的効用を十分に発揮

第2編 物 権

させるため，各共有者はいつでも共有物の分割を請求することができるものとし，しかも共有者の締結する共有物の不分割契約について期間の制限を設け，不分割契約は右制限を超えては効力を有しないとして，共有者に共有物の分割請求権を保障しているのである。このように，共有物分割請求権は，各共有者に近代市民社会における原則的所有形態である単独所有への移行を可能ならしめ，右のような公益的目的をも果たすものとして発展した権利であり，共有の本質的属性として，持分権の処分の自由とともに，民法において認められるに至つたものである。」

「更に，民法 258 条による共有物分割の方法について考えるのに，現物分割をするに当たつては，当該共有物の性質・形状・位置又は分割後の管理・利用の便等を考慮すべきであるから，持分の価格に応じた分割をするとしても，なお共有者の取得する現物の価格に過不足を来す事態の生じることは避け難いところであり，このような場合には，持分の価格以上の現物を取得する共有者に当該超過分の対価を支払わせ，過不足の調整をすることも現物分割の一態様として許されるものというべきであり，また，分割の対象となる共有物が多数の不動産である場合には，これらの不動産が外形上一団とみられるときはもとより，数か所に分かれて存在するときでも，右不動産を一括して分割の対象とし，分割後のそれぞれの部分を各共有者の単独所有とすることも，現物分割の方法として許されるものというべきところ，かかる場合においても，前示のような事態の生じるときは，右の過不足の調整をすることが許されるものと解すべきである（〔最三小判昭和 30・5・31 民集 9 巻 6 号 793 頁，最二小判昭 45・11・6 民集 24 巻 12 号 1803 頁〕は，右と抵触する限度において，これを改める。）。また，共有者が多数である場合，その中のただ 1 人でも分割請求をするときは，直ちにその全部の共有関係が解消されるものと解すべきではなく，当該請求者に対してのみ持分の限度で現物を分割し，その余は他の者の共有として残すことも許されるものと解すべきである。」

文献 新田敏・重判〔昭 62〕，荒川重勝・百選 I 〔4 版〕，小林孝輔・民商 98 巻 2 号，藤井俊夫・判評 346（判時 1250）号

9 共 有

物権 18 全面的価格賠償による共有物分割

◆共有者間の実質的公平を害しないと認められる特段の事情があるときは，共
有物を共有者のうちの1人の単独所有または数人の共有とし，これらの者か
ら他の共有者に対して持分の価格を賠償させる方法（いわゆる全面的価格賠償
の方法）によることも許される。

最一小判平成8・10・31民集50巻9号2563頁
〔参照条文〕民258条2項

【事実】Aが本件土地建物を所有していたが，Bに所有権が移転したところ，Aの
長女X₁，X₁の夫でAの養子C，Aの次女Yの三者が，Bから各3分の1の持分
で買い戻した。その後，Cが死亡しその妻X₁，その子X₂～X₄が，共同で相続した
ので，持分割合は，X₁が18分の9，X₂～X₄が各18分の1，Yが18分の6となっ
た。本件建物は現物分割は不可能であり，Yが居住していた。XらがYに対して
分割を求めて訴訟を提起した。第1審は，競売による分割を命じたが，Yが控訴。
原審は，Yに本件土地建物を取得させる，全面的価格賠償の方法を命じた。Xらが
上告。

【判旨】 破棄差戻 「民法258条2項は，共有物分割の方法として，現物分割
を原則としつつも，共有物を現物で分割することが不可能であるか又は現物で
分割することによって著しく価格を損じるおそれがあるときは，競売による分
割をすることができる旨を規定している。ところで，この裁判所による共有物
の分割は，民事訴訟上の訴えの手続により審理判断するものとされているが，
その本質は非訟事件であって，法は，裁判所の適切な裁量権の行使により，共
有者間の公平を保ちつつ，当該共有物の性質や共有状態の実状に合った妥当な
分割が実現されることを期したものと考えられる。したがって，右の規定は，
すべての場合にその分割方法を現物分割又は競売による分割のみに限定し，他
の分割方法を一切否定した趣旨のものとは解されない。

　そうすると，共有物分割の申立てを受けた裁判所としては，現物分割をする
に当たって，持分の価格以上の現物を取得する共有者に当該超過分の対価を支
払わせ，過不足の調整をすることができる〔最大判昭和62・4・22民集41巻3号
408頁参照〕のみならず，当該共有物の性質及び形状，共有関係の発生原因，
共有者の数及び持分の割合，共有物の利用状況及び分割された場合の経済的価

第2編 物 権

値，分割方法についての共有者の希望及びその合理性の有無等の事情を総合的
に考慮し，当該共有物を共有者のうちの特定の者に取得させるのが相当である
と認められ，かつ，その価格が適正に評価され，当該共有物を取得する者に支
払能力があって，他の共有者にはその持分の価格を取得させることとしても共
有者間の実質的公平を害しないと認められる特段の事情が存するときは，共有
物を共有者のうちの1人の単独所有又は数人の共有とし，これらの者から他の
共有者に対して持分の価格を賠償させる方法，すなわち全面的価格賠償の方法
による分割をすることも許されるものというべきである。」

(文献) 荒川重勝・百選 I 〔5 版〕，山田誠一・重判〔平 8〕，直井義典・法協 115 巻 10 号，
川井健・私リ 16 号，鎌野邦樹・百選 I

物権 19 **共有者の1人が相続人なくして死亡した場合と持
分の帰属**

◆共有者の1人が死亡したが相続人が存在せず，相続債権者や受遺者に対する
清算手続が終了したときは，その持分は，民法 958 条の 3 に基づく特別縁故
者に対する財産分与の対象となり，この分与がされないときに，同法 255 条
によって他の共有者に帰属する。

最二小判平成元・11・24 民集 43 巻 10 号 1220 頁

〔参照条文〕民 255 条・958 条の 3

【事実】A は死亡した夫の土地を夫の兄弟と共同相続したが，その後，相続人なく
死亡した。X らは，特別縁故者として家裁から A の土地持分の財産分与を認めら
れた。X らが登記を申請したところ，法務局（Y）は不動産登記法 49 条 2 号（現 25
条 13 号）に基づき登記すべきでないとして申請を却下した。そこで，X らは，却下
決定の取消しを求めて提訴した。第1審は，X の請求を認容。Y 控訴。原審は，第
1審を取り消して X らの請求を棄却。X ら上告。

【判旨】 **破棄自判** 「昭和 37 年法律第 40 号による改正前の法は，相続人不存
在の場合の相続財産の国庫帰属に至る手続として，951 条から 958 条において，
相続財産法人の成立，相続財産管理人の選任，相続債権者及び受遺者に対する
債権申出の公告，相続人捜索の公告の手続を規定し，959 条 1 項において『前
条の期間内に相続人である権利を主張する者がないときは，相続財産は，国庫

に帰属する。』と規定していた。右一連の手続関係からみれば，右959条1項の規定は，相続人が存在しないこと，並びに，相続債権者及び受遺者との関係において一切の清算手続を終了した上，なお相続財産がこれを承継すべき者のないまま残存することが確定した場合に，右財産が国庫に帰属することを定めたものと解すべきである。

他方，法255条は，『共有者ノ一人カ……相続人ナクシテ死亡シタルトキハ其持分ハ他ノ共有者ニ帰属ス』と規定しているが，この規定は，相続財産が共有持分の場合にも相続人不存在の場合の前記取扱いを貫くと，国と他の共有者との間に共有関係が生じ，国としても財産管理上の手数がかかるなど不便であり，また，そうすべき実益もないので，むしろ，そのような場合にはその持分を他の共有者に帰属させた方がよいという考慮から，相続財産の国庫帰属に対する例外として設けられたものであり，法255条は法959条1項の特別規定であったと解すべきである。したがって，法255条により共有持分である相続財産が他の共有者に帰属する時期は，相続財産が国庫に帰属する時期と時点を同じくするものであり，前記清算後なお当該相続財産が承継すべき者のないまま残存することが確定したときということになり，法255条にいう『相続人ナクシテ死亡シタルトキ』とは，相続人が存在しないこと，並びに，当該共有持分が前記清算後なお承継すべき者のないまま相続財産として残存することが確定したときと解するのが相当である。」

（文献）佐藤義彦・重判〔平元〕，前田達明・民商102巻5号，右近健男・判評377（判時1346）号，辻正美・私リ2号，有地亨・家族百選〔5版〕，國府剛・家族百選〔6版〕，山田誠一・百選Ⅲ

（参考14）**相続した預貯金債権の帰属**

最大決平成28・12・19民集70巻8号2121頁

【要旨】 共同相続された普通預金債権，通常貯金債権および定期貯金債権は，いずれも，相続開始と同時に当然に相続分に応じて分割されることはなく，遺産分割の対象となる。

（文献）川地宏行・民商153巻5号

〔参照〕遺産中の預貯金債権の帰属⇨〔債権総論参考20〕

第2編　物　　権

> **参考15**　共有者間の分割協議不調の意義ほか
>
> 最二小判昭和 46・6・18 民集 25 巻 4 号 550 頁

【要旨】　①民法 258 条 1 項にいう「共有者間に協議が調わないとき」とは，共有者の一部に共有物分割の協議に応ずる意思がないため共有者全員において協議をすることができない場合を含む。

　②不動産の共有物分割訴訟においては，共有者間に持分の譲渡があっても，登記がないために譲受人が他の共有者に対抗することができないときは，その持分が譲渡人に帰属するものとして分割を命ずべきである。

　③民法 258 条 2 項にいう「現物を分割することができないとき」とは，現物分割が物理的に不可能な場合のみではなく，社会通念上適正な現物分割が著しく困難な場合を含む。

　（文献）　品川孝次・民商 70 巻 5 号，川井健・法協 90 巻 5 号

10　区分所有権

> **参考16**　建物区分所有法 1 条の構造上区分された建物部分の意義ほか
>
> 最一小判昭和 56・6・18 民集 35 巻 4 号 798 頁

【要旨】　①建物区分所有法にいう構造上区分された建物部分とは，独立した物的支配に適する程度に他の部分と遮断されており，その範囲が明確な建物部分をいう。

　②構造上他の部分と区分され，独立の建物としての用途に供することができるような外形を有する建物部分は，そのうちの一部に他の区分所有者らの共用に供される設備が設置されていても，それが建物の小部分を占めるにとどまり，残りの部分で排他的使用に供することができ，かつ，他の区分所有者らによる当該共用設備の利用，管理によって排他的使用に格別の制限や障害を生ずることがなく，反面，その使用によって共用設備の保存および他の区分所有者らによる利用に影響を及ぼさない場合には，建物区分所有法にいう専有部分にあたる。

　（文献）　丸山英気・重判〔昭 56〕，同・判評 276（判時 1023）号

11　地上権

11　地上権

物権20　地代受領拒絶により提供を要しない場合と地主の地上権消滅請求

◆土地所有者が地代を受領しない意思が明確であるため地上権者が言語上の提供をするまでもなく地代債務の不履行の責を免れるという事情がある場合には，土地所有者は，自己の受領遅滞またはこれに準ずる事態を解消させる措置を講じたのちでなければ，地代不払を理由とする地上権消滅請求の意思表示をすることができない。

最二小判昭和 56・3・20 民集 35 巻 2 号 219 頁

〔参照条文〕民 266 条・276 条

【事実】土地所有者 X は，法定地上権を有する Y らと土地の明渡しをめぐって裁判を係争している間，Y らから提供された地代の受領を拒絶していたが，訴訟はいわゆる休止満了で終了した。その後，Y らは地代の提供を怠っていたところ，X は，Y らの地代不払を理由に，裁判外で地上権の消滅請求をし，建物収去・土地明渡しを請求した。第 1 審，原審とも X の請求を認容。Y ら上告。

【判旨】　一部破棄差戻，一部棄却　「債権者が契約の存在を否定する等弁済を受領しない意思が明確であると認められるときは，債務者は，言語上の提供をしなくても債務不履行の責を免れるものと解すべきであること〔最大判昭和 32・6・5 民集 11 巻 6 号 915 頁〕，建物の賃貸借契約において，賃貸人が現実に提供された賃料の受領を拒絶したときは，特段の事情のない限り，その後において提供されるべき賃料についても，受領拒絶の意思を明確にしたものと解すべきであり，右賃貸人が賃借人の賃料の不払を理由として契約を解除するためには，単に賃料の支払を催告するだけでは足りず，その前提として，受領拒絶の態度を改め，以後賃料を提供されれば確実にこれを受領すべき旨を表示する等，自己の受領遅滞を解消させるための措置を講じなければならないものであること〔最一小判昭和 45・8・20 民集 24 巻 9 号 1243 頁〕は，いずれも当裁判所の判例とするところであつて，右の法理は，本件のように，土地所有者が地上権者に対し地代の支払の遅滞を理由として民法 266 条，276 条の規定に基づき地上権の消滅を請求する場合においても妥当するものと解すべきである。そして，これらの判例の趣旨に徴すれば，地代債務の支払につき土地所有者が受領遅滞に

101

第2編　物　　権

あるか，又は受領遅滞とはいえなくても，契約の存在を否定する等弁済を受領
しない意思が明確であると認められるため地上権者が地代債務につき言語上の
提供をするまでもなく債務不履行の責を免れるという状況のもとで，土地所有
者が前記法条に基づき地上権を消滅せしめるためには，単に地上権者が引き続
き2年以上地代の支払をしなかつたということだけでは足りず，その前提とし
て，土地所有者が受領拒絶の態度を改めて，以後地代を提供されればこれを確
実に受領すべき旨を明らかにし，その後相当期間を経た場合であるか，又は相
当の期間を定めて催告をしたにもかかわらず地上権者がこれに応じないまま右
期間を徒過した場合である等自己の受領遅滞又はこれに準ずるような前記の事
態を解消させる措置を講じたのちであることを要すると解するのが相当である。
けだし，前記法条に基づき地上権消滅請求の意思表示をするためには，継続し
て2年分以上の地代の不払があるというだけでは足りず，右不払につき地上権
者の責に帰すべき事由がなければならないからである。」

文献　高島平蔵・重判〔昭56〕，内田貴・判評 274（判時 101）号，石外克喜・民商 87
巻3号

12　入会権

物権 21　入会権の訴訟の相手方

◆入会集団の一部の構成員は，訴えの提起に同調しない構成員を被告に加えて
構成員全員が訴訟当事者となる形式で第三者に対する入会権確認の訴えを提
起することができる。

最一小判平成 20・7・17 民集 62 巻 7 号 1994 頁
〔参照条文〕民 177 条

【事実】 X ら（26名），$Y_2 \sim Y_{37}$ は，A 部落の住民であった。Y_1 は，甲土地を Y_2 お
よび Y_3 から，乙，丙，丁の各土地を Y_4 および Y_5 から買い受けて，所有権移転登
記をした。X らは，甲〜丁土地が，A 部落の住民を構成員とする入会集団に属す
る入会地であるとして，$Y_1 \sim Y_{37}$ に対して，入会権を有することの確認訴訟を提起
した。第 1 審，原審とも，入会権の確認訴訟は権利者全員が共同してのみ提起しう
るとして X らの当事者としての資格を認めなかった。X ら上告。

【判旨】　破棄自判　「入会集団の構成員のうちに入会権の確認を求める訴えを提起することに同調しない者がいる場合であっても，入会権の存否について争いのあるときは，民事訴訟を通じてこれを確定する必要があることは否定することができず，入会権の存在を主張する構成員の訴権は保護されなければならない。そこで，入会集団の構成員のうちに入会権確認の訴えを提起することに同調しない者がいる場合には，入会権の存在を主張する構成員が原告となり，同訴えを提起することに同調しない者を被告に加えて，同訴えを提起することも許されるものと解するのが相当である。このような訴えの提起を認めて，判決の効力を入会集団の構成員全員に及ぼしても，構成員全員が訴訟の当事者として関与するのであるから，構成員の利益が害されることはないというべきである。

　〔最二小判昭和41・11・25民集20巻9号1921頁〕は，入会権の確認を求める訴えは権利者全員が共同してのみ提起し得る固有必要的共同訴訟というべきであると判示しているが，上記判示は，土地の登記名義人である村を被告として，入会集団の一部の構成員が当該土地につき入会権を有することの確認を求めて提起した訴えに関するものであり，入会集団の一部の構成員が，前記のような形式で，当該土地につき入会集団の構成員全員が入会権を有することの確認を求める訴えを提起することを許さないとするものではないと解するのが相当である。

　したがって，特定の土地が入会地であるのか第三者の所有地であるのかについて争いがあり，入会集団の一部の構成員が，当該第三者を被告として，訴訟によって当該土地が入会地であることの確認を求めたいと考えた場合において，訴えの提起に同調しない構成員がいるために構成員全員で訴えを提起することができないときは，上記一部の構成員は，訴えの提起に同調しない構成員も被告に加え，構成員全員が訴訟当事者となる形式で当該土地が入会地であること，すなわち，入会集団の構成員全員が当該土地について入会権を有することの確認を求める訴えを提起することが許され，構成員全員による訴えの提起ではないことを理由に当事者適格を否定されることはないというべきである。」

〔文献〕　鶴田滋・重判〔平20〕，八田卓也・私リ39号

第2編　物　権

> **参考17**　権利能力のない社団である入会団体による総有権確認の訴え

最三小判平成 6・5・31 民集 48 巻 4 号 1065 頁

【要旨】　①入会権者である村落住民が入会団体を形成し，それが権利能力のない社団にあたる場合には，その入会団体は，構成員全員の総有に属する不動産についての総有権確認請求訴訟の原告適格を有する。

②権利能力のない社団である入会団体の代表者が構成員全員の総有に属する不動産について総有権確認請求訴訟を原告の代表者として追行するには，入会団体の規約等において当該不動産を処分するのに必要とされる総会の議決等の手続による授権を要する。

③権利能力のない社団である入会団体において，規約等に定められた手続により，構成員全員の総有に属する不動産について代表者でない構成員が登記名義人とされた場合には，その名義人は，当該不動産についての登記手続請求訴訟の原告適格を有する。

(文献)　福永有利・民商 113 巻 6 号，小島武司・私リ 11 号，山田誠一・百選 I

第3編

担保物権

概　　説	…………………………	106
1	留置権	……………………	110
2	先取特権	……………………	113
3	質　　権	……………………	115
4	抵当権の物上代位	…………	117
5	抵当権に基づく担保不動産収益執行	…	123
6	抵当権侵害	……………………	124
7	法定地上権	……………………	126
8	共同抵当	……………………	133
9	物上保証人	……………………	137
10	借地上の建物の抵当権	………	138
11	根抵当	……………………	139
12	抵当権の消滅	…………………	140
13	不動産譲渡担保	………………	142
14	動産譲渡担保	…………………	147
15	債権譲渡担保	…………………	152
16	所有権留保	……………………	155

第3編　担保物権

概　　説

　本編では，担保物権に関する昭和45年以降の判例のうち，民法の学習上注目すべき判例を収録する。担保物権の理論のなかには，それ以前の判例の影響を大きく受けているものもあるが，ここでは扱わない。また，それ以降の判例であっても，立法（この分野では平成15年民法・民事執行法改正の影響が大きい）によって，現行の規範としての精彩を欠くようになったものは，省略した。

　以下では，法定担保物権，約定担保物権，非典型担保の順に項目を立て，整理している。重要度の高い項目について上記範囲の判例の動向を概観しておく。

1　留置権　留置権では，成立要件である債権と物の牽連性について判例が多い。昭和45年までに展開された判例も少なくないが，本書では，牽連性に関して，買主に対して成立する転得者に対する対抗という判断基準を示した〔担保物権1〕を収録した。

2　先取特権　先取特権については，物上代位に関して注目される判例が多い。特に，払渡し前の差押え（民304条）という要件の解釈として論じられる，物上代位権の及ぶ債権に関する第三者との競合の事案では，先取特権と抵当権の法的性質の違いから，抵当権の物上代位とは異なる展開を示していることに注意を要する（〔参考5〕～〔参考7〕）。

　〔担保物権2〕も，物上代位に関する判例であるが，物上代位権の及ぶ客体といえるかどうかに関するもの。目的物について生じた債権であるかどうかの限界事例を示すものとして注目される。

3　質　　権　質権について，昭和45年以降に目立った判例の展開はみられないといってよいが，権利質の分野は例外である。本書では，担保価値を維持すべき義務を認めた〔担保物権3〕を掲載しておく。

4　抵当権の物上代位　抵当権は先取特権に関する物上代位の規定（民304条）を準用しているが，準用にすぎず，かつては，目的不動産の滅失毀損によって生じた債権にのみ物上代位権が及ぶとする立場が通説であった。〔担保物権4〕は，このような通説を一機に覆すインパクトをもっていた。不動産の賃貸借が広く行われていることやバブル経済崩壊後の競売の停滞といった事情が相俟って賃料債権に対する物上代位を中心に抵当権の物上代位の利用が格段に高まり，その客体である賃料債権等についての第三者との競合の紛争が多く判例に現れ

106

た。物上代位の差押え前に，債権譲渡がある事例（〔担保物権5〕），差押えがある事例（〔参考10〕），転付命令がある事例（〔参考11〕）のほか，第三債務者の相殺との競合についても注目すべき判例が出ている（〔担保物権6〕，〔参考12〕）。

5　抵当権に基づく担保不動産収益執行　平成15年改正により創設された担保不動産収益執行については，判例が少ないが，管理人の権限の法的性質に踏み込む興味深い判例として〔担保物権7〕が出ている。

6　抵当権侵害　抵当権侵害については，目的物の物理的毀損のほかに，目的物の一部の分離搬出（〔参考13〕）や第三者による目的物の占有（〔担保物権8〕）の事案類型がある。特に，占有侵害は，バブル経済崩壊後の競売の停滞時期に頻繁に生じた問題であり，平成15年改正による旧395条の削除とともに，判例の展開による解決が試みられた類型である。もっとも，平成15年改正ではあわせて保全法等の改正も行われ，現在ではそれらの手続による解決が中心となっているとみられている。

7　法定地上権　みるべき判例が極めて多く，整理が重要である。まず，民法388条所定の土地上の建物の存在と同一人所有という要件を充足した建物について，人が入れ替わったあとに，①土地上（〔担保物権10〕，〔参考16〕）かあるいは②建物上の抵当権が実行された場合という事案類型がある。また，③そのような建物が建て替えられたあとに土地上の抵当権が実行された場合も問題の多い事案類型である（〔参考14〕）。この類型に関しては，当初に土地建物の共同抵当が設定されていた場合に関する〔担保物権9〕や〔参考15〕も注目を集めた。さらに，④共有との関係についても，判例の蓄積が厚い（〔担保物権11〕，〔参考17〕，〔参考18〕）。

8　共同抵当　共同抵当もみるべき判例の多い分野である。本書では，議論が複雑になる，先順位の共同抵当権の目的物に物上保証人所有不動産を含む事案類型から，〔担保物権12〕と〔担保物権13〕を掲載する。いずれも，先行して出された〔参考19〕の原則の限界が試された判例であり，一連の議論の最深部に位置付けられる。

9　物上保証人　物上保証は，多くの判例の事案に登場するが，その法的地位に焦点があてられた判例は少ない。〔担保物権14〕は，物上保証人と保証人の法的地位の違いを正面から扱う判例であり，注目を浴びた。

12　抵当権の消滅　抵当権の消滅のうち，とくに時効による消滅に関する判例

の展開がみられた。〔担保物権15〕が基本的な考え方を示すものである。もっとも，本判決について，学説には異論が多く，同判決の補足意見も注目される。

13　不動産譲渡担保　不動産譲渡担保については，本書の対象である昭和45年以降の判例の展開によって，現代的な理論がかなり明確にされたといってよい。

判例の展開の中心は，実行方法，とりわけ処分清算と帰属清算の内容である。現代の理論は，〔担保物権16〕を端緒として，〔担保物権17〕でほぼ判例の立場が明確にされたとみられる。〔担保物権18〕はその証左となっている。

14　動産譲渡担保　近年，実務では在庫商品や売掛債権等を包括的に担保にとる譲渡担保を伴う種々の取引（総じてABLと呼ばれることも多い）が促進されており，これに呼応するように，集合動産譲渡担保に関する判例が蓄積されてきている。もっとも，集合動産譲渡担保の事案でも，動産譲渡担保しいては譲渡担保一般に妥当する論点が争われることもあり，整理を要する。

動産譲渡担保一般に妥当する論点については，〔担保物権20〕が，一面において，譲渡担保の重複設定がありうることを示していることが注目される。また，譲渡担保の物上代位について，〔参考27〕，〔参考28〕が貸渡しという特殊な取引類型ながら目的物の売却について，〔担保物権21〕が目的物の滅失について，いずれも物上代位を認めていることが注目される。

集合動産譲渡担保については，判例が集合物論のうち，設定時から常に構成部分にも譲渡担保の効力が及ぶという立場であることが明らかにされてきている（〔担保物権19〕）。また，集合動産譲渡担保は在庫商品のように債務者の営業の過程における流動資産を目的物とするため，処分権限の内容が示され（〔担保物権20〕の一面），また，目的物の滅失による物上代位権の行使にあたって，営業の停止を行使要件とすべきという立場（〔担保物権21〕）も明らかにされている。

15　債権譲渡担保　債権譲渡担保の判例は，将来債権譲渡の有効性の承認（〔参考29〕。平成29年民法改正により制定法化された）から始まり，債務者の回収処分によって消滅する将来債権を一定の範囲を特定して担保目的で譲渡するという，いわゆる流動債権譲渡担保を承認してきた。問題となったのは，対抗要件であり，同一事件について，債務者への処分授権が指名債権の譲渡に関する対抗要件の効果を妨げるか（〔参考30〕），対抗要件を具備できる譲渡の効力が

概　　説

生じるのはいつか（〔担保物権22〕）という2つの側面から争われ判断された判例がエポックメイキングである。

16　所有権留保　所有権留保については，二当事者間の契約への解消に結び付けやすい売主留保型から，売主とは別の金融機関の与信に所有権留保を用いる信販会社与信型が増え，破産手続の問題ながら，担保権者に対抗要件に準じる要件の具備を問う立場が明らかにされ（〔担保物権23〕）注目されている。また，〔担保物権24〕は，債務不履行後に留保権者に物的責任を負わせるが，これは，譲渡担保の実行に関して債務不履行によって担保権者が取得する処分権能を前提とする判例の動向との関係でも興味深い。

〔青木則幸〕

担保物権

109

第3編　担保物権

1　留置権

担保物権 1 　売買目的物の譲渡と留置権

◆留置権の被担保債権の弁済義務者が，目的物の引渡請求権者以外の第三者である場合でも，留置権者は留置権を行使でき，その場合には債務者の弁済との引換えに物の引渡しをなすべき旨が命じられることになる。

最一小判昭和 47・11・16 民集 26 巻 9 号 1619 頁

〔参照条文〕民 295 条

【事実】Y が共有していた本件土地建物を A に売却する旨の売買契約が締結されたが，次のような特約があった。最初に A が代金 680 万円の一部（40 万円）を支払いこれと引き換えに所有権移転登記をし，さらに一部の支払等を経て，最終的な残額 345 万円については代金の支払にかえて A が代替土地建物を取得等のうえ譲渡して引渡しこれと引換えに Y が本件土地建物を明け渡すという内容である。A による代替土地建物の譲渡引渡しが未履行の間に，A に融資をした X が本件土地建物に抵当権の設定を受けおよび停止条件付代物弁済契約を締結し，その後，代物弁済契約により本件土地建物を取得し移転登記を経た。X が Y に対し建物の明渡しを求め本件訴訟を提起。Y が，A に対する債権を被担保債権として，本件土地建物譲受人である X に対して留置権を主張することの可否が争われた。第 1 審は留置権を認め X からの代金の支払と引換えに建物の明渡しをなすべきとしたが，原審は留置権の発生を否定した。Y 上告。

【判旨】　破棄自判　「ところで，留置権が成立したのち債務者からその目的物を譲り受けた者に対しても，債権者がその留置権を主張しうることは，留置権が物権であることに照らして明らかであるから……，本件においても，Y は，A から本件土地建物を譲り受けた X に対して，右留置権を行使することをうるのである。もつとも，X は，本件土地建物の所有権を取得したにとどまり，前記残代金債務の支払義務を負つたわけではないが，このことは Y の右留置権行使の障害となるものではない。また，右残代金 345 万円の債権は，本件土地建物全部について生じた債権であるから，同法 296 条の規定により，Y は右残代金 345 万円の支払を受けるまで本件土地建物全部につき留置権を行使することができ，したがつて，X の本訴請求は本件建物の明渡を請求するにとどまるものではあるが，Y は X に対し，残代金 345 万円の支払があるまで，本件

110

建物につき留置権を行使することができるのである。」「ところで，物の引渡を求める訴訟において，留置権の抗弁が理由のあるときは，引渡請求を棄却することなく，その物に関して生じた債権の弁済と引換えに物の引渡を命ずべきであるが……，前述のように，ＸはＹに対して残代金債務の弁済義務を負つているわけではないから，Ａから残代金の支払を受けるのと引換えに本件建物の明渡を命ずべきものといわなければならない。」

（文献） 平田浩・民商 69 巻 6 号，下森定・法協 92 巻 4 号，中森宏・民訴百選〔2 版〕，藤原正則・百選Ｉ

参考1　借家契約解除後の不法占有と留置権の不成立

最二小判昭和 46・7・16 民集 25 巻 5 号 749 頁

【要旨】　建物賃貸借契約の解除後の不法占有者が建物につき支出した有益費の償還請求権については，民法 295 条 2 項の類推適用により，留置権を主張することができない。

（文献） 明石三郎・民商 66 巻 5 号，四宮和夫・法協 90 巻 6 号，高崎尚志・百選Ｉ〔初版〕，清水元・百選Ｉ〔6 版〕，古積健三郎・百選Ｉ

参考2　留置物の一部を債務者に引き渡した場合と被担保債権の範囲

最三小判平成 3・7・16 民集 45 巻 6 号 1101 頁

【要旨】　民法 296 条は，留置権者は債権の全部の弁済を受けるまで留置物の全部につきその権利を行使しうる旨を規定しているが，留置権者が留置物の一部の占有を喪失した場合にもなお同規定の適用があるのであって，この場合，留置権者は，占有喪失部分につき留置権を失うのは格別として，その債権の全部の弁済を受けるまで留置物の残部につき留置権を行使しうる。

（文献） 関武志・民商 106 巻 4 号，近江幸治・重判〔平3〕，田山輝明・私リ 5 号

第3編　担保物権

参考3　譲渡担保の処分清算と設定者の留置権

最二小判平成 9・4・11 裁判集民 183 号 241 頁

【要旨】　不動産を目的とする譲渡担保権が設定されている場合において，譲渡担保権者が譲渡担保権の実行として目的不動産を第三者に譲渡したときは，譲渡担保権設定者は，第三者または同人から更に不動産の譲渡を受けた者からの明渡請求に対し，譲渡担保権者に対する清算金支払請求権を被担保債権とする留置権を主張することができる（仮登記担保に関する最一小判昭和 58・3・31 民集 37 巻 2 号 152 頁と同旨）。

（文献）　なし

参考4　商人間の留置権の目的物と不動産

最一小判平成 29・12・14 民集 71 巻 10 号 2184 頁

【要旨】　民法は，留置権の目的物を「物」と定め（295 条 1 項），不動産をその目的物から除外しておらず，商法 521 条にも，不動産をその目的物から除外することをうかがわせる文言はない。また，商法 521 条の趣旨は，商人間における信用取引の維持と安全を図る目的で，双方のために商行為となる行為によって生じた債権を担保するため，商行為によって債権者の占有に属した債務者所有の物等を目的物とする留置権を特に認めたものと解されるところ，不動産を対象とする商人間の取引が広く行われている実情がある。以上から，不動産は，商法 521 条の留置権の目的物となりうる。

（文献）　高橋英治・法教 449 号 124 頁

2　先取特権

2　先取特権

担保物権2 　**請負代金に対する動産売買の先取特権に基づく物上代位権の行使**

◆動産売買の先取特権に基づく物上代位権は，被担保債権の債務者が当該動産
を使用して請負工事を行ったとしても，その請負工事代金には及ばないのが
原則である。しかし，請負代金全体に占める当該動産の価額の割合や請負契
約における請負人の債務の内容等に照らして請負代金債権の全部または一部
を当該動産の転売による代金債権と同視するに足りる特段の事情がある場合
には，及ぶことがある。

最三小決平成 10・12・18 民集 52 巻 9 号 2024 頁
〔参照条文〕民 304 条・322 条（平 16 法 147 号による改正前）・632 条

担
保
物
権

❷

【事実】X は，A に対して本件動産（ターボコンプレッサーという種類の機械）の与信
販売をした。これは，A が B から請け負った X 製造の動産の設置等の工事の準備
のために行われたものであり，その後 B に引き渡された本件動産につき A が設置
工事を施行している。その結果，A は B に対して 2080 万円の請負代金債権を取得
したがそのうち 1740 万円は機械の代金に相当するものであった。A が X に代金債
務を弁済しないまま破産したので，X が A の破産管財人 Y が B に対して有する請
負代金債権につき動産売買先取特権に基づく物上代位を行使したが，B の供託によ
り，供託金還付請求権に対する物上代位として争われた。原々決定が容認，原決定
が Y の抗告を棄却。Y 抗告。

【判旨】　抗告棄却　「動産の買主がこれを他に転売することによって取得した
売買代金債権は，当該動産に代わるものとして動産売買の先取特権に基づく物
上代位権の行使の対象となる（民法 304 条）。これに対し，動産の買主がこれ
を用いて請負工事を行ったことによって取得する請負代金債権は，仕事の完成
のために用いられた材料や労力等に対する対価をすべて包含するものであるか
ら，当然にはその一部が右動産の転売による代金債権に相当するものというこ
とはできない。したがって，請負工事に用いられた動産の売主は，原則として，
請負人が注文者に対して有する請負代金債権に対して動産売買の先取特権に基
づく物上代位権を行使することができないが，請負代金全体に占める当該動産
の価額の割合や請負契約における請負人の債務の内容等に照らして請負代金債

113

第3編　担保物権

権の全部又は一部を右動産の転売による代金債権と同視するに足りる特段の事
情がある場合には，右部分の請負代金債権に対して右物上代位権を行使するこ
とができると解するのが相当である。」

(文献)　石田喜久夫・私リ20号，近江幸治・百選Ⅰ〔6版〕，直井義典・百選Ⅰ

参考5　債務者（買主）の破産宣告と先取特権者（売主）の物
　　　　上代位

最一小判昭和59・2・2民集38巻3号431頁

【要旨】　民法304条1項ただし書において，先取特権者が物上代位権を行使す
るためには金銭その他の払渡しまたは引渡前に差押えをしなければならないも
のと規定されている趣旨は，先取特権者のする差押えによって，第三債務者が
金銭その他の目的物を債務者に払い渡しまたは引き渡すことが禁止され，他方，
債務者が第三債務者から債権を取立てまたはこれを第三者に譲渡することを禁
止される結果，物上代位の対象である債権の特定性が保持され，これにより物
上代位権の効力を保全せしめるとともに，他面第三者が不測の損害を被ること
を防止しようとすることにあるから，第三債務者による弁済または債務者によ
る債権の第三者への譲渡の場合とは異なり，単に一般債権者が債務者に対する
債務名義をもって目的債権につき差押命令を取得したにとどまる場合には，こ
れによりもはや先取特権者が物上代位権を行使することを妨げられるとすべき
理由はない。債務者が破産宣告を受けた場合も同旨である。

(文献)　生熊長幸・民商92巻2号，伊藤進・重判〔昭59〕，林田学・新倒産百選，加藤
哲夫・民執百選，坂田宏・倒産百選〔5版〕

参考6　一般債権者による仮差押え後の動産売買の先取特権
　　　　に基づく物上代位権の行使

最二小判昭和60・7・19民集39巻5号1326頁

【要旨】　〔参考5〕の趣旨から，一般債権者が，先取特権の目的物の転売代金
債権について仮差押えの執行をしたにすぎない場合には，その後に先取特権者

が物上代位権を行使することは妨げられない。

文献 岩城謙二・重判〔昭60〕，住吉博・民商94巻5号，和田吉弘・法協107巻1号，徳田和幸・民執百選，高田裕成・民執百選，住吉博・供託百選〔2版〕，徳田和幸・執保百選〔2版〕，高田裕成・執保百選〔2版〕，道垣内弘人・百選I

参考7 譲渡された債権に対する動産売買の先取特権に基づく物上代位の行使

最三小判平成17・2・22民集59巻2号314頁

【要旨】 民法304条1項ただし書は，先取特権者が物上代位権を行使するには払渡しまたは引渡しの前に差押えをすることを要する旨を規定しているところ，この規定は，抵当権とは異なり公示方法が存在しない動産売買の先取特権については，物上代位の目的債権の譲受人等の第三者の利益を保護する趣旨を含むものというべきである。そうすると，動産売買の先取特権者は，物上代位の目的債権が譲渡され，第三者に対する対抗要件が備えられた後においては，目的債権を差し押さえて物上代位権を行使することはできない。

文献 堀龍兒・私リ32号，高橋眞・私リ33号，角紀代恵・重判〔平17〕，倉橋雄作・法協126巻1号

---

3 質 権

担保物権3 質権者に対する担保価値維持義務

◆債権が質権の目的とされた場合において，質権設定者は，質権者に対し，当該債権の担保価値を維持すべき義務を負い，債権の放棄，免除，相殺，更改等当該債権を消滅，変更させる一切の行為その他当該債権の担保価値を害するような行為を行うことは，同義務に違反する。

最一小判平成18・12・21民集60巻10号3964頁

〔参照条文〕民362条・619条・703条・704条

【事実】 複数の銀行Aらが，Bに対する一切の債権を担保するものとして，BがCから建物を賃借するに際してCに差し入れていた敷金の返還請求権のうち約6000

担保物権

7

3

115

第3編　担保物権

万円につき質権の設定を受けた（Cの確定日付ある証書による承諾がある）。その後，B
が破産し，その管財人Yが，破産財団に十分な銀行預金があるにもかかわらず，
破産裁判所の許可を得て，本件賃貸借契約を解除し，未払賃料等に本件敷金を充当
する旨の合意をした。Aからの債権譲受人Dから委託を受けた債権管理回収業者
Xが，この合意について，質権の優先弁済権の侵害にあたるなどとして，善管注意
義務違反に基づく損害賠償等を訴求。第1審は，損害賠償請求を認めたが，原審は
これを否定。Xが上告受理申立て。

【判旨】　一部破棄自判，一部棄却　「債権が質権の目的とされた場合において，
質権設定者は，質権者に対し，当該債権の担保価値を維持すべき義務を負い，
債権の放棄，免除，相殺，更改等当該債権を消滅，変更させる一切の行為その
他当該債権の担保価値を害するような行為を行うことは，同義務に違反するも
のとして許されないと解すべきである。そして，建物賃貸借における敷金返還
請求権は，賃貸借終了後，建物の明渡しがされた時において，敷金からそれま
でに生じた賃料債権その他賃貸借契約により賃貸人が賃借人に対して取得する
一切の債権を控除し，なお残額があることを条件として，その残額につき発生
する条件付債権であるが……，このような条件付債権としての敷金返還請求権
が質権の目的とされた場合において，質権設定者である賃借人が，正当な理由
に基づくことなく賃貸人に対し未払債務を生じさせて敷金返還請求権の発生を
阻害することは，質権者に対する上記義務に違反するものというべきである。」
「また，質権設定者が破産した場合において，質権は，別除権として取り扱わ
れ（旧破産法92条），破産手続によってその効力に影響を受けないものとされ
ており（同法95条），他に質権設定者と質権者との間の法律関係が破産管財人
に承継されないと解すべき法律上の根拠もないから，破産管財人は，質権設定
者が質権者に対して負う上記義務を承継すると解される。

　そうすると，Yは，Dに対し，本件各賃貸借に関し，正当な理由に基づくこ
となく未払債務を生じさせて本件敷金返還請求権の発生を阻害してはならない
義務を負っていたと解すべきである。」

文献　小梁吉章・私リ36号，片山直也・重判〔平19〕，高田賢治・重判〔平19〕，中西
正・倒産百選〔5版〕，藤澤治奈・百選I

4 抵当権の物上代位

参考8 指名債権質の通知・承諾における質権者の特定

最一小判昭和 58・6・30 民集 37 巻 5 号 835 頁

【要旨】　第三債務者が質権の目的債権を取引の対象としようとする第三者から債権の帰属関係等の事情を問われたときには，質権設定の有無および質権者が誰であるかを告知，公示することができ，また，そうすることを前提とし，これにより第三者に適宜な措置を講じさせ，その者が不当に不利益を被るのを防止しようとするものであるから，第三者に対する関係での対抗要件となりうる第三債務者に対する通知またはその承諾は，具体的に特定された者に対する質権設定についての通知または承諾であることを要する。

文献　松井宏興・重判〔昭 58〕，松岡久和・民商 90 巻 2 号

担保物権

8
4

4　抵当権の物上代位

担保物権4 抵当不動産について供託された賃料の還付請求権と物上代位

◆賃貸不動産上の抵当権の実行手続開始後，供託されていた賃料について，後順位抵当権者が物上代位権を行使し，供託金還付請求権を差し押さえた事案で，民法 372 条・304 条の規定の趣旨という一般的な理由で賃料債権に対する物上代位を認めた。

最二小判平成元・10・27 民集 43 巻 9 号 1070 頁
〔参照条文〕民 304 条・372 条

【事実】本件賃貸用建物上に複数の抵当権が設定されていた。先順位抵当権者 A が抵当権の実行手続を開始。賃借人 B らは不動産競売開始決定がなされた後，賃料を供託していた。その後，配当に至る前に，後順位抵当権者 Y が賃料債権に対する物上代位権の行使として，供託金還付請求権を差し押さえ転付命令を得た。設定者から建物を譲り受けていた X が，Y に物上代位権なしとして不当利得返還を訴求。第 1 審・原審とも X 敗訴，X 上告。

【判旨】　**上告棄却**　「抵当権の目的不動産が賃貸された場合においては，抵当権者は，民法 372 条，304 条の規定の趣旨に従い，目的不動産の賃借人が供託した賃料の還付請求権についても抵当権を行使することができるものと解する

117

第3編　担保物権

のが相当である。けだし，民法 372 条によって先取特権に関する同法 304 条の規定が抵当権にも準用されているところ，抵当権は，目的物に対する占有を抵当権設定者の下にとどめ，設定者が目的物を自ら使用し又は第三者に使用させることを許す性質の担保権であるが，抵当権のこのような性質は先取特権と異なるものではないし，抵当権設定者が目的物を第三者に使用させることによって対価を取得した場合に，右対価について抵当権を行使することができるものと解したとしても，抵当権設定者の目的物に対する使用を妨げることにはならないから，前記規定に反してまで目的物の賃料について抵当権を行使することができないと解すべき理由はなく，また賃料が供託された場合には，賃料債権に準ずるものとして供託金還付請求権について抵当権を行使することができるものというべきだからである。」

（文献）　小林資郎・重判〔平元〕，道垣内弘人・民商 102 巻 5 号，鎌田薫・私リ 2 号，中山知己・百選Ⅰ〔7 版〕

参考9　転貸賃料債権に対する物上代位の行使

最二小決平成 12・4・14 民集 54 巻 4 号 1552 頁

【要旨】　民法 372 条によって抵当権に準用される同法 304 条 1 項に規定する「債務者」には，原則として，抵当不動産の賃借人（転貸人）は含まれないものと解すべきである。けだし，所有者は被担保債権の履行について抵当不動産をもって物的責任を負担するものであるのに対し，抵当不動産の賃借人は，このような責任を負担するものではなく，自己に属する債権を被担保債権の弁済に供されるべき立場にはないからである。同項の文言に照らしても，これを「債務者」に含めることはできない。また，転貸賃料債権を物上代位の目的とすることができるとすると，正常な取引により成立した抵当不動産の転貸借関係における賃借人（転貸人）の利益を不当に害することにもなる。もっとも，所有者の取得すべき賃料を減少させ，または抵当権の行使を妨げるために，法人格を濫用し，または賃貸借を仮装したうえで，転貸借関係を作出したものであるなど，抵当不動産の賃借人を所有者と同視することを相当とする場合には，その賃借人が取得すべき転貸賃料債権に対して抵当権に基づく物上代位権を行使

4　抵当権の物上代位

することを許すべきものである。

（文献）　松岡久和・民商 124 巻 2 号，鎌田薫・重判〔平 12〕，内田貴・法協 119 巻 6 号

（担保物権 5）　**抵当権者による物上代位権の行使と目的債権の譲渡**

◆抵当不動産の賃料債権について対抗要件を具備した将来債権譲渡の後に抵当
　権の物上代位の行使をすることも可能であり，民法 304 条が払渡し前の差押
　えを要求する趣旨には抵触しない。

最二小判平成 10・1・30 民集 52 巻 1 号 1 頁

〔参照条文〕民 304 条・372 条・467 条

【事実】X は，A に対する貸金債権の担保のために，B 所有の本件建物とその敷地
に抵当権の設定を受け，その登記を経た。A はその後債務不履行に陥った。その
後になって，B が Y に対し本件建物を賃貸したため，X は B の Y に対する賃料債
権につき物上代位に基づく差押えを申し立て，それ以降に弁済期が到来する賃料債
権について差押えを完了した。ところが，その 1 か月前に，B は，Y に対して有す
る本件建物の賃料債権のうち，それ以降 3 年に渡って発生する分を C に譲渡し，Y
が確定日付ある証書による承諾をしていた。X が Y に対して，上記差押えを理由
とする賃料債権の支払を訴求した。原審が X の請求を斥けたのに対して X が上告。

【判旨】　**一部破棄自判，一部棄却**　「民法 372 条において準用する 304 条 1 項
ただし書が抵当権者が物上代位権を行使するには払渡し又は引渡しの前に差押
えをすることを要するとした趣旨目的は，主として，抵当権の効力が物上代位
の目的となる債権にも及ぶことから，右債権の債務者（以下「第三債務者」と
いう。）は，右債権の債権者である抵当不動産の所有者（以下「抵当権設定者」
という。）に弁済をしても弁済による目的債権の消滅の効果を抵当権者に対抗
できないという不安定な地位に置かれる可能性があるため，差押えを物上代位
権行使の要件とし，第三債務者は，差押命令の送達を受ける前には抵当権設定
者に弁済をすれば足り，右弁済による目的債権消滅の効果を抵当権者にも対抗
することができることにして，二重弁済を強いられる危険から第三債務者を保
護するという点にあると解される。」「右のような民法 304 条 1 項の趣旨目的に
照らすと，同項の『払渡又ハ引渡』には債権譲渡は含まれず，抵当権者は，物

担保物権

❺

119

第3編　担保物権

上代位の目的債権が譲渡され第三者に対する対抗要件が備えられた後においても，自ら目的債権を差し押さえて物上代位権を行使することができるものと解するのが相当である。」

（文献）　高橋眞・重判〔平10〕，松岡久和・民商120巻6号，古積健三郎・私リ19号，今尾真・百選I

参考10　一般債権者の賃料債権差押えと抵当権者の物上代位権に基づく差押えとの優劣判断基準

最一小判平成10・3・26民集52巻2号483頁

【要旨】　一般債権者による債権の差押えの処分禁止効は差押命令の第三債務者への送達によって生ずるものであり，他方，抵当権者が抵当権を第三者に対抗するには抵当権設定登記を経由することが必要であるから，債権について一般債権者の差押えと抵当権者の物上代位権に基づく差押えが競合した場合には，両者の優劣は一般債権者の申立てによる差押命令の第三債務者への送達と抵当権設定登記の先後によって決せられる。

（文献）　天野勝介・民商120巻4・5号，河野玄逸・私リ18号，直井義典・法協120巻6号，生熊長幸・百選I〔5補版〕，原強・執保百選〔2版〕

参考11　転付命令後の物上代位

最三小判平成14・3・12民集56巻3号555頁

【要旨】　転付命令が第三債務者に送達された時に他の債権者が民事執行法159条3項に規定する差押等をしていないことを条件として，差押債権者に独占的満足を与えるものであり（民執159条3項・160条），物上代位の要件である差押えも債権執行における差押えと同じであることから，転付命令に係る金銭債権が抵当権の物上代位の目的となりうる場合，転付命令が第三債務者に送達される時までに抵当権者が被転付債権の差押えをしなかったときは，転付命令の効力を妨げることはできず，差押命令および転付命令が確定したときには，転付命令が第三債務者に送達された時に被転付債権は差押債権者の債権および執行

費用の弁済に充当されたものとみなされ，抵当権者が被転付債権について抵当権の効力を主張することはできない。

文献 萩澤達彦・私リ27号，栗田隆・重判〔平14〕，米村滋人・法協124巻7号，松下淳一・執保百選〔2版〕

担保物権6 **賃料債権に対する抵当権者の物上代位による差押えと敷金の充当**

◆目的物の返還時に残存する賃料債権等は敷金が存在する限度において敷金の充当により当然に消滅することになる。このような敷金の充当による未払賃料等の消滅は，敷金契約から発生する効果であって，相殺のように当事者の意思表示を必要とするものではないから，民法511条によって上記当然消滅の効果が妨げられない。

最一小判平成14・3・28民集56巻3号689頁

〔参照条文〕民304条・372条・511条

【事実】 Yは，Xのために根抵当権が設定されている本件建物の一部を転賃借し，転賃貸人Aに対して敷金の性質をもつ保証金を差し入れていた。その後，Yは6か月後の期日に転賃貸借契約を解除する旨を通知してその期日に本件建物を退去したが，通知後の転賃料債務の弁済をしていない。Yの上記通知の2か月後に，Xが物上代位権の行使として，Yに対する転賃料債権を差し押さえ，その後に取立権に基づいて弁済を請求した。これに対して，Yが，退去後，未払い転賃料債務と敷金返還請求権を相殺する旨の意思表示をした。第1審は敷金返還請求権を差押後に生じた債権とみて相殺を否定したが，原審は肯定したため，Xが上告。

【判旨】 上告棄却 「賃貸借契約における敷金契約は，授受された敷金をもって，賃料債権，賃貸借終了後の目的物の明渡しまでに生ずる賃料相当の損害金債権，その他賃貸借契約により賃貸人が賃借人に対して取得することとなるべき一切の債権を担保することを目的とする賃貸借契約に付随する契約であり，敷金を交付した者の有する敷金返還請求権は，目的物の返還時において，上記の被担保債権を控除し，なお残額があることを条件として，残額につき発生することになる……。これを賃料債権等の面からみれば，目的物の返還時に残存する賃料債権等は敷金が存在する限度において敷金の充当により当然に消滅することになる。このような敷金の充当による未払賃料等の消滅は，敷金契約か

第3編 担保物権

ら発生する効果であって，相殺のように当事者の意思表示を必要とするもので
はないから，民法 511 条によって上記当然消滅の効果が妨げられないことは明
らかである。」「また，抵当権者は，物上代位権を行使して賃料債権を差し押さ
える前は，原則として抵当不動産の用益関係に介入できないのであるから，抵
当不動産の所有者等は，賃貸借契約に付随する契約として敷金契約を締結する
か否かを自由に決定することができる。したがって，敷金契約が締結された場
合は，賃料債権は敷金の充当を予定した債権になり，このことを抵当権者に主
張することができるというべきである。」

（文献） 下村信江・私リ 26 号，生熊長幸・民商 130 巻 3 号，道垣内弘人・重判〔平 14〕

参考12 物上代位による賃料債権の差押えと賃借人の債権で
の合意相殺の優劣

最三小判平成 13・3・13 民集 55 巻 2 号 363 頁

【要旨】 抵当権者が物上代位権を行使して賃料債権の差押えをした後は，抵当
不動産の賃借人は，抵当権設定登記の後に賃貸人に対して取得した債権を自働
債権とする賃料債権との相殺をもって，抵当権者に対抗することはできない。
物上代位により抵当権の効力が賃料債権に及ぶことは抵当権設定登記により公
示されているとみることができるから，抵当権設定登記の後に取得した賃貸人
に対する債権と物上代位の目的となった賃料債権とを相殺することに対する賃
借人の期待を物上代位権の行使により賃料債権に及んでいる抵当権の効力に優
先させる理由はないからである。

（文献） 鳥谷部茂・私リ 24 号，山野目章夫・重判〔平 13〕，角紀代恵・民商 128 巻 2 号，
藤澤治奈・法協 121 巻 10 号

5 抵当権に基づく担保不動産収益執行

5 抵当権に基づく担保不動産収益執行

担保物権 7 収益執行と賃料債権の相殺

◆担保不動産収益執行の管理人が取得するのは，賃料債権等の担保不動産の収益に係る給付を求める権利自体ではなく，その権利を行使する権限にとどまり，賃料債権等は，担保不動産収益執行の開始決定が効力を生じた後も，所有者に帰属し，所有者に対する債権との相殺の対象となりうる。

最二小判平成 21・7・3 民集 63 巻 6 号 1047 頁

〔参照条文〕民 371 条・505 条，民執 95 条・188 条

【事実】①建物所有者 A（厳密には共有であるが過半数の持分を有していた）が Y に本件建物を賃貸し，Y から保証金として合計 3 億 1500 万円を受領した。②A が B から融資を受け，本件建物上に抵当権の設定を受けた。③A・Y 間の特約により A が保証金返還債務の期限の利益を喪失。④本件建物について抵当権に基づく担保不動産収益執行の開始決定があり，X が管理人に選任された。

　以上①～④が順次生じたのち，X が Y に対して賃料や遅延損害金を請求したところ，Y が保証金返還残債権との相殺の意思表示をしたと主張。賃料の受領権限者が X であるのに対し，保証金返還債務を負っているのが A であることから，相殺の可否が争われた。第 1 審は相殺を認め X の請求を棄却したが，原審は X の請求を認容。Y が上告受理申立て。

【判旨】　破棄自判　「担保不動産収益執行は，担保不動産から生ずる賃料等の収益を被担保債権の優先弁済に充てることを目的として設けられた不動産担保権の実行手続の 1 つであり，執行裁判所が，担保不動産収益執行の開始決定により担保不動産を差し押さえて所有者から管理収益権を奪い，これを執行裁判所の選任した管理人にゆだねることをその内容としている（民事執行法 188 条，93 条 1 項，95 条 1 項）。管理人が担保不動産の管理収益権を取得するため，担保不動産の収益に係る給付の目的物は，所有者ではなく管理人が受領権限を有することになり，本件のように担保不動産の所有者が賃貸借契約を締結していた場合は，賃借人は，所有者ではなく管理人に対して賃料を支払う義務を負うことになるが（同法 188 条，93 条 1 項），このような規律がされたのは，担保不動産から生ずる収益を確実に被担保債権の優先弁済に充てるためであり，管理人に担保不動産の処分権限まで与えるものではない（同法 188 条，95 条 2

123

第3編　担保物権

項)。」「このような担保不動産収益執行の趣旨及び管理人の権限にかんがみると，管理人が取得するのは，賃料債権等の担保不動産の収益に係る給付を求める権利（以下「賃料債権等」という。）自体ではなく，その権利を行使する権限にとどまり，賃料債権等は，担保不動産収益執行の開始決定が効力を生じた後も，所有者に帰属しているものと解するのが相当であり，このことは，担保不動産収益執行の開始決定が効力を生じた後に弁済期の到来する賃料債権等についても変わるところはない。」「そうすると，担保不動産収益執行の開始決定の効力が生じた後も，担保不動産の所有者は賃料債権等を受働債権とする相殺の意思表示を受領する資格を失うものではないというべきであるから……，本件において，本件建物の共有持分権者であり賃貸人であるAは，本件開始決定の効力が生じた後も，本件賃料債権の債権者として本件相殺の意思表示を受領する資格を有していたというべきである。」

（文献）　生熊長幸・民商 141 巻 4・5 号，生熊長幸・重判〔平 21〕，西川佳代・重判〔平 21〕，内山衛次・私リ 41 号，倉部真由美・執保百選〔2 版〕

6　抵当権侵害

担保物権 8　劣後賃借人に対する妨害排除

◆抵当権の登記に後れて対抗要件を具備した賃借人による目的不動産の占有も抵当権侵害になりうるが，そのためには，その占有権原の設定に抵当権の実行としての競売手続を妨害する目的が認められ，その占有により抵当不動産の交換価値の実現が妨げられて抵当権者の優先弁済請求権の行使が困難となるような状態があるときであることを要する。

最一小判平成 17・3・10 民集 59 巻 2 号 356 頁

〔参照条文〕民 369 条・709 条

【事実】債務者 A は，債権者 X との合意により，未払債務の弁済を猶予してもらい，その際，本件建物上に X のための抵当権を設定し（登記了），①A がその債務を約半年で分割弁済する，②本件建物を他に賃貸するときは事前に X の合意を要するなどを取り決めた。しかし，A は，分割金の支払をしなかったうえに，B に対して本件建物を賃貸して（賃料月額 500 万円・期間 5 年・敷金 5000 万円）引き渡してしまった。さらに，3 か月後には，賃料を月額 100 万円，敷金を 1 億円に改める旨の合意

124

6 抵当権侵害

をした。その後，Xが抵当権の実行手続を開始したが，売却の見込みが立っていない。そこで，Xが抵当権に基づく妨害排除請求として本訴を提起。あわせてXへの引渡しを訴求している。原審がXの請求を容認し，Yが上告。

【判旨】　一部棄却，一部破棄自判　「所有者以外の第三者が抵当不動産を不法占有することにより，抵当不動産の交換価値の実現が妨げられ，抵当権者の優先弁済請求権の行使が困難となるような状態があるときは，抵当権者は，占有者に対し，抵当権に基づく妨害排除請求として，上記状態の排除を求めることができる〔最大判平成11・11・24民集53巻8号1899頁〕。そして，抵当権設定登記後に抵当不動産の所有者から占有権原の設定を受けてこれを占有する者についても，その占有権原の設定に抵当権の実行としての競売手続を妨害する目的が認められ，その占有により抵当不動産の交換価値の実現が妨げられて抵当権者の優先弁済請求権の行使が困難となるような状態があるときは，抵当権者は，当該占有者に対し，抵当権に基づく妨害排除請求として，上記状態の排除を求めることができるものというべきである。なぜなら，抵当不動産の所有者は，抵当不動産を使用又は収益するに当たり，抵当不動産を適切に維持管理することが予定されており，抵当権の実行としての競売手続を妨害するような占有権原を設定することは許されないからである。」「また，抵当権に基づく妨害排除請求権の行使に当たり，抵当不動産の所有者において抵当権に対する侵害が生じないように抵当不動産を適切に維持管理することが期待できない場合には，抵当権者は，占有者に対し，直接自己への抵当不動産の明渡しを求めることができるものというべきである。」「抵当権者は，抵当不動産に対する第三者の占有により賃料額相当の損害を被るものではないというべきである。なぜなら，抵当権者は，抵当不動産を自ら使用することはできず，民事執行法上の手続等によらずにその使用による利益を取得することもできないし，また，抵当権者が抵当権に基づく妨害排除請求により取得する占有は，抵当不動産の所有者に代わり抵当不動産を維持管理することを目的とするものであって，抵当不動産の使用及びその使用による利益の取得を目的とするものではないからである。」

文献　生熊長幸・民商133巻4・5号，道垣内弘人・私リ32号，松岡久和・重判〔平17〕，田髙寛貴・百選Ⅰ

第3編　担保物権

参考13　分離搬出物の返還請求

最二小判昭和 57・3・12 民集 36 巻 3 号 349 頁

【要旨】　工場抵当法 2 条の規定により工場に属する土地または建物とともに抵当権の目的とされた動産が，抵当権者の同意を得ないで，備え付けられた工場から搬出された場合には，第三者において即時取得をしない限りは，抵当権者は搬出された目的動産をもとの備付場所である工場に戻すことを求めることができる。抵当権の担保価値を保全するためには，搬出された目的動産をもとの備付場所に戻して原状を回復すべき必要があるからである。

〔文献〕　林良平・民商 88 巻 1 号，小林資郎・重判〔昭 57〕，大塚直・法協 101 巻 3 号，生熊長幸・百選 I〔6 版〕，青木則幸・百選 I
〔参照〕抵当権に基づく妨害排除請求の代位⇨〔物権 1〕

7　法定地上権

担保物権9　共同抵当権設定後における建物の取壊し・新築と法定地上権

◆所有者が土地および地上建物に共同抵当権を設定した後，建物が取り壊され，土地上に新たに建物が建築された場合には，新建物の所有者が土地の所有者と同一であり，かつ，新建物が建築された時点での土地の抵当権者が新建物について土地の抵当権と同順位の共同抵当権の設定を受けたとき等特段の事情のない限り，新建物のために法定地上権は成立しない。

最三小判平成 9・2・14 民集 51 巻 2 号 375 頁
〔参照条文〕民 388 条

【事実】　Y_1 は，X（もとの担保権者 A から実行手続開始後の承継人）のために，自己所有の土地と建物（旧建物）上に共同根抵当権を設定した（昭和 50 年 7 月）。その後，Y_1 は X の承諾を得て旧建物を取り壊した。X は，本件土地について，更地として担保価値の再評価をし，平成元年から 3 年の間に 4 回にわたって，根抵当権の極度額を増額変更した。平成 3 年 11 月，Y_1 は，Y_2 に本件土地を賃貸（短期賃貸借）し，平成 4 年 7 月に仮登記を具備した。そして，平成 4 年 10 月に，Y_2 が本件土地に本件新建物を建設した。これに対し，平成 4 年 9 月，X が根抵当権の実行を開始し，

126

7 法定地上権

また，Y_1・Y_2に対し，上記短期賃貸借の解除（民旧395条ただし書）と仮登記の抹消を訴求。第2審で法定地上権の成否が争われ，成立が否定されたため，Yらが上告。

【判旨】　**上告棄却**　「所有者が土地及び地上建物に共同抵当権を設定した後，右建物が取り壊され，右土地上に新たに建物が建築された場合には，新建物の所有者が土地の所有者と同一であり，かつ，新建物が建築された時点での土地の抵当権者が新建物について土地の抵当権と同順位の共同抵当権の設定を受けたとき等特段の事情のない限り，新建物のために法定地上権は成立しないと解するのが相当である。けだし，土地及び地上建物に共同抵当権が設定された場合，抵当権者は土地及び建物全体の担保価値を把握しているから，抵当権の設定された建物が存続する限りは当該建物のために法定地上権が成立することを許容するが，建物が取り壊されたときは土地について法定地上権の制約のない更地としての担保価値を把握しようとするのが，抵当権設定当事者の合理的意思であり，抵当権が設定されない新建物のために法定地上権の成立を認めるとすれば，抵当権者は，当初は土地全体の価値を把握していたのに，その担保価値が法定地上権の価額相当の価値だけ減少した土地の価値に限定されることになって，不測の損害を被る結果になり，抵当権設定当事者の合理的な意思に反するからである。なお，このように解すると，建物を保護するという公益的要請に反する結果となることもあり得るが，抵当権設定当事者の合理的意思に反してまでも右公益的要請を重視すべきであるとはいえない。〔大判昭和13・5・25民集17巻1100頁〕は，右と抵触する限度で変更すべきものである。」

文献　近江幸治・重判〔平9〕，高木多喜男・私リ16号，東海林邦彦・民商120巻3号，吉田邦彦・百選I〔5補版〕，道垣内弘人・百選I

担保物権

⑭

参考14　非堅固建物から堅固建物への再築と法定地上権

最三小判昭和52・10・11民集31巻6号785頁

【要旨】　同一の所有者に属する土地と地上建物のうち土地のみについて抵当権が設定され，その後同建物が滅失して新建物が再築された場合であっても，抵当権の実行により土地が競売されたときは，法定地上権の成立を妨げないもの

127

第3編　担保物権

であり，法定地上権の存続期間等の内容は，原則として，取壊し前の旧建物が
残存する場合と同一の範囲にとどまるべきものである。しかし，このように，
旧建物を基準として法定地上権の内容を決するのは，抵当権設定の際，旧建物
の存在を前提とし，旧建物のための法定地上権が成立することを予定して土地
の担保価値を算定した抵当権者に不測の損害を被らせないためであるから，抵
当権者の利益を害しないと認められる特段の事情がある場合には，再築後の新
建物を基準として法定地上権の内容を定めて妨げない。

(文献)　東海林邦彦・民商 79 巻 1 号，星野英一・法協 95 巻 12 号，内田貴・百選 I〔4
版〕

参考15　最三小判平成 9・2・14〔担保物権 9〕の特段の事由
にあたらない事案

最一小判平成 9・6・5 民集 51 巻 5 号 2116 頁

【要旨】　新建物の所有者が土地の所有者と同一であり，かつ，新建物が建築さ
れた時点での土地の抵当権者が新建物について土地の抵当権と同順位の共同抵
当権の設定を受けた場合であっても，新建物に設定された抵当権の被担保債権
に法律上優先する債権が存在するときは，〔担保物権 9〕所定の特段の事情が
ある場合にはあたらず，新建物のために法定地上権が成立しない。新建物に設
定された抵当権の被担保債権に法律上優先する債権が存在する場合は，新建物
に同抵当権に優先する担保権が設定されている場合と実質的に異なるところが
なく，抵当権者にとっては，新建物に抵当権の設定を受けないときは土地全体
の担保価値を把握することができるのに，新建物に抵当権の設定を受けること
によって，かえって法定地上権の価額に相当する価値を把握することができな
い結果となり，その合理的意思に反するからである。

(文献)　近江幸治・民商 118 巻 1 号，伊藤進・私リ 17 号

7 法定地上権

担保物権 10 土地上の先順位抵当権が要件を充たさず後順位
抵当権が充たす場合の法定地上権の成否

◆土地について一番抵当権が設定された当時土地と地上建物の所有者が異なり，
法定地上権成立の要件が充足されていなかった場合には，土地と地上建物を
同一人が所有するに至った後に後順位抵当権が設定されたとしても，その後
に抵当権が実行され，土地が競落されたことにより一番抵当権が消滅すると
きには，地上建物のための法定地上権は成立しない。

最二小判平成 2・1・22 民集 44 巻 1 号 314 頁

〔参照条文〕民 388 条

【事実】①A が所有する土地上に存在する建物が B（A の子）に属しているときに，
A・B が C 銀行のために，土地建物を共同担保として根抵当権を設定した。②A が
死亡し B が土地を相続し，極度額の変更等を行った。③B が建物を建て替えたう
えで，土地につき後順位の抵当権を設定した。その後，④土地上の抵当権が実行さ
れ X が競売許可決定を得たが，本件土地は競売手続中に建物取壊しのうえ第三者
Y₁ に賃貸され，Y₁ が土地上に本件建物を新築しそれを Y₂ に賃貸している。以上
①～④を前提に，X が Y₁・Y₂ に対する建物収去土地明渡しを請求。原審が後順位
抵当権設定当時（上記③）に要件を充足していたとして，法定地上権の成立を認め
たため，X 上告。

【判旨】 一部破棄自判，一部破棄差戻 「土地について一番抵当権が設定され
た当時土地と地上建物の所有者が異なり，法定地上権成立の要件が充足されて
いなかった場合には，土地と地上建物を同一人が所有するに至った後に後順位
抵当権が設定されたとしても，その後に抵当権が実行され，土地が競落された
ことにより一番抵当権が消滅するときには，地上建物のための法定地上権は成
立しないものと解するのが相当である。けだし，民法 388 条は，同一人の所有
に属する土地及びその地上建物のいずれか又は双方に設定された抵当権が実行
され，土地と建物の所有者を異にするに至った場合，土地について建物のため
の用益権がないことにより建物の維持存続が不可能となることによる社会経済
上の損失を防止するため，地上建物のために地上権が設定されたものとみなす
ことにより地上建物の存続を図ろうとするものであるが，土地について一番抵
当権が設定された当時土地と地上建物の所有者が異なり，法定地上権成立の要
件が充足されていない場合には，一番抵当権者は，法定地上権の負担のないも

担保物権
⑩

129

第3編　担保物権

のとして，土地の担保価値を把握するのであるから，後に土地と地上建物が同
一人に帰属し，後順位抵当権が設定されたことによって法定地上権が成立する
ものとすると，一番抵当権者が把握した担保価値を損なわせることになるから
である。」

（文献）　近江幸治・重判〔平2〕，角紀代恵・法協 108 巻 11 号，荒川重勝・私リ2号，小
杉茂雄・民商 103 巻4号，松本恒雄・百選Ⅰ〔5補版〕

参考16　土地上の要件を充たさない先順位抵当権消滅後の要
件を充たす後順位抵当権と法定地上権の成否

最二小判平成 19・7・6 民集 61 巻 5 号 1940 頁

【要旨】　民法 388 条は，土地およびその上に存する建物が同一の所有者に属す
る場合において，その土地または建物につき抵当権が設定され，その抵当権の
実行により所有者を異にするに至ったときに法定地上権が設定されたものとみ
なす旨定めており，競売前に消滅していた抵当権ではなく，競売により消滅す
る最先順位の抵当権である抵当権の設定時において同一所有者要件が充足して
いることを法定地上権の成立要件としている。

（文献）　生熊長幸・民商 137 巻 4・5，松本恒雄・重判〔平 19〕，松井宏興・私リ 37 号，
松本恒雄・百選Ⅰ

担保物権11　建物共有者兼土地共有者の債務を担保するため
に土地共有者全員の各持分に共同して抵当権を
設定した場合と法定地上権

◆土地および建物が，同一人を含む別の複数人の間でそれぞれ共有されている
場合，土地共有者の1人だけについて法定地上権を設定したものとみなすべ
き事由が生じたとしても，他の共有者らがその持分に基づく土地に対する使
用収益権を事実上放棄し，同土地共有者の処分にゆだねていたことなどによ
り法定地上権の発生をあらかじめ容認していたとみることができるような特
段の事情がある場合でない限り，共有土地について法定地上権は成立しない。

最三小判平成 6・12・20 民集 48 巻 8 号 1470 頁

〔参照条文〕民 388 条

7 法定地上権

【事実】Aは，所有していた土地および建物のうち，土地のみを子Y₁とその妻子
B・Cに贈与していたが，後に死亡し建物が子Y₁〜Y₉に相続され，それぞれ共有
となった。その後，Y₁・B・Cが土地上に抵当権を設定し，その実行によりXが競
落により土地の所有権を取得した。XがYらに対して建物収去と土地明渡しを訴求。
第1審はこれを認めたが，原審が法定地上権の成立を理由にXの請求を否定。X
上告。

【判旨】 破棄自判 「共有者は，各自，共有物について所有権と性質を同じく
する独立の持分を有しているのであり，かつ，共有地全体に対する地上権は共
有者全員の負担となるのであるから，土地共有者の1人だけについて民法388
条本文により地上権を設定したものとみなすべき事由が生じたとしても，他の
共有者らがその持分に基づく土地に対する使用収益権を事実上放棄し，右土地
共有者の処分にゆだねていたことなどにより法定地上権の発生をあらかじめ容
認していたとみることができるような特段の事情がある場合でない限り，共有
土地について法定地上権は成立しないといわなければならない……。」「これを
本件についてみるのに，原審の認定に係る前示事実関係によれば，本件土地の
共有者らは，共同して，本件土地の各持分についてY₁を債務者とする抵当権
を設定しているのであり，Y₁以外の本件土地の共有者らはY₁の妻子であると
いうのであるから，同人らは，法定地上権の発生をあらかじめ容認していたと
も考えられる。しかしながら，土地共有者間の人的関係のような事情は，登記
簿の記載等によって客観的かつ明確に外部に公示されるものではなく，第三者
にはうかがい知ることのできないものであるから，法定地上権発生の有無が，
他の土地共有者らのみならず，右土地の競落人ら第三者の利害に影響するとこ
ろが大きいことにかんがみれば，右のような事情の存否によって法定地上権の
成否を決することは相当ではない。そうすると，本件の客観的事情としては，
土地共有者らが共同して本件土地の各持分について本件建物の9名の共有者の
うちの1名であるY₁を債務者とする抵当権を設定しているという事実に尽き
るが，このような事実のみからY₁以外の本件土地の共有者らが法定地上権の
発生をあらかじめ容認していたとみることはできない。けだし，本件のように，
9名の建物共有者のうちの1名にすぎない土地共有者の債務を担保するために
他の土地共有者らがこれと共同して土地の各持分に抵当権を設定したという場
合，なるほど他の土地共有者らは建物所有者らが当該土地を利用することを何

担保物権

⓫

131

第3編　担保物権

らかの形で容認していたといえるとしても，その事実のみから右土地共有者ら
が法定地上権の発生を容認していたとみるならば，右建物のために許容してい
た土地利用関係がにわかに地上権という強力な権利に転化することになり，ひ
いては，右土地の売却価格を著しく低下させることとなるのであって，そのよ
うな結果は，自己の持分の価値を十分に維持，活用しようとする土地共有者ら
の通常の意思に沿わないとみるべきだからである。また，右の結果は，第三者，
すなわち土地共有者らの持分の有する価値について利害関係を有する一般債権
者や後順位抵当権者，あるいは土地の競落人等の期待や予測に反し，ひいては
執行手続の法的安定を損なうものであって，許されないといわなければならな
い。」

（文献）　三和一博・私リ12号，高橋眞・百選 I

参考17　建物共有者の1人が敷地を所有する場合と法定地上
権

最三小判昭和46・12・21民集25巻9号1610頁

【要旨】　建物の共有者の1人がその建物の敷地たる土地を単独で所有する場合
においては，同人は，自己のみならず他の建物共有者のためにも同土地の利用
を認めているものというべきであるから，同人が同土地に抵当権を設定し，こ
の抵当権の実行により，第三者が同土地を競落したときは，民法388条の趣旨
により，抵当権設定当時に同人が土地および建物を単独で所有していた場合と
同様，同土地に法定地上権が成立する。

（文献）　北村一郎・法協91巻5号，篠塚昭次・民商67巻3号

参考18　共有の土地と建物のうちの土地持分に対する強制競
売と法定地上権

最一小判平成6・4・7民集48巻3号889頁

【要旨】　土地およびその上にある建物がいずれも甲，乙両名の共有に属する場
合において，土地の甲の持分の差押えがあり，その売却によって第三者が同持

分を取得するに至ったとしても，民事執行法81条の規定に基づく地上権が成立することはない。甲のために同条の規定に基づく地上権が成立するとすれば，乙は，その意思に基づかず，甲のみの事情によって土地に対する持分に基づく使用収益権を害されることになるし，他方，地上権が成立することを認めなくても，直ちに建物の収去を余儀なくされるという関係にはないので，建物所有者が建物の収去を余儀なくされることによる社会経済上の損失を防止しようとする同条の趣旨に反することもないからである。

〔文献〕 松本恒雄・重判〔平6〕，湯浅道男・私リ14号，山野目章夫・執保百選〔2版〕

8 共同抵当

担保物権12 共同抵当における後順位抵当権者の優劣

◆債務者所有不動産と物上保証人所有不動産上の共同抵当権に後れる物上保証人所有不動産上の後順位抵当権者は，物上保証人に移転した同抵当権から債務者所有の不動産についての後順位抵当権者に優先して弁済を受けることができる。この場合に，物上保証人の代位権不行使特約は，その後順位抵当権者の優先弁済権を妨げない。また，一部代位の場合，競落代金の配当は債権者に優先される。

最一小判昭和60・5・23民集39巻4号940頁

〔参照条文〕 民304条・351条・372条・392条・500条〜502条

【事実】①Xは，債務者A所有者の建物（甲不動産）と，Bらを含む複数の物上保証人らが所有する複数の不動産上に第1順位の共同根抵当権の設定を受けた。②Yが，Bらが所有する複数の不動産（乙不動産）上に，Xの根抵当権に次ぐ第2順位の抵当権の設定を受けた。③さらに，Xが，甲不動産上に第2順位および第3順位の共同根抵当権，乙不動産上に第3順位および第4順位の共同根抵当権の設定を受けた。さらに，Bは，Xとの間で，X・A間の取引継続中は，Xの同意なしに代位弁済権を行使しない旨の特約をおいていた。

以上①〜③の後，Xが第1順位の共同根抵当権を実行し，まず乙不動産が配当に至り，その後，甲不動産が配当に至った。後者について，執行裁判所が，Xの第2・第3順位の根抵当権がYの2番抵当権に劣後する内容の交付表を作成したので，配当異議の訴えを提起した。第1審，原審ともXの請求が棄却され，X上告。

133

第3編　担保物権

【判旨】　上告棄却　「共同根抵当の目的である債務者所有の不動産と物上保証人所有の不動産にそれぞれ債権者を異にする後順位抵当権が設定されている場合において，物上保証人所有の不動産について先に競売がされ，その競落代金の交付により一番抵当権者が弁済を受けたときは，物上保証人は債務者に対して求償権を取得するとともに，代位により債務者所有の不動産に対する一番抵当権を取得するが，物上保証人所有の不動産についての後順位抵当権者（以下『後順位抵当権者』という。）は物上保証人に移転した右抵当権から債務者所有の不動産についての後順位抵当権者に優先して弁済を受けることができるものと解するのが相当である〔最三小判昭和53・7・4民集32巻5号785頁参照〕。右の場合において，債務者所有の不動産と物上保証人所有の不動産について共同根抵当権を有する債権者が物上保証人と根抵当権設定契約を締結するにあたり，物上保証人が弁済等によつて取得する権利は，債権者と債務者との取引が継続している限り債権者の同意がなければ行使しない旨の特約をしても，かかる特約は，後順位抵当権者が物上保証人の取得した抵当権から優先弁済を受ける権利を左右するものではないといわなければならない。けだし，後順位抵当権者が物上保証人の取得した一番抵当権から優先して弁済を受けることができるのは，債権者が物上保証人所有の不動産に対する抵当権を実行して当該債権の弁済を受けたことにより，物上保証人が当然に債権者に代位し，それに伴い，後順位抵当権者が物上保証人の取得した一番抵当権にあたかも物上代位するようにこれを行使しうることによるものであるが，右特約は，物上保証人が弁済等をしたときに債権者の意思に反して独自に抵当権等の実行をすることを禁止するにとどまり，すでに債権者の申立によつて競売手続が行われている場合において後順位抵当権者の右のような権利を消滅させる効力を有するものとは解されないからである。」

「債権者が物上保証人の設定にかかる抵当権の実行によつて債権の一部の満足を得た場合，物上保証人は，民法502条1項の規定により，債権者と共に債権者の有する抵当権を行使することができるが，この抵当権が実行されたときには，その代金の配当については債権者に優先されると解するのが相当である。けだし，弁済による代位は代位弁済者が債務者に対して取得する求償権を確保するための制度であり，そのために債権者が不利益を被ることを予定するものではなく，この担保権が実行された場合における競落代金の配当について債権

8 共同抵当

者の利益を害するいわれはないからである。」

(文献) 小林資郎・重判〔昭60〕, 内田貴・百選Ⅰ〔4版〕, 石田剛・百選Ⅰ〔6版〕, 池田雅則・百選Ⅰ

担保物権 13 共同抵当不動産が同一物上保証人の所有に属する場合と後順位抵当権者の代位

◆同一物上保証人が所有する複数の不動産上に共同抵当権が設定されている場合, 一部不動産上の後順位抵当権者は, 先順位共同抵当権者が残部の抵当権を放棄したときは, 債務者所有の複数の不動産上に設定された共同抵当権に後れる一部不動産上の後順位抵当権者と同様の処遇を受ける。

最二小判平成 4・11・6 民集 46 巻 8 号 2625 頁

〔参照条文〕民 392 条・500 条・501 条

【事実】 ①Y は A に対する債権を担保するために, いずれも物上保証人 B 所有の複数の不動産上に共同根抵当権の設定を受けた。②X が A に対する債権の担保のために, 上記の一部不動産(まとめて甲不動産と呼ぶ)上に第 2 順位の共同根抵当権の設定を受けた。③その余の不動産(まとめて乙不動産と呼ぶ)が C に売却され, Y は C から一部代物弁済を受領したのと引き換えに乙不動産上の第 1 順位の根抵当権を放棄した。

上記①~③の事実関係を前提に, 甲不動産上の抵当権が実行されたが, 第 2 順位の X は十分な配当を受けることができなかった。そこで, 上記③の放棄がなければ代位できた限度で X に優先することができたはずの金額について, 不当利得返還請求を求めたのが本件である。第 1 審が請求を否定したのに対し, 原審がこれを認めたため, Y が上告。

【判旨】 **上告棄却** 「共同抵当権の目的たる甲・乙不動産が同一の物上保証人の所有に属し, 甲不動産に後順位の抵当権が設定されている場合において, 甲不動産の代価のみを配当するときは, 後順位抵当権者は, 民法 392 条 2 項後段の規定に基づき, 先順位の共同抵当権者が同条 1 項の規定に従い乙不動産から弁済を受けることができた金額に満つるまで, 先順位の共同抵当権者に代位して乙不動産に対する抵当権を行使することができると解するのが相当である。けだし, 後順位抵当権者は, 先順位の共同抵当権の負担を甲・乙不動産の価額に準じて配分すれば甲不動産の担保価値に余剰が生ずることを期待して, 抵当

第3編　担保物権

権の設定を受けているのが通常であって，先順位の共同抵当権者が甲不動産の代価につき債権の全部の弁済を受けることができるため，後順位抵当権者の右の期待が害されるときは，債務者がその所有する不動産に共同抵当権を設定した場合と同様，民法392条2項後段に規定する代位により，右の期待を保護すべきものであるからである。甲不動産の所有権を失った物上保証人は，債務者に対する求償権を取得し，その範囲内で，民法500条，501条の規定に基づき，先順位の共同抵当権者が有した一切の権利を代位行使し得る立場にあるが，自己の所有する乙不動産についてみれば，右の規定による法定代位を生じる余地はなく，前記配分に従った利用を前提に後順位の抵当権を設定しているのであるから，後順位抵当権者の代位を認めても，不測の損害を受けるわけではない。所論引用の判例は，いずれも共同抵当権の目的不動産が同一の物上保証人の所有に属する事案に関するものではなく，本件に適切でない。」

（文献）　近江幸治・重判〔平4〕，大塚直・百選Ⅰ〔6版〕，清水恵介・百選Ⅰ

（参考19）　**物上保証人所有の不動産が先に競売された場合の物上保証人と後順位抵当権者の優劣**

最三小判昭和53・7・4民集32巻5号785頁

【要旨】　先順位の共同抵当が債務者所有不動産と物上保証人所有不動産を客体としており，物上保証人所有不動産上に第三者のための後順位抵当権が設定されている場合，物上保証人所有不動産のみが配当に至ったときには，後順位抵当権者に民法392条の代位は生じないが，あたかも物上代位をするのと同様に，物上保証人が弁済者代位によって取得する先順位抵当権による優先弁済をうることができる。

（文献）　石田喜久夫・民商80巻6号

9 物上保証人

9 物上保証人

担保物権 14 委託を受けた物上保証人と事前求償権

◆債務者の委託を受けてその者の債務を担保するため抵当権を設定した者（物上保証人）は，被担保債権の弁済期が到来したとしても，債務者に対してあらかじめ求償権を行使することはできない。

最三小判平成 2・12・18 民集 44 巻 9 号 1686 頁

〔参照条文〕民 351 条・372 条・460 条

【事実】信用保証協会 A は，Y が B から融資を受けるに際し Y の委託を受けて保証をしたが，A の Y に対する求償債権を担保するために担保を徴求し，Y の委託により X が所有する複数の不動産上に A のための根抵当権を設定した。Y が弁済を怠り，A が一部不動産の抵当権の実行をしたのを受けて，X が Y に対し，物上保証人にも事前求償権があるとして被担保債権の一部の支払を訴求した（なお，第1審では予備的請求であったが，原審で主位的請求が取り下げられている）。第 1 審，原審とも，X の請求を否定。X 上告。

【判旨】 上告棄却 「債務者の委託を受けてその者の債務を担保するため抵当権を設定した者（物上保証人）は，被担保債権の弁済期が到来したとしても，債務者に対してあらかじめ求償権を行使することはできないと解するのが相当である。けだし，抵当権については，民法 372 条の規定によって同法 351 条の規定が準用されるので，物上保証人が右債務を弁済し，又は抵当権の実行により右債務が消滅した場合には，物上保証人は債務者に対して求償権を取得し，その求償の範囲については保証債務に関する規定が準用されることになるが，右規定が債務者に対してあらかじめ求償権を行使することを許容する根拠となるものではなく，他にこれを許容する根拠となる規定もないからである。」「なお，民法 372 条の規定によって抵当権について準用される同法 351 条の規定は，物上保証人の出捐により被担保債権が消滅した場合の物上保証人と債務者との法律関係が保証人の弁済により主債務が消滅した場合の保証人と主債務者との法律関係に類似することを示すものであるということができる。ところで，保証の委託とは，主債務者が債務の履行をしない場合に，受託者において右債務の履行をする責に任ずることを内容とする契約を受託者と債権者との間において締結することについて主債務者が受託者に委任することであるから，受託者

137

第3編　担保物権

が右委任に従った保証をしたときには，受託者は自ら保証債務を負担することになり，保証債務の弁済は右委任に係る事務処理により生ずる負担であるということができる。これに対して，物上保証の委託は，物権設定行為の委任にすぎず，債務負担行為の委任ではないから，受託者が右委任に従って抵当権を設定したとしても，受託者は抵当不動産の価額の限度で責任を負担するものにすぎず，抵当不動産の売却代金による被担保債権の消滅の有無及びその範囲は，抵当不動産の売却代金の配当等によって確定するものであるから，求償権の範囲はもちろんその存在すらあらかじめ確定することはできず，また，抵当不動産の売却代金の配当等による被担保債権の消滅又は受託者のする被担保債権の弁済をもって委任事務の処理と解することもできないのである。したがって，物上保証人の出捐によって債務が消滅した後の求償関係に類似性があるからといって，右に説示した相違点を無視して，委託を受けた保証人の事前求償権に関する民法 460 条の規定を委託を受けた物上保証人に類推適用することはできないといわざるをえない。」

(文献) 川井健・重判〔平 2〕，伊藤進・民商 105 巻 1 号，米倉明・法協 109 巻 4 号，高橋眞・私リ 4 号，鳥谷部茂・百選 II 〔5 補版〕

10　借地上の建物の抵当権

参考20　借地上抵当建物の競落人と土地賃借権の譲受人との法律関係

最二小判昭和 52・3・11 民集 31 巻 2 号 171 頁

【要旨】　土地の賃借人が当該土地上に所有する建物に抵当権を設定したときは，原則として，抵当権の効力が当該土地の賃借権におよび，建物について抵当権設定登記が経由されると，これによって抵当権の効力が同賃借権に及ぶことについても対抗力を生ずるのであり，抵当権設定登記後の土地賃借権の譲受人は，対抗力ある抵当権の負担のついた賃借権を取得するにすぎないのであるから，同抵当権の実行による競売の競落人に対する関係においては，競落人が競落によって建物の所有権とともに当該土地の賃借権を取得したときに，賃借権を喪失する。さらに，競落人が競落による賃借権の取得につき賃貸人の承諾を得た

138

ときには，譲受人は，賃貸人との関係においてもまた賃借人としての地位を失い，賃貸借関係から離脱するに至り，賃貸人と譲受人および競落人との間に二重賃貸借の関係を生ずるものではない。

（文献） 星野英一・法協 95 巻 9 号，永田眞三郎・民商 81 巻 1 号

11 根抵当

参考21 信用保証協会のために設定された根抵当権の被担保債権の範囲

最一小判平成 19・7・5 判時 1985 号 58 頁

【要旨】 根抵当権の被担保債権の範囲（民 398 条の 2）を保証委託取引により生ずる債権として設定された根抵当権の被担保債権に，信用保証協会の根抵当債務者に対する保証債権は含まれない。信用保証協会と根抵当債務者との保証委託取引とは，信用保証協会が根抵当債務者の依頼を受けて同人を主債務者とする債務について保証人となる（保証契約を締結する）こと，それに伴って信用保証協会が根抵当債務者に対して委託を受けた保証人として求償権を取得すること等を主たる内容とする取引を指すものと理解され，根抵当債務者でない者が信用保証協会に対して負担する債務についての根抵当債務者の保証債務は，上記取引とは関係がないからである。

（文献） 吉田光碩・民商 137 巻 4・5 号，関武志・判評 593（判時 2002）号，高橋眞・私リ 38 号

第3編　担保物権

12　抵当権の消滅

担保物権 15　再度完成した取得時効の援用

◆不動産の取得時効の完成後，所有権移転登記がされることのないまま，第三者が原所有者から抵当権の設定を受けて抵当権設定登記を了した場合において，上記不動産の時効取得者である占有者が，その後引き続き時効取得に必要な期間占有を継続したときは，上記占有者が上記抵当権の存在を容認していたなど抵当権の消滅を妨げる特段の事情がない限り，上記占有者は，上記不動産を時効取得し，その結果，上記抵当権は消滅する。

最二小判平成 24・3・16 民集 66 巻 5 号 2321 頁

〔参照条文〕民 162 条・177 条・397 条

【事実】①A が X に本件不動産を譲渡したが，X は登記を経ず，占有を開始（昭和45 年）。②A が死亡し B が相続（昭和 47 年），③B が本件不動産の相続（遺産分割後）を登記。④B が Y からの借金に際して Y のための抵当権設定登記（昭和 59 年〔なお昭和 61 年にも Y から借金をしそのために後順位抵当権を設定しているが平成 9 年に完済〕）。⑤Y が抵当権の実行を開始したのに対し，X がその差止めを求めて本訴を提起。取得時効を主張。第 1 審，原審はいずれも X の請求を認容。Y 上告。

【判旨】　上告棄却　「不動産の取得時効の完成後，所有権移転登記がされることのないまま，第三者が原所有者から抵当権の設定を受けて抵当権設定登記を了した場合において，上記不動産の時効取得者である占有者が，その後引き続き時効取得に必要な期間占有を継続したときは，上記占有者が上記抵当権の存在を容認していたなど抵当権の消滅を妨げる特段の事情がない限り，上記占有者は，上記不動産を時効取得し，その結果，上記抵当権は消滅すると解するのが相当である。その理由は，以下のとおりである。」「取得時効の完成後，所有権移転登記がされないうちに，第三者が原所有者から抵当権の設定を受けて抵当権設定登記を了したならば，占有者がその後にいかに長期間占有を継続しても抵当権の負担のない所有権を取得することができないと解することは，長期間にわたる継続的な占有を占有の態様に応じて保護すべきものとする時効制度の趣旨に鑑みれば，是認し難いというべきである。」「そして，不動産の取得時効の完成後所有権移転登記を了する前に，第三者に上記不動産が譲渡され，その旨の登記がされた場合において，占有者が，上記登記後に，なお引き続き時

効取得に要する期間占有を継続したときは，占有者は，上記第三者に対し，登記なくして時効取得を対抗し得るものと解されるところ〔最一小判昭和 36・7・20 民集 15 巻 7 号 1903 頁〕，不動産の取得時効の完成後所有権移転登記を了する前に，第三者が上記不動産につき抵当権の設定を受け，その登記がされた場合には，占有者は，自らが時効取得した不動産につき抵当権による制限を受け，これが実行されると自らの所有権の取得自体を買受人に対抗することができない地位に立たされるのであって，上記登記がされた時から占有者と抵当権者との間に上記のような権利の対立関係が生ずるものと解され，かかる事態は，上記不動産が第三者に譲渡され，その旨の登記がされた場合に比肩するということができる。また，上記判例によれば，取得時効の完成後に所有権を得た第三者は，占有者が引き続き占有を継続した場合に，所有権を失うことがあり，それと比べて，取得時効の完成後に抵当権の設定を受けた第三者が上記の場合に保護されることとなるのは，不均衡である。」

（文献）　大久保邦彦・民商 146 巻 6 号，石田剛・私リ 46 号，岩川隆嗣・法協 131 巻 9 号，五十川直行・重判〔平 24〕，松岡久和・百選 I

担保物権

22

（参考 22）　取得時効完成後に設定された抵当権と再度の時効援用

最二小判平成 15・10・31 判時 1846 号 7 頁

【要旨】　土地所有権の取得時効完成後，登記をしない間に，抵当権が設定され，その登記時点を起算点として再度時効が完成した後に，最初に完成した時効を援用した場合には，抵当権者に対抗できず，また，再度完成した時効を改めて援用することもできない。

（文献）　岡本詔治・民商 131 巻 2 号，生熊長幸・私リ 30 号

第3編　担保物権

13　不動産譲渡担保

担保物権 16　不動産譲渡担保の清算義務および債務者の引渡義務との関係

◆不動産譲渡担保契約につき，債務不履行が生じた場合，目的不動産を換価処分し，またはこれを適正に評価することによって具体化する同物件の価額から，自己の債権額を差し引き，なお残額があるときは，これに相当する金銭を清算金として債務者に支払うことを要する。

最一小判昭和 46・3・25 民集 25 巻 2 号 208 頁

〔参照条文〕民 369 条・482 条

【事実】昭和 35 年 2 月，譲渡担保権者 X が譲渡担保権設定者 Y から本件土地の所有権を譲り受けたが，その際，昭和 35 年 12 月末までに代金相当額を Y が X に支払うなら返還を，支払わない場合には確定的に X の所有となる旨の特約があった。期日経過後，X が，建物収去土地明渡しを訴求。

【判旨】　**破棄差戻**　「貸金債権担保のため債務者所有の不動産につき譲渡担保形式の契約を締結し，債務者が弁済期に債務を弁済すれば不動産は債務者に返還するが，弁済をしないときは右不動産を債務の弁済の代わりに確定的に自己の所有に帰せしめるとの合意のもとに，自己のため所有権移転登記を経由した債権者は，債務者が弁済期に債務の弁済をしない場合においては，目的不動産を換価処分し，またはこれを適正に評価することによつて具体化する右物件の価額から，自己の債権額を差し引き，なお残額があるときは，これに相当する金銭を清算金として債務者に支払うことを要するのである。そして，この担保目的実現の手段として，債務者に対し右不動産の引渡ないし明渡を求める訴を提起した場合に，債務者が右清算金の支払と引換えにその履行をなすべき旨を主張したときは，特段の事情のある場合を除き，債権者の右請求は，債務者への清算金の支払と引換えにのみ認容されるべきものと解するのが相当である〔最一小判昭和 45・9・24 民集 24 巻 10 号 1450 頁〕。」

文献　米倉明・百選Ⅰ〔2 版〕，四宮和夫・法協 90 巻 2 号，山内敏彦・民商 66 巻 1 号，山野目章夫・百選Ⅰ〔7 版〕

142

13 不動産譲渡担保

参考23 譲渡担保の認定

最三小判平成 18・2・7 民集 60 巻 2 号 480 頁

【要旨】 真正な買戻特約付売買契約であれば，売主から買主への目的不動産の占有の移転を伴うのが通常であり，民法も，これを前提に，売主が売買契約を解除した場合，当事者が別段の意思を表示しなかったときは，不動産の果実と代金の利息とは相殺したものとみなしている（民 579 条後段）。そうすると，買戻特約付売買契約の形式が採られていても，目的不動産の占有の移転を伴わない契約は，特段の事情のない限り，債権担保の目的で締結されたものと推認され，その性質は譲渡担保契約と解するのが相当である。

〔文献〕 占部洋之・民商 135 巻 4・5 号，生熊長幸・重判〔平 18〕，生熊長幸・私リ 35 号，角紀代恵・不動産百選〔3 版〕，道垣内弘人・法協 129 巻 1 号，小山泰史・百選Ⅰ〔7 版〕，山野目章夫・百選Ⅰ

担保物権

23
⑰

担保物権17 帰属清算型の譲渡担保における清算金の有無等

◆不動産譲渡担保契約において，債務不履行があった場合，債権者は，目的不動産を処分する権能を取得する。譲渡担保権の優先弁済権は，この権能に基づき，帰属清算においては清算完了時，処分清算においては処分時に実現される。いずれの場合も，これにより，所有権の移転が確定し，被担保債権が消滅し，その時点で清算金額が確定され，債務者の受戻権も消滅する。

最一小判昭和 62・2・12 民集 41 巻 1 号 67 頁

〔参照条文〕民 369 条

【事実】 X は，所有する農地（前主 A らからの取得について知事の許可を得ていないが，所有権移転請求権仮登記は経ている）を譲渡担保に付し，Y から 1500 万円を借り受けた（Y が所有権移転請求権仮登記につき移転の付記登記を具備している）。弁済期を経過しても弁済がなされなかったため，Y が X に対し本件土地を自己所有とする意思表示をした（昭和 46 年 5 月 4 日）（その後農地法上の許可を受け，上記仮登記に基づく本登記を経た）。その後，10 年ほどして，Y は本件農地を（いったん，農家である B の名義を借りて，農地法 3 条の許可を得，本登記を経由したうえで）C に 7500 万円で売却した（昭和 57 年 5 月 10 日）。それに対して，X が，残債務の支払と引換えに所有権を主張し，本件登記の抹消を訴求した。第 1 審が X を敗訴させた後，X は清算金の支払請求

143

第3編 担保物権

訴訟に訴えを変更。原審も控訴棄却。X上告。

【判旨】　破棄差戻　「債務者がその所有不動産に譲渡担保権を設定した場合において，債務者が債務の履行を遅滞したときは，債権者は，目的不動産を処分する権能を取得し，この権能に基づき，目的不動産を適正に評価された価額で確定的に自己の所有に帰せしめるか又は第三者に売却等をすることによって，これを換価処分し，その評価額又は売却代金等をもつて自己の債権（換価に要した相当費用額を含む。）の弁済に充てることができ，その結果剰余が生じるときは，これを清算金として債務者に支払うことを要するものと解すべきであるが〔最一小判昭和46・3・25民集25巻2号208頁参照〕，他方，弁済期の経過後であつても，債権者が担保権の実行を完了するまでの間，すなわち，(イ)債権者が目的不動産を適正に評価してその所有権を自己に帰属させる帰属清算型の譲渡担保においては，債権者が債務者に対し，目的不動産の適正評価額が債務の額を上回る場合にあつては清算金の支払又はその提供をするまでの間，目的不動産の適正評価額が債務の額を上回らない場合にあつてはその旨の通知をするまでの間，(ロ)目的不動産を相当の価格で第三者に売却等をする処分清算型の譲渡担保においては，その処分の時までの間は，債務者は，債務の全額を弁済して譲渡担保権を消滅させ，目的不動産の所有権を回復すること（以下，この権能を「受戻権」という。）ができるものと解するのが相当である〔最大判昭和49・10・23民集28巻7号1473頁，最二小判昭和57・1・22民集36巻1号92頁参照〕。けだし，譲渡担保契約の目的は，債権者が目的不動産の所有権を取得すること自体にあるのではなく，当該不動産の有する金銭的価値に着目し，その価値の実現によつて自己の債権の排他的満足を得ることにあり，目的不動産の所有権取得はかかる金銭的価値の実現の手段にすぎないと考えられるからである。」「本件譲渡担保が帰属清算型であることについては，当事者双方から何らの主張もなく，その点についての立証が尽くされたとは認められず，原審がその点について釈明をした形跡も全くない。」「本件において当事者が処分清算型と主張している譲渡担保契約を帰属清算型のものと認定することにより，清算義務の発生時期ひいては清算金の有無及びその額が左右されると判断するのであれば，裁判所としては，そのような認定のあり得ることを示唆し，その場合に生ずべき事実上，法律上の問題点について当事者に主張・立証の機会を与えるべきであるのに，原審がその措置をとらなかつたのは，釈明権の行使を怠り，ひ

いて審理不尽の違法を犯したものといわざるを得ない。」「本件譲渡担保が帰属
清算型の譲渡担保であるとしても，Yが，本件土地を確定的に自己の所有に帰
属させる旨の前記内容証明郵便による意思表示とともに又はその後において，
Xに対し清算金の支払若しくはその提供をしたこと又は本件土地の適正評価額
がXの債務の額を上回らない旨の通知をしたこと，及びXが貸金債務の全額
を弁済したことは，当事者において主張せず，かつ，原審の確定しないところ
であるから，Yが本件土地をCに売却した時点において，Xは受戻権ひいて
は本件土地に関する権利を終局的に失い，他方YのXに対する貸金債権が消
滅するとともに，清算金の有無及びその額は右時点を基準時として確定される
べきことになる。」

⎛文献⎞ 生熊長幸・民商97巻4号，竹内俊雄・重判〔昭62〕，米倉明・法協114巻11号，
小山泰史・百選Ⅰ

担保物権
18

担保物権 18 譲渡担保の目的不動産の譲受人が背信的悪意者の場合と設定者の受戻権

◆不動産譲渡担保契約における処分清算のあり方は，譲渡を受けた第三者がい
わゆる背信的悪意者にあたる場合であっても異なるところはない。

最三小判平成6・2・22民集48巻2号414頁

〔参照条文〕民369条

【事実】YはAからの借金に際して本件不動産（土地・建物）に譲渡担保を設定。贈
与による所有権移転登記をした。Yは昭和38年5月頃から割賦弁済を滞るように
なった。昭和54年8月にAが本件不動産をXに贈与し所有権移転登記をした。
なお，Xは，AとY双方の義理の兄にあたる。昭和56年8月にYがAに対する
債務の全額につき供託をした。Xが贈与によって取得した所有権に基づきYに明
渡しを請求した（本件訴訟）のに対し，Yは受戻権の行使を主張した。原審が，本
件贈与をYの受戻しや清算金の取得を困難にするための譲渡であるとし，債務不
履行後の処分が背信的悪意者に対してなされたものである場合は，清算がなされる
まで受戻しをすることができるとしてXの請求を棄却したため，Xが上告。

【判旨】　破棄差戻　「不動産を目的とする譲渡担保契約において，債務者が弁
済期に債務の弁済をしない場合には，債権者は，右譲渡担保契約がいわゆる帰

第3編　担保物権

属清算型であると処分清算型であるとを問わず，目的物を処分する権能を取得するから，債権者がこの権能に基づいて目的物を第三者に譲渡したときは，原則として，譲受人は目的物の所有権を確定的に取得し，債務者は，清算金がある場合に債権者に対してその支払を求めることができるにとどまり，残債務を弁済して目的物を受け戻すことはできなくなるものと解するのが相当である〔最大判昭和 49・10・23 民集 28 巻 7 号 1473 頁，最一小判昭和 62・2・12 民集 41 巻 1 号 67 頁参照〕。この理は，譲渡を受けた第三者がいわゆる背信的悪意者に当たる場合であっても異なるところはない。けだし，そのように解さないと，権利関係の確定しない状態が続くばかりでなく，譲受人が背信的悪意者に当たるかどうかを確知し得る立場にあるとは限らない債権者に，不測の損害を被らせるおそれを生ずるからである。」

(文献)　松岡久和・民商 111 巻 6 号，道垣内弘人・法協 112 巻 7 号，山野目章夫・重判〔平 6〕，鳥谷部茂・私リ 11 号，湯浅道男・百選 I〔5 補版〕，鳥谷部茂・不動産百選〔3 版〕，同・百選 I〔7 版〕

参考24　譲渡担保権設定者の受戻権放棄と清算金支払請求

最二小判平成 8・11・22 民集 50 巻 10 号 2702 頁

【要旨】　譲渡担保権設定者は，譲渡担保権者が清算金の支払または提供をせず，清算金がない旨の通知もしない間に譲渡担保の目的物の受戻権を放棄しても，譲渡担保権者に対して清算金の支払を請求することはできないものと解すべきである。受戻権と清算金支払請求権はその発生原因を異にする別個の権利であるから，譲渡担保権設定者において受戻権を放棄したとしても，その効果は受戻権が放棄されたという状況を現出するにとどまり，受戻権の放棄により譲渡担保権設定者が清算金支払請求権を取得することとなると解することはできないからである。

(文献)　伊藤進・私リ 16 号，高橋眞・民商 119 巻 4・5 号，道垣内弘人・法協 128 巻 8 号，鳥谷部茂・百選 I

14　動産譲渡担保

14　動産譲渡担保

担保物権 19　変動する集合動産譲渡担保の効力および動産売買先取特権との優劣

◆構成部分の変動する集合動産の譲渡担保の対抗要件具備の効力は，その後構成部分が変動したとしても，集合物としての同一性が損なわれない限り，新たにその構成部分となった動産を包含する集合物について及ぶ。動産売買の先取特権の存在する動産が譲渡担保権の目的である集合物の構成部分となった場合においては，債権者は，動産についても引渡しを受けたものとして譲渡担保権を主張することができる。

最三小判昭和 62・11・10 民集 41 巻 8 号 1559 頁

〔参照条文〕民 85 条・178 条・181 条・183 条・333 条・369 条

担保物権

⑲

【事実】A は X に対する取引上の債務を担保するため，次のような合意内容の根譲渡担保契約を締結した。①A の「第 1 ないし第 4 倉庫内及び同敷地・ヤード内を保管場所とし，現にこの保管場所内に存在する普通棒鋼，異形棒鋼等一切の在庫商品の所有権を内外ともに X に移転」し，②占有改定の方法によって X にその引渡しをし，③A は，将来同物件と同種または類似の物件を製造または取得したときには，原則としてそのすべてを前記保管場所に搬入するものとし，同物件も当然に譲渡担保の目的となる。その後，Y が A に対して，本件鋼材を代金後払で売却したが，A が遅滞に陥ったため，Y が動産売買先取特権に基づいて本件鋼材の競売を申し立てた。X が民法 333 条を根拠に競売の不許を訴求。第 1 審，原審とも X の請求を認容。Y 上告。

【判旨】　**上告棄却**　「構成部分の変動する集合動産であつても，その種類，所在場所及び量的範囲を指定するなどの方法によつて目的物の範囲が特定される場合には，1 個の集合物として譲渡担保の目的とすることができるものと解すべきであることは，当裁判所の判例とするところである〔最一小判昭和 54・2・15 民集 33 巻 1 号 51 頁参照〕。そして，債権者と債務者との間に，右のような集合物を目的とする譲渡担保権設定契約が締結され，債務者がその構成部分である動産の占有を取得したときは債権者が占有改定の方法によつてその占有権を取得する旨の合意に基づき，債務者が右集合物の構成部分として現に存在する動産の占有を取得した場合には，債権者は，当該集合物を目的とする譲渡担保権につき対抗要件を具備するに至つたものということができ，この対抗要件具

147

第3編 担保物権

備の効力は，その後構成部分が変動したとしても，集合物としての同一性が損なわれない限り，新たにその構成部分となつた動産を包含する集合物について及ぶものと解すべきである。したがつて，動産売買の先取特権の存在する動産が右譲渡担保権の目的である集合物の構成部分となつた場合においては，債権者は，右動産についても引渡を受けたものとして譲渡担保権を主張することができ，当該先取特権者が右先取特権に基づいて動産競売の申立をしたときは，特段の事情のない限り，民法333条所定の第三取得者に該当するものとして，訴えをもつて，右動産競売の不許を求めることができるものというべきである。」

（文献） 近江幸治・重判〔昭62〕，角紀代恵・百選Ⅰ〔3版〕，角紀代恵・法協107巻1号，伊藤眞・民執百選，千葉恵美子・百選Ⅰ〔4版〕，伊藤眞・執保百選

参考25 構成部分の変動する集合動産と譲渡担保の目的

最一小判昭和54・2・15民集33巻1号51頁

【要旨】 構成部分の変動する集合動産についても，その種類，所在場所および量的範囲を指定するなどなんらかの方法で目的物の範囲が特定される場合には，1個の集合物として譲渡担保の目的となりうるものと解するのが相当である。種類と量を特定しただけでは，目的物の範囲が特定されたとはいえない。

（文献） 森井英雄・民商82巻2号，角紀代恵・法協99巻5号

担保物権20 後順位譲渡担保・目的物の売却

◆譲渡担保の重複設定はありえても，後順位譲渡担保権者による私的実行は認められない。構成部分の変動する集合動産の譲渡担保においては，集合物の内容が譲渡担保設定者の営業活動を通じて当然に変動することが予定されており，譲渡担保設定者には，その通常の営業の範囲内で，譲渡担保の目的を構成する動産を処分する権限が付与されている。

最一小判平成18・7・20民集60巻6号2499頁

〔参照条文〕民369条

14 動産譲渡担保

【事実】 Yは，Aに対する債務を担保するために，生簀内の養殖魚すべてを目的とする集合動産譲渡担保を設定し，占有改定の方法で引渡しをした。その後，YがXに対して，①再売買予約付で本件生簀中のブリ13万尾を売却し，また，これとは別に，②ハマチ27万尾を売却した。その後，Yが民事再生手続に入ったが，Xが，手続開始前の買受人であると主張し，①ブリ・②ハマチの引渡しを訴求した。第1審，原審はいずれも，本件契約を売買契約としたが，第1審は即時取得がないとしてXの請求を棄却し，原審は通常の営業の範囲内の処分権限の観点からXの請求を認容した。Yが上告受理申立て。

【判旨】 一部破棄自判，一部破棄差戻 （①契約については譲渡担保であると認定のうえ）「このように重複して譲渡担保を設定すること自体は許されるとしても，劣後する譲渡担保に独自の私的実行の権限を認めた場合，配当の手続が整備されている民事執行法上の執行手続が行われる場合と異なり，先行する譲渡担保権者には優先権を行使する機会が与えられず，その譲渡担保は有名無実のものとなりかねない。このような結果を招来する後順位譲渡担保権者による私的実行を認めることはできないというべきである。」。（②契約については真正売買であると認定のうえ）「構成部分の変動する集合動産を目的とする譲渡担保においては，集合物の内容が譲渡担保設定者の営業活動を通じて当然に変動することが予定されているのであるから，譲渡担保設定者には，その通常の営業の範囲内で，譲渡担保の目的を構成する動産を処分する権限が付与されており，この権限内でされた処分の相手方は，当該動産について，譲渡担保の拘束を受けることなく確定的に所有権を取得することができると解するのが相当である。……他方，対抗要件を備えた集合動産譲渡担保の設定者がその目的物である動産につき通常の営業の範囲を超える売却処分をした場合，当該処分は上記権限に基づかないものである以上，譲渡担保契約に定められた保管場所から搬出されるなどして当該譲渡担保の目的である集合物から離脱したと認められる場合でない限り，当該処分の相手方は目的物の所有権を承継取得することはできないというべきである。」

文献 古積健三郎・民商136巻1号，千葉恵美子・重判〔平18〕，森田修・法協124巻11号，千葉恵美子・私リ35号，池田雅則・百選Ⅰ〔7版〕

担保物権

⑳

第3編　担保物権

> **参考26**　再譲渡担保と第三者異議の訴え

最一小判昭和 56・12・17 民集 35 巻 9 号 1328 頁

【要旨】　譲渡担保権者は，第三者異議の訴えにより，譲渡担保権者たる地位に基づいて目的物件に対し譲渡担保権設定者の一般債権者がした強制執行の排除を求めることができる。譲渡担保権者がその目的物件を引き揚げたうえで，自己の債権者のために更に譲渡担保権を設定している事案でも，自己の有する担保権自体を失うものではなく，自己の債務を弁済してこれを取り戻し，これから自己の債権の満足をうる等担保権の実行について固有の利益を有しているから，前記の強制執行に対し譲渡担保権者たる地位に基づいてその排除を求めうる。

(**文献**)　本間義信・民商 87 巻 4 号，吉田眞澄・重判〔昭 56〕，本間義信・重判〔昭 57〕，池田雅則・百選 I

> **担保物権 21**　集合動産譲渡担保の目的物滅失と物上代位

◆構成部分の変動する集合動産の譲渡担保について，目的動産が滅失した場合にはその損害をてん補するために譲渡担保権設定者に対して支払われる損害保険金に係る請求権に物上代位権が及ぶ。ただし，譲渡担保権設定者が目的動産を販売して営業を継続することを前提とするものであるから，譲渡担保権設定者が通常の営業を継続している場合には，物上代位権を行使できない。

最一小決平成 22・12・2 民集 64 巻 8 号 1990 頁

〔参照条文〕民 304 条・369 条・372 条

【事実】　X は，Y への融資（7 件）によって生じた貸付債権を被担保債権として，本件養殖施設に加え商品である養殖魚を譲渡担保にとった（処分授権および補充義務の約定あり）。その後，赤潮が発生し本件養殖魚が死滅し，Y に A に対する漁業共済契約による共済金請求権が発生した。まもなく，X が Y に対する貸付けを停止しその旨を通知。これを機に Y が廃業した。その後 X が本権譲渡担保の実行として施設および残存していた養殖魚を売却し債権の回収を図ったが不足が生じた。そこで，さらに，X は貸金残債権を被担保債権とする「譲渡担保権に基づく物上代位権の行使」として本件共済金請求権の差押えを申し立てた。第 1 審がこれを認め債権差押命令を発付。原審もその取消しを求めた Y の執行抗告を棄却。さらに Y が

150

抗告。

【判旨】 **抗告棄却** 「構成部分の変動する集合動産を目的とする集合物譲渡担保権は，譲渡担保権者において譲渡担保の目的である集合動産を構成するに至った動産（以下『目的動産』という。）の価値を担保として把握するものであるから，その効力は，目的動産が滅失した場合にその損害をてん補するために譲渡担保権設定者に対して支払われる損害保険金に係る請求権に及ぶと解するのが相当である。もっとも，構成部分の変動する集合動産を目的とする集合物譲渡担保契約は，譲渡担保権設定者が目的動産を販売して営業を継続することを前提とするものであるから，譲渡担保権設定者が通常の営業を継続している場合には，目的動産の滅失により上記請求権が発生したとしても，これに対して直ちに物上代位権を行使することができる旨が合意されているなどの特段の事情がない限り，譲渡担保権者が当該請求権に対して物上代位権を行使することは許されないというべきである。」「上記事実関係によれば，Xが本件共済金請求権の差押えを申し立てた時点においては，Yは目的動産である本件養殖施設及び本件養殖施設内の養殖魚を用いた営業を廃止し，これらに対する譲渡担保権が実行されていたというのであって，Yにおいて本件譲渡担保権の目的動産を用いた営業を継続する余地はなかったというべきであるから，Xが，本件共済金請求権に対して物上代位権を行使することができることは明らかである。」

(文献) 古積健三郎・民商145巻1号，古積健三郎・私リ44号，占部洋之・重判〔平23〕

参考27 動産譲渡担保に基づく物上代位権行使の許否

最二小決平成11・5・17民集53巻5号863頁

【要旨】 信用状発行銀行は，輸入商品を譲渡担保に取っている場合，貸渡しによって債務者が転売した輸入商品の売買代金債権に対して，譲渡担保権に基づく物上代位権を行使することができる。

(文献) 吉田光碩・民商122巻4・5号，近江幸治・重判〔平11〕，椿寿夫・私リ21号，山野目章夫・百選I〔5補版〕，道垣内弘人・法協128巻12号

151

第3編　担保物権

参考28 貸渡しが行われた輸入商品上の譲渡担保の物上代位
と占有改定

最二小決平成 29・5・10 民集 71 巻 5 号 789 頁

【要旨】　信用状発行銀行は，輸入商品を譲渡担保に取っている場合，船荷証券
を利用しておらず，また，貸渡しを行った債務者が，海運貨物取扱業者に通関
から買主への運搬までの一切を委託し自身が直接占有をしていない場合であっ
ても，占有改定の方法で引渡しを受けたといえ，債務者が取得している貨物の
売買代金債権に対し譲渡担保に基づく物上代位権を行使できる。それゆえ，債
務者に再生手続が開始している場合には，別除権を行使できる。

　(文献)　小山泰史・民商 154 巻 1 号，角紀代恵・私リ 56 号，生熊長幸・重判〔平 29〕

15　債権譲渡担保

担保物権 22　流動債権譲渡担保の効力

◆将来発生すべき債権を目的とする譲渡担保契約が締結された場合には，譲渡
担保の目的とされた債権は譲渡担保契約によって譲渡担保設定者から譲渡担
保権者に確定的に譲渡されているのであり，この場合において，譲渡担保の
目的とされた債権が将来発生したときには，譲渡担保権者は，譲渡担保設定
者の特段の行為を要することなく当然に，当該債権を担保の目的で取得する
ことができる。

最一小判平成 19・2・15 民集 61 巻 1 号 243 頁
〔参照条文〕民 369 条・467 条，税徴 24 条

【事実】X が，A に対する債権の担保として，B が保有する C に対する売掛債権等
の債権一切（A が平成 9 年 3 月 31 日から 1 年の間に取得する同種の債権一切）を譲り受け
る旨の集合動産譲渡担保契約を締結した（なお，第三債務者 C に別途実行通知があるま
では，B が自己の計算において弁済をうけることができる旨の特約があり，また，通知による
対抗要件が具備されていた）。その後，B が国税を滞納し，国 Y が平成 10 年 3 月 11
日から 30 日までの間に発生した上記債権を差し押さえ，X に告知（税徴 24 条 2 項）。
C が供託したため，Y が供託金還付請求権を差し押さえた。これに対して，X が供
託金還付請求権の確認を求めて前訴を提起し勝訴（最一小判平成 13・11・22 民集 55 巻

152

15 債権譲渡担保

6 号 1056 頁)。しかし，Y が国税徴収法 24 条 3 項の規定に基づき，譲渡担保権者である X を第二次納税義務者とみなし，譲渡担保財産である本件供託金還付請求権について本件差押処分をしたため，X が差押処分の取消しを求めて本訴を提起した。第 1 審は X の請求を認容したが，原審は棄却。X 上告受理申立て。

【判旨】　**破棄自判**　「将来発生すべき債権を目的とする債権譲渡契約は，譲渡の目的とされる債権が特定されている限り，原則として有効なものである〔最三小判平成 11・1・29 民集 53 巻 1 号 151 頁参照〕。また，将来発生すべき債権を目的とする譲渡担保契約が締結された場合には，債権譲渡の効果の発生を留保する特段の付款のない限り，譲渡担保の目的とされた債権は譲渡担保契約によって譲渡担保設定者から譲渡担保権者に確定的に譲渡されているのであり，この場合において，譲渡担保の目的とされた債権が将来発生したときには，譲渡担保権者は，譲渡担保設定者の特段の行為を要することなく当然に，当該債権を担保の目的で取得することができるものである。そして，前記の場合において，譲渡担保契約に係る債権の譲渡については，指名債権譲渡の対抗要件（民法 467 条 2 項）の方法により第三者に対する対抗要件を具備することができるのである〔最一小判平成 13・11・22 民集 55 巻 6 号 1056 頁参照〕。」「以上のような将来発生すべき債権に係る譲渡担保権者の法的地位にかんがみれば，国税徴収法 24 条 6 項の解釈においては，国税の法定納期限等以前に，将来発生すべき債権を目的として，債権譲渡の効果の発生を留保する特段の付款のない譲渡担保契約が締結され，その債権譲渡につき第三者に対する対抗要件が具備されていた場合には，譲渡担保の目的とされた債権が国税の法定納期限等の到来後に発生したとしても，当該債権は『国税の法定納期限等以前に譲渡担保財産となっている』ものに該当すると解するのが相当である。」

〔文献〕　鳥谷部茂・私リ 36 号，森田宏樹・重判〔平 19〕，山本和彦・租税百選〔5 版〕

参考29　将来債権譲渡の効力

最三小判平成 11・1・29 民集 53 巻 1 号 151 頁

【要旨】　債権譲渡契約にあっては，譲渡の目的とされる債権がその発生原因や譲渡に係る額等をもって特定される必要があることはいうまでもなく，将来の

153

第3編　担保物権

一定期間内に発生し，または弁済期が到来すべき幾つかの債権を譲渡の目的とする場合には，適宜の方法により期間の始期と終期を明確にするなどして譲渡の目的とされる債権が特定されるべきである。将来発生すべき債権を目的とする債権譲渡契約にあっては，契約当事者は，譲渡の目的とされる債権の発生の基礎を成す事情をしんしゃくし，その事情のもとにおける債権発生の可能性の程度を考慮したうえ，債権が見込みどおり発生しなかった場合に譲受人に生ずる不利益については譲渡人の契約上の責任の追及により清算することとして，契約を締結するものと見るべきであるから，契約の締結時において債権発生の可能性が低かったことは，契約の効力を当然に左右するものではない。もっとも，契約締結時における譲渡人の資産状況，その当時における譲渡人の営業等の推移に関する見込み，契約内容，契約が締結された経緯等を総合的に考慮し，将来の一定期間内に発生すべき債権を目的とする債権譲渡契約について，その期間の長さ等の契約内容が譲渡人の営業活動等に対して社会通念に照らし相当とされる範囲を著しく逸脱する制限を加え，または他の債権者に不当な不利益を与えるものであると見られるなどの特段の事情の認められる場合には，契約は公序良俗に反するなどとして，その効力の全部または一部が否定されることがある。

(文献)　三林宏・私リ20号，角紀代恵・重判〔平11〕，直井義典・法協119巻4号，池田真朗・供託百選〔2版〕，潮見佳男・百選Ⅱ〔7版〕，森田宏樹・社会保障百選〔5版〕，下村信江・百選Ⅱ

参考30　集合債権譲渡担保契約における債権譲渡の第三者対抗要件

最一小判平成13・11・22民集55巻6号1056頁

【要旨】　いわゆる集合債権を対象とした譲渡担保契約では，既に生じ，または将来生ずべき債権は，甲から乙に確定的に譲渡されており，ただ，甲，乙間において，乙に帰属した債権の一部について，甲に取立権限を付与し，取り立てた金銭の乙への引渡しを要しないとの合意が付加されているものと解すべきである。したがって，上記債権譲渡について第三者対抗要件を具備するためには，指名債権譲渡の対抗要件（民467条2項）の方法によることができるのであり，

その際に，丙に対し，甲に付与された取立権限の行使への協力を依頼したとしても，第三者対抗要件の効果を妨げるものではない。

（文献）角紀代恵・重判〔平 13〕，池田真朗・私リ 25 号，藤井徳展・民商 130 巻 3 号，角紀代恵・百選 I

16 所有権留保

担保物権 23 信販会社与信型所有権留保と自動車登録名義

◆信販会社与信型所有権留保において，販売会社が留保していた所有権が代位により信販会社に移転することを確認したものではなく，信販会社が，本件立替金等債権を担保するために，販売会社から本件自動車の所有権の移転を受け，これを留保することを合意したものであるときは，債務者に再生手続が開始した時点で信販会社が当該特定の担保権につき登記，登録等を具備している必要がある。

最二小判平成 22・6・4 民集 64 巻 4 号 1107 頁

〔参照条文〕民再 45 条・53 条

【事実】残代金相当額に手数料額を加算した金員を分割して支払う旨の「本件立替金等債務」につき，三者契約による所有権留保（Y が，A から自動車を買い受け，売買代金額を Y にかわって A に立替払することを X に委託し，自動車の所有権が X に対する債権の担保を目的として留保される旨の契約）。①本件自動車について，平成 18 年 3 月 31 日，所有者を販売会社 A，使用者を Y とする新規登録がされた。②信販会社 X は，平成 18 年 4 月 14 日，A に対し，本件三者契約に基づき，本件残代金を立替払した。③Y は，平成 18 年 12 月 25 日，本件立替金等債務について支払を停止し期限の利益を喪失した。④Y は，平成 19 年 5 月 23 日，小規模個人再生による再生手続開始の決定を受けた。

【判旨】破棄自判 「前記事実関係によれば，本件三者契約は，A において留保していた所有権が代位により X に移転することを確認したものではなく，X が，本件立替金等債権を担保するために，A から本件自動車の所有権の移転を受け，これを留保することを合意したものと解するのが相当であり，X が別除権として行使し得るのは，本件立替金等債権を担保するために留保された上記所有権であると解すべきである。すなわち，X は，本件三者契約により，Y

155

第3編 担保物権

に対して本件残代金相当額にとどまらず手数料額をも含む本件立替金等債権を取得するところ，同契約においては，本件立替金等債務が完済されるまで本件自動車の所有権がXに留保されることや，Yが本件立替金等債務につき期限の利益を失い，本件自動車をXに引き渡したときは，Xは，その評価額をもって，本件立替金等債務に充当することが合意されているのであって，XがAから移転を受けて留保する所有権が，本件立替金等債権を担保するためのものであることは明らかである。立替払の結果，Aが留保していた所有権が代位によりXに移転するというのみでは，本件残代金相当額の限度で債権が担保されるにすぎないことになり，本件三者契約における当事者の合理的意思に反するものといわざるを得ない。」「そして，再生手続が開始した場合において再生債務者の財産について特定の担保権を有する者の別除権の行使が認められるためには，個別の権利行使が禁止される一般債権者と再生手続によらないで別除権を行使することができる債権者との衡平を図るなどの趣旨から，原則として再生手続開始の時点で当該特定の担保権につき登記，登録等を具備している必要があるのであって（民事再生法45条参照），本件自動車につき，再生手続開始の時点でXを所有者とする登録がされていない限り，Aを所有者とする登録がされていても，Xが，本件立替金等債権を担保するために本件三者契約に基づき留保した所有権を別除権として行使することは許されない。」

（文献）佐藤鉄男・民商143巻4・5号，田頭章一・私リ43号，上江洲純子・重判〔平22〕，加毛明・倒産百選〔5版〕

担保物権24 所有権留保と物的責任

◆所有権留保において，留保所有権者は，残債務弁済期が到来するまでは，当該動産が第三者の土地上に存在して第三者の土地所有権の行使を妨害しているとしても当該動産の撤去義務や不法行為責任を負うことはないが，残債務弁済期が経過した後は，留保所有権が担保権の性質を有するからといって上記撤去義務や不法行為責任を免れることはない。

最三小判平成21・3・10民集63巻3号385頁

〔参照条文〕民206条・369条・709条

【事実】買主Aは，売主Bから自動車を買い受けるに際して，信販会社Yが代金

を立替払し，Bが立替金債務を分割払によって弁済する旨の契約を締結した。契約には，目的物である自動車の所有権を，BからYに移転し，Aが立替金債務を完済するまで担保としてYに留保する等の内容の所有権留保特約があり，自動車につきY名義の登録がされている。

Aは，本件自動車をXから賃借した土地（駐車場）上に駐車していたが，賃料を支払わず，Xの解除による賃貸借契約終了後も，本件自動車を駐車したままにしている。

XがYに対し，土地所有権に基づき，本件自動車の撤去と土地の明渡し，および土地の使用料相当損害金の支払を求めて本訴を提起した。原審は，口頭弁論終結時まで立替払金債務の不払を続けていることを認定したものの，Aが立替金債務について期限の利益を喪失しているとしても，Aから自動車を引き揚げてこれを占有保管すべき義務を負うとはいえないことを理由にYに完全な所有権が帰属していないとして，Yを勝訴させた。

【判旨】　破棄差戻　「本件立替払契約によれば，Yが本件車両の代金を立替払することによって取得する本件車両の所有権は，本件立替金債務が完済されるまで同債務の担保としてYに留保されているところ，Yは，Aが本件立替金債務について期限の利益を喪失しない限り，本件車両を占有，使用する権原を有しないが，Aが期限の利益を喪失して残債務全額の弁済期が経過したときは，Aから本件車両の引渡しを受け，これを売却してその代金を残債務の弁済に充当することができることになる。」「動産の購入代金を立替払する者が立替金債務が完済されるまで同債務の担保として当該動産の所有権を留保する場合において，所有権を留保した者（以下，『留保所有権者』といい，留保所有権者の有する所有権を『留保所有権』という。）の有する権原が，期限の利益喪失による残債務全額の弁済期（以下『残債務弁済期』という。）の到来の前後で上記のように異なるときは，留保所有権者は，残債務弁済期が到来するまでは，当該動産が第三者の土地上に存在して第三者の土地所有権の行使を妨害しているとしても，特段の事情がない限り，当該動産の撤去義務や不法行為責任を負うことはないが，残債務弁済期が経過した後は，留保所有権が担保権の性質を有するからといって上記撤去義務や不法行為責任を免れることはないと解するのが相当である。なぜなら，上記のような留保所有権者が有する留保所有権は，原則として，残債務弁済期が到来するまでは，当該動産の交換価値を把握するにとどまるが，残債務弁済期の経過後は，当該動産を占有し，処分することが

第3編　担保物権

できる権能を有するものと解されるからである。もっとも，残債務弁済期の経過後であっても，留保所有権者は，原則として，当該動産が第三者の土地所有権の行使を妨害している事実を知らなければ不法行為責任を問われることはなく，上記妨害の事実を告げられるなどしてこれを知ったときに不法行為責任を負うと解するのが相当である」。以上の理由から，「残債務全額の弁済期が経過したか否かなど」の事実を認定していない原判決を破棄し差し戻す。

（文献）　古積健三郎・私リ40号，占部洋之・民商142巻6号，安永正昭・重判〔平21〕，和田勝行・百選Ⅰ

第4編

債権総論

	概　　説	……………………160
1	債権の目的	………………………171
2	債務不履行	………………………175
3	損害賠償の範囲・賠償額の算定	……185
4	受領遅滞	…………………………187
5	債権者代位権	……………………188
6	詐害行為取消権の要件	………………191
7	詐害行為取消権の効果	………………193
8	多数債権債務関係	…………………196
9	保証債務	…………………………199
10	債権の譲渡性	……………………205
11	債権譲渡の対抗要件	………………207
12	債権譲渡における債務者の抗弁	……210
13	弁　　済	…………………………212
14	弁済充当	…………………………219
15	弁済による代位	……………………223
16	債権差押え	………………………233
17	相　　殺	…………………………234
18	相殺と差押え	……………………238
19	混　　同	…………………………242

第 4 編　債権総論

概　説

　債権総論の分野では民法第 3 編第 1 章総則（399〜520 条）に収められた条文に関する近時の重要判例を採り上げる。

1　債権の目的　民法 403 条は外国の貨幣単位で金額が表示された外資債権について債務者に円貨での代用給付権を与える旨を明示しているが，〔債権総論 1〕は，①明文の規定がないにもかかわらず債権者にも外貨債権について円建ての代用給付請求権を与えるとともに，②債権者が円建ての請求をした場合の換算基準時を事実審の口頭弁論終結時とした。しかし，①については債権者に円建てでの支払請求権を明文で認めている手形法 41 条や小切手法 36 条とは異なり，そのような明文がない民法 403 条の解釈として債権者による円建てでの支払請求権を認めてよいのか，また，②については事実審の口頭弁論終結時以降に為替相場の変動が生ずると 9000 万円を再度ドルに両替した場合に本来の債権の目的である 25 万ドルより多額（円高の場合）あるいは少額（円安の場合）のドル金額を債権者が受領することになり，外貨債権について名目主義が維持されなくなるのではないか，という疑問が残る。

　金銭の貸付において利息制限法 1 条の制限利率を超えた制限超過利息が約定された場合，借主が貸主に支払った制限超過利息は元本に充当されるというのが従来の判例（最大判昭和 39・11・18 民集 18 巻 9 号 1868 頁）であるが，昭和 58 年に制定された貸金業法旧 43 条（平成 18 年改正で廃止）は登録貸金業者が契約書面と受取証書を適時に借主に交付したうえで借主が制限超過利息を「利息として任意に支払った」場合（任意性要件）には，従来の判例法理が排除され，制限超過利息が元本に充当されないと規定した（みなし弁済）。同条の任意性要件については制限超過利息が無効であることの借主の認識は不要であるとの判例（最二小判平成 2・1・22 民集 44 巻 1 号 332 頁）があるが，〔債権総論 2〕は，平成 2 年判決を踏襲しながら，制限超過利息を含む約定利息の支払を遅延すれば残元利金すべてについて期限の利益を喪失させる特約のもとでは，借主は制限超過利息の支払を事実上強制されることになるとして，任意性要件を満たさないとした。

2　債務不履行　債務の給付内容を裁判所を介して強制的に実現する方法の 1 つとして間接強制があるが（民 414 条 1 項），〔債権総論 3〕は不作為債務につい

160

概　説

ての間接強制決定を得るために債権者は債務者が不作為債務に違反するおそれ
があることを立証すれば足りるとした。

　債務不履行に基づく損害賠償債務がいつの時点で履行遅滞に陥るかについて，
〔債権総論4〕は不法行為に基づく弁護士費用の賠償義務について不法行為時，
〔参考4〕は安全配慮義務違反に基づく損害賠償義務について安全配慮義務が期
限の定めのない債務であるとして債務者が債権者から請求を受けた時，〔参考
5〕は請負代金債権と相殺された瑕疵修補に代わる損害賠償債務について相殺
の意思表示の翌日，〔参考6〕は相続開始後に認知されて相続人になった者に対
する他の共同相続人の価額支払債務について期限の定めのない債務であるとし
て履行の請求を受けた時にそれぞれ履行遅滞に陥ると判示している。

　安全配慮義務違反に基づく損害賠償責任については，〔参考7〕が自衛隊での
事故の事案で国の公務員に対する安全配慮義務を認めたのを皮切りに，〔債権
総論5〕では民間の雇用契約における雇用主（使用者）も従業員（被用者）に対
して安全配慮義務を負うとされた（現在では労働契約法5条において安全配慮義務
が明文化されている）。

　契約成立前の契約締結過程において信義則に基づき一方当事者が説明義務を
負う場合に，当該説明義務に違反した者が負う損害賠償責任の法的性質につい
て，〔債権総論6〕はこれを不法行為責任と解し，契約上の債務不履行責任では
ないとした。また，医師の説明義務に関して，〔債権総論7〕は医療水準として
未確立な療法について医師に説明義務が課される要件を明らかにした。

3　損害賠償の範囲・賠償額の算定　債務不履行に基づく損害賠償責任におい
て賠償すべき損害の範囲は民法416条で決定されるが，〔債権総論8〕は民法
416条1項における「通常生ずべき損害」の範囲に言及している。また，賠
償額の算定に関して，〔参考12〕は損害額算定時期を民法416条2項と同様の
判断基準により決定している。

4　受領遅滞　従来の判例によると，債務者が弁済の提供をしても債権者は原
則として受領義務を負わないと解されているが（最二小判昭和40・12・3民集19
巻9号2090頁），〔債権総論9〕は，継続的な鉱石売買契約の事案において契約の
特殊性を考慮し，信義則に基づき，債権者である買主に鉱石の引取義務を課し
た。

5　債権者代位権　本来型の債権者代位権は債権の最終的な引当財産となる債

債
権
総
論

161

第4編　債権総論

務者の責任財産の価値を保全する制度であり，①債務者の無資力（債務者の債
務超過），②被保全債権が金銭債権であること，③被代位権利が債務者の一身
専属権ではないことが要件とされる（民423条）。このうち，①②の要件は，
責任財産保全目的ではなく債権者の特定の権利を実現するために債務者の権利
を代位行使する「債権者代位権の転用」の場合には変更され，①債務者の無資
力要件は不要となり，②金銭債権以外の特定の債権が被保全債権となる。〔債
権総論10〕は，債務者の責任財産の保全が目的ではなく，被保全債権である代
金債権に付着した同時履行の抗弁権を排除するために引換給付判決を得ること
を目的とした代位行使の場合は，被保全債権が金銭債権であるものの債権者代
位権の転用であり，それ故，債務者の無資力要件は不要であるとした。また，
②の要件に関して〔参考14〕は具体的内容形成前の財産分与請求権について範
囲と内容が不確定・不明確であることを理由に債権者代位権の被保全債権には
なりえないとした。さらに，③の要件に関して〔債権総論11〕は債務者が有す
る遺留分減殺請求権を行使上の一身専属権と解し，債権者による代位行使を否
定した。

6 詐害行為取消権の要件　債権者代位権と同様に責任財産保全制度である詐
害行為取消権は，その成立要件として，①被保全債権が金銭債権であること，
②詐害行為が財産権を目的とした行為であること，③取消債権者が被保全債権
を詐害行為前に取得していること，④債務者が無資力であること，⑤債務者と
受益者に詐害の意思があること，が必要とされる。②の要件に関して〔債権総
論12〕は債権譲渡の対抗要件である譲渡通知が債権譲渡それ自体から独立し
て詐害行為取消の対象とはならないとした。③の要件に関して〔参考15〕は所
有権移転登記が被保全債権取得後になされた場合でも，登記原因である不動産
譲渡行為それ自体が被保全債権取得前になされていることを理由に③の要件を
満たさないとした。さらに①の要件に関して〔債権総論14〕は特定物債権も究
極的には履行不能により損害賠償債権という金銭債権に変わりうることを理由
に被保全債権になりうるとした。

7 詐害行為取消権の効果　債務者に複数の債権者が存在し，そのうちの特定
の債権者（受益者）に対して債務者が行った弁済行為について他の債権者が詐
害行為取消権を行使した場合，受益者は債権者平等の原則に基づき債権額に応
じて按分比例した金額は本来であれば自身が配当を受けられた金額であるとし

162

概　説

て取消債権者に対してその分の支払を拒絶できるか。この問題について〔債権総論 13〕は受益者の支払拒絶権を否定した。本来平等であるはずの複数の債権者のうち一方が受益者，他方が取消債権者となり，後者が事実上の優先弁済を受けることが許容されることになる。

　また，不動産の二重譲渡において対抗要件を具備できなかった第一譲受人が対抗要件を具備した第二譲受人への譲渡行為について詐害行為取消権を行使できるかについて，〔債権総論 14〕は，不動産引渡債権という特定物債権であっても究極的には金銭債権に変わりうることを理由に詐害行為取消権を認めたが，受益者（第二譲受人）から取消債権者（第一譲受人）への移転登記は否定した。不動産の二重譲渡事案にも詐害行為取消権に関する民法 424 条の適用を認めながら，民法 177 条により決定された優劣が民法 424 条により実質的に覆されるという事態は回避されたことになる。

　なお，抵当権付の不動産（抵当不動産）の譲渡行為について詐害行為取消権が行使された場合，〔参考 18〕のように全部取消・現物返還を認めるべきであるが，〔参考 19〕は，抵当権が消滅した後は，不動産の現物返還ではなく，一部取消・価格賠償のみを認めた。

8　多数債権債務関係　共同相続された金銭債権は民法 427 条により相続開始と同時に当然に相続分に応じて各相続人に分割帰属されるというのが従来の判例（最一小判昭和 29・4・8 民集 8 巻 4 号 819 頁，最二小判平成 4・4・10 家月 44 巻 8 号 16 頁）であり，〔債権総論 15〕は賃料債権の共同相続事案において従来の判例を踏襲した。ところが，預貯金債権が遺産分割の対象になるかが問われた〔参考 20〕は，従来の判例を覆し，預貯金債権が相続開始と同時に当然に各相続人の相続分に応じて分割帰属されることを否定し，預貯金債権が遺産分割の対象になることを認めた。

　連帯債務に関しては，複数の連帯債務者がいる場合に，民法 443 条によると，各連帯債務者は弁済をする前と後に他の連帯債務者にその旨を通知することを要し，通知を怠った債務者は求償において不利益を被るが，事前通知を怠った連帯債務者がそれ以前に既に弁済をしていた他の連帯債務者が事後通知を怠ったことを理由に，他の連帯債務者からの求償に対して自己の弁済が有効であることを主張できるかが問題となった事案で，〔債権総論 16〕は，民法 443 条 2 項は 1 項の規定を前提としており，1 項の事前通知について過失のある連

債権総論

163

第4編 債権総論

帯債務者を保護する趣旨ではないとして事前通知を怠った連帯債務者の主張を否定した（この問題については平成29年改正による影響はない）。

9 保証債務 請負契約上の請負人の債務を保証した場合，付従性を厳格に解せば，保証の対象は請負人の仕事完成債務となるが，従来の判例は，当事者の通常の意思として，債務不履行に基づく契約の解除後に生じた債務者の既払金返還債務についても保証が及ぶとしており（最大判昭和40・6・30民集19巻4号1143頁），請負人の債務不履行により請負契約が解除された場合に生ずる請負人の前払金返還債務についても保証の対象になる。また，請負契約が合意解除されたことにより請負人が負うことになった前払金返還債務にも保証が及ぶかについて〔債権総論17〕は合意解除が請負人の債務不履行に基づくなどの一定の要件のもとで，合意解除により生じた請負人の前払金返還債務にも保証が及ぶとした。

保証人の求償権についても重要な判例がみられる。保証債務を履行した保証人は主債務者に対して求償権を取得するとともに（民459条・462条），他の保証人に対しても求償権を取得するが（共同保証人間の求償権。民465条），この2つの求償権の関係について，〔債権総論18〕は，共同保証人間の求償権は主債務者に対する求償権を担保するためのものではないとし，保証人の主債務者に対する求償権について消滅時効の中断事由が生じても共同保証人間の求償権について消滅時効は中断しないとした。次に，保証人の事前求償権（民460条）と事後求償権の関係について，〔債権総論19〕は，両者は別個の権利ではあるが，事後求償権を確保するために事前求償権が認められている点を重視し，事前求償権を被保全債権とした仮差押えにより事後求償権の消滅時効も中断するとした。

保証債務の随伴性により，主債務（被保証債権）が譲渡されると保証債権も譲渡されるが，〔債権総論20〕は元本確定前の根保証債権についても随伴性を肯定した。また，身元保証人が複数いる場合における相互の求償関係について，〔債権総論21〕は一定の要件のもとで身元保証人間の求償が認められる可能性を示した。

10 債権の譲渡性 債権の譲渡について，債権者債務者間で譲渡禁止特約が合意された場合，民法466条2項において譲渡禁止特約の効力は認められるが，善意の譲受人には対抗できないとされている。同項の解釈として，〔債権総論

概　説

22〕は善意重過失の譲受人を悪意の譲受人と同視して保護の対象外とし，改正法 466 条 3 項において明文化された。〔債権総論 23〕は譲渡禁止特約の存在について譲受人が悪意もしくは善意重過失であっても，債務者が債権譲渡を承諾すれば，譲渡時に遡って債権譲渡が有効になるとしながら，無権代理の追認に関する民法 116 条の法意に照らして，承諾前から存在している第三者の利益を害することはできないとした。

11　債権譲渡の対抗要件　民法 467 条 2 項は，確定日付のある証書による債務者への通知もしくは債務者からの承諾が債権譲渡の第三者対抗要件になると規定するが，債権の二重譲渡において確定日付のある証書による通知が複数なされた場合（債権譲渡と債権差押えが競合して債権譲渡通知と債権差押通知が債務者に送付された場合も含む）の優先関係について明らかにされていないので，この問題についての解決は判例に委ねられてきた。〔債権総論 24〕は複数の通知が時を異にして到達した異時到達事案について，民法 467 条が債務者に対する通知を第三者対抗要件とした根拠（債務者に登記のような公示機能を担わせる）にまで遡って考察し，確定日付の先後ではなく債務者に通知が到達した先後で優劣を決定する到達時説を採用した。しかしながら，到達時説では複数の通知が同時に到達した場合に優劣を決定することができなくなるが，これについて〔債権総論 25〕は同時到達事案においていずれの譲受人も相互に自己が優先することを主張できないが，いずれも債務者に対しては全額を請求することができ，請求を受けた債務者は同順位の譲受人が存在することを理由に弁済を拒絶することはできないとし，先に債務者に対して請求した譲受人が全額の弁済を受領するとした。

12　債権譲渡における債務者の抗弁　債務者は通知・承諾前に取得した債権譲渡人に対する抗弁を債権譲受人に対しても主張できるが（民 468 条 2 項），債務者が譲渡人に対して有する債権を自働債権，譲渡債権を受働債権とする相殺の抗弁を主張する場合，通知・承諾前に自働債権と受働債権がどのような状態にあれば譲受人に対して相殺を主張できるかが問題となる。これについて〔債権総論 26〕は，〔債権総論 39〕が民法 511 条の解釈として採用した無制限説を民法 468 条 2 項の解釈においても踏襲し，通知・承諾前に債務者が譲渡人に対する自働債権を取得していれば，債務者は譲受人に対して譲渡債権が相殺により消滅したことを主張できるとした。なお，平成 29 年改正後の民法 469 条 1

165

項は無制限説を明文化し，さらに同条 2 項は改正後の民法 511 条と同様に，通知・承諾後に自働債権を取得した場合でも，通知・承諾前に債権発生原因があれば相殺を譲受人に対抗できるとしているので，〔債権総論 26〕よりも相殺が認められる範囲が拡大している。

　また，民法 468 条 1 項（平成 29 年改正により廃止）では，異議をとどめない承諾，つまり，債務者が譲渡人に対する抗弁の存在を譲受人に告げることなく承諾した場合に債務者は譲受人に対して抗弁を主張できないとされていたが，同規定は譲受人の信頼を保護する制度であることから，従来の判例では抗弁の存在を知っていた悪意の譲受人に対して債務者は抗弁を主張できるとされ（最二小判昭和 42・10・27 民集 21 巻 8 号 2161 頁），さらに〔参考 24〕は抗弁の存在について善意有過失の譲受人に対しても抗弁を主張できるとした。

13 弁　　済　民法 478 条は債権の準占有者（平成 29 年改正後の「債権者もしくは債権者から受領権限を与えられた者のような外観を有する無権限者」）に対して善意無過失で弁済がなされた場合に弁済の効力を認めて債権が消滅するとしており，従来の判例によると，他人の預金通帳と届出印を銀行の窓口に提示して預金者本人のように装って預金の払戻しを請求する者に対して銀行が払戻しに応じる場合がその典型とされてきたが，近時の判例ではそれ以外の事案にも同条の適用（あるいは類推適用）が拡張されている。〔債権総論 27〕は債権の二重譲渡（債権譲渡と債権差押えの競合も含む）における劣後譲受人に対する弁済にも民法 478 条の適用を認めたうえで，善意無過失の認定を厳格に解している。〔債権総論 28〕は無権限者が他人の預金通帳やカードならびに暗証番号を ATM で不正使用して預金の払戻しを受けた事案にも民法 478 条の適用を認め，無過失認定の前提となる注意義務について，窓口払の場合と異なる機械払の特殊性を考慮して，機械払システムの設置管理全体にわたる厳格な注意義務を金融機関に課している。

　普通預金払戻事案だけではなく定期預金債権の期限前払戻事案にも民法 478 条を適用するのが従来の判例（最三小判昭和 41・10・4 民集 20 巻 8 号 1565 頁）であるが，さらに定期預金を担保に貸付を行い最終的に預金債権と貸金債権を相殺する事案について，預金担保貸付から相殺までの一連の流れが定期預金の期限前払戻事案と類似していることを根拠に民法 478 条が類推適用されている（最三小判昭和 48・3・27 民集 27 巻 2 号 376 頁）。

〔債権総論 29〕は預金担保貸付事案に民法 478 条を類推適用する従来の判例を踏襲したうえで，債務者である金融機関の善意無過失の判定基準時を相殺時ではなく貸付時であるとした。また，〔参考 25〕は民法 478 条の類推適用の射程を保険契約者貸付事案にまで拡張している。

　弁済の提供と供託に関して〔債権総論 30〕は，不法行為訴訟において第 1 審が認定した賠償額を不服として被害者が控訴したところ，加害者が第 1 審認定の賠償額について弁済の提供をして，さらに，被害者が受領を拒否したことから加害者が同金額を供託した事案において，弁済の提供と供託をいずれも有効とした。

14　弁済充当　弁済充当をめぐっては，借主から貸主に支払われた制限超過利息の元本充当により元本完済後に生じる過払金の他債務への充当の問題について多く最高裁判決が登場している。まず，①貸主と借主との間に継続的な貸付と弁済を予定した基本契約が締結されており，過払金が生じる第一債務と過払金充当が争われている第二債務が同一の基本契約に基づく貸付から発生し，かつ，第一債務の過払金発生時に既に第二債務が存在している事案では，借主の指定充当が推認され，かつ，法定充当を定めた民法 489 条（新 488 条 4 項）と491 条（新 489 条）により，第一債務の過払金の第二債務への充当が認められる〔債権総論 31〕。②第一債務の過払金発生時に未だ第二債務が発生していない事案では，借主の指定充当を推認することができず，原則として，第一債務の過払金は第二債務に充当されない。ただし，貸主と借主との間で第一債務の過払金を将来発生する第二債務に充当する旨の特約があれば，例外として，過払金発生時に未発生であった第二債務に過払金を充当することが認められる（合意充当）〔参考 26〕。③第一債務の過払金発生時に未だ第二債務が発生していない事案でも，貸主と借主との間に継続的な貸付と弁済を予定した基本契約が締結されており，かつ，第一債務と第二債務が同一の基本契約に基づく貸付から生じた場合には，合意充当が推認され，第一債務の過払金発生時に未発生であった第二債務に過払金を充当することが認められる〔参考 27〕。④第一債務の過払金発生時に未だ第二債務が発生していない事案において，貸主と借主との間に継続的な貸付と弁済を予定した 2 つの基本契約が締結されており，第一債務は第一基本契約に基づく貸付から，第二債務は第二基本契約に基づく貸付からそれぞれ発生した場合，合意充当は推認されず，第一債務の過払金発生時

第4編　債権総論

に未発生であった第二債務に過払金を充当することは認められない。ただし，第一基本契約と第二基本契約が事実上1個の連続した貸付取引であると評価することができるなどの特段の事情がある場合には，合意充当が推認され，第一債務の過払金発生時に未発生であった第二債務に過払金を充当することが認められるが〔参考28〕，第一基本契約が無担保のリボルビング方式による貸付，第二基本契約が不動産に根抵当権が設定された貸付の場合は，事実上1個の連続した貸付取引とはいえない〔参考29〕。

15　弁済による代位　保証人や物上保証人が債務者の代わりに債権者に弁済をすると，債務者に対して求償権を取得するとともに（民459条以下・351条・372条），債権者が有していた原債権ならびに担保権に代位する（民499条以下）。求償権と原債権の関係について，〔債権総論32〕は代位者が有する求償権の履行を確保するために債権者が有する原債権と担保権への代位を認めるというのが弁済による代位の制度趣旨であり，法定利率を超えた約定利率によって遅延利息を算定するなど求償権に付された特約を有効と解しても，弁済者が代位できる原債権と担保権の上限は求償権の総額によって画されるとする。

代位できる者が複数存在する場合の代位割合について，〔債権総論32〕は保証人と物上保証人間の特約により民法501条ただし書5号（新501条3項4号）と異なる代位割合を合意することを認めている。なお，保証人と物上保証人を兼務している者を1人とみるか，2人とみるかによってその者の代位割合が変わってくるが，〔債権総論33〕は1人説を採用した。

民法502条が定める一部弁済による代位について，一部代位者と債権者の関係が問題となるが，代位した担保権について一部代位者は債権者の同意を得ることなく単独で競売の申立てをすることができるというのが古くからの判例（大判昭和6・4・7民集10巻535頁）であるが，〔参考32〕は一部代位者の抵当権実行申立による競売から得られた競売代金の配当において債権者が一部代位者に優先するとした。なお，1つの抵当権について複数の被担保債権が存在し，そのうちの1つの被担保債権についてのみ保証をした者が当該被担保債権について全額弁済して抵当権に代位した場合の抵当権者と代位者の関係について，〔債権総論34〕はこの事案を一部弁済による代位の事案と明確に区別し，民法502条の適用を否定した。

民法504条は債権者が代位される可能性がある担保権を故意または過失に

よって喪失または減少させたときに保証人や物上保証人などの代位権者の責任を免除しており，これは裏を返せば債権者に担保保存義務があることを意味する。〔参考33〕は民法504条による代位権者の免責の効果は物上保証人から抵当不動産を譲渡された第三取得者にも及ぶとした。なお，債権者と代位権者との間で結ばれた担保保存義務免除特約について，〔債権総論35〕は債権者と物上保証人間で締結された担保保存義務免除特約を原則として有効とするとともに，債権者が担保を喪失しまたは減少させたときに同特約により物上保証人が民法504条の免責を受けられなかった場合には物上保証人から抵当不動産を譲渡された第三取得者も免責の効果を主張できないとした。

16 債権差押え 民法481条によると，債権の差押後は，被差押債権の債務者（第三債務者）は被差押債権の債権者（差押債務者）に弁済することを禁止されるが（弁済禁止効），〔債権総論36〕は，債権差押前に第三債務者が金融機関に対して差押債務者の口座への先日付振込を依頼し，債権差押後に実際に振込がなされた事案において，債権差押後の弁済禁止効を免れないとした。

17 相 殺 自働債権と受働債権を相殺するためには両債権が民法505条の定める相殺適状にあることを要するが，相殺適状の要件として両債権の弁済期が到来していることが必要とされる。もっとも，債務者は期限の利益を放棄できるので（民136条2項），自働債権の弁済期が到来していれば，受働債権の弁済期が到来していなくても相殺権者が受働債権について期限の利益を放棄する可能性があり，相殺適状に達しているようにみえる。これについて，〔債権総論37〕は，相殺適状にあるというためには両債権の弁済期がいずれも到来していることが必要であり，期限の利益を放棄できる状態にあるだけでは不十分で，実際に期限の利益を放棄したか，期限の利益を喪失したことを要するとした。そのうえで，時効によって消滅した自働債権による相殺を認める民法508条は，自働債権の消滅時効完成前に両債権が相殺適状にあることを要件にしているとした。

　民法509条は不法行為から生じた損害賠償債権を受働債権とする相殺を禁止しているが，〔債権総論38〕は同条の趣旨を被害者に現実の弁済を得させることによって損害を填補することにあるとしたうえで，双方の過失により同一の不法行為から相互に2つの損害賠償債権が発生した場合であっても被害者に現実の弁済を受けさせる必要があるとして，損害賠償債権相互間の相殺は許さ

第4編　債権総論

れないとした。

18　相殺と差押え　民法 511 条は，条文の文言上，受働債権が差し押さえられる前に自働債権を取得していれば差押後の相殺が許されるとしているが，従来から同条をめぐり，文言どおりに解釈すべきとする無制限説と，文言よりも制限的に解釈すべきとする制限説が対立していた。以前の判例（最大判昭和 39・12・23 民集 18 巻 10 号 2217 頁）は，受働債権差押前に両債権の弁済期が到来していることは必要ないとしながら，自働債権の弁済期が受働債権の弁済期よりも先に到来する場合のみ相殺を差押に優先させる制限説（弁済期先後基準説）を採用していたが，〔債権総論 39〕は従来の判例を変更し，相殺の担保的機能を最大限に重視して無制限説を採用するとともに，金融実務において多用されている相殺予約（受働債権となる預金債権について差押等の申立てがされた時点で自働債権となる貸金債権の期限の利益を喪失させることにより受働債権差押前に相殺適状を生じさせる特約）を有効とした。

その一方で，〔債権総論 40〕は，無制限説のもとでも，相殺の意思表示の時点で相殺適状が存在しなければ相殺は許されないとし，被差押債権について転付命令を得た差押債権者が同債権を自働債権とし差押債務者に対して負っている債務を受働債権として相殺の意思表示をした場合，その後で，第三債務者が被差押債権の差押前に差押債務者に対して取得した債権を自働債権とし被差押債権を受働債権とする相殺の意思表示をしても，第三債務者による相殺の意思表示の時点ですでに受働債権である被差押債権が消滅しているので相殺適状にはならず，第三債務者による相殺は認められないとした。

なお，平成 29 年改正により，民法 511 条に 2 項が新設され（現行の 511 条は同条 1 項になる），自働債権の取得自体が受働債権の差押後であっても自働債権の発生原因が受働債権の差押前に存在していれば相殺が差押えに優先するとされており，〔債権総論 39〕が採用した無制限説よりも相殺が差押に優先する範囲が拡張されている。

19　混　　同　民法 520 条により債権と債務が同一人に帰属した場合に混同により債権債務が消滅するが，〔参考 38〕は交通事故の被害者が有する損害賠償債権が混同により消滅した場合，被害者の保険会社に対する直接請求権も消滅するとした。

〔川地宏行〕

1 債権の目的

債権総論 1　外貨債権における円建て請求権と換算基準時

◆民法403条が定める外貨債権の法的性質は任意債権であり，債権者は債務者に対して外国の通貨と日本の通貨のいずれでも支払を請求できるが，債務者が日本の通貨で支払う場合の換算基準時は現実の支払時であるのに対し，債権者が日本の通貨に換算した金額で裁判上の請求をする場合の換算基準時は事実審の口頭弁論終結時である。

最三小判昭和50・7・15民集29巻6号1029頁

〔参照条文〕民403条

【事実】X銀行のAに対するドル建ての貸金債権を担保するために，Yは極度額25万ドルの連帯根保証人になった。昭和43年にAが履行遅滞に陥ったことから，XはYに対して保証債務の履行として25万ドルを当時の固定相場である1ドル＝360円で換算した9000万円の支払を求めて訴えを提起した。第1審と原審はいずれも請求を認容した。Yは上告し，上告理由において民法403条は外貨債権の債務者に円貨で支払う権限を与えているにすぎず，外貨債権の債権者に円建金額の請求をする権限を与えていない，仮に円建金額の請求が認められるとしても事実審の口頭弁論終結後の昭和46年12月に固定相場が1ドル308円に変更されたので25万ドルは7700万円に換算されるべきであると主張した。

【判旨】　上告棄却　「外国の通貨をもつて債権額が指定された金銭債権は，いわゆる任意債権であり，債権者は，債務者に対し，外国の通貨又は日本の通貨のいずれによつて請求することもできるのであり，民法403条は，債権者が外国の通貨によつて請求した場合に債務者が日本の通貨によつて弁済することができることを定めるにすぎない。また，外国の通貨をもつて債権額が指定された金銭債権を日本の通貨によつて弁済するにあたつては，現実に弁済する時の外国為替相場によつてその換算をすべきであるが，外国の通貨をもつて債権額が指定された金銭債権についての日本の通貨による請求について判決をするにあたつては，裁判所は，事実審の口頭弁論終結時の外国為替相場によつてその換算をすべきであるから，その後判決言渡までの間に所論のような為替相場の変更があつても，これを判決において斟酌する余地はない。」

第4編　債権総論

文献　嶋拓哉・国私百選〔2版〕，五十嵐清・重判〔昭50〕，大塚正民・民商74巻3号，藤田泰弘・判評209（判時813）号

債権総論2　貸金業法旧43条（みなし弁済）における任意支払要件

◆利息制限法1条に定められた制限利率を超える利息（制限超過利息）を含む約定利息の返済を1回でも怠れば残元利金債務すべての弁済期が到来する旨の「期限の利益喪失特約」の付いた貸付における約定利息の弁済は，制限超過利息の支払を債務者に事実上強制することになり，貸金業法旧43条1項の「債務者が利息として任意に支払った」とはいえない。

最二小判平成18・1・13民集60巻1号1頁

〔参照条文〕貸金旧43条，利息1条・4条（平18法115号による改正前）

【事実】登録貸金業者XはYに対して300万円を利息年29％，遅延損害金年29.2％，毎月20日に元本5万円と利息を60回にわたって返済するという約定で貸し付けた。契約締結時にYに交付された書面には，「元金又は利息の支払いを遅滞したとき……は催告の手続きを要せずして期限の利益を失い直ちに元利金を一時に支払」う旨の期限の利益喪失特約が記載されていた。Yが履行遅滞に陥ったので，XはYに対して残元本と遅延損害金の支払を求めて訴えを提起。Yが支払った利息のうち，利息制限法1条（平成18年改正前の1条1項）の制限利率（本件では年15％）を超えた利息（制限超過利息）が元本に充当されるか否かが争われた。第1審ならびに原審は貸金業法旧43条（平成18年改正により廃止）の適用を認め，制限超過利息の支払を有効な利息債務の弁済とみなし，元本への充当を否定して，Xの請求を認容した。Yが上告。

【判旨】破棄差戻　「〔貸金業〕法43条1項は，貸金業者が業として行う金銭消費貸借上の利息の契約に基づき，債務者が利息として支払った金銭の額が，利息の制限額を超える場合において，……その支払が任意に行われた場合に限って，例外的に，利息制限法1条1項の規定にかかわらず，制限超過部分の支払を有効な利息の債務の弁済とみなす旨を定めている」。「法43条1項にいう『債務者が利息として任意に支払った』とは，債務者が利息の契約に基づく利息の支払に充当されることを認識した上，自己の自由な意思によってこれを支払ったことをいい，債務者において，その支払った金銭の額が利息の制限額を

超えていることあるいは当該超過部分の契約が無効であることまで認識していることを要しないと解される〔最二小判平成 2・1・22 民集 44 巻 1 号 332 頁参照〕けれども，債務者が，事実上にせよ強制を受けて利息の制限額を超える額の金銭の支払をした場合には，制限超過部分を自己の自由な意思によって支払ったものということはできず，法 43 条 1 項の規定の適用要件を欠くというべきである」。「本件期限の利益喪失特約がその文言どおりの効力を有するとすると，Y は，支払期日に制限超過部分を含む約定利息の支払を怠った場合には，元本についての期限の利益を当然に喪失し，残元本全額及び経過利息を直ちに一括して支払う義務を負うことになる上，残元本全額に対して年 29.2% の割合による遅延損害金を支払うべき義務を負うことになる。このような結果は，Y に対し，期限の利益を喪失する等の不利益を避けるため，本来は利息制限法 1 条 1 項によって支払義務を負わない制限超過部分の支払を強制することになるから，……本件期限の利益喪失特約のうち，Y が支払期日に制限超過部分の支払を怠った場合に期限の利益を喪失するとする部分は，同項の趣旨に反し無効であ」る。「そして，……この特約の存在は，通常，債務者に対し，支払期日に約定の元本と共に制限超過部分を含む約定利息を支払わない限り，期限の利益を喪失し，残元本全額を直ちに一括して支払い，これに対する遅延損害金を支払うべき義務を負うことになるとの誤解を与え，その結果，このような不利益を回避するために，制限超過部分を支払うことを債務者に事実上強制することになるものというべきである」。

(文献) 小野秀誠・百選 II

参考 1 **利息制限法 3 条の「みなし利息」**

最二小判平成 15・7・18 民集 57 巻 7 号 895 頁

【要旨】 貸金業者が設立した信用保証会社との間で保証委託契約を締結することが貸付の条件とされ，債務者が貸金業者に支払う利息と信用保証会社に支払う保証料の合計が利息制限法 1 条（平 18 法 115 号による改正前の 1 条 1 項）の制限利率を超えており，かつ，信用保証会社の設立経緯，保証料等の割合，業務の内容および実態，組織の体制などから貸金業者と信用保証会社が実質的に一

第4編　債権総論

体であると認定できる場合には，債務者が信用保証会社に支払った保証料は利息制限法3条により利息とみなされる。

（文献）　小野秀誠・重判〔平15〕，同・民商129巻6号，鎌野邦樹・判評545（判時1855）号，中田裕康・私リ29号

（参考2）　継続的貸付における利息制限法1条の「元本」

最三小判平成22・4・20民集64巻3号921頁

【要旨】　①貸主と借主間で締結された基本契約に基づいて金銭の借入と弁済が繰り返され，同契約に基づく債務の弁済がその借入金全体に対して行われる場合には，各借入時点における従前の借入金残元本と新たな借入金の合計額が利息制限法1条（平18法115号による改正前の1条1項）にいう「元本」にあたり，約定した利息が当該元本の額に応じて定まる同項所定の制限を超えるときは，その超過部分が無効となり，制限超過利息は基本契約に基づく借入金債務の元本に充当される。

　②継続的な基本契約に基づいて金銭の借入と弁済が繰り返され，同契約に基づく債務の弁済がその借入金全体に対して行われる場合には，継続的取引の過程においてある借入の時点で従前の借入元本と新たな借入金の合計額が利息制限法1条所定の各区分における下限額を下回るに至っても，適用される制限利率は変更されない。

（文献）　山本豊・重判〔平22〕，藤田寿夫・判評630（判時2114）号，小野秀誠・私リ43号，大澤彩・法協131巻12号

2 債務不履行

2 債務不履行

債権総論3 **不作為債務の間接強制における違反行為の存在
の必要性**

◆不作為債務の強制執行として間接強制決定を得るために債権者は債務者が不
　作為債務に違反するおそれがあることを立証すれば足り，債務者が現に不作
　為債務に違反していることを立証する必要はない。

最二小決平成 17・12・9 民集 59 巻 10 号 2889 頁
〔参照条文〕民 414 条 1 項，民執 172 条 1 項

【事実】 Y はフランチャイズチェーンを展開する X との間でフランチャイズ契約を
締結して A という名称の居酒屋を営業していたが，契約終了後 2 年間は類似の営
業を禁止する旨の競業禁止条項が契約内容に含まれていたにもかかわらず，フラン
チャイズ契約が解約された後も，B という名称で居酒屋の営業を継続した。そこで，
X は Y に対して居酒屋営業およびこれに類似する営業を行ってはならないとする
営業差止請求訴訟を提起し，請求を認容する判決が確定したことから，執行文の付
与を受けたうえで間接強制の申立てをした。
　第 1 審は間接強制決定を発令し，Y の執行抗告に対して原審は抗告を棄却した。
Y から許可抗告の申立てがあり，抗告が許可された。

【判旨】 **抗告棄却** 「不作為を目的とする債務の強制執行として民事執行法
172 条 1 項所定の間接強制決定をするには，債権者において，債務者がその不
作為義務に違反するおそれがあることを立証すれば足り，債務者が現にその不
作為義務に違反していることを立証する必要はないと解するのが相当である」。
「間接強制は，債務者が債務の履行をしない場合には一定の額の金銭を支払う
べき旨をあらかじめ命ずる間接強制決定をすることで，債務者に対し，債務の
履行を心理的に強制し，将来の債務の履行を確保しようとするものであるから，
現に義務違反が生じていなければ間接強制決定をすることができないというの
では，十分にその目的を達することはできないというべきである。取り分け，
不作為請求権は，その性質上，いったん債務不履行があった後にこれを実現す
ることは不可能なのであるから，一度は義務違反を甘受した上でなければ間接
強制決定を求めることができないとすれば，債権者の有する不作為請求権の実
効性を著しく損なうことになる。間接強制決定の発令後，進んで，前記金銭を

債権総論

❸

175

第4編　債権総論

取り立てるためには，執行文の付与を受ける必要があり，そのためには，間接強制決定に係る義務違反があったとの事実を立証することが求められるのであるから（民事執行法27条1項，33条1項），間接強制決定の段階で当該義務違反の事実の立証を求めなくとも，債務者の保護に欠けるところはない」。

（文献）　大濱しのぶ・執保百選〔2版〕，森田修・重判〔平17〕，野村秀敏・民商135巻3号

（参考3）　**不執行合意の主張と請求異議の訴え**

最二小決平成18・9・11民集60巻7号2622頁

【要旨】　強制執行を受けた債務者が債権者との間で不執行の合意があったことを理由に裁判所に強制執行の排除を求める場合，不執行の合意は，実体法上，強制執行の申立てをしないという**不作為義務**を債権者に負わせるにすぎず，執行機関を直接拘束するものではないので，その存在は，執行抗告の手続ではなく，請求異議の訴えによる訴訟手続によって判断されるべきである。

（文献）　高見進・執保百選〔2版〕，内山衛次・重判〔平18〕，田頭章一・判評584（判時1974）号，西川佳代・私リ36号

（債権総論4）　**弁護士費用の賠償義務の履行遅滞時**

◆不法行為と相当因果関係にある損害としての弁護士費用の賠償義務は不法行為時に発生すると同時に履行遅滞に陥る。

最三小判昭和58・9・6民集37巻7号901頁

〔参照条文〕民412条・709条

【事実】　Xは自転車に乗車中にY所有の自動車に衝突され重傷を負った。Xは自動車損害賠償保障法3条に基づきYに対して弁護士費用を含む損害賠償を求めて訴えを提起。第1審は請求を棄却したが，原審は請求を認容した。Yが上告。

【判旨】　上告棄却　「不法行為の被害者が自己の権利擁護のため訴えを提起することを余儀なくされ，訴訟追行を弁護士に委任した場合には，その弁護士費用は，事案の難易，請求額，認容された額その他諸般の事情を斟酌して相当と

認められる額の範囲内のものに限り，右不法行為と相当因果関係に立つ損害であり，被害者が加害者に対しその賠償を求めることができると解すべきことは，当裁判所の判例〔最一小判昭和44・2・27民集23巻2号441頁〕とするところである。しかして，不法行為に基づく損害賠償債務は，なんらの催告を要することなく，損害の発生と同時に遅滞に陥るものと解すべきところ〔最三小判昭和37・9・4民集16巻9号1834頁参照〕，弁護士費用に関する前記損害は，被害者が当該不法行為に基づくその余の費目の損害の賠償を求めるについて弁護士に訴訟の追行を委任し，かつ，相手方に対して勝訴した場合に限つて，弁護士費用の全部又は一部が損害と認められるという性質のものであるが，その余の費目の損害と同一の不法行為による身体傷害など同一利益の侵害に基づいて生じたものである場合には1個の損害賠償債務の一部を構成するものというべきであるから〔最一小判昭和48・4・5民集27巻3号419頁参照〕，右弁護士費用につき不法行為の加害者が負担すべき損害賠償債務も，当該不法行為の時に発生し，かつ，遅滞に陥るものと解するのが相当である」。

〔文献〕　淡路剛久・重判〔昭58〕，前田達明・民商90巻6号，伊藤高義・判評322（判時1167）号，吉田邦彦・法協101巻12号

参考4　**安全配慮義務違反に基づく損害賠償債務の履行遅滞時ならびに遺族固有の慰謝料請求権**

最一小判昭和55・12・18民集34巻7号888頁

【要旨】　①安全配慮義務違反に基づく損害賠償債務は債務不履行に基づく損害賠償債務であるから，期限の定めのない債務であり，債務者が債権者から履行の請求を受けたときに遅滞に陥る。

②安全配慮義務違反の債務不履行により死亡した者の遺族は固有の慰謝料請求権を有しない。

〔文献〕　鈴木俊晴・労働百選〔9版〕，野村豊弘・重判〔昭55〕，中井美雄・民商85巻2号，吉田邦彦・法協100巻2号

第4編　債権総論

> **参考5** 請負代金債権と相殺された後の瑕疵修補に代わる損害賠償残債務の履行遅滞時

最二小判平成 18・4・14 民集 60 巻 4 号 1497 頁

【要旨】　本訴および反訴が係属中に，反訴請求債権である請負代金債権を自働債権とし，本訴請求債権である瑕疵修補に代わる損害賠償債権を受働債権として相殺の抗弁を主張することは可能であり，この場合，損害賠償債務が履行遅滞に陥るのは相殺の意思表示の翌日である。

〔文献〕 濱﨑録・民訴百選〔5 版〕，三木浩一・重判〔平 18〕，徳田和幸・判評 584（判時 1974）号，酒井一・民商 138 巻 3 号，二羽和彦・私リ 35 号

> **参考6** 民法 910 条に基づく他の共同相続人の価額支払義務の履行遅滞時

最二小判平成 28・2・26 民集 70 巻 2 号 195 頁

【要旨】　相続開始後に認知によって相続人となった者が他の共同相続人に対して民法 910 条に基づき価額支払請求をする場合の遺産の価額算定基準時は価額支払請求時であり，共同相続人の価額支払債務は期限の定めのない債務であることから，履行の請求を受けた時に遅滞に陥る。

〔文献〕 宮本誠子・重判〔平 28〕

> **債権総論5** 雇用契約上の安全配慮義務

◆雇用契約において労働者は使用者の指定した場所に配置され，使用者の供給する設備，器具等を用いて労務の提供を行うものであるから，使用者は，労働者の生命および身体等を危険から保護する安全配慮義務を負っており，安全確保のための物的施設を十分に整備することなく労働者を 1 人で夜間の宿直勤務にあたらせた結果，窃盗目的の侵入者により労働者が殺害された場合には使用者は安全配慮義務違反に基づき損害賠償債務を負う。

最三小判昭和 59・4・10 民集 38 巻 6 号 557 頁

〔参照条文〕民 415 条・623 条

2 債務不履行

【事実】 Y会社の従業員Aは夜間に1人で宿直勤務をしていた際に，窃盗目的で侵入した元従業員Bに殺害された。以前からY会社では商品の紛失事故が多発していたが，Y会社の代表者は夜間の戸締まりを厳重にすることと，Bとは交際しないようにAに注意するのみで，それ以外に宿直勤務を行うAの安全を確保するための新たな人的物的措置を講じなかった。Aの両親であるX等はYに対して安全配慮義務違反に基づく損害賠償を求めて訴えを提起した。第1審と原審はいずれも請求を認容した。Yが上告。

【判旨】 **上告棄却** 「雇傭契約は，労働者の労務提供と使用者の報酬支払をその基本内容とする双務有償契約であるが，通常の場合，労働者は，使用者の指定した場所に配置され，使用者の供給する設備，器具等を用いて労務の提供を行うものであるから，使用者は，右の報酬支払義務にとどまらず，労働者が労務提供のため設置する場所，設備もしくは器具等を使用し又は使用者の指示のもとに労務を提供する過程において，労働者の生命及び身体等を危険から保護するよう配慮すべき義務（以下「安全配慮義務」という。）を負つているものと解するのが相当である」。「もとより，使用者の右の安全配慮義務の具体的内容は，労働者の職種，労務内容，労務提供場所等安全配慮義務が問題となる当該具体的状況等によって異なるべきものであることはいうまでもないが，……Y会社はA1人に対し……24時間の宿直勤務を命じ，宿直勤務の場所を本件社屋内，就寝場所を同社屋1階商品陳列場と指示したのであるから，宿直勤務の場所である本件社屋内に，宿直勤務中に盗賊等が容易に侵入できないような物的設備を施し，かつ，万一盗賊が侵入した場合は盗賊から加えられるかも知れない危害を免れることができるような物的施設を設けるとともに，これら物的施設等を十分に整備することが困難であるときは，宿直員を増員するとか宿直員に対する安全教育を十分に行うなどし，もつて右物的施設等と相まつて労働者たるAの生命，身体等に危険が及ばないように配慮する義務があつたものと解すべきである」。「以上の見地に立つて本件をみるに，……Y会社には，Aに対する前記の安全配慮義務の不履行があつたものといわなければならない」。

債権総論

❺

文献 新美育文・重判〔昭59〕，山本隆司・民商93巻5号，森田宏樹・法協103巻12号

第4編 債権総論

参考7 公務員に対する国の安全配慮義務

最三小判昭和 50・2・25 民集 29 巻 2 号 143 頁

【要旨】 安全配慮義務は，ある法律関係に基づいて特別な社会的接触関係に入った当事者間において，当該法律関係の附随的義務として当事者の一方または双方が相手方に対して信義則上負う義務であり，国は国家公務員に対し，国が公務遂行のために設置すべき場所，施設もしくは器具等の設置管理，または，公務員が国もしくは上司の指示のもとに遂行する公務の管理にあたり，公務員の生命および健康等を危険から保護するよう配慮すべき義務を負っており，国の安全配慮義務違反に基づく損害賠償請求権は公平の理念に基づき被害者に生じた損害の公正な塡補を目的とするもので，私人相互間における損害賠償の関係とその目的性質を異にするものではないから，その消滅時効期間は民法 167 条 1 項により 10 年である。

文献 吉政知広・百選Ⅱ，奥田昌道・重判〔昭50〕，森島昭夫・判評200（判時786）号

参考8 安全配慮義務違反の主張立証責任

最二小判昭和 56・2・16 民集 35 巻 1 号 56 頁

【要旨】 国の安全配慮義務違反に基づく損害賠償請求訴訟において，安全配慮義務の内容を特定し，かつ，義務違反に該当する事実を主張・立証する責任は，国の義務違反を主張する原告が負う。

文献 國井和郎・百選Ⅱ〔2版〕，後藤勇・重判〔昭56〕，小林秀之・判評273（判時1013）号，竹下守夫・民商86巻4号

参考9 安全配慮義務と履行補助者

最二小判昭和 58・5・27 民集 37 巻 4 号 477 頁

【要旨】 国が公務員に対して負う安全配慮義務は，国が公務遂行にあたって支配管理する人的および物的環境から生じうる危険の防止について信義則上負担するものであり，公務の遂行として自衛隊員を車両に乗車させる場合には，運

転者が当然に負うべき通常の注意義務は安全配慮義務の内容に含まれていないので，安全配慮義務の履行補助者である運転者に運転上の注意義務違反があったからといって国の安全配慮義務違反があったということはできない。

（文献）國井和郎・百選Ⅱ〔5版〕，柴田龍・交通事故百選〔5版〕，下森定・重判〔昭58〕，三上威彦・判評302（判時1105）号

参考10 拘置所に収容された被勾留者に対する国の安全配慮義務

最一小判平成28・4・21民集70巻4号1029頁

【要旨】　未決勾留による拘禁関係は勾留の裁判に基づき被勾留者の意思を問わず形成されるので，当事者の一方または双方が相手方に対して信義則上の安全配慮義務を負うべき特別な社会的接触関係とはいえず，国は拘置所に収容された被勾留者に対して信義則上の安全配慮義務を負わない。

（文献）北居功・重判〔平28〕，重本達哉・同，平野裕之・民商153巻1号，山田創一・判評701（判時2330）号

債権総論6　契約締結過程における説明義務

◆契約の締結に先立ち一方当事者が信義則上の説明義務に違反した場合，相手方が契約を締結したことにより被った損害について，不法行為に基づく損害賠償責任を負うことはありうるが，当該契約上の債務不履行に基づく損害賠償責任は負わない。

最二小判平成23・4・22民集65巻3号1405頁

〔参照条文〕民1条2項・415条・709条

【事実】信用組合YからのX勧誘を受けてXがYに出資をしたが，それ以前からYは債務超過状態にあり，X等の出資後まもなくYは破綻した。XはYに対して訴えを提起し，Yの説明義務違反を理由に，主位的に不法行為に基づく損害賠償，予備的に債務不履行責任に基づく損害賠償を請求したが，第1審と原審は主位的請求については消滅時効の完成を理由に請求を棄却する一方で，予備的請求については請求を一部認容した。Yが上告。

第4編　債権総論

【判旨】　破棄自判　「契約の一方当事者が，当該契約の締結に先立ち，信義則上の説明義務に違反して，当該契約を締結するか否かに関する判断に影響を及ぼすべき情報を相手方に提供しなかった場合には，上記一方当事者は，相手方が当該契約を締結したことにより被った損害につき，不法行為による賠償責任を負うことがあるのは格別，当該契約上の債務の不履行による賠償責任を負うことはないというべきである」。「なぜなら，上記のように，一方当事者が信義則上の説明義務に違反したために，相手方が本来であれば締結しなかったはずの契約を締結するに至り，損害を被った場合には，後に締結された契約は，上記説明義務の違反によって生じた結果と位置付けられるのであって，上記説明義務をもって上記契約に基づいて生じた義務であるということは，それを契約上の本来的な債務というか付随義務というかにかかわらず，一種の背理であるといわざるを得ないからである。契約締結の準備段階においても，信義則が当事者間の法律関係を規律し，信義則上の義務が発生するからといって，その義務が当然にその後に締結された契約に基づくものであるということにならないことはいうまでもない」。「このように解すると，上記のような場合の損害賠償請求権は不法行為により発生したものであるから，これには民法724条前段所定の3年の消滅時効が適用されることになるが，上記の消滅時効の制度趣旨や同条前段の起算点の定めに鑑みると，このことにより被害者の権利救済が不当に妨げられることにはならないものというべきである」。

文献　池田清治・重判〔平23〕，松井和彦・判評652（判時2181）号，渡辺達徳・私リ46号

2　債務不履行

債権総論 7　診療契約上の説明義務

◆医療水準として未確立な療法であっても，少なくとも，当該療法が少なから
ぬ医療機関において実施されており，相当数の実施例があり，これを実施し
た医師の間で積極的な評価もされているものについては，患者が当該療法の
適応である可能性があり，かつ，患者が当該療法（術式）の自己への適応の
有無，実施可能性について強い関心を有していることを医師が知った場合な
どにおいては，患者に対して，医師の知っている範囲で，当該療法の内容，
適応可能性やそれを受けた場合の利害得失，当該療法を実施している医療機
関の名称や所在などを説明すべき義務がある。

最三小判平成 13・11・27 民集 55 巻 6 号 1154 頁
〔参照条文〕民 415 条

【事実】X は医師 Y から乳がんと診断されたが，Y は乳房温存療法を実施している
医療機関が少なくなく，すでに相当数の実施例があり，X の乳がんが乳房温存療法
実施要綱の適応基準を満たしていることを知りながら，X に対して乳房温存療法に
ついて説明することなく，乳房を切除する手術を行った。X は Y に対して損害賠
償を請求して訴えを提起。第 1 審は請求を認容したが，原審は請求を棄却した。X
が上告。

【判旨】　**破棄差戻**　「医師は，患者の疾患の治療のために手術を実施するに当
たっては，診療契約に基づき，特別の事情のない限り，患者に対し，当該疾患
の診断（病名と病状），実施予定の手術の内容，手術に付随する危険性，他に
選択可能な治療方法があれば，その内容と利害得失，予後などについて説明す
べき義務があると解される」。「説明義務における説明は，患者が自らの身に行
われようとする療法（術式）につき，その利害得失を理解した上で，当該療法
（術式）を受けるか否かについて熟慮し，決断することを助けるために行われ
るものである」。「医療水準として確立した療法（術式）が複数存在する場合に
は，患者がそのいずれを選択するかにつき熟慮の上，判断することができるよ
うな仕方でそれぞれの療法（術式）の違い，利害得失を分かりやすく説明する
ことが求められる」。「しかし，……実施予定の療法（術式）は医療水準として
確立したものであるが，他の療法（術式）が医療水準として未確立のものであ
る場合には，医師は後者について常に説明義務を負うと解することはできない。
とはいえ，このような未確立の療法（術式）であっても，医師が説明義務を負

183

第4編　債権総論

うと解される場合があることも否定できない。少なくとも，当該療法（術式）が少なからぬ医療機関において実施されており，相当数の実施例があり，これを実施した医師の間で積極的な評価もされているものについては，患者が当該療法（術式）の適応である可能性があり，かつ，患者が当該療法（術式）の自己への適応の有無，実施可能性について強い関心を有していることを医師が知った場合などにおいては，たとえ医師自身が当該療法（術式）について消極的な評価をしており，自らはそれを実施する意思を有していないときであっても，なお，患者に対して，医師の知っている範囲で，当該療法（術式）の内容，適応可能性やそれを受けた場合の利害得失，当該療法（術式）を実施している医療機関の名称や所在などを説明すべき義務があるというべきである」。「手術により乳房を失わせることは，患者に対し，身体的障害を来すのみならず，外観上の変ぼうによる精神面・心理面への著しい影響ももたらすものであって，患者自身の生き方や人生の根幹に関係する生活の質にもかかわるものであるから，胸筋温存乳房切除術を行う場合には，選択可能な他の療法（術式）として乳房温存療法について説明すべき要請は，……他の一般の手術を行う場合に比し，一層強まるものといわなければならない」。

（文献）　千葉華月・医事法百選〔2版〕，手嶋豊・重判〔平13〕，新美育文・私リ26号

参考11　チーム医療総責任者の説明義務

最一小判平成20・4・24民集62巻5号1178頁

【要旨】　チーム医療の総責任者は，条理上，患者やその家族に対して手術の必要性，内容，危険性等についての説明が十分に行われるように配慮すべき義務を負うが，手術に至るまで患者の診療にあたってきた主治医に説明を委ねることも可能であり，また，主治医が十分な説明をしなかった場合でも，主治医が説明をするのに十分な知識，経験を有し，チーム医療の総責任者が必要に応じて主治医を指導，監督していた場合には総責任者は説明義務違反の不法行為責任を負わない。

（文献）　日山亨・医事法百選〔2版〕，手嶋豊・重判〔平20〕，水野謙・判評606（判時2042）号，新美育文・私リ39号

3 損害賠償の範囲・賠償額の算定

3 損害賠償の範囲・賠償額の算定

債権総論 8　通常損害の範囲

◆事業用店舗の賃借人が，賃貸人の修繕義務不履行により店舗で営業すること
ができなくなった場合には，賃借人に生じた営業利益喪失の損害は，債務不
履行により通常生ずべき損害として民法416条1項に基づき賃貸人にその賠
償を求めることができるが，賃借人が損害を回避または減少させる措置をと
ることができたと解される時期以降における営業利益喪失損害のすべてが通
常損害にあたるとは限らない。

最二小判平成21・1・19民集63巻1号97頁

〔参照条文〕民416条1項・606条1項

【事実】XはYからビルの地下1階にある店舗部分を賃借し，カラオケ店を営業し
ていたが，浸水事故により床上浸水したことから，事故以降，店舗部分での営業が
できなくなった。XはYに対して修繕を求めたが，Yは本件ビルの老朽化などを
理由として賃貸借契約を解除し，Xに店舗部分の明渡しを求めた。本件ビルは，本
件事故前から老朽化により大規模な改装が必要であったが，直ちに大規模な改装を
しなければ当面の利用に支障が生じるものではなく，本件店舗部分は使用不能の状
態になっていなかった。Xは営業利益の喪失等の損害賠償を求めて訴えを提起した
が，Yは反訴においてXに対して賃料不払等を理由として賃貸借契約を解除する
旨の意思表示をして本件店舗部分の明渡しを請求した。第1審は本訴請求と反訴請
求をいずれも認容したが，原審は本訴請求を一部認容する一方で反訴請求を棄却し
た。Yが上告。

【判旨】　一部破棄差戻，一部棄却　「事業用店舗の賃借人が，賃貸人の債務不
履行により当該店舗で営業することができなくなった場合には，これにより賃
借人に生じた営業利益喪失の損害は，債務不履行により通常生ずべき損害とし
て民法416条1項により賃貸人にその賠償を求めることができると解するのが
相当である」。しかしながら，本件では「Yが本件修繕義務を履行したとして
も，老朽化して大規模な改修を必要としていた本件ビルにおいて，Xが本件賃
貸借契約をそのまま長期にわたって継続し得たとは必ずしも考え難い。また，
本件事故から約1年7か月を経過して本件本訴が提起された時点では，本件店
舗部分における営業の再開は，いつ実現できるか分からない実現可能性の乏し
いものとなっていたと解される。他方，Xが本件店舗部分で行っていたカラオ

債
権
総
論

❽

185

第4編　債権総論

ケ店の営業は，本件店舗部分以外の場所では行うことができないものとは考えられない」。「そうすると，遅くとも，本件本訴が提起された時点においては，Xがカラオケ店の営業を別の場所で再開する等の損害を回避又は減少させる措置を何ら執ることなく，本件店舗部分における営業利益相当の損害が発生するにまかせて，その損害のすべてについての賠償をYらに請求することは，条理上認められないというべきであり，民法416条1項にいう通常生ずべき損害の解釈上，本件において，Xが上記措置を執ることができたと解される時期以降における上記営業利益相当の損害のすべてについてその賠償をYらに請求することはできないというべきである」。

(文献)　田中洋・百選Ⅱ，潮見佳男・重判〔平21〕，千葉恵美子・判評609（判時2051）号，難波譲治・私リ40号，中田裕康・法協127巻7号

参考12　履行不能における損害額算定時期

最一小判昭和47・4・20民集26巻3号520頁

【要旨】　買主が売買の目的物を他に転売して利益を得るためではなくこれを自己の使用に供する目的でなした不動産の売買契約において，売主が不動産を不法に処分したために売主の買主に対する不動産の所有権移転登記義務が履行不能になった場合，目的物である不動産の価格が騰貴を続けているという特別の事情があり，かつ，売主が債務を履行不能とした際に特別の事情の存在を知っていたかまたはこれを知り得たのであれば，買主は売主に対して不動産の騰貴した現在の価格を基準として算定した損害額の賠償を請求できる。

(文献)　久保宏之・百選Ⅱ，北川善太郎・不動産百選〔3版〕，石田喜久夫・重判〔昭47〕，平井宜雄・法協91巻4号

4 受領遅滞

債権総論 9 買主の引取義務

◆継続的に採掘した鉱石を全量売却する契約において，信義則上，買主は契約
期間中に売主が採掘した鉱石を引き取る義務があり，買主による引取の拒絶
は債務不履行となる。

最一小判昭和 46・12・16 民集 25 巻 9 号 1472 頁

〔参照条文〕民 1 条・413 条・555 条

【事実】 硫黄鉱石の採掘権を有する X は Y との間で昭和 33 年末までに採掘した硫
黄鉱石の全量を Y に売却する契約を昭和 32 年 4 月に締結したが，昭和 33 年 6 月
に Y が鉱石出荷の中止を求め，それ以降，Y は鉱石を引き取らなかった。これに
対して，X は本件契約のために多額の資本を投下していることから採掘の中止には
応じられないとして，Y が鉱石の引取を拒絶したことにより損害を被ったことを理
由に，Y に対して損害賠償を求めて訴えを提起した。第 1 審は請求を棄却したが，
原審は請求を認容した。Y が上告。

【判旨】　上告棄却　「〔本件〕鉱石売買契約においては，X が右契約期間を通じ
て採掘する鉱石の全量が売買されるべきものと定められており，X は Y に対
し右鉱石を継続的に供給すべきものなのであるから，信義則に照らして考察す
るときは，X は，右約旨に基づいて，その採掘した鉱石全部を順次 Y に出荷
すべく，Y はこれを引き取り，かつ，その代金を支払うべき法律関係が存在し
ていたものと解するのが相当である。したがつて，Y には，X が採掘し，提供
した鉱石を引き取るべき義務があつたものというべきであり，Y の前示引取の
拒絶は，債務不履行の効果を生ずるものといわなければならない」。

文献　平野裕之・百選Ⅱ，遠田新一・民商 67 巻 4 号，四宮和夫・法協 91 巻 1 号

第4編 債権総論

5 債権者代位権

債権総論 10 債権者代位権の転用と無資力要件

◆土地の売主の地位を共同相続した相続人の1人が移転登記義務の履行を拒絶
しているために買主が代金債務について同時履行の抗弁権を主張して代金全
額の弁済を拒絶している場合において、他の相続人は、自身が相続した代金
債権を保全するために、買主が無資力でなくても、移転登記義務の履行を拒
絶している相続人に対して買主が有する移転登記請求権を代位行使できる。

最一小判昭和50・3・6民集29巻3号203頁

〔参照条文〕民423条・533条

【事実】Aは自身が所有する土地をBに売却し、分割払による代金の完済と同時に
土地の所有権移転登記手続を行う旨が約定されたが、代金完済前にAが死亡し、
Aの子であるX等5名とYが共同相続した。X等はBに所有権移転登記をする手
続に応じようとしたが、Yは売買契約の効力を争い、登記手続に必要な書類をB
に交付しなかった。X等はBに対して残代金の支払を請求したが、BはYが登記
手続に応じないことを理由にX等に対する代金の支払を拒絶した。そこで、X等は、
自身のBに対する代金債権を保全するためにBのYに対する所有権移転登記手続
請求権を代位行使すると主張し、Yに対してBから代金の支払を受けるのと引き
換えにBへの所有権移転登記手続に応じること、ならびに、Bに対してX等とY
が所有権移転登記手続をするのと引き換えにX等に代金を支払うことを求め、訴
えを提起した。第1審と原審はいずれも請求を認容した。Yが上告。

【判旨】 上告棄却 「被相続人が生前に土地を売却し、買主に対する所有権移
転登記義務を負担していた場合に、数人の共同相続人がその義務を相続したと
きは、買主は、共同相続人の全員が登記義務の履行を提供しないかぎり、代金
全額の支払を拒絶することができるものと解すべく、したがつて、共同相続人
の1人が右登記義務の履行を拒絶しているときは、買主は、登記義務の履行を
提供して自己の相続した代金債権の弁済を求める他の相続人に対しても代金支
払を拒絶することができるものと解すべきである。そして、この場合、相続人
は、右同時履行の抗弁権を失わせて買主に対する自己の代金債権を保全するた
めに、債務者たる買主の資力の有無を問わず、民法423条1項本文により、買
主に代位して、登記に応じない相続人に対する買主の所有権移転登記手続請求

188

5 債権者代位権

権を行使することができるものと解するのが相当である」。

【文献】 工藤祐巌・百選Ⅱ，水本浩・重判〔昭 50〕，下森定・判評 200（判時 786）号，石田喜久夫・民商 74 巻 1 号，星野英一・法協 93 巻 10 号

参考13 保険金請求権の代位行使と無資力要件

最三小判昭和 49・11・29 民集 28 巻 8 号 1670 頁

【要旨】 交通事故による損害賠償債権も金銭債権であるから，被害者である債権者が損害賠償債権を保全するために民法 423 条 1 項本文により債務者である加害者が有する自動車対人賠償責任保険の保険金請求権を代位行使するには，債務者の資力が債権を弁済するについて十分でないことが要件となる。

【文献】 西島梅治・保険・海商百選，溝呂木商太郎・損保百選，石田満・民商 73 巻 3 号，野村豊弘・法協 94 巻 2 号

債権総論 11 遺留分減殺請求権に対する債権者代位権

◆遺留分減殺請求権は行使上の一身専属性を有し，遺留分権利者以外の者が遺留分権利者の減殺請求権行使の意思決定に介入することは許されないので，遺留分減殺請求権は債権者代位権の対象にはならない。

最一小判平成 13・11・22 民集 55 巻 6 号 1033 頁

〔参照条文〕民 423 条 1 項・1031 条

【事実】 Ａには Ｘ と Ｂ を含む 10 名の子がいたが，Ａ は生前，本件土地を Ｘ に相続させるとともに Ｂ には何も相続させない旨の公正証書遺言を作成した。Ａ の死亡後，Ｂ に対して貸金債権を有する Ｙ は，Ｂ が所在不明になっていたことから，Ｂ に代位して本件土地について法定相続分に従った共同相続登記をしたうえで，Ｂ の 10 分の 1 の持分に対する強制競売の申立てをしたが，Ｘ は Ａ の遺言により本件土地は Ｘ の単独所有になったとして第三者異議の訴えを提起した。Ｙ は Ｂ に代位して遺留分減殺の意思表示をしたうえで，Ｂ の遺留分に相当する 20 分の 1 の持分を Ｂ が本件土地上に有していることを理由に強制執行が有効であると主張した。第 1 審と原審はいずれも Ｘ の請求を認容した。Ｙ が上告。

【判旨】 上告棄却 「遺留分減殺請求権は，遺留分権利者が，これを第三者に

189

第4編　債権総論

譲渡するなど，権利行使の確定的意思を有することを外部に表明したと認められる特段の事情がある場合を除き，債権者代位の目的とすることができないと解するのが相当である」。「遺留分制度は，被相続人の財産処分の自由と身分関係を背景とした相続人の諸利益との調整を図るものである。民法は，被相続人の財産処分の自由を尊重して，遺留分を侵害する遺言について，いったんその意思どおりの効果を生じさせるものとした上，これを覆して侵害された遺留分を回復するかどうかを，専ら遺留分権利者の自律的決定にゆだねたものということができる（1031条，1043条参照）。そうすると，遺留分減殺請求権は，前記特段の事情がある場合を除き，行使上の一身専属性を有すると解するのが相当であり，民法423条1項ただし書にいう『債務者ノ一身ニ専属スル権利』に当たるというべきであって，遺留分権利者以外の者が，遺留分権利者の減殺請求権行使の意思決定に介入することは許されないと解するのが相当である。民法1031条が，遺留分権利者の承継人にも遺留分減殺請求権を認めていることは，この権利がいわゆる帰属上の一身専属性を有しないことを示すものにすぎず，上記のように解する妨げとはならない。なお，債務者たる相続人が将来遺産を相続するか否かは，相続開始時の遺産の有無や相続の放棄によって左右される極めて不確実な事柄であり，相続人の債権者は，これを共同担保として期待すべきではないから，このように解しても債権者を不当に害するものとはいえない」。

(文献)　幡野弘樹・百選Ⅲ，工藤祐巌・重判〔平13〕，右近健男・判評524（判時1791）号，伊藤昌司・民商126巻6号，久保宏之・私リ26号

参考14　具体的内容形成前の財産分与請求権を保全するための債権者代位権

最二小判昭和55・7・11民集34巻4号628頁

【要旨】　離婚によって生ずることのある財産分与請求権は，協議あるいは審判等によって具体的内容が形成されるまではその範囲と内容が不確定・不明確であるから，具体的内容形成前の財産分与請求権を保全するために債権者代位権を行使することはできない。

6　詐害行為取消権の要件

（文献）　山口純夫・百選II〔3版〕，大津千明・家族百選〔4版〕，中井美雄・重判〔昭55〕

6　詐害行為取消権の要件

債権総論 12　債権譲渡通知と詐害行為取消権

◆債権譲渡通知は詐害行為取消権の対象にはならない。

最二小判平成 10・6・12 民集 52 巻 4 号 1121 頁

〔参照条文〕民 424 条・467 条

【事実】A は X に対する貸金債務の担保として，A が B に対して現に有し，もしくは将来取得する売掛代金債権全部（本件代金債権）を貸金債務の不履行を停止条件として X に譲渡する旨の契約を締結した。その際，X と A は停止条件が成就した場合に事前に A から作成交付を受けた債権譲渡通知書を X が A との連名で B に送付することを合意した。その後，A が貸金債務の返済を怠り，停止条件が成就したことから，本件代金債権が A から X に譲渡され，X は A との連名による債権譲渡通知書（本件譲渡通知）を B に送付した。他方，A に対して貸金債権を有する Y も A から本件代金債権の譲渡を受け，A から B に対して本件代金債権を Y に譲渡した旨の通知が発せられたが，本件譲渡通知よりも遅れて B に到達した。B は本件代金債権の債権者を確知することができないとして代金額を供託した。X は Y に対して供託金についての還付請求権を X が有することの確認を求めて本訴を提起。これに対して，Y は反訴において本件譲渡通知について詐害行為取消しを主張した。第 1 審と原審はいずれも本訴請求を棄却し，反訴請求を認容した。X が上告。

【判旨】　破棄自判（本訴請求認容，反訴請求棄却）「債務者が自己の第三者に対する債権を譲渡した場合において，債務者がこれについてした確定日付のある債権譲渡の通知は，詐害行為取消権行使の対象とならないと解するのが相当である。けだし，詐害行為取消権の対象となるのは，債務者の財産の減少を目的とする行為そのものであるところ，債権の譲渡行為とこれについての譲渡通知とはもとより別個の行為であって，後者は単にその時から初めて債権の移転を債務者その他の第三者に対抗し得る効果を生じさせるにすぎず，譲渡通知の時に右債権移転行為がされたこととなったり，債権移転の効果が生じたりするわけではなく，債権譲渡行為自体が詐害行為を構成しない場合には，これについてされた譲渡通知のみを切り離して詐害行為として取り扱い，これに対する詐

191

第4編　債権総論

害行為取消権の行使を認めることは相当とはいい難いからである〔大判大正6・10・30 民録 23 輯 1624 頁，最一小判昭和 55・1・24 民集 34 巻 1 号 110 頁参照〕。」

（文献）　北居功・百選Ⅱ，潮見佳男・重判〔平 10〕，佐藤岩昭・判評 485（判時 1673）号，池田真朗・私リ 19 号，中田裕康・法協 117 巻 4 号

参考15　不動産登記と詐害行為取消権

最一小判昭和 55・1・24 民集 34 巻 1 号 110 頁

【要旨】　債務者の行為が詐害行為として債権者による取消しの対象となるためには，その行為が被保全債権の発生後にされたものであることを要し，不動産物権の譲渡行為が被保全債権の成立前にされた場合には，その登記が被保全債権成立後にされても，債権者は詐害行為取消権を行使できない。

（文献）　甲斐道太郎・百選Ⅱ〔3 版〕，下森定・重判〔昭 55〕，同・民商 83 巻 3 号，船越隆司・判評 261（判時 975）号，高橋朋子・法協 99 巻 3 号

参考16　遺産分割協議と詐害行為取消権

最二小判平成 11・6・11 民集 53 巻 5 号 898 頁

【要旨】　遺産分割協議は相続財産の帰属を確定させるものであり，その性質上，財産権を目的とする法律行為といえるので，詐害行為取消権の対象となりうる。

（文献）　佐藤岩昭・百選Ⅲ，片山直也・百選Ⅱ〔5 版〕，大島俊之・重判〔平 11〕，千藤洋三・判評 494（判時 1700）号，伊藤昌司・私リ 21 号

参考17　離婚に伴う財産分与ならびに慰謝料支払の合意と詐害行為取消権

最一小判平成 12・3・9 民集 54 巻 3 号 1013 頁

【要旨】　①離婚に伴う財産分与は民法 768 条 3 項の規定の趣旨に反して不相当に過大であり，財産分与に仮託してなされた財産処分であると認めるに足りるような特段の事情がない限り，詐害行為とはならない。

②離婚に伴う慰謝料を支払う旨の合意は，配偶者の一方の有責行為により発生した損害賠償債務の存在を確認し，賠償額を確定してその支払を約する行為であり，新たに創設的に債務を負担するものとはいえないから，詐害行為とはならない。

（文献）森田修・百選Ⅲ，同・法協118巻11号，片山直也・百選Ⅱ〔6版〕，野村豊弘・重判〔平12〕，前田陽一・私リ22号

7　詐害行為取消権の効果

（債権総論13）弁済の詐害行為取消しと受益者による按分額の支払拒絶

◆受益者に対する弁済が詐害行為に該当するとして取り消された場合，取消債権者からの取消しにかかる弁済額の支払請求に対して，受益者は弁済額を取消債権者の債権額と自己の債権額とで按分した自己の按分額について支払を拒絶することはできない。

最二小判昭和46・11・19民集25巻8号1321頁

〔参照条文〕民424条・425条

【事実】ＸとＹはいずれもＡに対して代金債権を有していたが，ＡがＹに対する代金債務を弁済したことから，Ｘは当該弁済について詐害行為取消権を行使するとともにＹに対して取消しにかかる金員の支払を求めて訴えを提起。Ｙは弁済が詐害行為でないことを争うとともに，仮に詐害行為取消しが認められるとしても，本件第1審の口頭弁論期日にＸに対して配当要求の意思表示をしたので，取消しにかかる金員はＸとＹの各債権額に応じて按分して取得することになると主張しＹが取得する按分額について支払を拒絶した。第1審と原審はいずれもＸの請求を認容。Ｙが上告。

【判旨】　上告棄却　Ｙが主張する「いわゆる配当要求は，強制執行法上の配当要求ではなく，受益の意思表示であるというのであるが，実定法上，かかる意思表示の効力を認むべき根拠は存在しない」。「本来，債権者取消権は，債務者の一般財産を保全するため，とくに取消債権者において，債務者受益者間の詐害行為を取り消したうえ，債務者の一般財産から逸出したものを，総債権者のために受益者または転得者から取り戻すことができるものとした制度である。

第4編 債権総論

もし，本件のような弁済行為についての詐害行為取消訴訟において，受益者であるYが，自己の債務者に対する債権をもつて，Yのいわゆる配当要求をなし，取消にかかる弁済額のうち，右債権に対する按分額の支払を拒むことができるとするときは，いちはやく自己の債権につき，弁済を受けた受益者を保護し，総債権者の利益を無視するに帰するわけであるから，右制度の趣旨に反することになるものといわなければならない」。「ところで，取消債権者が受益者または転得者に対し，取消にかかる弁済額を自己に引き渡すべきことを請求することを許すのは，債務者から逸出した財産の取戻しを実効あらしめるためにやむをえないことなのである。その場合，ひとたび取消債権者に引き渡された金員が，取消債権者のみならず他の債権者の債権の弁済にも充てられるための手続をいかに定めるか等について，立法上考慮の余地はあるとしても，そのことからただちに，Yのいわゆる配当要求の意思表示に，所論のような効力を認めなければならない理由はないというべきである」。

文献 片山直也・百選Ⅱ〔7版〕，賀集唱・民商69巻3号，星野英一・法協91巻1号

債権総論

⑭

債権総論14 特定物債権者の詐害行為取消しと取消後の移転登記請求

◆特定物債権は究極において損害賠償債権に変わりうるので詐害行為取消権の被保全債権になりうるが，詐害行為の取消後に目的物自体を被保全債権の弁済に充てることはできない。

最一小判昭和53・10・5民集32巻7号1332頁

〔参照条文〕民424条・425条

【事実】Y₁はA所有の土地と建物（本件物件）をAから賃借していたが，Aから本件物件を買い取るようにいわれたことから，本件物件の賃借を希望するXと折衝して，X・Y₁間においてXが敷金名目で提供する25万円でY₁が本件物件をAから買い受け，Y₁死亡時に本件物件の所有権をXに移転するが，それまでY₁は本件物件の一部をXに賃貸する旨の契約が成立し，実際にY₁はAから本件物件を買い受けて，AからY₁への所有権移転登記がなされた。ところがその後，Y₁は養子Y₂に本件物件を贈与し，Y₁からY₂への所有権移転登記がなされた。XはY₁とY₂間の贈与契約により，本件物件の所有権を取得することができなくなり，多大な損害を被ったが，XがY₁に対して損害賠償を請求してもY₁は無資力である

194

7 詐害行為取消権の効果

ことから，当該贈与契約は詐害行為にあたるとして，当該贈与契約の取消しとY_1からY_2への所有権移転登記の抹消を求めて訴えを提起した。第1審は請求認容。Y等が控訴したが，原審係属中にY_1が死亡し，Y_2が訴訟手続を受継した。Xは附帯控訴し，Y_1とXとの間で死因贈与契約が成立しており，Y_1が死亡したのでその履行としてY_2からXへの所有権移転登記手続を追加で請求したところ，原審はY_2の控訴を棄却し，Xの所有権移転登記請求も棄却する一方でXのY_2に対する損害賠償請求を一部認容した。Xが上告。

【判旨】 一部棄却，一部破棄差戻 「特定物引渡請求権（以下，特定物債権と略称する。）は，窮極において損害賠償債権に変じうるのであるから，債務者の一般財産により担保されなければならないことは，金銭債権と同様であり，その目的物を債務者が処分することにより無資力となつた場合には，該特定物債権者は右処分行為を詐害行為として取り消すことができるものと解すべきことは，当裁判所の判例とするところである〔最大判昭和36・7・19民集15巻7号1875頁〕。しかし，民法424条の債権者取消権は，窮極的には債務者の一般財産による価値的満足を受けるため，総債権者の共同担保の保全を目的とするものであるから，このような制度の趣旨に照らし，特定物債権者は目的物自体を自己の債権の弁済に充てることはできないものというべく，原判決が『特定物の引渡請求権に基づいて直接自己に所有権移転登記を求めることは許されない』とした部分は結局正当に帰する」。

（文献） 早川眞一郎・百選Ⅱ，下森定・判評258（判時966）号，辻正美・民商81巻1号

債権総論

18

参考18 抵当権の付着した土地に対する譲渡担保設定契約と詐害行為取消権

最一小判昭和54・1・25民集33巻1号12頁

【要旨】 詐害行為取消権は，詐害行為により逸出した財産を取り戻して債務者の一般財産を原状に回復させようとするものであるから，逸出した財産自体の回復が可能である場合には，できるだけこれを認めるべきであり，抵当権の付着した土地に対する譲渡担保設定契約を詐害行為として取り消した場合，譲渡担保権者が土地上の抵当権者ではなく，かつ，土地の価格から抵当権の被担保

195

第4編　債権総論

債権額を控除した額が詐害行為取消権の基礎となっている債権の額を下回っているときは，譲渡担保設定契約を全部取り消したうえで土地自体の原状回復を認めるべきである。

（文献）　井田友吉・百選Ⅱ〔3版〕，下森定・重判〔昭54〕，中井美雄・民商81巻5号，安永正昭・判評246（判時928）号

参考19　**共同抵当不動産売買の詐害行為取消しと価格賠償**

最一小判平成4・2・27民集46巻2号112頁

【要旨】　①共同抵当の目的とされた不動産の売買契約が詐害行為に該当し，当該詐害行為の後に弁済により抵当権が消滅した場合，当該不動産の価格から不動産が負担すべき抵当権の被担保債権額を控除した残額の限度で売買契約を取り消し，その価格による賠償を命じるべきであり，一部の不動産自体の回復を認めるべきではない。

　②共同抵当の目的とされた不動産の価格から控除すべき抵当権の被担保債権の額は，民法392条の趣旨に照らして，共同抵当の目的とされた各不動産の価額に応じて被担保債権額を案分した額による。

（文献）　佐藤岩昭・百選Ⅱ〔5版〕，同・判評405（判時1430）号，同・民商108巻1号，下森定・重判〔平4〕，安永正昭・私リ6号

8　多数債権債務関係

債権総論 15　**遺産中の不動産における賃料債権の帰属**

◆共同相続された不動産から生ずる賃料債権は，相続開始と同時に各相続人にその相続分に応じて当然に分割帰属される。

最一小判平成17・9・8民集59巻7号1931頁

〔参照条文〕民88条・89条・427条・601条・896条・898条・899条・900条・907条・909条

【事実】　Aが死亡し，妻XならびにYを含む4名の子が共同相続したが，相続人間の合意に基づき，遺産に含まれる本件不動産の賃料や管理費等については遺産分

8　多数債権債務関係

割によって本件不動産の帰属が確定した時点で清算することとし、それまでに支払われる賃料等を管理するために銀行口座を開設して、賃借人B等に賃料等を本件口座に振り込ませるとともに管理費等を本件口座から支出した。遺産分割により本件不動産がXに帰属することが決定した時点で本件口座残高の分配をめぐり争いが生じた。Xは相続開始時に遡って本件不動産の賃料債権はXに帰属すると主張し、Y等に対して保管金の返還を求めて訴えを提起した。第1審と原審はいずれも請求を認容した。Y等が上告。

【判旨】　**破棄差戻**　「遺産は、相続人が数人あるときは、相続開始から遺産分割までの間、共同相続人の共有に属するものであるから、この間に遺産である賃貸不動産を使用管理した結果生ずる金銭債権たる賃料債権は、遺産とは別個の財産というべきであって、各共同相続人がその相続分に応じて分割単独債権として確定的に取得するものと解するのが相当である。遺産分割は、相続開始の時にさかのぼってその効力を生ずるものであるが、各共同相続人がその相続分に応じて分割単独債権として確定的に取得した上記賃料債権の帰属は、後にされた遺産分割の影響を受けないものというべきである」。「したがって、相続開始から本件遺産分割決定が確定するまでの間に本件各不動産から生じた賃料債権は、X及びYらがその相続分に応じて分割単独債権として取得したものであり、本件口座の残金は、これを前提として清算されるべきである」。

(文献)　尾島茂樹・百選Ⅲ、道垣内弘人・重判〔平17〕、水野紀子・判評 572（判時 1937）号、高木多喜男・私リ 34 号

参考20　**遺産中の預貯金債権の帰属**

最大決平成 28・12・19 民集 70 巻 8 号 2121 頁

【要旨】　共同相続された普通預金債権、通常貯金債権、定期貯金債権は相続開始と同時に当然に各相続人の相続分に応じて分割帰属されることはなく、遺産分割の対象になる。

(文献)　川地宏行・民商 153 巻 5 号

第4編　債権総論

債権総論16　連帯債務者の事前通知と事後通知

◆連帯債務者の1人が他の連帯債務者に対して事前の通知をせずに弁済等をした場合には，既に弁済等をしていた他の連帯債務者が事後の通知を怠っていたとしても，他の連帯債務者からの求償に対して自身の弁済等が有効であることを主張できない。

最二小判昭和57・12・17民集36巻12号2399頁

〔参照条文〕民443条

【事実】AはBからの補償金要求の交渉をXとYに委ね，交渉費用としてXとYに5650万円を支出したが，交渉が不調に終わったことから，支出金相当額5650万円をXとYがAに対して連帯して支払う連帯債務を負い，XとYの負担割合を平等にする旨が合意された。XはAに対して全額の弁済に代えて自己所有の宅地の所有権を移転する代物弁済をしたが，Xは代物弁済に際しYに対して事前の通知と事後の通知をいずれも怠った。その後，YがAに対して連帯債務の一部を弁済したが，YもAに一部弁済をするにあたりXに事前の通知をしなかった。さらにその後，YはAから残額支払の請求を受けたので，Xに連絡しようとしたが，Xが所在不明であったため，連絡できなかった。そこで，YはXに事前の通知をしないままAに対して残額の一部を弁済した。XはYに対して債務全額について代物弁済したことを理由に，求償を請求して訴えを提起した。第1審は請求を棄却したが，原審は請求を一部認容した。Yが上告。

【判旨】　上告棄却　「連帯債務者の1人が弁済その他の免責の行為をするに先立ち，他の連帯債務者に通知することを怠つた場合は，既に弁済しその他共同の免責を得ていた他の連帯債務者に対し，民法443条2項の規定により自己の免責行為を有効であるとみなすことはできないものと解するのが相当である。けだし，同項の規定は，同条1項の規定を前提とするものであつて，同条1項の事前の通知につき過失のある連帯債務者までを保護する趣旨ではないと解すべきであるからである〔大判昭和7・9・30民集11巻20号2008頁参照〕。」

文献　辻伸行・百選Ⅱ〔7版〕，池田真朗・判評295（判時1082）号，長谷川隆・法協109巻2号

9 保証債務

9 保証債務

債権総論 17 請負契約の合意解除と保証人の責任

◆請負契約の合意解除において請負人が前払金返還債務を負う旨が約定された
場合，当該合意解除が請負人の債務不履行に基づくものであり，かつ，約定
の前払金返還債務が，債務不履行解除により請負人が負担すべき前払金返還
債務よりも重いものでなければ，請負人の保証人は，特段の事情がないかぎ
り，約定の前払金返還債務について保証債務を負う。

最一小判昭和 47・3・23 民集 26 巻 2 号 274 頁

〔参照条文〕民 446 条・447 条・545 条・632 条

【事実】 X は建設会社 Y_1 との間で工事代金のうち 3 割を契約時前払，残金を出来
高払とするホテルの建築請負契約を締結し，Y_2 は請負契約に基づく Y_1 の債務につ
いて連帯保証をした。その後，Y_1 が資金難から工事を中止し，続行が困難な状況
になったことから，X・Y_1 間で本件請負契約を合意解除し，前払金から出来高評
価額を控除した金額を Y_1 が支払うことを合意した。ところが，Y_1 が支払を怠った
ので，X は Y_1 ならびに連帯保証人 Y_2 に対して支払を求めて訴えを提起した。原
審は Y_1 に対する請求を認容する一方で，Y_2 に対する請求を棄却した。X が上告。

【判旨】 一部棄却，一部破棄差戻 「請負契約が注文主と請負人との間におい
て合意解除され，その際請負人が注文主に対し既に受領した前払金を返還する
ことを約したとしても，請負人の保証人が，当然に，右債務につきその責に任
ずべきものではない。けだし，そうでないとすれば，保証人の関知しない合意
解除の当事者の意思によつて，保証人に過大な責任を負担させる結果になるお
それがあり，必ずしも保証人の意思にそうものではないからである。しかしな
がら，工事代金の前払を受ける請負人のための保証は，特段の事情の存しない
かぎり，請負人の債務不履行に基づき請負契約が解除権の行使によつて解除さ
れた結果請負人の負担することあるべき前払金返還債務についても，少なくと
も請負契約上前払すべきものと定められた金額の限度においては，保証する趣
旨でなされるものと解しえられるのであるから〔最大判昭和 40・6・30 民集 19 巻
4 号 1143 頁参照〕，請負契約が合意解除され，その際請負人が注文主に対し，請
負契約上前払すべきものと定められた金額の範囲内において，前払金返還債務
を負担することを約した場合においても，右合意解除が請負人の債務不履行に

第4編　債権総論

基づくものであり，かつ，右約定の債務が実質的にみて解除権の行使による解除によつて負担すべき請負人の前払金返還債務より重いものではないと認められるときは，請負人の保証人は，特段の事情の存しないかぎり，右約定の債務についても，その責に任ずべきものと解するのを相当とする。けだし，このような場合においては，保証人の責任が過大に失することがなく，また保証人の通常の意思に反するものでもないからである。」

文献　中井美雄・判評164（判時676）号，米倉明・法協90巻9号，高橋弘・民商67巻5号

債権総論18　保証人の主債務者に対する求償権と共同保証人間の求償権の関係

◆保証人の主債務者に対する求償権の消滅時効中断事由により共同保証人間の求償権の消滅時効は中断しない。

最一小判平成27・11・19民集69巻7号1988頁
〔参照条文〕民147条・442条・465条

【事実】AのB銀行に対する貸金債務を担保するために，X信用保証協会，C，Yの三者が連帯保証を負った。平成6年2月にXはAの残債務全額についてBに代位弁済した。

　平成6年12月から平成13年5月までの間にAはXに求償金債務について一部弁済したが，平成14年5月にXはAに対して求償金残額の支払を求めて訴えを提起し，同年9月に請求認容判決が出された。平成24年7月にXは共同保証人間の求償権に基づいてYに代位弁済額の3分の1の支払を求めて訴えを提起。原審は代位弁済の翌日から5年が経過しているので，商事債権の5年の消滅時効により求償権は消滅したとして請求を棄却した。Xが上告し，共同保証人間の求償権は主債務者に対する求償権の担保的性格を有し，付従性により主債務者に対する求償権についてAの債務承認やXの裁判上の請求により消滅時効が中断しているので，消滅時効は完成していないと主張した。

【判旨】　上告棄却　「民法465条に規定する共同保証人間の求償権は，主たる債務者の資力が不十分な場合に，弁済をした保証人のみが損失を負担しなければならないとすると共同保証人間の公平に反することから，共同保証人間の負担を最終的に調整するためのものであり，保証人が主たる債務者に対して取得

200

9　保証債務

した求償権を担保するためのものではないと解される」。「したがって，保証人が主たる債務者に対して取得した求償権の消滅時効の中断事由がある場合であっても，共同保証人間の求償権について消滅時効の中断の効力は生じないものと解するのが相当である」。

〔文献〕 高橋眞・重判〔平 28〕，松久三四彦・判評 694（判時 2308）号，渡邊力・民商 152巻 3 号

債権総論 19　保証人の事前求償権と事後求償権の関係

◆保証人の事前求償権を被保全債権とする仮差押えは，事後求償権の消滅時効をも中断する効力を有する。

最三小判平成 27・2・17 民集 69 巻 1 号 1 頁

〔参照条文〕民 147 条・154 条・459 条・460 条

【事実】信用保証会社 X は Y₁ との間で締結した本件信用保証委託契約に基づき，Y₁ が A に対して負う貸金債務を保証した。Y₂ は本件信用保証委託契約に基づき Y₁ が X に対して負う債務について連帯保証した。Y₁ が A に対する貸金債務について分割返済を怠ったので，X は本件信用保証委託契約に基づき X が Y₁ に対して取得する事前求償権を被保全債権として Y₁ 所有の不動産に対して仮差押命令を得て，仮差押登記をした。その後，Y₁ が A に対する貸金債務について期限の利益を喪失したので，X は A に代位弁済をして，Y₁ に対する事後求償権を取得した。X は Y₁ と Y₂ に対して代位弁済額等の支払を求めて訴えを提起したところ，事後求償権が消滅時効にかかっているか否かが争点となった。第 1 審と原審は X の請求を認容した。Y 等が上告。

【判旨】　上告棄却　「事前求償権を被保全債権とする仮差押えは，事後求償権の消滅時効をも中断する効力を有するものと解するのが相当である。その理由は，次のとおりである。事前求償権は，事後求償権と別個の権利ではあるものの〔最三小判昭和 60・2・12 民集 39 巻 1 号 89 頁参照〕，事後求償権を確保するために認められた権利であるという関係にあるから，委託を受けた保証人が事前求償権を被保全債権とする仮差押えをすれば，事後求償権についても権利を行使しているのと同等のものとして評価することができる。また，上記のような事前求償権と事後求償権との関係に鑑みれば，委託を受けた保証人が事前求償権

第4編　債権総論

を被保全債権とする仮差押えをした場合であっても民法 459 条 1 項後段所定の行為をした後に改めて事後求償権について消滅時効の中断の措置をとらなければならないとすることは，当事者の合理的な意思ないし期待に反し相当でない」。

（文献）　米倉暢大・重判〔平 27〕，加藤新太郎・同，髙橋眞・民商 151 巻 2 号，齋藤由起・判評 685（判時 2280）号，渡邊力・私リ 52 号

参考21　無委託保証人の求償権と委託保証人の求償権の違い

最二小判平成 24・5・28 民集 66 巻 7 号 3123 頁

【要旨】　①主債務者からの委託を受けていない保証人が主債務者の破産手続開始前に締結した保証契約に基づき破産手続開始後に弁済した場合において，無委託保証人が主債務者である破産者に対して取得する求償権は破産債権である。

②破産者に対して債務を負担する者が，破産手続開始前に主債務者である破産者からの委託を受けて保証契約を締結し，破産手続開始後に弁済をして破産者に対する求償権を取得した場合，この求償権を自働債権とする相殺は破産法 67 条によって保護されるが，これに対して，無委託保証人による求償権を自働債権とする相殺は，破産手続開始後に他人の債権を譲り受けて相殺適状を作出した相殺と類似するので，破産法 72 条 1 項 1 号の類推適用により相殺は許されない。

（文献）　中島弘雅・重判〔平 24〕，田村陽子・判評 650（判時 2175）号

債権総論20　根保証契約の随伴性

◆根保証契約の元本確定期日前に被保証債権が譲渡された場合には保証債権もこれに随伴して移転し，別段の合意がない限り，譲受人は保証人に対して保証債務の履行を請求できる。

最二小判平成 24・12・14 民集 66 巻 12 号 3559 頁

〔参照条文〕民 446 条・465 条の 2・466 条

【事実】　Y は A との間で A を貸主，B を借主とする金銭消費貸借契約から生じる B

の債務を主たる債務として極度額約 48 億円，保証期間を平成 19 年 6 月から 5 年間とする連帯根保証契約を締結した。A が B に対して約 8 億円を貸し付けることにより A の B に対する貸金債権が成立したが，A は本件根保証契約の保証期間中に本件貸金債権を C に譲渡し，C は X に譲渡した。X は Y に対して保証債権の履行を請求して訴えを提起した。第 1 審と原審はいずれも請求を認容した。Y が上告。

【判旨】　上告棄却　「根保証契約を締結した当事者は，通常，主たる債務の範囲に含まれる個別の債務が発生すれば保証人がこれをその都度保証し，当該債務の弁済期が到来すれば，当該根保証契約に定める元本確定期日（本件根保証契約のように，保証期間の定めがある場合には，保証期間の満了日の翌日を元本確定期日とする定めをしたものと解することができる。）前であっても，保証人に対してその保証債務の履行を求めることができるものとして契約を締結し，被保証債権が譲渡された場合には保証債権もこれに随伴して移転することを前提としているものと解するのが合理的である。そうすると，被保証債権を譲り受けた者は，その譲渡が当該根保証契約に定める元本確定期日前にされた場合であっても，当該根保証契約の当事者間において被保証債権の譲受人の請求を妨げるような別段の合意がない限り，保証人に対し，保証債務の履行を求めることができるというべきである」。

文献　齋藤由起・百選Ⅱ，阿部裕介・重判〔平 25〕，山本宣之・判評 660〔判時 2205〕号，吉田光碩・私リ 48 号，小峯庸平・法協 132 巻 7 号

（債権総論 21）　**身元保証人間の求償権**

◆複数の身元保証人が連帯保証を負い，各身元保証人の賠償すべき額の合算額が主たる債務額を超える場合においては，身元保証人の間に各身元保証人の賠償すべき額の割合に応じて主債務額を按分した額をもって各自の負担部分とする共同保証関係が成立し，使用者に対し自己の負担部分を超える額を弁済した身元保証人は，他の身元保証人に対し，その者の負担部分を限度として求償することができる。

最一小判昭和 60・5・23 民集 39 巻 4 号 972 頁

〔参照条文〕身元保証 5 条，民 465 条・623 条

【事実】　X と Y は B 社の従業員である A が B に損害を与えた場合に A と連帯して

第4編　債権総論

賠償責任を負う旨の身元保証契約をB社との間で締結した。XはAの妻の実兄であり，Aの親族として身元保証人となったが，YはAが担当した顧客であったにすぎず，B社の内規上身元保証人が2人以上必要とされていたことから形式的に身元保証人に名を連ねていたという事情があった。B社はAの使い込みにより損害を受けたことから，Xに対してのみ身元保証契約に基づく損害賠償を請求して訴えを提起したところ，地裁はB社の損害を約600万円と認定したうえで，身元保証法5条を適用するとともに，諸般の事情を考慮してXが賠償すべき金額を300万円と定め，その範囲で請求を認容した。Xは前訴判決に従いB社に賠償したうえでXとYの負担部分は平等であるとしてYに対して自己の負担部分を超える賠償額等の支払を求めて訴えを提起した。第1審と原審はいずれも請求を棄却した。Xが上告。

【判旨】 上告棄却　「2人以上の身元保証人との間で連帯保証の性質を有する身元保証契約を締結していた使用者が，被用者の行為により被つた損害につき各身元保証人に対してその賠償を請求し，裁判所が，身元保証法5条を適用して，身元保証人ごとに賠償すべき額を定めたときは，各身元保証人は，被用者が使用者に対して負担している主たる債務が存在する限り，各自について具体的に定められた賠償すべき額の限度で保証責任を負うものというべきであつて，各身元保証人の賠償すべき額の合算額が主たる債務の額を超えない場合においては，身元保証人が，自己の賠償すべき額の範囲内で使用者に弁済したとしても，他の身元保証人に対し求償することはできないが，右の合算額が主たる債務額を超える場合においては，身元保証人相互間の負担の公平を図る必要があるから，身元保証人の間に，各身元保証人の賠償すべき額の割合に応じて主債務額を按分した額をもつて各自の負担部分とする共同保証関係が成立し，したがつて，使用者に対し自己の負担部分を超える額を弁済した身元保証人は，民法465条1項の規定により，右超過額について他の身元保証人に対し，その者の負担部分を限度として求償することができるものと解するのが相当である」。原審が確定した事実関係によれば，「YがBに対し賠償すべき額は，Xのそれを格段に下まわるものであり，X及びYの各賠償すべき額の合算額は，……〔AがBに対して加えた損害＝主債務の額〕に達しないことが明らかであるから，……XのYに対する本訴請求は理由がない」。

文献　加藤雅信・重判〔昭60〕，甲斐道太郎・判評327（判時1183）号，高森八四郎・民商99巻2号

10 債権の譲渡性

10 債権の譲渡性

債権総論22 譲渡禁止特約付債権の譲渡と重過失ある譲受人の保護

◆民法466条2項ただし書には債権譲渡禁止特約は善意の第三者に対抗することができない旨規定されているが、譲渡禁止特約の存在について善意で債権を譲り受けた場合であっても、譲受人に重過失があるときは、悪意の譲受人と同様、譲受人は保護されない。

最一小判昭和48・7・19民集27巻7号823頁

〔参照条文〕民466条

【事実】 昭和36年2月2日、AはY銀行に対して有する普通預金債権や定期預金債権等をX₁に譲渡し、Yに対して譲渡通知がなされた。YはAに対して有する手形割引債権その他将来発生する債権を担保するために、同年2月4日、本件預金債権上に根質権の設定を受け、同日付の確定日付のある契約書を作成して、Aから本件預金債権証書の差入れを受けた。Aが手形の不渡りを出して倒産したので、Yは本件預金債権について質権の実行として自ら取立をして本件手形割引債権に充当し、本件手形を全部Aに返還した。X₁はYが本件手形をAに返還したためにAに対する求償権の満足を得ることができなかったことから生じた損害を賠償する義務がYにあること、ならびに、Yは本件預金債権のうち質権実行の対象とならなかった分の金額をX₁に弁済すべきであると主張し、Yに対して支払を請求して訴えを提起。Yは本件預金債権について譲渡禁止特約が付されており、X₁は譲渡禁止特約の存在について悪意であったと主張した。第1審はX₁の請求認容、原審も譲渡禁止特約についてX₁が善意であったことを理由に参加人X₂の請求を認容した。Yが上告。

【判旨】 破棄差戻 「民法466条2項は債権の譲渡を禁止する特約は善意の第三者に対抗することができない旨規定し、その文言上は第三者の過失の有無を問わないかのようであるが、重大な過失は悪意と同様に取り扱うべきものであるから、譲渡禁止の特約の存在を知らずに債権を譲り受けた場合であつても、これにつき譲受人に重大な過失があるときは、悪意の譲受人と同様、譲渡によつてその債権を取得しえない」。

文献 寺田正春・百選Ⅱ〔5版〕、野村豊弘・重判〔昭48〕、寺田正春・判評184（判時737）号、高木多喜男・民商70巻6号

205

第4編　債権総論

債権総論 23　譲渡禁止特約付債権の譲渡と債務者の事後承諾

◆譲渡禁止特約の付いた債権の譲受人が特約の存在について悪意もしくは善意
　重過失であっても，債務者の承諾により譲渡の時にさかのぼって債権譲渡は
　有効になるが，民法116条の法意に照らし，承諾前からある第三者の権利を
　害することはできない。

最一小判平成9・6・5民集51巻5号2053頁

〔参照条文〕民116条・466条・467条

【事実】AのBに対する売掛代金債権には譲渡禁止特約が付されていたが，Aは本件債権をXに譲渡した。Xは譲渡禁止特約の存在について悪意もしくは善意重過失であった。AからBに対して内容証明郵便により譲渡通知がなされたが，Y（国）はAの社会保険料や国税に対する滞納処分として本件債権を差し押さえた。その後，Bが債権者を確知できないことを理由に供託し，その際に本件債権の譲渡を承諾した。XはYに対して自身に供託金還付請求権があることの確認を求めて訴えを提起。第1審はXの請求を認容したが，原審は請求を棄却した。Xが上告。

【判旨】　上告棄却　「譲渡禁止の特約のある指名債権について，譲受人が右特約の存在を知り，又は重大な過失により右特約の存在を知らないでこれを譲り受けた場合でも，その後，債務者が右債権の譲渡について承諾を与えたときは，右債権譲渡は譲渡の時にさかのぼって有効となるが，民法116条の法意に照らし，第三者の権利を害することはできないと解するのが相当である〔最一小判昭和48・7・19民集27巻7号823頁，最一小判昭和52・3・17民集31巻2号308頁参照〕」。「Bが……AからXへの本件売掛代金債権の譲渡に承諾を与えたことによって右債権譲渡が譲渡の時にさかのぼって有効となるとしても，右承諾の前に滞納処分による差押えをしたYに対しては，債権譲渡の効力を主張することができないものというべきである」。

(文献)　野澤正充・百選Ⅱ，佐久間毅・重判〔平9〕，清原泰司・判評472（判時1634）号，深谷格・私リ18号，角紀代恵・民商118巻1号

206

11 債権譲渡の対抗要件

> **参考22** 譲渡禁止特約の存在を理由とした債権譲渡人による
> 譲渡無効の主張

最二小判平成 21・3・27 民集 63 巻 3 号 449 頁

【要旨】 債権の譲渡性を否定する意思を表示した譲渡禁止特約は，債務者の利益を保護するために付されるものであり，譲渡禁止特約に反して債権を譲渡した債権者は，同特約の存在を理由に譲渡の無効を主張する独自の利益を有しないので，債務者に譲渡の無効を主張する意思があることが明らかであるなどの特段の事情がない限り，その無効を主張することは許されない。

文献 角紀代恵・重判〔平21〕，関武志・判評 613（判時 2063）号，椿寿夫・私リ 40 号

11　債権譲渡の対抗要件

> **債権総論24** 債権の二重譲渡における優劣の基準
>
> ◆指名債権が二重譲渡された場合の優劣は，確定日付の先後ではなく通知の債務者への到達時の先後で決定され，債権譲渡と債権差押が競合した場合も，確定日付のある債権譲渡通知と債権差押命令の債務者への到達時の先後で優劣が決定される。

最一小判昭和 49・3・7 民集 28 巻 2 号 174 頁

〔参照条文〕民 467 条

【事実】 昭和 44 年 2 月 13 日に A は B に対して有する本件金銭債権を X に譲渡し，同月 14 日付けで債権譲渡の公正証書が作成されて同日の午後 3 時頃に A から B に交付された。ところが，A に対して債権を有する Y は，同年 2 月 14 日に東京地裁から本件金銭債権の仮差押命令を得て，同命令正本が同日の午後 4 時頃に B に送達された。X は Y に対して仮差押命令の執行の排除を求めて訴えを提起。第 1 審と原審はいずれも請求を棄却した。X が上告。

【判旨】 **破棄自判** 「民法 467 条 1 項が，債権譲渡につき，債務者の承諾と並んで債務者に対する譲渡の通知をもつて，債務者のみならず債務者以外の第三者に対する関係においても対抗要件としたのは，債権を譲り受けようとする第三者は，先ず債務者に対し債権の存否ないしはその帰属を確かめ，債務者は，当該債権が既に譲渡されていたとしても，譲渡の通知を受けないか又はその承

第4編 債権総論

諾をしていないかぎり，第三者に対し債権の帰属に変動のないことを表示するのが通常であり，第三者はかかる債務者の表示を信頼してその債権を譲り受けることがあるという事情の存することによるものである。このように，民法の規定する債権譲渡についての対抗要件制度は，当該債権の債務者の債権譲渡の有無についての認識を通じ，右債務者によつてそれが第三者に表示されうるものであることを根幹として成立しているものというべきである。そして，同条2項が，右通知又は承諾が第三者に対する対抗要件たり得るためには，確定日附ある証書をもつてすることを必要としている趣旨は，債務者が第三者に対し債権譲渡のないことを表示したため，第三者がこれに信頼してその債権を譲り受けたのちに譲渡人たる旧債権者が，債権を他に二重に譲渡し債務者と通謀して譲渡の通知又はその承諾のあつた日時を遡らしめる等作為して，右第三者の権利を害するに至ることを可及的に防止することにあるものと解すべきであるから，前示のような同条1項所定の債権譲渡についての対抗要件制度の構造になんらの変更を加えるものではないのである」。「右のような民法467条の対抗要件制度の構造に鑑みれば，債権が二重に譲渡された場合，譲受人相互の間の優劣は，通知又は承諾に付された確定日附の先後によつて定めるべきではなく，確定日附のある通知が債務者に到達した日時又は確定日附のある債務者の承諾の日時の先後によつて決すべきであり，また，確定日附は通知又は承諾そのものにつき必要であると解すべきである。そして，右の理は，債権の譲受人と同一債権に対し仮差押命令の執行をした者との間の優劣を決する場合においてもなんら異なるものではない」。「Aが，本件債権譲渡証書に確定日附を受け，これをBに持参してその職員に交付したことをもつて確定日附のある通知をしたと解することができ，しかも，この通知がBに到達した時刻は，本件仮差押命令がBに送達された時刻より先であるから，Xは本件債権の譲受をもつてYに対抗しうるものというべきであり，本件仮差押命令の執行不許の宣言を求めるXの本訴請求は正当として認容すべきである」。

(文献) 石田剛・百選Ⅱ，安達三季生・重判〔昭49〕，石田喜久夫・判評191（判時759）号，安達三季生・民商72巻2号

11 債権譲渡の対抗要件

債権総論 25 確定日付のある債権譲渡通知の同時到達

◆指名債権が二重に譲渡され，確定日付のある証書による通知が債務者に同時に到達した場合，各譲受人は第三債務者に対しそれぞれの譲受債権についてその全額の弁済を請求することができ，譲受人の1人から弁済の請求を受けた第三債務者は同順位の譲受人が他に存在することを理由として弁済を免れることはできない。

最三小判昭和 55・1・11 民集 34 巻 1 号 42 頁

〔参照条文〕民 467 条

【事実】AはYに対して電機部品を売却し，本件売掛金債権を有していた。XはAに対して貸金債権を有していたが，貸金債務の代物弁済として本件売掛金債権の譲渡をAから受け，昭和 49 年 3 月 4 日付けの内容証明郵便によってYに譲渡通知をし，同通知は同月 6 日の午後零時から午後 6 時までの間にYに到達した。B（国）はAの社会保険料の滞納処分として本件売掛金債権を差し押さえ，債権差押通知は同月 6 日の午後零時から午後 6 時までの間にYに到達した。XはYに対して本件債権額の支払を求めて訴えを提起した。第 1 審と原審はいずれも請求を棄却した。Xが上告。

【判旨】 **破棄自判** 「指名債権が二重に譲渡され，確定日付のある各譲渡通知が同時に第三債務者に到達したときは，各譲受人は，第三債務者に対しそれぞれの譲受債権についてその全額の弁済を請求することができ，譲受人の1人から弁済の請求を受けた第三債務者は，他の譲受人に対する弁済その他の債務消滅事由がない限り，単に同順位の譲受人が他に存在することを理由として弁済の責めを免れることはできないもの，と解するのが相当である」。「また，指名債権の譲渡にかかる確定日付のある譲渡通知と右債権に対する債権差押通知とが同時に第三債務者に到達した場合であつても，右債権の譲受人は第三債務者に対してその給付を求める訴を提起・追行し無条件の勝訴判決を得ることができる」。

文献 伊藤進・重判〔昭 55〕，池田真朗・判評 261（判時 975）号，五十川直行・法協 99 巻 11 号，石田喜久夫・民商 83 巻 3 号

債権総論

㉕

209

第４編　債権総論

> 参考23 確定日付のある債権譲渡通知の到達時先後不明と供託

最三小判平成 5・3・30 民集 47 巻 4 号 3334 頁

【要旨】　同一の債権について債権差押通知と確定日付のある債権譲渡通知との第三債務者への到達の先後関係が不明であるため，第三債務者が債権額に相当する金員を供託した場合，被差押債権額と譲受債権額の合計額が供託金額を超過するときは，差押債権者と債権譲受人は，公平の原則に照らし，被差押債権額と譲受債権額に応じて供託金額を案分した額の供託金還付請求権をそれぞれ分割取得する。

文献　藤井徳展・百選Ⅱ，角紀代恵・重判〔平 5〕，同・民商 111 巻 1 号，椿寿夫＝北秀昭・私リ 8 号

12　債権譲渡における債務者の抗弁

> 債権総論 26　債権譲渡と相殺

◆譲渡された債権の債務者は，自身の譲渡人に対する債権を譲渡通知前に取得していれば，譲渡通知時に自身の債権の弁済期が到来しておらず，かつ，自身の債権の弁済期が被譲渡債権の弁済期より後に到来する場合であっても，自身の債権を自働債権として被譲渡債権と相殺することができる。

最一小判昭和 50・12・8 民集 29 巻 11 号 1864 頁

〔参照条文〕民 468 条

【事実】　A 社は Y に機械を販売し，売掛債権を取得した。売掛債権の支払として Y は A 社に宛てて約束手形を振り出し，A 社の取締役 X に交付したが，X は手形を紛失した。X は A 社に手形金相当を弁償し，A 社から本件売掛債権の譲渡を受け，A 社は Y に対して昭和 42 年 9 月 14 日付けの債権譲渡通知をした。他方で，Y は A 社に対して手形債権を有しており，A 社が倒産した昭和 43 年 1 月 13 日に A 社は手形債権の期限の利益を喪失した。X は Y に対して本件売掛債権の支払を求めて訴えを提起したところ，口頭弁論期日において Y は手形債権を自働債権として相殺する旨の意思表示をした。第 1 審と原審はいずれも X の請求を認容した。Y が上告。

【判旨】 一部破棄自判，一部棄却 「本件における問題点は，右相殺の許否であるが，原審が確定した……事実関係のもとにおいては，Y は，本件売掛債権を受働債権とし本件手形債権を自働債権とする相殺をもつて X に対抗しうるものと解すべきである」。その理由について岸上康夫裁判官は補足意見として以下のように述べている。「金銭債権が譲渡されその債務者が譲渡通知を受けたに止まる場合において，債務者が譲渡通知を受ける前に譲渡人に対して金銭債権を取得していたとき，その弁済期が，被譲渡債権のそれより後であつて，かつ，右譲渡通知のあつた時点より後に到来するものでも，被譲渡債権の債務者が，右事実をもつて民法 468 条 2 項所定の『通知ヲ受クルマテニ譲渡人ニ対シテ生シタル事由』にあたるものとして，譲受人に対し，被譲渡債権を受働債権とし，自己が譲渡人に対して有する債権を自働債権としてする相殺をもつて対抗しうるかどうかは，相殺制度の目的及び機能，同条同項の立法趣旨並びに被譲渡債権の債務者及び譲受人の利害関係等を考慮して決すべきものである。ところで相殺の制度は，互いに同種の債権を有する当事者間において，相対立する債権債務を簡易な方法によつて決済し，もつて両者の債権関係を円滑かつ公平に処理することを目的とする合理的な制度であつて，相殺権を行使する債権者の立場からすれば，受働債権につきあたかも担保権を有するにも似た地位が与えられるという機能を営むものであるから，この制度によつて保護される当事者の地位は，できるかぎり尊重すべきであることは，〔最大判昭和 45・6・24 民集 24 巻 6 号 587 頁〕の判示するところである。そして，この判決は，債権が差し押さえられた場合に第三債務者に対し有する反対債権をもつてした相殺の効力に関する民法 511 条の解釈を示したものであるが，右法条にいう差押債権者と債権譲渡の場合に関する同法 468 条 2 項にいう債権の譲受人とは，いずれも当該債権の権利としての積極的利益の取得者であつて両者は実質的に異なる立場にあるものではなく，また，債務者は債権が差し押さえられた場合と譲渡された場合とにおいて別異な取扱を受くべき理由はないから，右判決によつて示された相殺制度の目的及び機能からする相殺権者の保護の要請は，被差押債権の債務者についてのみでなく，被譲渡債権の債務者についてもひとしく妥当するものというべきである。また，民法 468 条 2 項の立法趣旨は債務者の意思に関係なく行われる債権譲渡により債務者の地位が譲渡前より不利益になることを防止することにあると考えられるところ，債権者のした債権譲渡によつ

第4編　債権総論

て，債務者が相殺をなしうべき地位を失うことが債務者にとつて不利益である
ことは前示相殺制度の目的及び機能に徴し明らかであるから，債務者が，債権
譲渡の通知を受けた時点において，債権者に対し法律上相殺に供しうる反対債
権（自働債権）を取得しているときには，これをもつて同条項にいう『通知ヲ
受クルマテニ譲渡人ニ対シテ生シタル事由』にあたるものとして，譲受人に対
抗することができるものと解するのが相当である」。

（文献）　石川利夫・百選Ⅱ〔3版〕，林良平・民商83巻1号

参考24　債務者の異議をとどめない承諾と過失ある譲受人の
　　　　保護

最二小判平成27・6・1民集69巻4号672頁

【要旨】　民法468条1項前段の趣旨は，譲受人の利益を保護して一般債権取
引の安全を保障することにあり，債務者が異議をとどめないで指名債権譲渡の
承諾をした場合において，譲渡人に対抗できた事由の存在を譲受人が知らなか
ったことについて過失があるときは，譲受人の利益を保護する必要性は低く，
債務者は当該事由をもって譲受人に対抗することができる。

（文献）　山下純司・重判〔平27〕，藤井徳展・判評688（判時2290）号，石田剛・民商152
巻4＝5号

13　弁　済

債権総論27　債権の二重譲渡と民法478条

◆債権の二重譲渡において劣後譲受人に善意無過失で弁済した債務者は民法
　478条により保護されるが，債務者の無過失が認定されるためには，優先譲
　受人の債権譲受行為または対抗要件に瑕疵があるためその効力を生じないと
　誤信してもやむをえない事情があるなど劣後譲受人を真の債権者であると信
　ずるにつき相当な理由が必要である。

最二小判昭和61・4・11民集40巻3号558頁

〔参照条文〕民467条・478条

13 弁　済

【事実】昭和54年6月27日にAはYに対する債権をXに譲渡し，確定日付のある証書による債権譲渡通知が同月28日にYに到達した。他方で，Aに対して債権を有するBは同年8月15日に仮差押命令を，同年11月1日に債権差押・取立命令を裁判所から得て，各命令がYに送達された。YはBの代理人たる弁護士から再三の催告を受け，裁判所の判断に間違いはないと考えて，同年11月21日に，Bの代理人に対して弁済をした。XはYに対して債務の履行を求めて訴えを提起した。第1審は請求を一部認容し，原審は第1審でのX敗訴部分に対する控訴を棄却した。Xが上告。

【判旨】　破棄自判　「二重に譲渡された指名債権の債務者が，民法467条2項所定の対抗要件を具備した他の譲受人（以下『優先譲受人』という。）よりのちにこれを具備した譲受人（以下『劣後譲受人』といい，『譲受人』には，債権の譲受人と同一債権に対し仮差押命令及び差押・取立命令の執行をした者を含む。）に対してした弁済についても，同法478条の規定の適用があるものと解すべきである。思うに，民法467条2項の規定は，指名債権が二重に譲渡された場合，その優劣は対抗要件具備の先後によつて決すべき旨を定めており，右の理は，債権の譲受人と同一債権に対し仮差押命令及び差押・取立命令の執行をした者との間の優劣を決する場合においても異ならないと解すべきであるが（昭和47年(オ)第596号同49年3月7日第一小法廷判決・民集28巻2号174頁参照），右規定は，債務者の劣後譲受人に対する弁済の効力についてまで定めているものとはいえず，その弁済の効力は，債権の消滅に関する民法の規定によつて決すべきものであり，債務者が，右弁済をするについて，劣後譲受人の債権者としての外観を信頼し，右譲受人を真の債権者と信じ，かつ，そのように信ずるにつき過失のないときは，債務者の右信頼を保護し，取引の安全を図る必要があるので，民法478条の規定により，右譲受人に対する弁済はその効力を有するものと解すべきであるからである。そして，このような見解を採ることは，結果的に優先譲受人が債務者から弁済を受けえない場合が生ずることを認めることとなるが，その場合にも，右優先譲受人は，債権の準占有者たる劣後譲受人に対して弁済にかかる金員につき不当利得として返還を求めること等により，対抗要件具備の効果を保持しえないものではないから，必ずしも対抗要件に関する規定の趣旨をないがしろにすることにはならないというべきである」。「次に，債権の準占有者であるBに弁済したYの過失の有無について検討すると，……債務者において，劣後譲受人が真正の債権者であると

債権総論

213

第4編　債権総論

信じてした弁済につき過失がなかつたというためには，優先譲受人の債権譲受行為又は対抗要件に瑕疵があるためその効力を生じないと誤信してもやむを得ない事情があるなど劣後譲受人を真の債権者であると信ずるにつき相当な理由があることが必要であると解すべきである」。「Aの本件譲渡通知のYに対する到達日がBの得た本件債権仮差押命令のYへの送達日よりも早かつたというのであるから，債務者であるYとしては，少なくとも，準占有者であるBに弁済すべきか否かにつき疑問を抱くべき事情があつたというべきであつて，Bの得た前記の仮差押命令及び差押・取立命令が裁判所の発したものであるとの一事をもつて，いまだYにBが真の債権者であると信ずるにつき相当の理由があつたということはできないから，……過失がなかつたものとすることはできない」。

（文献）　本田純一・百選Ⅱ，下森定・重判〔昭61〕，池田真朗・判評340（判時1227）号，藤原弘道・民商95巻6号

債権総論28　預金自動入出機による預金払戻しと民法478条

◆無権限者が預金者の通帳やカード，暗証番号などを不正に使用して現金自動入出機（ATM）から預金の払戻しを受けた場合でも民法478条が適用されるが，無権限者に払い戻した銀行が無過失であるというためには，払戻時点において通帳等と暗証番号の確認が機械的に正しく行われたというだけでなく，機械払システムが全体として，可能な限度で無権限者による払戻しを排除しうるよう組み立てられ，運営されていたことを要する。

最三小判平成15・4・8民集57巻4号337頁

〔参照条文〕民478条

【事実】Y銀行のATMでは，キャッシュカードもしくは預金通帳を挿入したうえで暗証番号を入力することにより預金が引き出せるシステムになっていたが，Y銀行の約款であるカード規定には，預金通帳を使用して機械払ができる旨の規定がなく，また，通帳の不正使用による機械払の場合の免責条項も定められていなかった。Y銀行に貯蓄預金口座を有する預金者Xは自宅近くの駐車場に駐車していた自動車のダッシュボード内に預金通帳を保管していたが，何者かが自動車を盗み，車内に入っていた預金通帳も窃取された。Xは警察に自動車の盗難届を出したが，預金

13 弁　済

通帳を車内に保管していたことに気づいたのがその日の夜であり，翌日の午前中に，YのA支店に赴き，盗難を届け出て，午前 10 時 53 分に口座が封鎖された。ところが，すでにその日の午前 8 時 52 分から 9 時 56 分までの間に，預金通帳を使用してY銀行のATMにおいて 1 万円の引出が 1 回，50 万円ずつの引出が 16 回も繰り返され，暗証番号はいずれも正確に入力されていた。なお，Xはキャッシュカードや通帳を使用してATMから預金を引き出した経験が一度もなかった。それどころか，Xは預金通帳を使用してATMから預金を引き出せること自体を知らなかった。XはYに対して預金の返還または損害の賠償を求めて訴えを提起。第 1 審と原審はいずれも請求を棄却した。Xが上告。

【判旨】　破棄自判　「無権限者のした機械払の方法による預金の払戻しについても，民法 478 条の適用があるものと解すべきであり，これが非対面のものであることをもって同条の適用を否定すべきではない」。「債権の準占有者に対する弁済が民法 478 条により有効とされるのは弁済者が善意かつ無過失の場合に限られるところ，債権の準占有者に対する機械払の方法による預金の払戻しにつき銀行が無過失であるというためには，払戻しの際に機械が正しく作動したことだけでなく，銀行において，預金者による暗証番号等の管理に遺漏がないようにさせるため当該機械払の方法により預金の払戻しが受けられる旨を預金者に明示すること等を含め，機械払システムの設置管理の全体について，可能な限度で無権限者による払戻しを排除し得るよう注意義務を尽くしていたことを要するというべきである。その理由は，次のとおりである」。「機械払の方法による払戻しは，窓口における払戻しの場合とは異なり，銀行の係員が預金の払戻請求をする者の挙措，応答等を観察してその者の権限の有無を判断したり，必要に応じて確認措置を加えたりするということがなく，専ら使用された通帳等が真正なものであり，入力された暗証番号が届出暗証番号と一致するものであることを機械的に確認することをもって払戻請求をする者が正当な権限を有するものと判定するものであって，真正な通帳等が使用され，正しい暗証番号が入力されさえすれば，当該行為をする者が誰であるのかは全く問われないものである。このように機械払においては弁済受領者の権限の判定が銀行側の組み立てたシステムにより機械的，形式的にされるものであることに照らすと，無権限者に払戻しがされたことについて銀行が無過失であるというためには，払戻しの時点において通帳等と暗証番号の確認が機械的に正しく行われたというだけでなく，機械払システムの利用者の過誤を減らし，預金者に暗証番号等

債権総論

㉘

215

第4編　債権総論

の重要性を認識させることを含め，同システムが全体として，可能な限度で無権限者による払戻しを排除し得るよう組み立てられ，運営されるものであることを要するというべきである」。「Ｙは，通帳機械払のシステムを採用していたにもかかわらず，その旨をカード規定等に規定せず，預金者に対する明示を怠り……，Ｘは，通帳機械払の方法により預金の払戻しを受けられることを知らなかったというのである。無権限者による払戻しを排除するためには，預金者に対し暗証番号，通帳等が機械払に用いられるものであることを認識させ，その管理を十分に行わせる必要があることにかんがみると，通帳機械払のシステムを採用する銀行がシステムの設置管理について注意義務を尽くしたというためには，通帳機械払の方法により払戻しが受けられる旨を預金規定等に規定して預金者に明示することを要するというべきであるから，Ｙは，通帳機械払のシステムについて無権限者による払戻しを排除し得るよう注意義務を尽くしていたということはできず，本件払戻しについて過失があったというべきである。……したがって，本件払戻しについて，民法478条により弁済の効力を認めることはできない」。

（文献）河上正二・百選Ⅱ，同・重判〔平15〕，尾島茂樹・判評541（判時1843）号，中舎寛樹・民商129巻6号，中原太郎・法協122巻10号，佐久間毅・私リ28号

債権総論

㉙

（債権総論 29）　預金担保貸付と民法478条の類推適用

◆無権限者が他人の定期預金証書と届出印を呈示して預金者になりすまして金融機関から預金担保貸付を受け，その後，預金者の定期預金債権が金融機関の貸金債権との相殺により消滅した場合，預金担保貸付から相殺までの流れが定期預金の期限前払戻しと同視しうるので民法478条が類推適用され，金融機関は貸付の際に善意無過失であればその後に悪意に転じても免責される。

最一小判昭和59・2・23民集38巻3号445頁

〔参照条文〕民478条・505条

【事実】ＸはＹ信用金庫に記名式定期預金を有していたが，Ｘを名乗るＡがＹの窓口においてＸの定期預金証書と届出印を呈示したうえで，本件定期預金を担保に融資の申入れをしたので，昭和51年8月18日にＹはＡに対して450万円の手形貸付をして，貸金債権の担保として本件定期預金に質権の設定を受けた。その後，

13 弁　済

貸金債権の弁済期が到来したにもかかわらず債務が履行されなかったので，Yは本件貸金債権を本件定期預金債権と相殺した。Xは定期預金の払戻しを求めて訴えを提起した。第1審はYの相殺の主張を認め，相殺後の差額分についてXの請求を一部認容した。これに対して原審は貸付後相殺前にYは無権限者に貸付をしたことに気付き悪意になったとしてYの相殺の主張を認めず，Xの請求を認容した。Yが上告。

【判旨】 **破棄差戻**　「金融機関が，自行の記名式定期預金の預金者名義人であると称する第三者から，その定期預金を担保とする金銭貸付の申込みを受け，右定期預金についての預金通帳及び届出印と同一の印影の呈示を受けたため同人を右預金者本人と誤信してこれに応じ，右定期預金に担保権の設定を受けてその第三者に金銭を貸し付け，その後，担保権実行の趣旨で右貸付債権を自働債権とし右預金債権を受働債権として相殺をした場合には，少なくともその相殺の効力に関する限りは，これを実質的に定期預金の期限前解約による払戻と同視することができ，また，そうするのが相当であるから，右金融機関が，当該貸付等の契約締結にあたり，右第三者を預金者本人と認定するにつき，かかる場合に金融機関として負担すべき相当の注意義務を尽くしたと認められるときには，民法478条の規定を類推適用し，右第三者に対する貸金債権と担保に供された定期預金債権との相殺をもつて真実の預金者に対抗することができるものと解するのが相当である（なお，この場合，当該金融機関が相殺の意思表示をする時点においては右第三者が真実の預金者と同一人でないことを知つていたとしても，これによつて上記結論に影響はない。）」。

〔文献〕　野田和裕・百選Ⅱ，加藤雅信・重判〔昭59〕，石外克喜・判評317（判時1151）号

債権総論

㉕

参考25　保険契約者貸付と民法478条の類推適用

最一小判平成9・4・24民集51巻4号1991頁

【要旨】　生命保険の契約者貸付制度に基づきなされた貸付は，約款上の義務の履行として行われるうえ，貸付金額が解約返戻金の範囲内に限定され，保険金等の支払の際に元利金等が差引計算されることから，保険金または解約返戻金の前払と同視することができ，保険契約者の代理人と称する者に対して貸付を

217

第4編　債権総論

行った保険会社は民法 478 条の類推適用により保護される。

文献　中舎寛樹・百選 II〔5 版〕，同・私リ 17 号，山田剛志・保険法百選，千葉恵美子・重判〔平 9〕，池田真朗・判評 468（判時 1621）号，幡野弘樹・法協 117 巻 3 号

債権総論 30　損害賠償債務の一部の弁済提供と供託の効力

◆交通事故によって被った損害の賠償請求訴訟の控訴審係属中に，加害者が被害者に対して第 1 審判決によって支払を命じられた損害賠償金の全額について任意に弁済の提供をした場合，当該提供額が損害賠償債務の全額に満たないことが控訴審における審理判断の結果判明したときであっても，原則として，その弁済の提供はその範囲において有効なものであり，被害者の受領拒絶を理由とした供託もまた有効である。

最二小判平成 6・7・18 民集 48 巻 5 号 1165 頁

〔参照条文〕民 493 条・494 条

【事実】X は Y₁ 運転の自動車にはねられ重傷を負った。保険会社 Y₂ は Y₁ との間で任意の自動車保険契約を締結していた。X は Y₁ に対して自賠法 3 条または民法 709 条に基づく損害賠償を，Y₂ に対していわゆる直接請求権の行使として保険金の支払をそれぞれ求めて訴えを提起した。第 1 審は X の請求を一部認容したが，X は認容額を不服として控訴した。原審の準備手続において Y₂ は第 1 審判決が支払を命じた額を何時でも支払う準備がある旨を X に申し出て，同金額について口頭の提供をしたが，X は受領を拒絶したので，Y₂ は同金額を供託した。そのうえで，Y 等は附帯控訴して，本件供託により供託額分の債権が消滅した旨の抗弁を主張した。原審は供託が有効であると判断し，損害認定額から供託額を差し引いた金額について請求を認容した。X が上告。

【判旨】　上告棄却　「交通事故の加害者が被害者から損害の賠償を求める訴訟を提起された場合において，加害者は右事故についての事実関係に基づいて損害額を算定した判決が確定して初めて自己の負担する客観的な債務の全額を知るものであるから，加害者が第 1 審判決によって支払を命じられた損害賠償金の全額を提供し，供託してもなお，右提供に係る部分について遅滞の責めを免れることができず，右供託に係る部分について債務を免れることができないと解するのは，加害者に対し難きを強いることになる。他方，被害者は，右提供に係る金員を自己の請求する損害賠償債権の一部の弁済として受領し，右供託

14 弁済充当

に係る金員を同様に一部の弁済として受領する旨留保して還付を受けることができ、そうすることによって何ら不利益を受けるものではない。以上の点を考慮すると、右提供及び供託を有効とすることは、債権債務関係に立つ当事者間の公平にかなうものというべきである」。「交通事故によって被った損害の賠償を求める訴訟の控訴審係属中に、加害者が被害者に対し、第1審判決によって支払を命じられた損害賠償金の全額を任意に弁済のため提供した場合には、その提供額が損害賠償債務の全額に満たないことが控訴審における審理判断の結果判明したときであっても、原則として、その弁済の提供はその範囲において有効なものであり、被害者においてその受領を拒絶したことを理由にされた弁済のための供託もまた有効なものと解するのが相当である。この理は、加害者との間で加害車両を被保険自動車として任意の自動車保険契約を締結している保険会社が被害者からいわゆる直接請求権に基づき保険金の支払を求める訴訟を提起された場合に、保険会社が被害者に対してする弁済の提供及び供託についても、異なるところはない」。

〔文献〕 原田昌和・交通事故百選〔5版〕、永田眞三郎・重判〔平6〕、池田清治・民商114巻1号、安次富哲雄・私リ11号

14 弁済充当

債権総論31 **単一の基本契約内の他債務への過払金充当**

◆同一の貸主と借主との間で締結された基本契約に基づき継続的に貸付と弁済が繰り返される取引において、借主が基本契約から生じた貸金債務について利息制限法の制限を超える利息を任意に支払い、制限超過部分を元本に充当し続けた結果として過払金が生じた場合、この過払金は、当事者間に充当に関する特約が存在するなど特段の事情のない限り、民法489条および491条の規定に従って、弁済当時存在する他の貸金債務の弁済に充当され、当該他の貸金債務の利率が利息制限法の制限を超える場合には、貸主は充当されるべき元本に対する約定の期限までの利息を取得することができない。

最二小判平成15・7・18民集57巻7号895頁

〔参照条文〕民488条・489条・491条

【事実】 貸金業者YとAとの間で元本極度額3000万円の手形貸付方式による継続

第4編　債権総論

的貸付契約（基本契約）が締結され，平成5年6月から平成10年3月までの間に，本件基本契約に基づき手形貸付の方法で利息制限法1条の制限利率を超える利率での貸付とその弁済が反復継続して行われた。X_1とX_2はYに対して継続的貸付から生じるAの貸金債務について400万円を限度に連帯保証した。A振出の手形が不渡りとなったので，X等はYに対して保証債務を履行したが，その後，X等はYに対して過払金の返還を求めて訴えを提起した。訴訟では，特定の手形貸付により生じた貸金債務が利息制限法1条の制限利率を超える約定利息（制限超過利息）の元本充当により消滅して過払金が発生した場合，当該過払金を別の手形貸付から既に生じていた貸金債務に充当することができるか，また，他の貸金債務への充当が認められた場合に貸金業者は充当によって消滅する元本に対する約定の期限までの利息を民法136条2項ただし書に基づき取得することができるかが争点となった。第1審と原審は過払金返還請求を一部認容した。XとYがいずれも上告。

【判旨】　一部棄却，一部破棄差戻　「同一の貸主と借主との間で基本契約に基づき継続的に貸付けとその返済が繰り返される金銭消費貸借取引においては，借主は，借入れ総額の減少を望み，複数の権利関係が発生するような事態が生じることは望まないのが通常と考えられることから，弁済金のうち制限超過部分を元本に充当した結果当該借入金債務が完済され，これに対する弁済の指定が無意味となる場合には，特段の事情のない限り，弁済当時存在する他の借入金債務に対する弁済を指定したものと推認することができる」。「また，利息制限法1条1項及び2条の規定は，金銭消費貸借上の貸主には，借主が実際に利用することが可能な貸付額とその利用期間とを基礎とする法所定の制限内の利息の取得のみを認め，上記各規定が適用される限りにおいては，民法136条2項ただし書の規定の適用を排除する趣旨と解すべきであるから，過払金が充当される他の借入金債務についての貸主の期限の利益は保護されるものではなく，充当されるべき元本に対する期限までの利息の発生を認めることはできないというべきである」。「したがって，同一の貸主と借主との間で基本契約に基づき継続的に貸付けが繰り返される金銭消費貸借取引において，借主がそのうちの一つの借入金債務につき法所定の制限を超える利息を任意に支払い，この制限超過部分を元本に充当してもなお過払金が存する場合，この過払金は，当事者間に充当に関する特約が存在するなど特段の事情のない限り，民法489条及び491条の規定に従って，弁済当時存在する他の借入金債務に充当され，当該他の借入金債務の利率が法所定の制限を超える場合には，貸主は充当されるべき

元本に対する約定の期限までの利息を取得することができないと解するのが相当である」。

（文献）　小野秀誠・重判〔平 15〕，同・民商 129 巻 6 号，鎌野邦樹・判評 545（判時 1855）号，中田裕康・私リ 29 号

参考26　過払金が生じた後に発生した他債務への過払金充当

最三小判平成 19・2・13 民集 61 巻 1 号 182 頁

【要旨】　基本契約が締結されていない貸主借主間での第一貸付において利息制限法の制限利率を超える制限超過利息を元本に充当したことにより生ずる過払金は，貸主借主間に過払金充当に関する特約が存在するなど特段の事情がない限り，過払金発生後に同一の貸主借主間でなされた第二貸付に基づき生じた債務には充当されない。

（文献）　伊沢和平・総則・商行為百選〔5 版〕，潮見佳男・重判〔平 19〕，小野秀誠・判評 585（判時 1978）号，鎌野邦樹・私リ 36 号

参考27　単一の基本契約内での過払金が生じた後に発生した他債務への過払金充当

最一小判平成 19・6・7 民集 61 巻 4 号 1537 頁

【要旨】　同一の貸主借主間で基本契約に基づき継続的に貸付と弁済が繰り返され，ある貸付から生じた貸金債務の弁済において利息制限法の制限利率を超える制限超過利息を元本に充当することにより生じた過払金は，特段の事情がない限り，弁済当時既に存在していた他の貸金債務に充当されるが，同一の基本契約に基づく債務の弁済は，各貸付毎に個別の対応が予定されているものではなく当該基本契約に基づく借入金の全体に対して行われると解されるので，弁済当時他の貸金債務が存在しないときでもその後に発生する新たな貸金債務の弁済に充当する旨の合意が基本契約に含まれていると解される。

（文献）　潮見佳男・重判〔平 19〕，中村肇・判評 591（判時 1996）号，吉田克己・私リ 37 号，小野秀誠・民商 137 巻 3 号

第4編　債権総論

参考28　異なる基本契約間での過払金充当

最二小判平成 20・1・18 民集 62 巻 1 号 28 頁

【要旨】　同一の貸主借主間で継続的に貸付と弁済を繰り返す第一基本契約が締結され，当該基本契約における貸付と弁済において制限超過利息を元本に充当することにより生じた過払金は，その後に両者間で締結された第二基本契約から生じた債務には充当されないのが原則であるが，第一基本契約と第二基本契約が事実上 1 個の連続した取引と評価できる場合には，第一基本契約から生じた過払金を第二基本契約から生じた新たな債務に充当する旨の合意が存在するものと解される。

文献　吉田克己・重判〔平 20〕，鎌野邦樹・判評 598（判時 2018）号，伊藤進・私リ 38 号，後藤巻則・民商 139 巻 2 号，阿部裕介・法協 127 巻 10 号

参考29　リボルビング方式の継続的貸付における過払金充当

最三小判平成 24・9・11 民集 66 巻 9 号 3227 頁

【要旨】　同一の貸主借主間で第一基本契約から生じた過払金を第二基本契約から生じた債務に充当するためには，2 つの基本契約が事実上 1 個の連続した取引と評価できることを要するが，第一基本契約が無担保のリボルビング方式による貸付，第二基本契約が不動産に根抵当権が設定された貸付である場合は，2 つの基本契約が事実上の 1 個の連続した取引であると評価することは困難であり，第一基本契約の過払金を第二基本契約の債務に充当することはできない。

文献　後藤巻則・民商 147 巻 4＝5 号，大塚智見・法協 131 巻 8 号，森田浩美・判解〔平 24〕

15 弁済による代位

15 弁済による代位

債権総論 32 弁済による代位における求償権の範囲に関する
特約と代位割合に関する特約の効力

◆①保証人と債務者との間で求償権について法定利率とは異なる約定利率によ
る遅延損害金を発生させる旨の特約がなされた場合，当該特約は有効であり，
代位弁済した保証人は遅延損害金を含む求償権の総額を上限として債権者が
有していた原債権と抵当権等の担保権に代位できる。

②保証人と物上保証人との間の特約により民法501条ただし書5号（新501
条3項4号）とは異なる代位割合が約定された場合，当該特約は有効であり，
代位弁済をした保証人は，物上保証人の後順位抵当権者などの利害関係人に
対しても，特約で定めた割合による抵当権等の担保権への代位を主張できる。

最三小判昭和59・5・29民集38巻7号885頁

〔参照条文〕民501条・442条・459条

【事実】A社はC信用金庫から分割金の支払を1回でも怠れば期限の利益を喪失す
るとの約定で480万円を借り受けた。A社の代表取締役Bは自己所有の建物に極
度額を600万円とするC信用金庫の根抵当権を設定して根抵当権設定登記をする
とともに，A社の貸金債務について連帯保証した。X信用保証協会はA社との保
証委託契約に基づき，A社がC信用金庫に対して負う貸金債務について保証をし
たが，X・A間の保証委託契約を締結するに際し，XがC信用金庫に対して代位弁
済したときは，(イ)A社との間ではA社はXに対して代位弁済額全額と年18.25%
の割合による遅延損害金を支払う旨の特約を，(ロ)Bとの間ではXはBが設定した
根抵当権の全部についてC信用金庫に代位し，特約(イ)に基づく求償権の範囲内で
本件根抵当権の全部を代位行使できる旨の特約を結んだ。A社が分割金の支払を
怠り，期限の利益を喪失したので，本件根抵当権の元本が確定し，元本確定の付記
登記がなされた。そして，XはC信用金庫に対して代位弁済をしたうえで本件根
抵当権の全部について移転の付記登記をした。その後，本件建物にDとYの後順
位抵当権が設定された。本件建物にXよりも先順位の抵当権を有するEの申立て
に基づき競売手続が開始され，配当表の作成に際してXは上記の2つの特約に基
づいて算定した債権額を届け出たが，競売裁判所は特約の効力を否定し，元本につ
いては法定の代位割合である2分の1，利息については法定利率で算定した損害金
に限って配当すべきとした。XはDとYに対して配当異議の訴えを提起したが，
第1審は(イ)(ロ)の特約はいずれも第三者には効力を及ばさないとする見解を示し，配

債権総論

32

223

第4編　債権総論

当表は正当であるとして X の請求を棄却した。原審は両特約は第三者との関係でも有効であるとして，X の請求を全部認容した。Y が上告。

【判旨】　上告棄却　①特約(イ)について　「弁済による代位の制度は，代位弁済者が債務者に対して取得する求償権を確保するために，法の規定により弁済によって消滅すべきはずの債権者の債務者に対する債権（以下『原債権』という。）及びその担保権を代位弁済者に移転させ，代位弁済者がその求償権の範囲内で原債権及びその担保権を行使することを認める制度であり，したがって，代位弁済者が弁済による代位によつて取得した担保権を実行する場合において，その被担保債権として扱うべきものは，原債権であつて，保証人の債務者に対する求償権でないことはいうまでもない。債務者から委託を受けた保証人が債務者に対して取得する求償権の内容については，民法 459 条 2 項によつて準用される同法 442 条 2 項は，これを代位弁済額のほかこれに対する弁済の日以後の法定利息等とする旨を定めているが，右の規定は，任意規定であつて，保証人と債務者との間で右の法定利息に代えて法定利率と異なる約定利率による代位弁済の日の翌日以後の遅延損害金を支払う旨の特約をすることを禁ずるものではない。また，弁済による代位の制度は保証人と債務者との右のような特約の効力を制限する性質を当然に有すると解する根拠もない。けだし，単に右のような特約の効力を制限する明文がないというのみならず，当該担保権が根抵当権の場合においては，根抵当権はその極度額の範囲内で原債権を担保することに変わりはなく，保証人と債務者が約定利率による遅延損害金を支払う旨の特約によつて求償権の総額を増大させても，保証人が代位によつて行使できる根抵当権の範囲は右の極度額及び原債権の残存額によつて限定されるのであり，また，原債権の遅延損害金の利率が変更されるわけでもなく，いずれにしても，右の特約は，担保不動産の物的負担を増大させることにはならず，物上保証人に対しても，後順位の抵当権者その他の利害関係人に対しても，なんら不当な影響を及ぼすものではないからである。そして，保証人と右の利害関係人とが保証人と債務者との間で求償権の内容についてされた特約の効力に関して物権変動の対抗問題を生ずるような関係に立つものでないことは，右に説示したところから明らかであり，保証人は右の特約を登記しなければこれをもつて右の利害関係人に対抗することができない関係にあるわけでもない（法がそのような特約を登記する方法を現に講じていないのも，そのゆえであると解される。）。

224

以上のとおりであるから，保証人が代位によつて行使できる原債権の額の上限
は，これらの利害関係人に対する関係において，約定利率による遅延損害金を
含んだ求償権の総額によつて画されるものというべきである」。

②特約(ロ)について 「民法501条は，その本文において弁済による代位の効
果を定め，その但書各号において代位者相互間の優劣ないし代位の割合などを
定めている。弁済による代位の制度は，すでに説示したとおり，その効果とし
て，債権者の有していた原債権及びその担保権をそのまま代位弁済者に移転さ
せるのであり，決してそれ以上の権利を移転させるなどして右の原債権及びそ
の担保権の内容に変動をもたらすものではないのであつて，代位弁済者はその
求償権の範囲内で右の移転を受けた原債権及びその担保権自体を行使するにす
ぎないのであるから，弁済による代位が生ずることによつて，物上保証人所有
の担保不動産について右の原債権を担保する根抵当権等の担保権の存在を前提
として抵当権等の担保権その他の権利関係を設定した利害関係人に対し，その
権利を侵害するなどの不当な影響を及ぼすことはありえず，それゆえ，代位弁
済者は，代位によつて原債権を担保する根抵当権等の担保権を取得することに
ついて，右の利害関係人との間で物権的な対抗問題を生ずる関係に立つことは
ないというべきである。そして，同条但書5号は，右のような代位の効果を前
提として，物上保証人及び保証人相互間において，先に代位弁済した者が不当
な利益を得たり，代位弁済が際限なく循環して行われたりする事態の生ずるこ
とを避けるため，右の代位者相互間における代位の割合を定めるなど一定の制
限を設けているのであるが，その窮極の趣旨・目的とするところは代位者相互
間の利害を公平かつ合理的に調節することにあるものというべきであるから，
物上保証人及び保証人が代位の割合について同号の定める割合と異なる特約を
し，これによつてみずからその間の利害を具体的に調節している場合にまで，
同号の定める割合によらなければならないものと解すべき理由はなく，同号が
保証人と物上保証人の代位についてその頭数ないし担保不動産の価格の割合に
よつて代位するものと規定しているのは，特約その他の特別な事情がない一般
的な場合について規定しているにすぎず，同号はいわゆる補充規定であると解
するのが相当である」。

文献 中舎寛樹・百選II〔7版〕，川井健・重判〔昭59〕，辻正美・判評311（判時1133）
号

第 4 編　債権総論

参考30　弁済により代位された原債権と連帯保証債権について請求を認容する場合における求償権の表示

最一小判昭和 61・2・20 民集 40 巻 1 号 43 頁

【要旨】　弁済による代位制度は代位弁済者の債務者に対する求償権を確保することを目的としており，代位弁済者に移転した原債権とその担保権は求償権を確保することを目的として存在する附従的な性質を有し，求償権が消滅すると原債権等も当然に消滅し，原債権等の行使は求償権の存する限度に制約されるので，裁判所が代位弁済者の原債権と担保権について請求を認容する場合には，求償権による原債権等に対する制約は実体法上の制約であるから，判決主文において代位弁済者が債務者に対して有する求償権の限度で給付を命じまたは確認をしなければならない。

(文献)　本間靖規・重判〔昭 61〕，山田誠一・民商 96 巻 3 号

参考31　弁済による代位により取得した財団債権の破産手続外での行使

最三小判平成 23・11・22 民集 65 巻 8 号 3165 頁

【要旨】　弁済による代位制度は原債権を求償権確保のための一種の担保として機能させるものであり，求償権の行使が倒産手続による制約を受けるとしても，原債権の行使自体が制約されていない以上，原債権の行使が求償権と同様の制約を受けるものではなく，弁済による代位により財団債権を取得した者は，同人が取得した破産者に対する求償権が破産債権に過ぎない場合でも破産手続によることなく財団債権を行使することができる。

(文献)　中島弘雅・倒産百選〔5 版〕，千葉恵美子・重判〔平 24〕，生熊長幸・民商 146 巻 6 号，園田賢治・判評 647（判時 2166）号，高橋眞・私リ 46 号

15 弁済による代位

債権総論 33 保証人と物上保証人を兼務する者の代位

◆弁済による代位において代位者の中に保証人の資格と物上保証人の資格を兼務する者が含まれる場合，公平の理念に基づき，二重の資格を有する者を1人として扱い，全員の頭数に応じて代位の割合を決定すべきである。

最一小判昭和 61・11・27 民集 40 巻 7 号 1205 頁

〔参照条文〕民 501 条

【事実】A 社は B 銀行との間で継続的貸付契約を締結し，Y と C その他 2 名が A の貸金債務について連帯保証した。さらに Y は自己所有の甲土地に B の A に対する債権を被担保債権とする極度額 5000 万円の B の根抵当権を設定した。また，C も自己所有の乙土地上に同内容の B の根抵当権を設定し，D 信用保証協会は B の A に対する貸金債権について信用保証をした。A が銀行取引停止処分を受けたことから，貸金債務について期限の利益を喪失し，B の根抵当権の元本が確定した。D は B に対して代位弁済をして，A に対する求償権を取得するとともに，B の A に対する貸金債権と B の根抵当権に代位した。Y は D の A に対する求償権について A からの委託を受けて連帯保証したが，その後，Y は D に代位弁済して，A に対する求償権を取得するとともに，D が A に対して有していた求償権，貸金債権，根抵当権に代位した。Y は乙土地上の抵当権に基づき不動産競売を申し立て，地裁は配当期日において配当表を作成したが，A に対して貸金債権を有する X が本件配当表に対して異議を申し立てた。X は法定代位者のうち，連帯保証人と物上保証人を兼ねる者は保証人としての資格と物上保証人としての資格を有するので 2 名いるものとして代位の割合を定めるべきと主張したが，第 1 審と原審は，連帯保証人と物上保証人を兼ねる者を 1 人として扱うべきとし，この見解に従って作成された配当表は正当であるとして X の請求を棄却した。X が上告。

【判旨】 上告棄却 「民法 501 条但書 4 号，5 号の規定は，保証人又は物上保証人が複数存在する場合における弁済による代位に関し，右代位者相互間の利害を公平かつ合理的に調整するについて，代位者の通常の意思ないし期待によつて代位の割合を決定するとの原則に基づき，代位の割合の決定基準として，担保物の価格に応じた割合と頭数による平等の割合を定めているが，右規定は，物上保証人相互間，保証人相互間，そして保証人及び物上保証人が存在する場合における保証人全員と物上保証人全員との間の代位の割合は定めているものの，代位者の中に保証人及び物上保証人の二重の資格をもつ者が含まれる場合における代位の割合の決定基準については直接定めていない。したがつて，右

債権総論

㉝

227

第 4 編　債 権 総 論

の場合における代位の割合の決定基準については，二重の資格をもつ者を含む代位者の通常の意思ないし期待なるものを捉えることができるのであれば，右規定の原則に基づき，その意思ないし期待に適合する決定基準を求めるべきであるが，それができないときは，右規定の基本的な趣旨・目的である公平の理念にたち返つて，代位者の頭数による平等の割合をもつて決定基準とするほかはないものといわざるをえない。しかして，右の場合に，二重の資格をもつ者は他の代位者との関係では保証人の資格と物上保証人の資格による負担を独立して負う，すなわち，二重の資格をもつ者は代位者の頭数のうえでは 2 人である，として代位の割合を決定すべきであると考えるのが代位者の通常の意思ないし期待でないことは，取引の通念に照らして明らかであり，また，仮に二重の資格をもつ者を頭数のうえであくまで 1 人と扱い，かつ，その者の担保物の価格を精確に反映させて代位の割合を決定すべきであると考えるのが代位者の通常の意思ないし期待であるとしても，右の 2 つの要請を同時に満足させる簡明にしてかつ実効性ある基準を見い出すこともできない。そうすると，複数の保証人及び物上保証人の中に二重の資格をもつ者が含まれる場合における代位の割合は，民法 501 条但書 4 号，5 号の基本的な趣旨・目的である公平の理念に基づいて，二重の資格をもつ者も 1 人と扱い，全員の頭数に応じた平等の割合であると解するのが相当である」。

(文献)　石田喜久夫・重判〔昭 61〕，同・民商 100 巻 4 号，沖野眞已・法協 105 巻 7 号

(債権総論 34)　**抵当権の複数の被担保債権のうちの 1 個の債権のみを保証した保証人が当該債権を全額を弁済した場合の抵当権者と保証人の関係**

◆抵当権の複数の被担保債権のうちの 1 つのみを保証した保証人が被保証債権全額を弁済して債権者に代位した場合において，抵当不動産の売却代金が被担保債権の全てを消滅させるに足りないときは，債権者と保証人は債権者が有する残債権額と保証人が代位によって取得した債権額に応じて案分した額の弁済を受ける。

最一小判平成 17・1・27 民集 59 巻 1 号 200 頁

〔参照条文〕民 249 条・264 条・502 条

15　弁済による代位

【事実】Xは A 社に対して 3 回にわたり貸付を行い，Y は X の A 社に対する貸金債権（本件各債権。甲債権，乙債権，丙債権）について連帯保証した。平成 10 年 12 月 8 日になされた X・A 間の合意により，甲債権の最終返済期日が平成 14 年 3 月 10 日に，乙債権の最終返済期日が同年 12 月 10 日に，丙債権の最終返済期日が平成 16 年 3 月 10 日にそれぞれ変更された。それと同時に，X・Y 間の合意により，本件各債権についての保証期間が，甲債権については平成 11 年 3 月 10 日まで，乙債権については同年 12 月 10 日まで，丙債権については平成 13 年 3 月 10 日までと定められた。また，A 社は自己所有の不動産に本件各債権を被担保債権とする X の抵当権を設定し，抵当権登記がなされた。平成 12 年 2 月 15 日に A 社は会社更生法に基づく更生手続開始の申立てをし，同年 5 月 12 日に東京地裁により A 社について更正手続開始決定がなされた。これにより，平成 12 年 2 月 15 日の時点で A 社は本件各債権について期限の利益を喪失した。平成 12 年 2 月 18 日に Y は丙債権について代位弁済し，同年 4 月 5 日に代位弁済を原因とする本件抵当権の一部移転登記を受けた（Y による丙債権についての代位弁済がなされる前にすでに甲債権と乙債権の保証期間が終了していたので，Y は丙債権についてのみ保証をしており，甲債権と乙債権については保証の対象外となっていた）。その後，A 社の管財人が本件抵当不動産を売却して，売却代金によって，X と Y にそれぞれ弁済がなされたが，X は本件不動産の売却代金から Y が受領した弁済金の一部について X に優先権があると主張し，Y に対して不当利得の返還を求めて訴えを提起。第 1 審と原審は請求を認容した。Y が上告。

【判旨】　破棄差戻　「不動産を目的とする 1 個の抵当権が数個の債権を担保し，そのうちの 1 個の債権のみについての保証人が当該債権に係る残債務全額につき代位弁済した場合は，当該抵当権は債権者と保証人の準共有となり，当該抵当不動産の換価による売却代金が被担保債権のすべてを消滅させるに足りないときには，債権者と保証人は，両者間に上記売却代金からの弁済の受領についての特段の合意がない限り，上記売却代金につき，債権者が有する残債権額と保証人が代位によって取得した債権額に応じて案分して弁済を受けるものと解すべきである。なぜなら，この場合は，民法 502 条 1 項所定の債権の一部につき代位弁済がされた場合〔最一小判昭和 60・5・23 民集 39 巻 4 号 940 頁参照〕とは異なり，債権者は，上記保証人が代位によって取得した債権について，抵当権の設定を受け，かつ，保証人を徴した目的を達成して完全な満足を得ており，保証人が当該債権について債権者に代位して上記売却代金から弁済を受けることによって不利益を被るものとはいえず，また，保証人が自己の保証していな

第4編　債権総論

い債権についてまで債権者の優先的な満足を受忍しなければならない理由はないからである」。「以上によれば，本件抵当権の数個の被担保債権（本件各債権）のうちの1個の債権〔本件丙債権〕のみについて保証人であるYは，当該債権〔本件丙債権〕に係る残債務全額につき代位弁済したが，本件管財人によって販売された本件不動産の売却代金が被担保債権（本件各債権）のすべてを消滅させるに足りないのであるから，YとXは，両者間に上記売却代金からの弁済の受領についての特段の合意がない限り，上記売却代金につき，Xが有する残債権額とYが代位によって取得した債権額に応じて案分して弁済を受けるものというべきである」。

文献　安永正昭・重判〔平17〕，佐藤岩昭・判評564（判時1912）号，古積健三郎・私リ33号，高橋眞・民商133巻1号，森田修・法協123巻6号

参考32　一部弁済による代位における抵当権者と一部代位者の関係

最一小判昭和60・5・23民集39巻4号940頁

【要旨】　債権者が物上保証人の設定した抵当権の実行により一部弁済を得た場合，民法502条により債権者が有する債務者所有不動産上の抵当権に一部代位した物上保証人は，債権者とともに債権者が有する抵当権を行使できるが，代位した抵当権が実行されたときの競売代金の配当については債権者が一部代位者に優先する。

文献　池田雅則・百選I，小林資郎・重判〔昭60〕，齋藤和夫・判評370（判時1324）号

15　弁済による代位

債権総論 35　担保保存義務免除特約の効力

◆①債権者と物上保証人との間で締結された債権者の担保保存義務を免除する旨の特約は原則として有効であり，特約が締結されたときの事情，その後の債権者と債務者との取引の経緯，債権者が担保を喪失し，または減少させる行為をしたときの状況等を総合して，債権者の行為が，金融取引上の通念からみて合理性を有し，保証人等の正当な代位の期待を奪うものとはいえないときは，他に特段の事情がない限り，債権者がその特約の効力を主張することは，信義則に反するものではなく，また，権利の濫用にあたるものでもない。

②債権者が担保を喪失し，または減少させた後に，物上保証人として代位の正当な利益を有していた者から担保物件を譲り受けた者も，民法504条による免責の効果を主張できるのが原則であるが，債権者が担保を喪失し，または減少させた時に，特約の効力により民法504条による免責の効果が生じなかった場合は，第三取得者は，免責の効果が生じていない状態の担保の負担がある物件を取得したことになり，民法504条による免責の効果を主張することはできない。

最二小判平成7・6・23民集49巻6号1737頁

〔参照条文〕民1条・91条・504条

【事実】AがC保険会社から融資を受けるにあたり，Aからの委託を受けてY信用金庫がAのCに対する貸金債務を保証した。YはCに代位弁済して，Aに対して求償権を取得した。YのAに対する求償金債権を担保するために，Aの姉Bが所有する複数の不動産（本件不動産）上に根抵当権が設定されたが，根抵当権設定契約には民法504条が定める債権者の担保保存義務を免除する旨の特約が付されていた。その後，YはAに追加融資するに際し，Aが所有する不動産上に根抵当権（本件追加担保）の設定を受けた。Bが死亡した後に，Aが追加融資から生じた貸金債務全額をYに弁済したので，Yは本件追加担保を放棄した。Bの子Xは，Yによる本件追加担保の放棄後，遺産分割ならびに他の相続人からの買受けにより本件不動産を取得した。XはYに対して民法504条による免責を主張して根抵当権設定登記の抹消を求めて訴えを提起した。第1審は請求を認容したが，原審は請求を棄却した。Xが上告。

【判旨】　上告棄却　「債務の保証人，物上保証人等，弁済をするについて正当な利益を有する者（以下『保証人等』という。）が，債権者との間で，あらか

第4編　債権総論

じめ民法504条に規定する債権者の担保保存義務を免除し，同条による免責の利益を放棄する旨を定める特約は，原則として有効であるが〔最一小判昭和48・3・1裁判集民事108号275頁参照〕，債務者がこの特約の効力を主張することが信義則に反し，又は権利の濫用に当たるものとして許されない場合のあり得ることはいうまでもない。しかしながら，当該保証等の契約及び特約が締結された時の事情，その後の債権者と債務者との取引の経緯，債権者が担保を喪失し，又は減少させる行為をした時の状況等を総合して，債権者の右行為が，金融取引上の通念から見て合理性を有し，保証人等が特約の文言にかかわらず正当に有し，又は有し得べき代位の期待を奪うものとはいえないときは，他に特段の事情がない限り，債権者が右特約の効力を主張することは，信義則に反するものではなく，また，権利の濫用に当たるものでもないというべきである」。「債権者が担保を喪失し，又は減少させた後に，物上保証人として代位の正当な利益を有していた者から担保物件を譲り受けた者も，民法504条による免責の効果を主張することができるのが原則である〔最三小判平成3・9・3民集45巻7号1121頁参照〕。しかし，債権者と物上保証人との間に本件特約のような担保保存義務免除の特約があるため，債権者が担保を喪失し，又は減少させた時に，右特約の効力により民法504条による免責の効果が生じなかった場合は，担保物件の第三取得者への譲渡によって改めて免責の効果が生ずることはないから，第三取得者は，免責の効果が生じていない状態の担保の負担がある物件を取得したことになり，債権者に対し，民法504条による免責の効果を主張することはできない」。

文献　高橋眞・百選Ⅱ，道垣内弘人・重判〔平7〕，石田喜久夫・判評444（判時1549）号，松岡久和・私リ13号，中田裕康・法協113巻11号

参考33　担保保存義務と抵当不動産の第三取得者

最三小判平成3・9・3民集45巻7号1121頁

【要旨】　債務者所有の甲不動産と第三者所有の乙不動産に共同抵当権が設定された場合において，債権者が甲不動産に設定された抵当権を放棄するなど故意または懈怠により担保を喪失または減少したときは，その後の乙不動産の譲受

人も債権者に対して民法 504 条に規定する免責の効果を主張することができる。

> 〔文献〕 前田達明・重判〔平 3〕，近江幸治・判評 401（判時 1418）号，石田喜久夫・私リ 5 号，西尾信一・民商 106 巻 5 号

16 債権差押え

債権総論 36 差押を受けた債権の第三債務者

◆仮差押命令の送達を受領する前に第三債務者が被差押債権について先日付振込みを依頼し，送達受領後に実際に振込みがなされた場合，第三債務者は被差押債権の弁済禁止効を免れることはできない。

最一小判平成 18・7・20 民集 60 巻 6 号 2475 頁
〔参照条文〕民 481 条，民執 145 条，民保 50 条

【事実】 Y 社の従業員 A は平成 13 年 12 月 31 日限りで Y を退職し，退職金は A の依頼により C 労働金庫にある A の預金口座に振り込まれることになった。Y は取引銀行である B 銀行との間で以前からオンラインシステム利用契約を締結しており，平成 13 年 12 月 26 日に，Y は本件オンラインシステムを通じて A の退職金を C にある A の預金口座に同月 28 日に振込入金されるように B に依頼した（いわゆる先日付振込）。A に対して債権を有する X は，A が Y に対して取得する給料債権等について仮差押命令を申し立て，同月 26 日に地裁から債権仮差押命令（本件仮差押命令）が発令された。同命令は同月 27 日午前 11 時頃に Y の守衛所に送達されたが，同日は Y の年内最終営業日であり，終業時刻は午後零時 15 分であった。Y の総務部担当者は A への給与と退職金はすでに支払済みであり，本件仮差押命令の対象となっている債権は存在しない旨の同月 27 日付けの陳述書を地裁に提出した。その翌日の 28 日に A の口座に退職金が入金された。X は同月 31 日に支払期が到来した本件退職金の 4 分の 1 について地裁に債権差押命令を申し立て，平成 14 年 5 月 7 日に債権差押命令が発令され，翌 8 日に Y に送達された。X は Y に対して A の退職金の 4 分の 1 の金額の支払を求めて訴えを提起した。第 1 審は請求を認容したが，原審は請求を棄却した。X が上告。

【判旨】 破棄差戻 「取引銀行に対して先日付振込みの依頼をした後にその振込みに係る債権について仮差押命令の送達を受けた第三債務者は，振込依頼を撤回して債務者の預金口座に振込入金されるのを止めることができる限り，弁

第4編　債権総論

済をするかどうかについての決定権を依然として有するというべきであり，取引銀行に対して先日付振込みを依頼したというだけでは，仮差押命令の弁済禁止の効力を免れることはできない。そうすると，上記第三債務者は，原則として，仮差押命令の送達後にされた債務者の預金口座への振込みをもって仮差押債権者に対抗することはできないというべきであり，上記送達を受けた時点において，その第三債務者に人的又は時間的余裕がなく，振込依頼を撤回することが著しく困難であるなどの特段の事情がある場合に限り，上記振込みによる弁済を仮差押債権者に対抗することができるにすぎないものと解するのが相当である」。

(文献)　小梁吉章・執保百選〔2版〕，八田卓也・重判〔平18〕，中山知己・判評581（判時1965）号，吉田光碩・民商135巻6号，日比野泰久・私リ35号

17　相　殺

債権総論37　相殺適状の要件

◆①民法505条の相殺適状の要件として自働債権と受働債権の弁済期がいずれも到来していることを要し，受働債権について期限の利益を放棄できる状態にあるだけでは足りず，実際に期限の利益を放棄するか，期限の利益が喪失したことを要する。

②時効によって消滅した自働債権での相殺を認める民法508条の要件として自働債権の消滅時効完成前に自働債権と受働債権が相殺適状にあることを要する。

最一小判平成25・2・28民集67巻2号343頁

〔参照条文〕民136条・145条・505条・508条

【事実】Xと貸金業者Yとの間で継続的に貸付と弁済が繰り返された結果，平成8年10月29日の取引終了時点でXはYに対して過払金返還請求権を取得した。その後，Xは貸金業者Aからも借入をし，Aに対する貸金債務を担保するためにXは自己所有の不動産にAの抵当権を設定した。平成15年1月6日にYがAを吸収合併してXに対する貸主の地位を継承した。Xは平成22年7月1日の返済期日における支払を遅滞したために，同日の経過により期限の利益を喪失した。平成22年8月17日にXは本件過払金返還請求権を自働債権，Yに対する貸金債務を受

17 相　殺

働債権として相殺の意思表示をし，相殺により被担保債権が消滅したとして，抵当
権登記の抹消を請求して訴えを提起した。これに対してＹはＸの過払金返還請求
権の消滅時効を援用するとしてＸに対して貸金の返還を求めて反訴を提起した。
第１審と原審はＸの本訴請求を認容する一方で，Ｙの反訴請求を棄却した。Ｙが
上告。

【判旨】　**本訴請求につき破棄自判，反訴請求につき破棄差戻**　「民法 505 条 1
項は，相殺適状につき，『双方の債務が弁済期にあるとき』と規定しているの
であるから，その文理に照らせば，自働債権のみならず受働債権についても弁
済期が現実に到来していることが相殺の要件とされていると解される。また，
受働債権の債務者がいつでも期限の利益を放棄することができることを理由に
両債権が相殺適状にあると解することは，上記債務者が既に享受した期限の利
益を自ら遡及的に消滅させることとなって，相当でない。したがって，既に弁
済期にある自働債権と弁済期の定めのある受働債権とが相殺適状にあるという
ためには，受働債権につき，期限の利益を放棄することができるというだけで
はなく，期限の利益の放棄又は喪失等により，その弁済期が現実に到来してい
ることを要するというべきである」。「これを本件についてみると，本件貸付金
残債権については，Ｘが平成 22 年 7 月 1 日の返済期日における支払を遅滞し
たため，本件特約に基づき，同日の経過をもって，期限の利益を喪失し，その
全額の弁済期が到来したことになり，この時点で本件過払金返還請求権と本件
貸付金残債権とが相殺適状になったといえる。そして，当事者の相殺に対する
期待を保護するという民法 508 条の趣旨に照らせば，同条が適用されるために
は，消滅時効が援用された自働債権はその消滅時効期間が経過する以前に受働
債権と相殺適状にあったことを要すると解される。前記事実関係によれば，消
滅時効が援用された本件過払金返還請求権については，上記の相殺適状時にお
いて既にその消滅時効期間が経過していたから，本件過払金返還請求権と本件
貸付金残債権との相殺に同条は適用されず，Ｘがした相殺はその効力を有しな
い」。

(文献)　加毛明・百選 II，藤澤治奈・重判〔平 25〕，北居功・民商 148 巻 3 号，石垣茂
光・判評 661（判時 2208）号，久保宏之・私リ 48 号

第4編　債権総論

参考34 除斥期間経過後の瑕疵修補に代わる損害賠償請求権を自働債権とする相殺

最一小判昭和51・3・4民集30巻2号48頁

【要旨】　注文者の請負人に対する瑕疵修補に代わる損害賠償請求権は民法637条により目的物の受領から1年以内に行使することを要し，この期間は除斥期間であるが，除斥期間経過前に請負代金請求権と損害賠償請求権が相殺適状に達していたときは，民法508条の類推適用により，除斥期間経過後であっても損害賠償請求権を自働債権とし請負代金請求権を受働債権とする相殺ができる。

（文献）　高木多喜男・判評231（判時880）号，中井美雄・民商75巻6号，坂本武憲・法協94巻12号

参考35 三当事者間相殺

最二小判平成28・7・8民集70巻6号1611頁

【要旨】　民事再生法92条は，原則として，再生手続開始時において再生債務者に対して債務を負担する再生債権者による相殺を認め，相殺権を別除権と同様に扱うこととしているが，同条1項が「再生債務者に対して債務を負担する」ことを要件としているのは，民法505条1項における2人が互いに債務を負担するという要件と同義であり，再正債務者に対して債務を負担する者が他人の有する再生債権をもって相殺できるとの合意は，互いに債務を負担する関係にない者の間における相殺を許すことになり，民事再生法92条1項に反するので，そのような合意による相殺は認められない。

（文献）　田頭章一・重判〔平28〕

17 相 殺

債権総論 38 同一の不法行為から生じた損害賠償債権間の相殺

◆不法行為に基づく損害賠償債権を受働債権とする相殺を禁止する民法 509 条の趣旨は不法行為の被害者に現実の弁済によって損害の塡補を受けさせることにあり，不法行為による損害賠償債務を負担している者は，被害者に対する不法行為に基づく損害賠償債権を有している場合であっても，被害者に対し，その債権をもって対当額につき相殺により同債務を免れることは許されず，双方の過失による同一の交通事故によって生じた物的損害に基づく損害賠償請求権相互間においても相殺は許されない。

最三小判昭和 49・6・28 民集 28 巻 5 号 666 頁

〔参照条文〕民 509 条・709 条

【事実】X₁ 所有の普通乗用車（甲車）を X₁ の子 X₂ が運転していたところ（X₃ と X₄ も同乗），Y₁ が所有し Y₁ の被用者 Y₂ が運転するマイクロバス（乙車）と衝突し，X₂，X₃，X₄，Y₂ が負傷するとともに甲車と乙車はいずれも破損した。X 等は Y₁ と Y₂ に対して損害の賠償を求めて訴えを提起した。これに対して，Y₁ は乙車の破損によって被った損害賠償請求権を自働債権として，X 等の本訴請求債権と相殺すると主張した。原審は Y₁ による相殺の抗弁を認め，X 等の損害賠償請求権を一部のみ容認し，相殺された金額分について請求を棄却した。X 等が上告。

【判旨】 一部破棄自判，一部棄却 「民法 509 条の趣旨は，不法行為の被害者に現実の弁済によつて損害の塡補を受けさせること等にあるから，およそ不法行為による損害賠償債務を負担している者は，被害者に対する不法行為による損害賠償債権を有している場合であつても，被害者に対しその債権をもつて対当額につき相殺により右債務を免れることは許されないものと解するのが，相当である〔最三小判昭 32・4・30 民集 11 巻 4 号 646 頁参照〕。したがつて，本件のように双方の被用者の過失に基因する同一交通事故によつて生じた物的損害に基づく損害賠償債権相互間においても，民法 509 条の規定により相殺が許されないというべきである」。

文献 前田達明・重判〔昭 49〕，中井美雄・民商 72 巻 5 号，能見善久・法協 93 巻 7 号

債権総論

㊳

237

第4編　債権総論

> **参考36** 被害者の損害賠償債権に対して加害者が得た転付命令の効力

最一小判昭和 54・3・8民集 33 巻 2 号 187 頁

【要旨】　不法行為の被害者に現実の弁済によって損害の塡補を受けさせるとともに不法行為の誘発を防止することを目的とする民法 509 条の趣旨に照らせば，不法行為の加害者が，被害者に対して有する自己の債権を執行債権として被害者の損害賠償債権を差し押さえ，これにつき転付命令を受け，混同によって損害賠償債権を消滅させることは，民法 509 条を潜脱する行為として許されず，このような転付命令は効力を生じない。

〔文献〕 中島弘雅・執保百選，田中康久・重判〔昭 54〕，野村豊弘・民商 81 巻 6 号，竹下守夫・法協 97 巻 9 号

18　相殺と差押え

> **債権総論 39** 受働債権差押後の相殺

◆①受働債権の差押前に第三債務者が自働債権を取得していれば，自働債権と受働債権の弁済期の先後を問わず，相殺適状になった時点で第三債務者が相殺の意思表示をすることにより，第三債務者は相殺による受働債権の消滅を差押債権者に主張できる。

②受働債権について差押等の申立てがされた時点で自働債権についての期限の利益を喪失させる旨の相殺予約は，契約の自由の原則に基づき有効であり，差押債権者にも対抗できる。

最大判昭和 45・6・24 民集 24 巻 6 号 587 頁

〔参照条文〕民 511 条

【事実】Ａ社が税金を滞納していたことから，Ｘ（国）は，ＡがＹ銀行に対して有する定期預金債権等について差押命令を得たうえで，Ｙに対してＡの滞納税額相当額の支払を求めて訴えを提起した。Ｙは本件差押がなされる前にすでにＡに対して貸金債権を取得しており，貸付に際してＡ・Ｙ間には，Ａについて差押等の申立がなされた時点でＹのＡに対する債権全額について期限の利益を喪失する旨の特約（期限の利益喪失特約）が結ばれていた。そこで，本件第 1 審の口頭弁論期日

18 相殺と差押え

において，Yは，Xの本件差押えにより，YのAに対する複数の貸金債権は期限の利益を喪失することから，当該貸金債権を自働債権としAのYに対する預金債権を受働債権とする相殺の意思表示をした。第1審は定期預金債権の弁済期よりも貸金債権の弁済期の方が先に到来する限度で相殺の抗弁が認められるとして，請求を一部認容した。これに対し，原審は貸金債権と預金債権の弁済期の先後を問わず相殺がすべて認められるとして，Xの請求を棄却した。Xが上告。

【判旨】　上告棄却　「相殺の制度は，互いに同種の債権を有する当事者間において，相対立する債権債務を簡易な方法によつて決済し，もつて両者の債権関係を円滑かつ公平に処理することを目的とする合理的な制度であつて，相殺権を行使する債権者の立場からすれば，……受働債権につきあたかも担保権を有するにも似た地位が与えられるという機能を営むものである。相殺制度のこの目的および機能は，現在の経済社会において取引の助長にも役立つものであるから，この制度によつて保護される当事者の地位は，できるかぎり尊重すべきものであつて，当事者の一方の債権について差押が行なわれた場合においても，明文の根拠なくして，たやすくこれを否定すべきものではない」。「債権が差し押えられた場合においては，差押を受けた者は，被差押債権の処分，ことにその取立をすることを禁止され（民訴法598条1項後段），その結果として，第三債務者もまた，債務者に対して弁済することを禁止され（同項前段，民法481条1項），かつ債務者との間に債務の消滅またはその内容の変更を目的とする契約，すなわち，代物弁済，更改，相殺契約，債権額の減少，弁済期の延期等の約定などをすることが許されなくなるけれども，これは，債務者の権能が差押によつて制限されることから生ずるいわば反射的効果にすぎないのであつて，第三債務者としては，右制約に反しないかぎり，債務者に対するあらゆる抗弁をもつて差押債権者に対抗することができるものと解すべきである。すなわち，差押は，債務者の行為に関係のない客観的事実または第三債務者のみの行為により，その債権が消滅しまたはその内容が変更されることを妨げる効力を有しないのであつて，第三債務者がその一方的意思表示をもつてする相殺権の行使も，相手方の自己に対する債権が差押を受けたという一事によつて，当然に禁止されるべきいわれはないというべきである」。「民法511条は，一方において，債権を差し押えた債権者の利益をも考慮し，第三債務者が差押後に取得した債権による相殺は差押債権者に対抗しえない旨を規定している。しか

しながら，同条の文言および前示相殺制度の本質に鑑みれば，同条は，第三債務者が債務者に対して有する債権をもつて差押債権者に対し相殺をなしうることを当然の前提としたうえ，差押後に発生した債権または差押後に他から取得した債権を自働債権とする相殺のみを例外的に禁止することによつて，その限度において，差押債権者と第三債務者の間の利益の調節を図つたものと解するのが相当である。したがつて，第三債務者は，その債権が差押後に取得されたものでないかぎり，自働債権および受働債権の弁済期の前後を問わず，相殺適状に達しさえすれば，差押後においても，これを自働債権として相殺をなしうるものと解すべきであ」る。「Y 銀行と A 社との間に本件差押前に締結された継続的取引の約定書には，……『左の場合には，債務の全額につき弁済期到来したるものとし，借主（A 社）又は保証人の Y 銀行に対する預金その他の債権と弁済期の到否にかかわらず，任意相殺されても異議がなく，請求次第債務を弁済する』との条項が，そして……『借主又は保証人につき，仮処分差押仮差押の申請，支払停止，破産若くは和議の申立てがあつたとき』との条項が存し，Y 銀行は，右特約に基づき，本件差押当日現在 Y 銀行が A 社に対して有していた原判示の貸付金債権……，および同日現在 A 社が Y 銀行に対して有していた原判示の預金等の債権……の両者について，本来の弁済期未到来の債権については各弁済期が同日到来したものとして，……本件第 1 審の口頭弁論において，X に対し，前者を自働債権とし，後者を受働債権として，対当額で相殺する旨の意思表示をしたというのである。……右特約は，A 社またはその保証人について前記のように信用を悪化させる一定の客観的事情が発生した場合においては，Y 銀行の A 社に対する貸付金債権について，A 社のために存する期限の利益を喪失せしめ，一方，同人らの Y 銀行に対する預金等の債権については，Y 銀行において期限の利益を放棄し，直ちに相殺適状を生ぜしめる旨の合意と解することができるのであつて，かかる合意が契約自由の原則上有効であることは論をまたないから，本件各債権は，遅くとも，差押の時に全部相殺適状が生じたものといわなければならない」。

文献　北居功・百選 II，石川利夫・重判〔昭 45〕，林良平・民商 67 巻 4 号，四宮和夫・法協 89 巻 1 号

18　相殺と差押え

参考 37　担保不動産収益執行開始後における賃料債権の帰属
と相殺

最二小判平成 21・7・3 民集 63 巻 6 号 1047 頁

【要旨】　担保不動産の賃借人は，抵当権に基づく担保不動産収益執行の開始決定の効力が生じた後においても，抵当権設定登記の前に取得した賃貸人に対する債権を自働債権とし，賃料債権を受働債権とする相殺を管理人に対抗できる。

（文献）　倉部真由美・執保百選〔2 版〕，生熊長幸・重判〔平 21〕，同・民商 141 巻 4 = 5 号，西川佳代・重判〔平 21〕，菱田雄郷・判評 617（判時 2075）号，内山衛次・私リ 41 号

債権総論 40　相殺の意思表示時点での相殺適状の存在

◆相殺適状は相殺の意思表示がされたときに現存することを要し，いったん相殺適状が生じていたとしても，相殺の意思表示がされる前に一方の債権が弁済，代物弁済，更改，相殺等の事由によって消滅していた場合には相殺は許されない。転付債権者と第三債務者間の債権債務の相殺適状が債務者と第三債務者間の債権債務の相殺適状よりも後に生じた場合でも，転付債権者による相殺の意思表示が第三債務者による相殺の意思表示よりも先になされ債権が消滅すれば，第三債務者による相殺の意思表示は効力を生じない。

最三小判昭和 54・7・10 民集 33 巻 5 号 533 頁

〔参照条文〕民 505 条・506 条

【事実】　X 信用金庫は A に対して複数回に亘り手形貸付を行い，複数の貸金債権（本件貸金債権）を有していた。Y は受取人を B とする約束手形（本件手形）を振り出し，本件手形は第二裏書人 A から X に裏書譲渡されたが，満期日に支払機関に呈示したところ支払を拒絶された。他方で，A は X に対して複数の定期預金債権等（本件預金債権）を有していた。X は Y に対して本件手形金の支払を求めて訴えを提起した。Y は抗弁として，A に対する債権を保全するために本件預金債権について差押・転付命令を取得し，本件預金債権を自働債権，本件手形債権を受働債権とする相殺（取引先から金融機関に対する逆相殺）をしたことによって，本件手形債権は消滅したと主張した。これに対して，X は A に対する本件貸金債権を自働債権，本件預金債権を受働債権とする相殺によって本件預金債権は消滅しているので，Y の逆相殺は効力がないと主張した。第 1 審は X の請求を棄却。原審は X の請求を

241

第4編　債権総論

認容した。Yが上告。

【判旨】　破棄差戻　「相殺適状は，原則として，相殺の意思表示がされたとき
に現存することを要するのであるから，いつたん相殺適状が生じていたとして
も，相殺の意思表示がされる前に一方の債権が弁済，代物弁済，更改，相殺等
の事由によつて消滅していた場合には相殺は許されない（民法508条はその例
外規定である。），と解するのが相当である。また，債権が差し押さえられた場
合において第三債務者が債務者に対して反対債権を有していたときは，その債
権が差押後に取得されたものでない限り，右債権及び被差押債権の弁済期の前
後を問わず，両者が相殺適状になりさえすれば，第三債務者は，差押後におい
ても右反対債権を自働債権とし被差押債権を受働債権として相殺することがで
きるわけであるけれども，そのことによつて，第三債務者が右の相殺の意思表
示をするまでは，転付債権者が転付命令によつて委付された債権を自働債権と
し，第三債務者に対して負担する債権を受働債権として相殺する権能が妨げら
れるべきいわれはない」。「したがつて，本件において，Yの相殺の意思表示が
Xのそれより先にされたものであつても，Yの主張にかかる両債権が相殺適状
となつた時期がXの主張にかかる両債権が相殺適状となつた時期より後のこ
とであるからY主張の相殺の自働債権はさかのぼつて消滅したこととなると
して，結局，Yの相殺の抗弁を排斥した原判決は，民法505条，506条の解釈
適用を誤つたものというべきであ」る。

（文献）　奈良次郎・百選II〔2版〕，伊藤進・重判〔昭54〕，高木多喜男・判評260（判時
972）号，福永有利・民商82巻5号，能見善久・法協97巻11号

19　混　同

参考38　自賠法3条に基づく損害賠償債権と債務の混同

最一小判平成元・4・20民集43巻4号234頁

【要旨】　自賠法3条の損害賠償債権についても民法520条本文が適用されるの
で，被害者の保有者に対する損害賠償債権および保有者の被害者に対する損害
賠償債務が同一人に帰したときは，混同により債権債務は消滅するが，自動車
損害賠償責任保険は，保有者が被害者に対して損害賠償責任を負うことによっ

19 混　同

て被る損害を塡補することを目的とする責任保険であることから，自賠法16条1項に基づく被害者の保険会社に対する直接請求権は，自賠法3条に基づく被害者の保有者に対する損害賠償債権が成立していることが要件となっており，当該損害賠償債権が混同により消滅すれば，被害者の保険会社に対する直接請求権も消滅することになる。

文献　新山一範・保険法百選，同・重判〔平元〕，同・判評 372（判時 1330）号，有賀恵美子・交通事故百選〔5 版〕，大村敦志・法協 107 巻 11 号，天野弘・民商 101 巻 2 号，中西正明・私リ 1 号

債権総論

38

243

第5編

契約

	概　　説	……………………………246
1	事情変更の原則	…………………251
2	同時履行の抗弁権	………………252
3	危険負担	…………………………255
4	解　　除	…………………………257
5	贈　　与	…………………………264
6	売　　買	…………………………266
7	使用貸借	…………………………275
8	賃貸借	……………………………276
9	請　　負	…………………………291
10	委　　任	…………………………294
11	消費寄託	…………………………295
12	組　　合	…………………………297

第5編　契　約

概　説

　本編では，契約法を扱う。契約総論分野からは，基本判例8件，参考判例
12件，契約各論分野からは，基本判例21件，参考判例16件を取り上げた。
契約総論では契約の解除に関する判例が圧倒的に多く，契約各論では，売買と
賃貸借に関する判例が多い。なお，賃貸借に関しては，6つの項目に分けて整
理した。契約法は，平成29年の民法改正の対象とされており，以下では，基
本判例を中心に，平成29年改正法（以下，「改正法」）にも対応させてみていこ
う。

1　事情変更の原則　〔契約1〕は，事情変更の原則の適用を否定したが，その
要件としての予見可能性および帰責事由に関して詳細に判断している。改正法
では，事情変更に関する一般規定を設けることが検討されたが，結局，見送ら
れた。この原則の解釈適用は，今後も判例・学説に委ねられるであろう。

2　同時履行の抗弁権　〔契約2〕は，双務契約が取り消された場合，両当事者
の返還義務は同時履行の関係に立つとした。賃貸借では，様々な場面で同時履
行関係の有無が問題となるが，〔契約3〕は，賃貸借終了時における目的物明渡
義務と敷金返還義務とは同時履行関係にはないとした。

3　危険負担　〔契約4〕は，注文者の責めに帰すべき事由により仕事の完成が
不可能になった場合，請負人は請負代金全額を請求できるが，自己の債務を免
れたことにより得た利益は償還すべきであるとした。

　改正法は，双務契約の当事者双方の責めに帰することのできない事由によっ
て債務を履行することができなくなったときは，その債務の債権者は，反対給
付の履行を拒むことができる（新536条1項）として，危険負担を履行拒絶権
の問題に改めた。ただし，債権者の責めに帰すべき事由による履行不能の場合
は，債権者は反対給付の履行をしなければならないが，債務者は，自己の債務
を免れたことによって利益を得たときは，その利益を債権者に償還しなければ
ならない（新536条2項後段。現行法も同じ）。

4　解　除　〔契約5〕は，建物所有を目的とする土地賃貸借契約が合意解除
されても，土地賃貸人は，その効果を当然には地上建物の賃借人に及ぼしえな
いが，特段の事情がある場合には，解除の効果を建物賃借人にも対抗できると
した。〔契約6〕は，建物の賃貸借契約で賃借人に特約で課した付随的義務の不

246

概　説

履行が賃貸人に対する信頼関係を破壊する場合に，無催告解除を認めた。〔契約7〕は，売買契約の解除による原状回復義務が給付者の責めに帰すべき事由で不能となった場合，給付受領者の価格返還義務を否定し，また，民法561条により解除された場合の買主の使用収益返還義務を肯定した。〔契約8〕は，同一当事者間で締結された2個以上の契約のうち，1つの契約の解除が他の契約を終了させる場合の要件を示した。

改正法は，債務者の帰責事由を契約の解除の要件とはしない立場を採用し，債務不履行を理由とする解除は，催告による解除（新541条）と催告によらない解除（新542条）に分けて規定する。催告による解除（新541条ただし書）は，債務不履行が当該契約および取引上の社会通念に照らして軽微である場合には認められない。また，催告によらない解除（新542条1項）は，債務不履行により債権者が契約をした目的を達することができない場合に認められる。

5　贈　与　〔契約9〕は，民法550条にいう贈与の書面といえるための要件を示した。民法550条は，原始規定では「取消スコトヲ得」と規定されていたが，現代語化（平成16年改正）の際に「撤回」に改められ，平成29年改正では「解除」に改められた。

6　売　買　〔契約10〕は，他人の権利の売主を相続した権利者が履行義務を拒絶できることを認めた。本人が無権代理人を相続した場合にも共通する問題がある（〔総則参考24〕）。〔契約11〕は，土地の数量指示売買において数量不足がある場合，売主のなすべき損害賠償は，原則として履行利益には及ばないとした。〔契約12〕は，建物とその敷地賃借権の売買で，敷地に欠陥があった場合において，売主の瑕疵担保責任を否定した。〔契約13〕は，数量指示売買において数量が超過する場合に，民法565条の類推適用による売主の代金増額請求を否定した。〔契約14〕は，売買契約後の規制による目的物たる土地の土壌汚染は，民法570条にいう瑕疵には当たらないとした。〔契約15〕は，個品割賦購入あっせん（現行割賦販売法では，「個別信用購入あっせん」）において，購入者と販売業者との間の売買契約が無効である場合，購入者とあっせん業者との間の立替払契約は，特段の事情のない限り無効とはならないとした。

上記〔契約10〕～〔契約15〕は，いずれも担保責任に関する判例である。改正法は，契約内容に適合した物・権利を供与すべき売主の義務を承認したうえで，物の瑕疵と権利の瑕疵に区別した規律を定める現行法上の担保責任の構造を改

契約

247

第5編　契　　約

め，契約不適合を理由とする債務不履行責任として，担保責任に関する規律を一元的に統合して規定する。そして，契約不適合の場合の一般的な買主の救済手段として，追完請求権（新562条）と代金減額請求権（新563条）に関する規定が新設され，損害賠償および解除については，債務不履行の一般規定に従うこととした（新564条）。また，これら買主の権利の期間制限に関する特則（新566条）が設けられた。

7　使用貸借　〔契約16〕は，共同相続人の1人による遺産である建物の相続開始後の使用について，使用貸借契約の成立を認定した。改正法は，使用貸借を諾成契約に改め（新593条），また，契約の拘束力を緩和するため，書面によらない使用貸借は，借主が受け取るまでは貸主が契約を解除できるものとする（新593条の2）。

8　賃貸借

(1)　信頼関係の法理　〔契約17〕は，有限会社における実質的な経営者の交替は，民法612条にいう賃借権の譲渡には当たらないが，契約当事者間の信頼関係を破壊させた場合には解除事由となりうるとした。改正法は，信頼関係破壊の法理を明文化していないが，この法理が否定されたわけではなく，今後，債務不履行および解除の規律の中でその位置づけが検討されることになろう。

(2)　敷　　金　〔契約18〕は，家屋の賃貸借における敷金は，賃料債務のみならず契約終了後家屋引渡しまでに生ずる賃借人の債務を担保するとした。〔契約19〕は，敷金の権利義務関係が原則として賃借権の譲受人には承継されないことを明らかにした。

　改正法では，敷金とは，「賃料債務その他の賃貸借に基づいて生ずる賃借人の賃貸人に対する金銭の給付を目的とする債務を担保する目的で，賃借人が賃貸人に交付する金銭」と定義され，「賃貸借が終了し，かつ，賃貸物の返還を受けたとき」，または，「賃借人が適法に賃借権を譲り渡したとき」に，賃貸人は，受領した額から賃借人の債務額を控除した残額を返還しなければならないとされ（新622条の2第1項），判例法理を明文化した。

(3)　賃借権の譲渡・転貸　〔契約20〕は，建物の賃貸借契約が賃借人の賃料不払を理由に解除された場合，適法転貸借は，原則として，賃貸人が転借人に対して目的物の返還を請求した時に，転貸人の転借人に対する債務の履行不能により終了するとした。改正法では，賃貸人が賃借人との賃貸借契約を解除した

248

うえ，転借人に対し返還請求した時に，原則として，転貸借は，賃借物全部の使用収益が不能となり終了すると解される（新616条の2）。〔契約21〕は，借地上の建物の譲渡担保権者が建物の引渡しを受けて使用収益する場合には，譲渡担保権の実行前でも，建物の敷地について民法612条にいう賃借権の譲渡または転貸がなされたものであるとした。

(4) **不動産の譲渡と賃貸人たる地位の移転**　〔契約22〕は，賃貸借の目的となっている土地の所有者が，所有権とともに賃貸人たる地位を譲渡する場合には，原則として賃借人の承諾は不要であるとした。改正法も，不動産の譲渡人が賃貸人であるときは，賃貸人たる地位は，賃借人の承諾を要しないで，譲渡人と譲受人の合意により譲受人に移転させることができると規定する（新605条の3）。判例・通説を明文化するとともに，賃借人の承諾を不要とする点で，契約上の地位の移転に関する一般的規律（新539条の2）に対する特則としての意味を持つ。

(5) **借地借家法**　〔契約23〕は，借地契約の更新拒絶のための正当事由の存否を判断するにあたり，原則として，借地人側の事情として借地上の建物賃借人の事情を斟酌すべきではないとした。

(6) **サブリース**　〔契約24〕は，いわゆるサブリース契約にも借地借家法が適用され，賃料自動増額特約が存しても強行法規たる同法32条の適用を肯定した。

9 **請　　負**　〔契約25〕は，注文者と元請負人との間で結ばれた，工事の出来形部分の所有権帰属に関する特約の効力は下請負人にも及ぶとした。なお，改正法は，請負人の仕事が完成に至らなかった場合において，既に行われた部分により注文者が受ける利益に対応した報酬請求が認められる旨の規定が新設された（新634条）。〔契約26〕は，請負報酬債権と瑕疵修補に代わる損害賠償請求権の同時履行関係の範囲を明らかにした。改正法では，報酬債権と損害賠償債権の同時履行に関する現行634条2項後段については，同時履行の抗弁に関する一般規定（新533条）に委ねられる。

10 **委　　任**　〔契約27〕は，受任者の利益でもある委任について，委任者は，受任者の被る不利益を損害賠償によって填補すれば解除できるとした。改正法では，受任者の利益をも目的とする委任における委任者の任意解除権およびその場合における損害賠償債務につき，明文の規定が新たに設けられた（新651

契約

249

第5編 契 約

条2項）。

11 消費寄託 〔契約28〕は，振込依頼人が受取人を誤記した誤振込による預金債権の成否を問題とする。なお，改正法は，預貯金に係る契約についていくつかの規定を置く（新466条の5・新477条・新666条3項）。

12 組 合 〔契約29〕は，組合契約においてされた任意脱退を制限する約定の有効性が争われた。民法678条2項にいう「やむを得ない事由があるときは，脱退することができる」は強行法規であることを明らかにした。

〔長坂 純〕

1 事情変更の原則

契約1　ゴルフクラブ入会契約締結後ののり面の崩壊と事情変更の原則の適用

◆事情変更の原則の適用要件としての予見可能性および帰責事由の存否は，契約上の地位の譲渡があった場合であっても，契約締結当時の当事者について判断される。

最三小判平成 9・7・1 民集 51 巻 6 号 2452 頁

〔参照条文〕民 1 条

【事実】 X らは，A が開設したゴルフ場の会員となった。A から本件ゴルフ場の営業を譲り受けた B は，本件ゴルフ場は，当初からの施工不良に長雨が加わって大規模なのり面の崩壊が生じたため，約 130 億円を投じて全面改修工事を行った。その工事費用を負担し，B からさらに本件ゴルフ場の営業を譲り受けた Y は，本件ゴルフ場コースの復旧工事に多額の費用がかかったこと等を理由として，X ら会員に対して，1000 万円の追加預託金を支払って会員資格を維持するか，預託金（約 50 万円）の償還を受けて退会するように求めたので，X らが会員資格を有することの確認を求めて提訴した。

第 1 審は X らの請求を容認したのに対し，原審は，大規模な改良工事が必要となることについて B には予見可能性がなかったなどとして，事情変更の原則を適用し，X らの請求を棄却した。これに対して X らが上告。

【判旨】 破棄自判 「事情変更の原則を適用するためには，契約締結後の事情の変更が，当事者にとって予見することができず，かつ，当事者の責めに帰することのできない事由によって生じたものであることが必要であり，かつ，右の予見可能性や帰責事由の存否は，契約上の地位の譲渡があった場合においても，契約締結当時の契約当事者についてこれを判断すべきである。したがって，B にとっての予見可能性について説示したのみで，契約締結当時の契約当事者である A の予見可能性及び帰責事由について何ら検討を加えることのないまま本件に事情変更の原則を適用すべきものとした原審の判断は，既にこの点において，是認することができない。」

「一般に，事情変更の原則の適用に関していえば，自然の地形を変更しゴルフ場を造成するゴルフ場経営会社は，特段の事情のない限り，ゴルフ場ののり

第5編 契 約

面に崩壊が生じ得ることについて予見不可能であったとはいえず，また，これ
について帰責事由がなかったということもできない。けだし，自然の地形に手
を加えて建設されたかかる施設は，自然現象によるものであると人為的原因に
よるものであるとを問わず，将来にわたり災害の生ずる可能性を否定すること
はできず，これらの危険に対して防災措置を講ずべき必要の生ずることも全く
予見し得ない事柄とはいえないからである。」

(文献) 小野秀誠・重判〔平9〕，久保宏之・民商 118 巻 4＝5 号，藤田寿夫・私リ 17 号，
石川博康・法協 117 巻 1 号，小粥太郎・百選Ⅱ

2 同時履行の抗弁権

契約2 売買契約の取消しによる原状回復義務と同時履行

◆売買契約が第三者の詐欺を理由に取り消された場合において，原状回復義務
として生じる所有権移転登記をなすべき義務と代金支払義務は同時履行の関
係にある。

最一小判昭和 47・9・7 民集 26 巻 7 号 1327 頁
〔参照条文〕民 96 条 2 項・533 条

【事実】X は，その所有する本件土地 2 筆を，A を代理人として Y に売却し，うち
1 筆は Y のために仮処分による仮登記がなされ，もう 1 筆は X の前主から中間省
略で Y のための所有権移転登記がなされた。しかし，これは，Y に対して借金を
負う A がその返還に窮し，X を欺罔して自ら代理人となり，Y から受領した代金
を着服して Y に対する返済に充てようとしたものであった。X は，A に騙された
ことを知り，本件売買契約を取り消し，本件土地につきなされた所有権移転の仮登
記の抹消登記手続等を Y に求めたが，Y は，支払済みの代金の一部の返還を受け
るまで X の請求には応じられないとして同時履行の抗弁を提出した。

第 1 審は，X の請求を認容した。原審は，X の請求を理由ありとしたが，Y の
抗弁を容れ，請求を一部棄却した。X が上告。

【判旨】 上告棄却 「右のような事実関係のもとにおいては，右売買契約は，
A の詐欺を理由とする X の取消の意思表示により有効に取り消されたのであ
るから，原状に回復するため，Y は，X に対し，本件（一）の土地について右
仮登記の抹消登記手続を，本件（二）の土地について X へ所有権移転登記手

252

続をそれぞれなすべき義務があり，また，Ｘは，Ｙに対し，右100万円の返還
義務を負うものであるところ，Ｘ，Ｙの右各義務は，民法533条の類推適用に
より同時履行の関係にあると解すべきであつて，Ｙは，Ｘから100万円の支払
を受けるのと引き換えに右各登記手続をなすべき義務があるとした原審の判断
は，正当としてこれを是認することができる。」

（文献）　星野英一・法協91巻3号

契約3　賃借家屋の明渡債務と敷金返還債務との同時履行

◆家屋の賃貸借終了時における賃借人の家屋明渡債務と賃貸人の敷金返還債務
は，同時履行の関係にない。

最一小判昭和49・9・2民集28巻6号1152頁

〔参照条文〕民533条・619条2項

【事実】根抵当権の実行により本件建物を競落したＸは，根抵当権設定後に本件建
物を賃借したＹに対して本件建物の明渡しを請求した。第1審は，Ｘの請求を棄却。
Ｙは，敷金の返還を受けるまで本件家屋を留置し，また，家屋明渡債務と敷金返還
債務とは同時履行の関係にあるから，その弁済を受けるまで本件家屋の明渡しに応
じないと抗弁したが，原審は，敷金返還請求権は賃借人が賃借物を返還した後に初
めて生じるものだとして，Ｙの留置権，同時履行の主張を排斥し，Ｘの請求を認容
した。Ｙが上告。

【判旨】　上告棄却　「賃貸借における敷金は，賃貸借の終了後家屋明渡義務の
履行までに生ずる賃料相当額の損害金債権その他賃貸借契約により賃貸人が賃
借人に対して取得することのある一切の債権を担保するものであり，賃貸人は，
賃貸借の終了後家屋の明渡がされた時においてそれまでに生じた右被担保債権
を控除してなお残額がある場合に，その残額につき返還義務を負担するものと
解すべきものである〔最二小判昭和48・2・2民集27巻1号80頁参照〕。そして，
敷金契約は，このようにして賃貸人が賃借人に対して取得することのある債権
を担保するために締結されるものであつて，賃貸借契約に附随するものではあ
るが，賃貸借契約そのものではないから，賃貸借の終了に伴う賃借人の家屋明
渡債務と賃貸人の敷金返還債務とは，1個の双務契約によつて生じた対価的債
務の関係にあるものとすることはできず，また，両債務の間には著しい価値の

第5編 契　約

差が存しうることからしても，両債務を相対立させてその間に同時履行の関係
を認めることは，必ずしも公平の原則に合致するものとはいいがたいのである。
一般に家屋の賃貸借関係において，賃借人の保護が要請されるのは本来その利
用関係についてであるが，当面の問題は賃貸借終了後の敷金関係に関すること
であるから，賃借人保護の要請を強調することは相当でなく，また，両債務間
に同時履行の関係を肯定することは，右のように家屋の明渡までに賃貸人が取
得することのある一切の債権を担保することを目的とする敷金の性質にも適合
するとはいえないのである。このような観点からすると，賃貸人は，特別の約
定のないかぎり，賃借人から家屋明渡を受けた後に前記の敷金残額を返還すれ
ば足りるものと解すべく，したがつて，家屋明渡債務と敷金返還債務とは同時
履行の関係にたつものではないと解するのが相当であり，このことは，賃貸借
の終了原因が解除（解約）による場合であつても異なるところはないと解すべ
きである。」

（文献）　北村一郎・法協93巻5号，金山正信・民商73巻1号，高嶌英弘・百選Ⅱ

参考1　譲渡担保の目的とされたゴルフ会員権の譲渡承認手
続請求権と清算金支払請求権との同時履行

最三小判昭和50・7・25民集29巻6号1147頁

【要旨】預託金会員組織ゴルフ会員権を目的とする譲渡担保設定契約において，
設定者が，譲渡担保権者の換価処分により将来そのゴルフ会員権を取得した第
三者のために，その譲渡に必要なゴルフクラブ理事会の承認を得るための手続
に協力することをあらかじめ承諾している場合には，換価処分としての第三者
への売却により，設定者は，換価額が債権額を超えるときはその超過額を清算
金として受領できるが，債務を弁済してゴルフ会員権の回復をはかる機会を確
定的に失い，第三者のためにゴルフクラブ理事会の譲渡承認を得るための手続
に協力する義務を負い，また，譲渡担保権者が清算金を支払うのと引換えにの
み上記義務の履行に応ずるとの同時履行の抗弁権を第三者に対して行使するこ
とは許されない。

（文献）　米倉明・法協94巻1号・原田甫・民商74巻3号

3 危険負担

参考2 請負人の報酬債権と注文者の瑕疵修補に代わる損害
賠償債権との相殺がされた後の報酬残債務について，
注文者が履行遅滞による責任を負う時期

最三小判平成 9・7・15 民集 51 巻 6 号 2581 頁

【要旨】請負人の報酬債権に対し注文者がこれと同時履行の関係にある目的物
の瑕疵修補に代わる損害賠償債権を自働債権とする相殺の意思表示をした場合，
注文者は，請負人に対する相殺後の報酬残債務について，相殺の意思表示をし
た日の翌日から履行遅滞による責任を負う。

文献 平野裕之・民商 118 巻 4＝5 号，笠井修・私リ 17 号

3 危険負担

契約4 注文者の責めに帰すべき事由による履行不能と請負
人の利得償還義務

◆請負契約の目的たる仕事が完成しない間に，注文者の責めに帰すべき事由に
よりその完成が不能となった場合には，請負人は，民法 536 条 2 項により注
文者に請負代金全額を請求することができるが，自己の残債務を免れたこと
により得た利益を注文者に返還しなければならない。

最三小判昭和 52・2・22 民集 31 巻 1 号 79 頁
〔参照条文〕民 536 条 2 項・632 条

【事実】Y 所有家屋の冷暖房設備工事を請け負った A（第 1 審における共同被告）は，
この工事をさらに X に請け負わせた。その際，X・Y 間で，A が X に負担すべき
債務につき Y を連帯保証人とする旨の契約が締結された。ボイラー等の設置工事
のみを残すに至った X が必要な器材を用意してそれを完成させようとしたところ，
Y は防水工事の完了後に工事を続行するように X に要請した。しかし，Y は，X
と A の再三にわたる請求にもかかわらず防水工事をなさず，工事の完成は不能と
なった。X は，Y および A に対して請負代金を訴求した。

　第 1 審は，Y の帰責事由によって請負工事が履行不能になった場合，第一次的請
負人として A も責任を負い，Y も連帯保証債務を負うとして，X の請求を認容し
た。Y が控訴したが棄却。Y が上告。

255

第5編 契　約

【判旨】　**上告棄却**　「請負契約において，仕事が完成しない間に，注文者の責に帰すべき事由によりその完成が不能となつた場合には，請負人は，自己の残債務を免れるが，民法536条2項によつて，注文者に請負代金全額を請求することができ，ただ，自己の債務を免れたことによる利益を注文者に償還すべき義務を負うにすぎないものというべきである。これを本件についてみると，本件冷暖房設備工事は，工事未完成の間に，注文者であるAの責に帰すべき事由によりXにおいてこれを完成させることが不能となつたというべきことは既述のとおりであり，しかも，Xが債務を免れたことによる利益の償還につきなんらの主張立証がないのであるから，XはAに対して請負代金全額を請求しうるものであり，YはAの右債務につき連帯保証責任を免れないものというべきである。したがつて，原判決がXはAに対し工事の出来高に応じた代金を請求しうるにすぎないとしたのは，民法536条2項の解釈を誤つた違法があるものといわなければならないところ，Xは，本訴請求のうち右工事の出来高をこえる自己の敗訴部分につき不服申立をしていないから，結局，右の違法は判決に影響を及ぼさないものというべきである。論旨は，いずれも採用することができない。」

（文献）　能見善久・法協95巻9号，長尾治助・民商77巻2号，米倉暢大・百選Ⅱ

参考3　**ロックアウト期間中における使用者の賃金支払義務**

最三小判昭和50・4・25民集29巻4号481頁

【要旨】労働者の提供する労務の受領を集団的に拒否するいわゆるロックアウト（作業所閉鎖）は，衡平の見地からみて労働者側の争議行為に対する対抗防衛手段として相当と認められる場合には，使用者は，正当な争議行為をしたものとして，そのロックアウト期間中における対象労働者に対する個別労働契約上の賃金支払義務を免れる。

（文献）　下井隆史・民商74巻1号

4 解　除

4 解　除

契約5　土地賃貸借の合意解除と地上建物の賃借人

◆土地賃貸借が合意解除された場合，土地賃貸人は，特別の事情があるときは
その効果を地上建物の賃借人に対抗できる。

最二小判昭和 49・4・26 民集 28 巻 3 号 527 頁

〔参照条文〕民 545 条 1 項・601 条

【事実】A は，建物所有を目的として X より土地を賃借し，地上建物を Y 合資会
社に賃貸した。Y は A が同建物で経営していた事業を自己が代表者となって会社
組織にしたものであり，また，X はその事情を知らなかった。その後，A・X 間で
本件土地の賃貸借契約が合意解除され，X は，Y に対して建物収去・土地明渡しを
求めた。

第 1 審・原審ともに X の請求が認容された。Y が上告。

【判旨】　**上告棄却**　「土地賃貸人と賃借人との間において土地賃貸借契約を合
意解除しても，土地賃貸人は，特別の事情がないかぎり，その効果を地上建物
の賃借人に対抗できないことは，所論のとおりである。

しかし，(1)本件土地の賃貸人である X は，賃借人である亡 A との間で，昭
和 30 年 12 月 15 日，本件土地の賃貸借契約を合意解除し，A は昭和 35 年 12
月末日かぎり本件建物を収去して本件土地を明渡す旨の調停が成立したこと，
(2)Y 会社は昭和 27 年 6 月 18 日設立された合資会社で，設立と同時に本件建
物を A から賃借しその引渡しを受けていたこと，(3)Y 会社は徽章，メダル，
バッジ類の製造販売……等を目的として設立されたが，これは，従前 A が個
人として行つてきたものを会社組織に改めたもので，同人は設立と同時にその
代表者となり，以後，昭和 32 年 12 月 15 日死亡するまで Y 会社の無限責任社
員であつたこと，(4)Y 会社は設立当時から従業員 5, 6 名を擁するにすぎず，
設立の前後を通じてその経営規模にさほどの変更もみられなかつたこと，(5)前
記調停当時，Y 会社の代表者であつた A は会社設立のことにはふれず，X と
しては Y 会社の設立について全く知らなかつたこと，以上の事実は，原審の
確定するところであり，右事実関係によれば，本件土地賃貸借契約の合意解除
をもつて，その地上の本件建物の賃借人たる Y 会社に対抗できる特別事情に

契約

❺

257

第5編 契　約

当たると解することができ，これと同旨の原判決の判断は正当である。」

文献 星野英一・法協93巻6号，篠塚昭次・民商72巻2号

契約6 建物賃借人の付随的義務の不履行による信頼関係の破壊と無催告解除

◆建物賃貸借において，特約で賃借人に課された付随的義務の不履行が賃貸人に対する信頼関係を破壊する場合，賃貸人は，無催告で解除することができる。

最一小判昭和50・2・20民集29巻2号99頁

〔参照条文〕民541条

【事実】Xは，その所有する建物を区分し，各区分を賃貸してショッピングセンターとしていた。本件賃貸借契約には，粗暴な言動を用いたり，みだりに他人と抗争したり，ショッピングセンターの運営を阻害する等の行為がある場合には，無催告で契約を解除できる旨の特約があった。本件建物の1区画を賃借し，青物商を営んでいたYには本件特約に違反する行為があるとして，Xは，Yに対して，本件賃貸借契約を無催告で解除し，賃借建物部分の明渡しを求めた。

第1審・原審ともXが勝訴。Yが上告。

【判旨】 上告棄却 「Yはショッピングセンター内で，他の賃借人に迷惑をかける商売方法をとつて他の賃借人と争い，そのため，賃貸人であるXが他の賃借人から苦情を言われて困却し，X代表者がそのことにつきYに注意しても，Yはかえつて右代表者に対して，暴言を吐き，あるいは他の者とともに暴行を加える有様であつて，それは，共同店舗賃借人に要請される最少限度のルールや商業道徳を無視するものであり，ショッピングセンターの正常な運営を阻害し，賃貸人に著しい損害を加えるにいたるものである。したがつて，Yの右のような行為は単に前記特約に違反するのみではなく，そのため本件賃貸借契約についてのXとYとの間の信頼関係は破壊されるにいたつたといわなければならない。

そうすると，Yの前記のような行為を理由に本件賃貸借契約の無催告解除を認めた原審の認定判断は正当として是認すべきであり，論旨は採用することができない。」

258

4　解　　除

文献　能見善久・法協 94 巻 3 号, 広中俊雄・民商 73 巻 5 号

契約 7　民法 561 条による解除と買主の使用利益返還義務

◆売買契約の解除による原状回復義務の不能が給付者の責めに帰すべき事由による場合には, 給付受領者は, 目的物の返還に代わる価格返還義務を負わない。民法 561 条により解除された場合には, 目的物の引渡しを受けていた買主は, 売主に対して使用利益返還義務を負う。

最二小判昭和 51・2・13 民集 30 巻 1 号 1 頁
〔参照条文〕民 545 条・561 条

【事実】X は, Y より中古自動車を買い受け, 引き渡された。しかし, 本件自動車は A 名義で登録されており, Y には処分権限がなかったため, 約 1 年後, A の執行官保管仮処分により X は本件自動車を取り上げられてしまった。そこで, X は, 民法 561 条に基づいて本件売買契約を解除し, Y に既払代金の返還と遅延損害金の支払を求めた。

第 1 審は, X の請求を認容した。原審において, Y は, 抗弁として, X は解除に基づく原状回復義務として, 自動車の返還に代わる価格相当額の返還義務と使用利益の返還義務を負い, 使用利益を控除した Y の代金返還義務と X の価格返還義務が同時履行の関係に立つと主張した。原審が Y の抗弁を排斥したため, Y が上告した。

【判旨】　破棄差戻　「売買契約解除による原状回復義務の履行として目的物を返還することができなくなつた場合において, その返還不能が, 給付受領者の責に帰すべき事由ではなく, 給付者のそれによつて生じたものであるときは, 給付受領者は, 目的物の返還に代わる価格返還の義務を負わないものと解するのが相当である。」

「売買契約が解除された場合に, 目的物の引渡を受けていた買主は, 原状回復義務の内容として, 解除までの間目的物を使用したことによる利益を売主に返還すべき義務を負うものであり, この理は, 他人の権利の売買契約において, 売主が目的物の所有権を取得して買主に移転することができず, 民法 561 条の規定により該契約が解除された場合についても同様であると解すべきである。けだし, 解除によつて売買契約が遡及的に効力を失う結果として, 契約当事者に該契約に基づく給付がなかつたと同一の財産状態を回復させるためには, 買

契

約

❼

259

第5編 契約

主が引渡を受けた目的物を解除するまでの間に使用したことによる利益をも返
還させる必要があるのであり，売主が，目的物につき使用権限を取得しえず，
したがつて，買主から返還された使用利益を究極的には正当な権利者からの請
求により保有しえないこととなる立場にあつたとしても，このことは右の結論
を左右するものではないと解するのが，相当だからである。」

〔文献〕 谷口知平・民商75巻4号，瀬川信久・法協94巻11号，田中教雄・百選Ⅱ

契約8 同一当事者間における複数契約上の債務不履行と契約解除

◆同一当事者間で2個以上の契約が締結された場合，それらの目的とするとこ
ろが相互に密接に関連付けられていて，社会通念上いずれかの契約が履行さ
れるだけでは契約を締結した目的が全体としては達成されないと認められる
場合には，1つの契約上の債務不履行を理由に，他の契約をも解除すること
ができる。

最三小判平成8・11・12民集50巻10号2673頁

〔参照条文〕民541条

【事実】Xは，Y社が建築・分譲したリゾートマンションを購入し，同時に，Yが
施設を所有・管理するスポーツクラブの会員権契約を締結した。Yは，本件マンシ
ョンがスポーツクラブ会員権付であることを宣伝し，クラブ会則にも，本件マンシ
ョンの区分所有権がクラブ会員権付であって分離して処分できないことなどが定め
られていた。しかし，本件クラブの施設として建設されることになっていた屋内プ
ールが着工されなかったため，Xは，Yに対し，本件マンションの売買契約および
クラブ会員権契約を解除し，代金等の返還を求めた。

第1審は，本件売買契約と会員権契約は不可分に一体化したものと考えるべきで
あるとして，契約解除の効力を認め，Xの請求を認容した。原審は，本件不動産と
会員権とは別個独立の財産権であり，屋内プールの完成の遅延が本件会員権契約上
のYの債務不履行にあたるとしても，それを理由に本件売買契約を解除すること
はできないとして，Xの請求を棄却した。Xが上告。

【判旨】 破棄自判 「同一当事者間の債権債務関係がその形式は甲契約及び乙
契約といった2個以上の契約から成る場合であっても，それらの目的とすると
ころが相互に密接に関連付けられていて，社会通念上，甲契約又は乙契約のい

ずれかが履行されるだけでは契約を締結した目的が全体としては達成されないと認められる場合には，甲契約上の債務の不履行を理由に，その債権者が法定解除権の行使として甲契約と併せて乙契約をも解除することができるものと解するのが相当である。」

「これを本件について見ると，本件不動産は，屋内プールを含むスポーツ施設を利用することを主要な目的としたいわゆるリゾートマンションであり，前記の事実関係の下においては，Xらは，本件不動産をそのような目的を持つ物件として購入したものであることがうかがわれ，Yによる屋内プールの完成の遅延という本件会員権契約の要素たる債務の履行遅滞により，本件売買契約を締結した目的を達成することができなくなったものというべきであるから，本件売買契約においてその目的が表示されていたかどうかにかかわらず，右の履行遅滞を理由として民法541条により本件売買契約を解除することができるものと解するのが相当である。」

（文献）　大村敦志・重判〔平8〕，本田純一・私リ16号，鹿野菜穂子・百選Ⅱ

参考4　**建物賃貸人が現実に提供された賃料の受領を拒絶した場合とその後における賃料不払を理由とする契約の解除**

最一小判昭和45・8・20民集24巻9号1243頁

【要旨】建物の賃貸人が現実に提供された賃料の受領を拒絶したときは，特段の事情がない限り，その後において提供されるべき賃料についても，受領拒絶の意思を明確にしたものと解するのが相当であり，その後，賃貸人が賃借人の賃料不払を理由として契約を解除するためには，単に賃料の支払を催告するだけでは足りず，その前提として，受領拒絶の態度を改め，以後賃料を提供されれば確実にこれを受領すべき旨を表示する等，自己の受領遅滞を解消させるための措置を講じなければならない。

（文献）　星野英一・法協92巻2号，山下末人・民商64巻6号

第 5 編 契　約

参考 5　建物賃借人の失火による建物焼燬と無催告解除

最二小判昭和 47・2・18 民集 26 巻 1 号 63 頁

【要旨】賃借人がその責めに帰すべき失火によって賃借建物に火災を発生させ焼燬することは，賃貸人に対する賃借物保管義務の重大な違反行為であり，過失の態様および焼燬の程度が極めて軽微である等特段の事情のない限り，賃貸人と賃借人との間の信頼関係に破綻を生ぜしめるにいたるものとして，賃貸人は無催告で契約を解除することができる。

文献　米倉明・法協 90 巻 9 号，中井美雄・民商 67 巻 5 号

参考 6　借地人の信義則上の義務違反と無催告解除

最一小判昭和 47・11・16 民集 26 巻 9 号 1603 頁

【要旨】催告を要せずに賃貸借契約を解除することができる場合の原因となりうる義務違反には，賃貸借契約（特約を含む）の要素をなす義務の不履行のみに限らず，賃貸借契約に基づいて信義則上当事者に要求される義務に違反する行為も含まれる。

文献　広中俊雄・民商 68 巻 5 号

参考 7　賃料不払を理由とする不動産賃貸借の無催告解除

最二小判昭和 49・4・26 民集 28 巻 3 号 467 頁

【要旨】不動産の賃貸借において，賃借人が，約 9 年 10 か月の長期間賃料を支払わず，その間，当該不動産を自己の所有と主張して賃貸借関係の存在を否定し続けた等の事情があるときは，賃貸人は，催告を要せず賃貸借を解除することができる。

文献　野村豊弘・法協 93 巻 4 号，森孝三・民商 76 巻 3 号

4　解　除

> ### 参考8　訴訟上の和解条項に基づく建物賃貸借の当然解除の効力
>
> 最二小判昭和 51・12・17 民集 30 巻 11 号 1036 頁

【要旨】訴訟上の和解によって，建物の賃借人が賃料の支払を 1 か月分でも怠ったときは賃貸借契約は当然解除となる旨の定めがされた場合であっても，当事者間の信頼関係が賃貸借契約の当然解除を相当とする程度にまで破壊されたといえないときは，和解条項の効力は認められない。

（文献）田中成志・法協 95 巻 7 号，石田喜久夫・民商 77 巻 3 号

> ### 参考9　契約解除権の消滅時効
>
> 最三小判昭和 56・6・16 民集 35 巻 4 号 763 頁

【要旨】賃貸借契約の解除権は，その行使により当事者間の契約関係の解消という法律効果を発生せしめる形成権であるから，その消滅時効については民法 167 条 1 項が適用され，その権利を行使することができる時から 10 年を経過したときは時効によって消滅する。

（文献）岡本垣・判評 276（判時 1023）号

> ### 参考10　契約解除権の消滅時効の起算点
>
> 最一小判昭和 62・10・8 民集 41 巻 7 号 1445 頁

【要旨】無断転貸を理由とする土地賃貸借契約の解除権は，賃借人を相手方とする賃貸人の一方的な意思表示により賃貸借契約関係を終了させることができる形成権であるから，その消滅時効については，債権に準ずるものとして，民法 167 条 1 項が適用され，その権利を行使することができる時から 10 年を経過したときは時効によって消滅するところ，その解除権は，転借人が，賃借人（転貸人）との間で締結した転貸借契約に基づき，当該土地について使用収益を開始した時から，その権利行使が可能となったものということができるから，その消滅時効は，使用収益開始時から進行する。

契

約

8
9
10

263

第5編 契　約

文献　松久三四彦・重判〔昭62〕, 平井一雄・民商99巻4号, 横山美夏・法協106巻5号

参考11 **遺産分割協議と民法541条による解除の可否**

最一小判平成元・2・9民集43巻2号1頁

【要旨】共同相続人間において遺産分割協議が成立した場合, 相続人の1人が他の相続人に対して協議において負担した債務を履行しないときであっても, 他の相続人は民法541条によって遺産分割協議を解除することができない。

文献　右近健男・民商101巻5号, 泉久雄・私リ1号, 北村實・重判〔平元〕, 河上正二・法協107巻6号

参考12 **遺産分割協議と合意解除の可否**

最一小判平成2・9・27民集44巻6号995頁

【要旨】共同相続人の全員が, 既に成立している遺産分割協議の全部または一部を合意により解除したうえ, 改めて遺産分割協議をすることは, 法律上当然には妨げられない。

文献　山下末人・民商104巻5号, 石田喜久夫・重判〔平2〕, 山口成樹・法協109巻12号, 泉久雄・私リ4号

5　贈　与

契約9 **贈与と書面**

◆書面による贈与といえるためには, 贈与の意思表示自体が書面によっていることを必要としないことはもちろん, 書面が贈与の当事者間で作成されたこと, または書面に無償の趣旨の文言が記載されていることも必要とせず, 書面に贈与がされたことを確実に看取しうる程度の記載があれば足りる。

最二小判昭和60・11・29民集39巻7号1719頁

〔参照条文〕民550条

【事実】Aは, Yに土地を贈与したが, 本件土地はAがBから買い受け, 代金も

264

支払済みであったが所有権移転登記は未了であった。そこで，A は，司法書士に
依頼して，B に対して，直接 Y に移転登記手続をするよう求める旨の内容証明郵
便を出した。A 死亡後，A の相続人 X らは，本件贈与は存在しないこと，また，
書面によらない贈与であるから取り消す旨を主張し（平成 16 年改正前の民法 550 条は
「撤回」ではなく「取消」の語を用いる），本件土地への持分の確認を求めた。

　第 1 審は，民法 550 条にいう書面には当たらないとして，X らの持分の確認を肯
定したのに対し，原審は，書面による贈与であるとして X らの請求を棄却した（予
備的請求である遺留分減殺請求権を認めた）。X らが上告。

【判旨】 上告棄却「民法 550 条が書面によらない贈与を取り消しうるものと
した趣旨は，贈与者が軽率に贈与することを予防し，かつ，贈与の意思を明確
にすることを期するためであるから，贈与が書面によつてされたといえるため
には，贈与の意思表示自体が書面によつていることを必要としないことはもち
ろん，書面が贈与の当事者間で作成されたこと，又は書面に無償の趣旨の文言
が記載されていることも必要とせず，書面に贈与がされたことを確実に看取し
うる程度の記載があれば足りるものと解すべきである。これを本件についてみ
るに，……右の書面は，単なる第三者に宛てた書面ではなく，贈与の履行を目
的として，亡 A に所有権移転登記義務を負う B に対し，中間者である亡 A を
省略して直接 Y に所有権移転登記をすることについて，同意し，かつ，指図
した書面であつて，その作成の動機・経緯，方式及び記載文言に照らして考え
るならば，贈与者である亡 A の慎重な意思決定に基づいて作成され，かつ，
贈与の意思を確実に看守しうる書面というのに欠けるところはなく，民法 550
条にいう書面に当たるものと解するのが相当である。」

文献　後藤泰一・重判〔昭 60〕，加藤永一・民商 95 巻 4 号，森山浩江・百選 II

参考 13　死因贈与の取消しと民法 1022 条の準用

最一小判昭和 47・5・25 民集 26 巻 4 号 805 頁

【要旨】死因贈与は，贈与者の死亡によって贈与の効力が生ずるものであるが，
かかる贈与者の死後の財産に関する処分については，遺贈と同様，贈与者の最
終意思を尊重し，これによって決するのを相当とするから，遺言の取消しに関
する民法 1022 条がその方式に関する部分を除いて準用される。

第5編 契 約

（文献）中川淳・民商68巻2号

参考14 **負担付死因贈与と遺言の撤回に関する規定の準用**

最二小判昭和57・4・30民集36巻4号763頁

【要旨】 負担の履行期が贈与者の生前と定められた負担付死因贈与契約に基づいて受贈者が約旨に従い負担の全部またはそれに類する程度の履行をした場合には，負担の履行状況にもかかわらず負担付死因贈与契約の全部または一部の撤回（当時は「取消」と表現された）をすることがやむをえないと認められる特段の事情がない限り，民法1022条・1023条の各規定は準用されない。

（文献）加藤永一・重判〔昭57〕，佐藤義彦・民商88巻6号

---

6 売 買

契約10 **他人の権利の売主を相続した権利者の地位**

◆他人の権利の売主を相続した権利者は，信義則に反すると認められるような特別の事情のない限り，履行義務を拒絶することができる。

最大判昭和49・9・4民集28巻6号1169頁
〔参照条文〕民560条・561条・896条

【事実】 Xは，Aに金員を貸し付け，A名義（Aの夫Y所有）の不動産につき代物弁済予約をしたが，Aが弁済をしないため予約完結権を行使し，所有権移転登記手続をした。Aが死亡後，Xは，Aの共同相続人であるYらに対し，本件不動産の明渡しを求めた。

第1審・原審は，Aは本件不動産をYより取得してXに給付すべき義務を負うところ，Yが相続によりこの義務を承継し，それにより本件不動産の所有権はXに移転したとして，Xの請求を認容した。Yらは，本人が無権代理人を相続した場合の先例（最二小判昭和37・4・20民集16巻4号955頁）との均衡を失するとして上告。

【判旨】 破棄差戻 「他人の権利の売主が死亡し，その権利者において売主を相続した場合には，権利者は相続により売主の売買契約上の義務ないし地位を承継するが，そのために権利者自身が売買契約を締結したことになるものでないことはもちろん，これによつて売買の目的とされた権利が当然に買主に移転

266

するものと解すべき根拠もない。また，権利者は，その権利により，相続人として承継した売主の履行義務を直ちに履行することができるが，他面において，権利者としてその権利の移転につき諾否の自由を保有しているのであつて，それが相続による売主の義務の承継という偶然の事由によつて左右されるべき理由はなく，また権利者がその権利の移転を拒否したからといつて買主が不測の不利益を受けるというわけでもない。それゆえ，権利者は，相続によつて売主の義務ないし地位を承継しても，相続前と同様その権利の移転につき諾否の自由を保有し，信義則に反すると認められるような特別の事情のないかぎり，右売買契約上の売主としての履行義務を拒否することができるものと解するのが，相当である。

このことは，もつぱら他人に属する権利を売買の目的とした売主を権利者が相続した場合のみでなく，売主がその相続人たるべき者と共有している権利を売買の目的とし，その後相続が生じた場合においても同様であると解される。それゆえ，売主及びその相続人たるべき者の共有不動産が売買の目的とされた後相続が生じたときは，相続人はその持分についても右売買契約における売主の義務の履行を拒みえないとする当裁判所の判例〔最二小判昭和38・12・27民集17巻12号1854頁〕は，右判示と牴触する限度において変更されるべきである。

そして，他人の権利の売主をその権利者が相続した場合における右の法理は，他人の権利を代物弁済に供した債務者をその権利者が相続した場合においても，ひとしく妥当するものといわなければならない。」

文献　藤井正雄・民商73巻1号，星野英一・法協93巻3号
〔参照〕無権代理人の責任に関する本人相続⇨〔総則参考24〕

第5編　契　約

契約 11　数量指示売買と履行利益の賠償

◆土地の売買契約において，土地の面積の表示が代金額決定の基礎としてなされたにとどまり，契約の目的を達成するうえで特段の意味を有しないときは，売主は，その土地が表示どおりの面積を有したとすれば買主が得たであろう利益について，その損害を賠償する責任を負わない。

最一小判昭和 57・1・21 民集 36 巻 1 号 71 頁

〔参照条文〕民 563 条 3 項・565 条

【事実】Xらは，Aを介してYから土地を買い受けた。その際，単価を坪当たりで定め，実測図記載の面積分を代金の総額とした。しかし，土地の面積が不足していたため，Xらは，Yに対して，不足分につきその値上がりによって得べきであった利益を喪失したことによる損害（土地の現在の時価による）の賠償を求めた。

第 1 審・原審とも，本件契約は数量指示売買であると認めたが，損害額については，不足分の対価として支払った額に相当する損害賠償のみを認めた。Xらが上告。

【判旨】　上告棄却　「土地の売買契約において，売買の対象である土地の面積が表示された場合でも，その表示が代金額決定の基礎としてされたにとどまり売買契約の目的を達成するうえで特段の意味を有するものでないときは，売主は，当該土地が表示どおりの面積を有したとすれば買主が得たであろう利益について，その損害を賠償すべき責めを負わないものと解するのが相当である。しかるところ，原審の適法に確定したところによれば，本件の各土地の売買において売主であるYの代理人が目的土地の面積を表示し，かつ，この面積を基礎として代金額を定めたというのであるが，さらに進んで右の面積の表示が前記の特段の意味を有するものであつたことについては，Xらはなんら主張，立証していない。そうすると，不足する面積の土地について売買が履行されたとすればXらが得たであろう利益として，右土地の値上がりによる利益についての損害賠償を求めるXらの請求を理由がないものとした原審の判断は，結局正当として肯認することができ，原判決に所論の違法はない。」

文献　下森定・重判〔昭 57〕，森田宏樹・百選 II

6　売　買

契約12　敷地賃借権付建物の売買における敷地の欠陥と瑕疵
担保

◆建物とその敷地賃借権とが売買の目的とされた場合において，その敷地に賃
貸人が修繕義務を負担すべき欠陥が売買契約当時に存していたことがその後
に判明したとしても，売買の目的物に隠れた瑕疵があるとはいえない。

最三小判平成3・4・2民集45巻4号349頁

〔参照条文〕民559条・566条・569条・570条

【事実】Xは，Yから建物所有権とその敷地賃借権を買い受けた。ところが，台風
に伴う大雨によって土地を囲う擁壁に傾斜，亀裂が生じ，敷地の一部が沈下し，建
物が倒壊する危険が生じた。Xの要求にもかかわらず，土地所有者らは何らの安全
上の措置を講じなかったため，Xは，建物倒壊の危険を避けるために本件建物を取り
壊した。そこで，Xは，土地賃借権に隠れた瑕疵があったとして，民法570条・
566条に基づき，本件売買契約を解除し，代金返還および損害賠償を請求した。

　第1審はXの請求を棄却したのに対し，原審はXの請求を認容した。Yが上告。

【判旨】　破棄自判　「建物とその敷地の賃借権とが売買の目的とされた場合に
おいて，右敷地についてその賃貸人において修繕義務を負担すべき欠陥が右売
買契約当時に存したことがその後に判明したとしても，右売買の目的物に隠れ
た瑕疵があるということはできない。けだし，右の場合において，建物と共に
売買の目的とされたものは，建物の敷地そのものではなく，その賃借権である
ところ，敷地の面積の不足，敷地に関する法的規制又は賃貸借契約における使
用方法の規制等の客観的事由によって賃借権が制約を受けて売買の目的を達す
ることができないときは，建物と共に売買の目的とされた賃借権に瑕疵がある
と解する余地があるとしても，賃貸人の修繕義務の履行により補完されるべき
敷地の欠陥については，賃貸人に対してその修繕を請求すべきものであって，
右敷地の欠陥をもって賃貸人に対する債権としての賃借権の欠陥ということは
できないから，買主が，売買によって取得した賃借人たる地位に基づいて，賃
貸人に対して，右修繕義務の履行を請求し，あるいは賃貸借の目的物に隠れた
瑕疵があるとして瑕疵担保責任を追求することは格別，売買の目的物に瑕疵が
あるということはできないのである。なお，右の理は，債権の売買において，
債務の履行を最終的に担保する債務者の資力の欠如が債権の瑕疵に当たらず，

契

約

⑫

269

第5編　契　約

売主が当然に債務の履行について担保責任を負担するものではないこと（民法569条参照）との対比からしても，明らかである。」

文献　潮見佳男・民商 106 巻 2 号，森田宏樹・法協 109 巻 8 号，高木多喜男・重判〔平3〕，前田達明・私リ 5 号，中田邦博・百選 II

契約 13　数量指示売買における数量超過と代金増額請求

◆数量指示売買において数量が超過する場合に，民法 565 条の類推適用を根拠として売主が代金の増額を請求することはできない。

最三小判平成 13・11・27 民集 55 巻 6 号 1380 頁
〔参照条文〕民 565 条

【事実】土地を所有する A は，本件土地を建物所有目的で賃借していた X に本件土地を売却するにあたり，B に測量を依頼し，B はこれを C に依頼した。測量をした C は，誤って実際の面積より 59.86 m^2 少ない 339.81 m^2 を実測面積とした求積図を作成し，これに基づいて代金額が決定された。B は，その代金額と実際の面積により計算した代金額との差額（約 941 万円）に迷惑料を加算した 1000 万円を A に支払い，C は B に対する損害賠償として 600 万円を支払う旨の示談契約が成立した。C との間で測量士賠償責任保険契約を締結していた Y は，前記示談にかかる C の B に対する債務のうち 550 万円を，C に代って B に支払った。

そこで，Y は，X に対して，A が X に対して前記代金差額を請求する権利があることを前提にして，損害賠償者の代位（民 422 条）および保険者の代位（商 662 条。現保険 25 条）により，内金 550 万円を取得したとして，その支払を求め（反訴），他方，X は，A に対する差額代金支払債務の不存在確認を求めた（本訴）。

第 1 審は，X の本訴請求を認容し，Y の反訴請求を棄却した。原審は，本件事実関係のもとでは，民法 565 条を類推適用して，超過部分について売主の代金増額請求を認めるべきであるとして，Y の反訴請求を認容し，X の本訴請求を棄却した。X が上告。

【判旨】　破棄差戻　「民法 565 条にいういわゆる数量指示売買において数量が超過する場合，買主において超過部分の代金を追加して支払うとの趣旨の合意を認め得るときに売主が追加代金を請求し得ることはいうまでもない。しかしながら，同条は数量指示売買において数量が不足する場合又は物の一部が滅失していた場合における売主の担保責任を定めた規定にすぎないから，数量指示

売買において数量が超過する場合に，同条の類推適用を根拠として売主が代金の増額を請求することはできないと解するのが相当である。原審の……判断……は，当事者間の合意の存否を問うことなく，同条の規定から直ちに売主の代金増額請求権を肯定するものであって，同条の解釈を誤ったものというべきであり，この判断には，判決に影響を及ぼすことが明らかな法令の違反がある。」

(文献) 磯村保・重判〔平 13〕，田中宏治・民商 126 巻 4 ＝ 5 号，平野裕之・私リ 26 号

契約 14 土地の売買契約締結後に規制された土壌汚染と瑕疵担保

◆土地の売買契約締結後に，フッ素が土壌に含まれることに起因して人の健康に係る被害を生ずるおそれがあるとして法令に基づく規制の対象となった場合，売買契約当時の当事者間においてフッ素が土地の土壌に含まれていないことが予定されていたものとみることはできず，民法 570 条にいう瑕疵には当たらない。

最三小判平成 22・6・1 民集 64 巻 4 号 953 頁

〔参照条文〕民 570 条

【事実】 X は，Y より土地を買い受けたが，契約締結当時から本件土地の土壌にはフッ素が含まれていたものの，法令による制限はなく，取引観念上もフッ素により人の健康に被害をもたらすおそれがあるとは認識されてはいなかった。その後，フッ素が土壌に含まれることに起因して人の健康に係る被害が生ずるおそれがある有害物質とされ，その基準値が法令により定められた。そこで，X は，契約締結時の本件土地のフッ素による土壌汚染が民法 570 条にいう隠れた瑕疵に当たるとして，Y に対し，損害賠償を請求した。

第 1 審は X の請求を棄却したが，原審は X の請求を認容した。Y が上告。

【判旨】 **破棄自判** 「売買契約の当事者間において目的物がどのような品質・性能を有することが予定されていたかについては，売買契約締結当時の取引観念をしんしゃくして判断すべきところ，……本件売買契約締結当時，取引観念上，ふっ素が土壌に含まれることに起因して人の健康に係る被害を生ずるおそれがあるとは認識されておらず，X の担当者もそのような認識を有していなかったのであり，ふっ素が，それが土壌に含まれることに起因して人の健康に係

第5編 契 約

る被害を生ずるおそれがあるなどの有害物質として，法令に基づく規制の対象
となったのは，本件売買契約締結後であったというのである。そして，本件売
買契約の当事者間において，本件土地が備えるべき属性として，その土壌に，
ふっ素が含まれていないことや，本件売買契約締結当時に有害性が認識されて
いたか否かにかかわらず，人の健康に係る被害を生ずるおそれのある一切の物
質が含まれていないことが，特に予定されていたとみるべき事情もうかがわれ
ない。そうすると，本件売買契約締結当時の取引観念上，それが土壌に含まれ
ることに起因して人の健康に係る被害が生ずるおそれがあるとは認識されてい
なかったふっ素について，本件売買契約の当事者間において，それが人の健康
を損なう限度を超えて本件土地の土壌に含まれていないことが予定されていた
ものとみることはできず，本件土地の土壌に溶出量基準値及び含有量基準値の
いずれをも超えるふっ素が含まれていたとしても，そのことは，民法570条に
いう瑕疵には当たらないというべきである。」

（文献）吉政知広・民商143巻4＝5号，潮見佳男・私リ43号，田中宏治・重判〔平22〕，
桑岡和久・百選Ⅱ

（契約15）**売買契約の無効と立替払契約の効力**

◆個品割賦購入あっせん（当時）において，購入者と販売業者との間の売買契
　約が公序良俗に反し無効とされる場合であっても，特段の事情のない限り，
　売買契約と別個の契約である購入者とあっせん業者との間の立替払契約が無
　効となる余地はない。

最三小判平成23・10・25民集65巻7号3114頁

〔参照条文〕民1条2項・90条，割賦（平20法74号による改正前のもの）
2条3項2号・30条の4，割賦2条4項・35条の3の19

【事実】Xは，信販会社Aの加盟店Bとの間で，Bの販売員による思わせぶりな言
動を交えた勧誘に応じて，指輪等の宝飾品をその本来の価値を大きく上回る代金額
で購入する売買契約を締結し，Aとの間で，その購入代金に係る立替払契約を締
結した。その後，AはYにクレジット事業を譲渡した。Xは，Yに対し，契約を
解除する旨を伝えたうえで，既払金の返還等を求めた。

第1審はXの請求を棄却したが，原審は，本件売買契約は公序良俗に反して無
効であるから，本件立替払契約も目的を失って失効し，XはYに対し不当利得返

6 売 買

還請求権に基づき，本件既払金の返還を求めることができるとして，Ｘの請求を認
容した。Ｙが上告。

【判旨】 一部破棄自判，一部却下 「個品割賦購入あっせんは，法的には，別
個の契約関係である購入者と割賦購入あっせん業者（以下『あっせん業者』と
いう。）との間の立替払契約と，購入者と販売業者との間の売買契約を前提と
するものであるから，両契約が経済的，実質的に密接な関係にあることは否定
し得ないとしても，購入者が売買契約上生じている事由をもって当然にあっせ
ん業者に対抗することはできないというべきであり，割賦販売法〔平成20年法
律第74号による改正前のもの〕30条の4第1項の規定は，法が，購入者保護の
観点から，購入者において売買契約上生じている事由をあっせん業者に対抗し
得ることを新たに認めたものにほかならない」。

「そうすると，個品割賦購入あっせんにおいて，購入者と販売業者との間の
売買契約が公序良俗に反し無効とされる場合であっても，販売業者とあっせん
業者との関係，販売業者の立替払契約締結手続への関与の内容及び程度，販売
業者の公序良俗に反する行為についてのあっせん業者の認識の有無及び程度等
に照らし，販売業者による公序良俗に反する行為の結果をあっせん業者に帰せ
しめ，売買契約と一体的に立替払契約についてもその効力を否定することを信
義則上相当とする特段の事情があるときでない限り，売買契約と別個の契約で
ある購入者とあっせん業者との間の立替払契約が無効となる余地はないと解す
るのが相当である。」

本件事案においては，「上記特段の事情があるということはでき……ない。
したがって，本件売買契約が公序良俗に反し無効であることにより，本件立替
払契約が無効になると解すべきものではなく，Ｘは，本件あっせん業者の承継
人であるＹに対し，本件立替払契約の無効を理由として，本件既払金の返還
を求めることはできない。」

文献 川地宏行・私リ45号，角田美穂子・民商147巻6号，米倉暢大・法協131巻2
号，新堂明子・重判〔平23〕，山本豊・百選Ⅱ〔7版〕

契
約

⑮

273

第5編 契　約

参考 15　民法 566 条 3 項にいう 1 年の期間の性質と権利保存の方法

最三小判平成 4・10・20 民集 46 巻 7 号 1129 頁

【要旨】1 年の期間制限は，除斥期間を規定したものと解すべきであり，この損害賠償請求権を保存するには，売主の担保責任を問う意思を裁判外で明確に告げることをもって足り，裁判上の権利行使をするまでの必要はない。

文献　鎌田薫・重判〔平 4〕，松岡久和・民商 109 巻 1 号，田山輝明・私リ 8 号

参考 16　民法 557 条 1 項にいう「履行の着手」

最三小判平成 5・3・16 民集 47 巻 4 号 3005 頁

【要旨】解約手付が交付された場合において，債務者が履行期前に債務の履行のためにした行為が，民法 557 条 1 項にいう「履行の着手」に当たるか否かについては，当該行為の態様，債務の内容，履行期が定められた趣旨・目的等の諸般の事情を総合勘案して決すべきである。

文献　吉田豊・民商 109 巻 6 号，円谷峻・私リ 9 号，田中宏治・法協 113 巻 1 号

参考 17　瑕疵担保による損害賠償請求権と消滅時効

最三小判平成 13・11・27 民集 55 巻 6 号 1311 頁

【要旨】瑕疵担保による損害賠償請求権には消滅時効の規定の適用があり，それは買主が売買の目的物の引渡しを受けた時から進行すると解される。

文献　森田宏樹・重判〔平 13〕，吉川吉樹・法協 120 巻 9 号，松井和彦・百選 II
〔参照〕消滅時効の起算点⇨〔総則 37〕

参考 18　買戻特約付売買契約と譲渡担保

最三小判平成 18・2・7 民集 60 巻 2 号 480 頁

【要旨】買戻特約付売買契約の形式が採られていても，目的不動産の占有の移

7　使用貸借

転を伴わない契約は，特段の事情のない限り，債権担保の目的で締結されたものと推認され，その性質は譲渡担保と解される。

(文献)　占部洋之・民商 135 巻 4 ＝ 5 号，生熊長幸・重判〔平 18〕，同・私リ 35 号，道垣内弘人・法協 129 巻 1 号，小山泰史・百選 I
〔参照〕譲渡担保の認定⇨〔担保物権参考 23〕

7　使用貸借

契約 16　遺産である建物の相続開始後の使用関係

◆共同相続人の 1 人が相続開始前から被相続人の許諾を得て遺産である建物において被相続人と同居していたときは，特段の事情のない限り，被相続人が死亡した時から少なくとも遺産分割終了までの間は，被相続人の地位を承継した他の相続人等が貸主となり，同居の相続人を借主とする建物の使用貸借関係が存続することになる。

最三小判平成 8・12・17 民集 50 巻 10 号 2778 頁
〔参照条文〕民 593 条・898 条

【事実】被相続人 A が死亡し，A の公正証書遺言により，本件不動産（建物およびその敷地）は X ら 5 名と Y ら 2 名の共有となった。その後，本件不動産の分割協議がなされたが協議が調わず，X らは，A とともに本件建物に居住して家業を営んできた Y らに対し，共有物分割ならびに賃料相当額の損害金の支払を請求した。

　第 1 審・原審は，本件不動産は遺産分割前の共有状態にあり家庭裁判所の審判による遺産分割をすべきものであるとして，共有物分割請求を不適法却下したが，損害金の支払については，持分に相当する範囲を超えて共有物を占有する共有者は，他の非占有共有者に対して不当利得返還義務を負担し，その金額は賃料相当額により算出すべきであるとして，X の請求を認容した。Y らが上告。

【判旨】　破棄差戻　「共同相続人の 1 人が相続開始前から被相続人の許諾を得て遺産である建物において被相続人と同居してきたときは，特段の事情のない限り，被相続人と右同居の相続人との間において，被相続人が死亡し相続が開始した後も，遺産分割により右建物の所有関係が最終的に確定するまでの間は，引き続き右同居の相続人にこれを無償で使用させる旨の合意があったものと推認されるのであって，被相続人が死亡した場合は，この時から少なくとも遺産

契約

⑯

275

第5編 契 約

分割終了までの間は，被相続人の地位を承継した他の相続人等が貸主となり，右同居の相続人を借主とする右建物の使用貸借契約関係が存続することになるものというべきである。けだし，建物が右同居の相続人の居住の場であり，同人の居住が被相続人の許諾に基づくものであったことからすると，遺産分割までは同居の相続人に建物全部の使用権原を与えて相続開始前と同一の態様における無償による使用を認めることが，被相続人及び同居の相続人の通常の意思に合致するといえるからである。

　本件についてこれを見るのに，Ｙらは，Ａの相続人であり，本件不動産においてＡの家族として同人と同居生活をしてきたというのであるから，特段の事情のない限り，ＡとＹらの間には本件建物について右の趣旨の使用貸借契約が成立していたものと推認するのが相当であり，Ｙらの本件建物の占有，使用が右使用貸借契約に基づくものであるならば，これによりＹらが得る利益に法律上の原因がないということはできないから，Ｘらの不当利得返還請求は理由がないものというべきである。」

（文献）高木多喜男・重判〔平8〕，岡本詔治・私リ16号，高橋眞・百選Ⅲ

8 賃貸借

(1) 信頼関係の法理

契約17 有限会社における実質的な経営者の交代と信頼関係
の法理

　◆有限会社における実質的な経営者の交代は，民法612条にいう賃借権の譲渡
には当たらないが，賃貸人・賃借人間の信頼関係を悪化させるものと評価され，その他の事情と相まって契約の解除事由となりうるかどうかは，賃借権の譲渡に当たるかどうかとは別の問題である。

最二小判平成8・10・14民集50巻9号2431頁

〔参照条文〕民612条

【事実】Ｙ有限会社は，Ａ所有の土地を賃借し，同土地上に倉庫（本件建物）を建築所有し，運送業を営んでいた。Ｙの持分は，代表取締役Ｂおよびその家族が全部を所有し，役員もＢの親族で占められていたが，Ｂらは，Ｙの持分全部をＣに譲

渡し，役員も全員交代して，代表取締役に就任したＣが中心となって引き続き運送業を営んでいた。その後，Ｘらは，Ａの相続人から本件土地を買い受け，Ｙに対して建物収去土地明渡しを求め，Ｙの土地賃借権の抗弁に対し，ＢがＣにＹの持分全部を譲渡し，Ｙの経営者が交代したことが賃借権の無断譲渡に当たるとして，民法612条による賃貸借契約の解除を主張した。

　第１審は，賃借権の譲渡は否定したが，Ａ（その後，相続人がＡの地位を承継）・Ｙとの信頼関係の破壊を理由に解除を認めた。原審は，ＢからＣに対する持分の譲渡が実質的にみて賃借権の譲渡に当たるとして，民法612条による解除を認め，Ｘの請求を認容した。Ｙが上告。

【判旨】　破棄差戻　民法612条に定める，「賃借権の譲渡が賃借人から第三者への賃借権の譲渡を意味することは同条の文理からも明らかであるところ，賃借人が法人である場合において，右法人の構成員や機関に変動が生じても，法人格の同一性が失われるものではないから，賃借権の譲渡には当たらないと解すべきである。そして，右の理は，特定の個人が経営の実権を握り，社員や役員が右個人及びその家族，知人等によって占められているような小規模で閉鎖的な有限会社が賃借人である場合についても基本的に変わるところはないのであり，右のような小規模で閉鎖的な有限会社において，持分の譲渡及び役員の交代により実質的な経営者が交代しても，同条にいう賃借権の譲渡には当たらないと解するのが相当である。賃借人に有限会社としての活動の実体がなく，その法人格が全く形骸化しているような場合はともかくとして，そのような事情が認められないのに右のような経営者の交代の事実をとらえて賃借権の譲渡に当たるとすることは，賃借人の法人格を無視するものであり，正当ではない。賃借人である有限会社の経営者の交代の事実が，賃貸借契約における賃貸人・賃借人間の信頼関係を悪化させるものと評価され，その他の事情と相まって賃貸借契約解除の事由となり得るかどうかは，右事実が賃借権の譲渡に当たるかどうかとは別の問題である。賃貸人としては，有限会社の経営者である個人の資力，信用や同人との信頼関係を重視する場合には，右個人を相手方として賃貸借契約を締結し，あるいは，会社との間で賃貸借契約を締結する際に，賃借人が賃貸人の承諾を得ずに役員や資本構成を変動させたときは契約を解除することができる旨の特約をするなどの措置を講ずることができるのであり，賃借権の譲渡の有無につき右のように解しても，賃貸人の利益を不当に損なうものとはいえない。」

第5編 契 約

「Yは，Bが経営する小規模で閉鎖的な有限会社であったところ，持分の譲渡及び役員の交代によりBからCに実質的な経営者が交代したものと認められる。しかしながら，Yは，資産及び従業員を保有して運送業を営み，有限会社としての活動の実体を有していたものであり，法人格が全く形骸化していたといえないことは明らかであるから，右のように経営者が交代しても，賃借権の譲渡には当たらないと解すべきである。右と異なり，実質的にはBからCに賃借権が無断譲渡されたものとしてXらの契約解除の主張を認めた原審の判断には，民法612条の解釈適用を誤った違法があり，右違法が原判決の結論に影響を及ぼすことは明らかである。この点をいう論旨は理由があり，その余の点につき判断するまでもなく，原判決は破棄を免れない。そして，記録によれば，Xらは，本件賃貸借契約につき他の解除事由をも主張していることが認められるから，この点について更に審理を尽くさせるため，本件を原審に差し戻すこととする。」

（文献） 河内宏・民商116巻6号，後藤元伸・私リ16号，金子敬明・法協118巻3号，渡辺達徳・百選II

参考19 更新料の不払を理由とする賃貸借契約の解除

最二小判昭和59・4・20民集38巻6号610頁

【要旨】更新料の不払が賃貸借契約の解除原因となりうるかどうかは，更新料の支払の合意が成立するに至った経緯その他諸般の事情を総合して判断されるべきであるところ，更新料の支払が賃料の支払と同様に賃貸借契約の重要な要素として組み込まれ，その賃貸借契約の当事者の信頼関係を維持する基盤をなしている場合には，その不払は，著しい背信行為として賃貸借契約の解除原因となりうる。

（文献） 野村豊弘・重判〔昭59〕

8　賃貸借

(2)　敷　　金

契約 18　敷金の被担保債権の範囲と敷金返還請求権の発生時期

◆家屋賃貸借における敷金は，賃貸借存続中の賃料債権のみならず，賃貸借終了後家屋明渡義務履行までに生ずる賃料相当損害金の債権その他賃貸借契約により賃貸人が賃借人に対して取得することのあるべき一切の債権を担保し，その残額について敷金返還請求権が発生する。賃貸借終了後に家屋所有権が移転し，したがって，賃貸借契約自体が新所有者に承継されたものでない場合には，敷金に関する権利義務の関係のみが新所有者に当然に承継されるものではなく，また，旧所有者と新所有者との間の特別の合意によっても，これのみを譲渡することはできない。

最二小判昭和 48・2・2 民集 27 巻 1 号 80 頁

〔参照条文〕民 619 条

【事実】A は，自己所有家屋を B に賃貸し，敷金 25 万円を受領した。Y は，この賃貸借に先立って設定されていた抵当権の実行による競売において本件家屋を競落し，賃貸人の地位も承継して，敷金も受け継いだ。そして，Y は，B から本件家屋の明渡しを受けないまま，C に家屋を売却し，その際，敷金をも C に譲渡する合意をして，その旨を B に通知したが，B の承諾はなかった。B の債権者 X は，B の Y に対する本件敷金返還請求権につき差押えおよび転付命令を得たうえで，Y に対して，敷金の支払を請求した。

　第 1 審は，X の請求を認容したが，原審は，X の請求を棄却。X が上告。

【判旨】　上告棄却　「家屋賃貸借における敷金は，賃貸借存続中の賃料債権のみならず，賃貸借終了後家屋明渡義務履行までに生ずる賃料相当損害金の債権その他賃貸借契約により賃貸人が賃借人に対して取得することのあるべき一切の債権を担保し，賃貸借終了後，家屋明渡がなされた時において，それまでに生じた右の一切の被担保債権を控除しなお残額があることを条件として，その残額につき敷金返還請求権が発生するものと解すべきであり，本件賃貸借契約における前記条項もその趣旨を確認したものと解される。しかしながら，ただちに，原判決の右の見解を是認することはできない。すなわち，敷金は，右のような賃貸人にとつての担保としての権利と条件付返還債務とを含むそれ自体 1 個の契約関係であって，敷金の譲渡ないし承継とは，このような契約上の地

契
約

⑱

279

第5編　契　約

位の移転にほかならないとともに，このような敷金に関する法律関係は，賃貸借契約に付随従属するのであつて，これを離れて独立の意義を有するものではなく，賃貸借の当事者として，賃貸借契約に関係のない第三者が取得することがあるかも知れない債権までも敷金によつて担保することを予定していると解する余地はないのである。したがつて，賃貸借継続中に賃貸家屋の所有権が譲渡され，新所有者が賃貸人の地位を承継する場合には，賃貸借の従たる法律関係である敷金に関する権利義務も，これに伴い当然に新賃貸人に承継されるが，賃貸借終了後に家屋所有権が移転し，したがつて，賃貸借契約自体が新所有者に承継されたものでない場合には，敷金に関する権利義務の関係のみが新所有者に当然に承継されるものではなく，また，旧所有者と新所有者との間の特別の合意によつても，これのみを譲渡することはできないものと解するのが相当である。このような場合に，家屋の所有権を取得し，賃貸借契約を承継しない第三者が，とくに敷金に関する契約上の地位の譲渡を受け，自己の取得すべき賃借人に対する不法占有に基づく損害賠償などの債権に敷金を充当することを主張しうるためには，賃貸人であつた前所有者との間にその旨の合意をし，かつ，賃借人に譲渡の事実を通知するだけでは足りず，賃借人の承諾を得ることを必要とするものといわなければならない。しかるに，本件においては，YからCへの敷金の譲渡につき，Xの差押前にBが承諾を与えた事実は認定されていないのであるから，YおよびCは，右譲渡が有効になされ敷金に関する権利義務がCに移転した旨，およびCの取得した損害賠償債権に敷金が充当された旨を，BおよびXに対して主張することはできないものと解すべきである。したがつて，これと異なる趣旨の原判決の前記判断は違法であつて，この点を非難する論旨は，その限度において理由がある。」

「敷金は，賃貸借終了後家屋明渡までの損害金等の債権をも担保し，その返還請求権は，明渡の時に，右債権をも含めた賃貸人としての一切の債権を控除し，なお残額があることを条件として，その残額につき発生するものと解されるのであるから，賃貸借終了後であつても明渡前においては，敷金返還請求権は，その発生および金額の不確定な権利であつて，券面額のある債権にあたらず，転付命令の対象となる適格のないものと解するのが相当である。そして，本件のように，明渡前に賃貸人が目的家屋の所有権を他へ譲渡した場合でも，賃借人は，賃貸借終了により賃貸人に家屋を返還すべき契約上の債務を負い，

占有を継続するかぎり右債務につき遅滞の責を免れないのであり，賃貸人において，賃借人の右債務の不履行により受くべき損害の賠償請求権をも敷金によつて担保しうべきものであるから，このような場合においても，家屋明渡前には，敷金返還請求権は未確定な債権というべきである。したがつて，Ｘが本件転付命令を得た当時Ｂがいまだ本件各家屋の明渡を了していなかつた本件においては，本件敷金返還請求権に対する右転付命令は無効であり，Ｘは，これにより右請求権を取得しえなかつたものと解すべきであつて，原判決中これと同趣旨の部分は，正当として是認することができる。」

〔文献〕 石外克喜・民商 69 巻 3 号，星野英一・法協 92 巻 2 号，岡孝・百選Ⅱ〔7 版〕

契約 19 土地賃借権の譲渡と敷金の承継

◆敷金の権利義務関係は，土地賃借権が譲渡されても，特段の事情のない限り，新賃借人に承継されない。

最二小判昭和 53・12・22 民集 32 巻 9 号 1768 頁

〔参照条文〕民 612 条・619 条 2 項

【事実】 Ａは，Ｙから土地を賃借し，敷金として 3000 万円を交付した。Ａが国税を滞納したため，国Ｘは，ＡのＹに対する将来生ずべき敷金返還請求権全額を差し押えた。ところが，Ａが本件土地上に建てた建物をＢが競落し，本件賃借権がＢに譲渡され，Ｙがそれを承諾した。Ｘは，敷金は賃借権とともにＡからＢに承継され，Ａの敷金返還請求権が具体化したとして，Ｙに対して敷金の支払を求めた。

第 1 審および原審は，敷金は賃借権の譲渡に伴い当然には承継されないとして，Ｘの請求を認容した。Ｙが上告。

【判旨】 上告棄却 「土地賃貸借における敷金契約は，賃借人又は第三者が賃貸人に交付した敷金をもつて，賃料債務，賃貸借終了後土地明渡義務履行までに生ずる賃料額相当の損害金債務，その他賃貸借契約により賃借人が賃貸人に対して負担することとなる一切の債務を担保することを目的とするものであつて，賃貸借に従たる契約ではあるが，賃貸借とは別個の契約である。そして，賃借権が旧賃借人から新賃借人に移転され賃貸人がこれを承諾したことにより旧賃借人が賃貸借関係から離脱した場合においては，敷金交付者が，賃貸人との間で敷金をもつて新賃借人の債務不履行の担保とすることを約し，又は新賃

第5編 契　約

借人に対して敷金返還請求権を譲渡するなど特段の事情のない限り，右敷金を
もつて将来新賃借人が新たに負担することとなる債務についてまでこれを担保
しなければならないものと解することは，敷金交付者にその予期に反して不利
益を被らせる結果となつて相当でなく，敷金に関する敷金交付者の権利義務関
係は新賃借人に承継されるものではないと解すべきである。なお，右のように
敷金交付者が敷金をもつて新賃借人の債務不履行の担保とすることを約し，又
は敷金返還請求権を譲渡したときであつても，それより以前に敷金返還請求権
が国税の徴収のため国税徴収法に基づいてすでに差し押さえられている場合に
は，右合意又は譲渡の効力をもつて右差押をした国に対抗することはできな
い。」

(文献)　永田眞三郎・民商 82 巻 3 号，小林和子・百選 II

参考20　建物所有権の譲渡と保証金返還債務の承継

最一小判昭和 51・3・4 民集 30 巻 2 号 25 頁

【要旨】建物（ビルディング）の貸室の賃貸借契約に際し賃借人から建物所有者
である賃貸人に差し入れられた保証金が，契約成立の時から 5 年間これをすえ
置き 6 年目から利息を加えて 10 年間に返還する約定のいわゆる建設協力金で
あり，他にも敷金も差し入れられているなどの事実関係のもとでは，建物の所
有権を譲り受けた新賃貸人は，特段の合意をしない限り，当然には保証金返還
債務を承継しない。

(文献)　永田眞三郎・民商 76 巻 6 号

参考21　災害による賃借家屋の滅失と敷引特約の効力

最一小判平成 10・9・3 民集 52 巻 6 号 1467 頁

【要旨】居住用の家屋の賃貸借における敷金につき，賃貸借契約終了時にその
うちの一定金額または一定割合の金員を返還しない旨のいわゆる敷引特約がさ
れた場合において，災害により賃借家屋が滅失し，賃貸借契約が終了したとき
は，特段の事情のない限り，敷引特約を適用することはできず，賃貸人は賃借

8 賃貸借

人に対し敷引金を返還すべきものと解するのが相当である。

〔文献〕 升田純・重判〔平 10〕，田原睦夫・私リ 19 号

参考22 建物賃貸借における敷引特約と消費者契約法 10 条

最一小判平成 23・3・24 民集 65 巻 2 号 903 頁

【要旨】消費者契約である居住用建物の賃貸借契約に付された敷引特約は，敷引金の額が高額すぎると評価すべきものである場合には，当該賃料が近傍同種の建物の賃料相場に比して大幅に低額であるなど特段の事情のない限り，信義則に反して消費者である賃借人の利益を一方的に害するものであって，消費者契約法 10 条（平 28 法 61 号による改正前のもの）により無効となる。

〔文献〕 小野秀誠・私リ 45 号，丸山絵美子・重判〔平 23〕
〔参照〕 敷引取引の有効性⇨〔総則参考 14〕

---

(3) 賃借権の譲渡・転貸

契約20 賃借人の債務不履行による賃貸借の解除と適法転貸借の帰趨

◆賃貸借契約が賃借人の債務不履行を理由に解除された場合，賃貸人の承諾のある転貸借は，原則として，賃貸人が転借人に対して目的物の返還を請求した時に，転貸人の転借人に対する債務の履行不能により終了する。

最三小判平成 9・2・25 民集 51 巻 2 号 398 頁

〔参照条文〕民 601 条・612 条

【事実】Ｘは，Ａから建物を賃借し，Ａの承諾を得て，本件建物をＹらに転借していた。ＸがＡに対する賃料の支払を怠ったため，Ａは賃貸借契約を解除し，ＸおよびＹに対して本件建物の明渡請求訴訟を提起した。Ｙらは，訴訟係属中，Ｘに対して転借料を支払わなかった。同訴訟の第 1 審判決は，Ａの明渡請求を認容し，ＹらはＡに対して本件建物を明け渡した。その後，Ｘは，Ｙらに対し本件訴訟を提起し，転貸借契約に基づいて建物明渡時までの未払転借料の支払を求めた。

　第 1 審および原審は，Ｙらが現に本件建物の使用収益を継続している限りは転借料の支払義務を免れないとして，Ｘの請求を認容した。Ｙらが上告。

【判旨】 破棄自判 「賃貸人の承諾のある転貸借においては，転借人が目的物

283

第5編 契 約

の使用収益につき賃貸人に対抗し得る権原（転借権）を有することが重要であ
り，転貸人が，自らの債務不履行により賃貸借契約を解除され，転借人が転借
権を賃貸人に対抗し得ない事態を招くことは，転借人に対して目的物を使用収
益させる債務の履行を怠るものにほかならない。そして，賃貸借契約が転貸人
の債務不履行を理由とする解除により終了した場合において，賃貸人が転借人
に対して直接目的物の返還を請求したときは，転借人は賃貸人に対し，目的物
の返還義務を負うとともに，遅くとも右返還請求を受けた時点から返還義務を
履行するまでの間の目的物の使用収益について，不法行為による損害賠償義務
又は不当利得返還義務を免れないこととなる。他方，賃貸人が転借人に直接目
的物の返還を請求するに至った以上，転貸人が賃貸人との間で再び賃貸借契約
を締結するなどして，転借人が賃貸人に転借権を対抗し得る状態を回復するこ
とは，もはや期待し得ないものというほかはなく，転貸人の転借人に対する債
務は，社会通念及び取引通念に照らして履行不能というべきである。したがっ
て，賃貸借契約が転貸人の債務不履行を理由とする解除により終了した場合，
賃貸人の承諾のある転貸借は，原則として，賃貸人が転借人に対して目的物の
返還を請求した時に，転貸人の転借人に対する債務の履行不能により終了する
と解するのが相当である。」

（文献） 内田勝一・重判〔平9〕，加賀山茂・私リ16号，千葉恵美子・百選Ⅱ

契約21 **借地上の建物の譲渡担保権者が建物の引渡しを受け
て使用収益する場合と民法612条**

◆借地上の建物に譲渡担保権が設定された場合において，譲渡担保権者が建物
の引渡しを受けて使用または収益をするときは，譲渡担保権の実行前で，設
定者による受戻権の行使が可能であるとしても，建物の敷地について民法
612条にいう賃借権の譲渡または転貸がされたものと解するのが相当である。

最一小判平成9・7・17民集51巻6号2882頁

〔参照条文〕民369条・612条

【事実】 Xは，自己所有地をAに賃貸し，Aはその土地上に建物を所有し，これに
居住していた。Aは，本件建物にBのために譲渡担保権を設定し，その後は行方
不明となった。Bは，本件建物をYに賃貸し，Yが居住している。そこで，Xは，

Ａに対して，公示による意思表示により，賃借権の無断譲渡を理由として本件土地の賃貸借契約を解除し，また，Ｙに対し，本件建物を収去して土地を明け渡すことを求めた。

第１審はＸの請求を認容したが，原審は，Ｂは未だ譲渡担保権を実行しておらず，本件土地の賃借権もＢに確定的に譲渡されていないので，民法612条の解除原因である賃借権の譲渡がされたものとはいえないとして，Ｘの請求を棄却した。Ｘが上告。

【判旨】　破棄自判　「借地人が借地上に所有する建物につき譲渡担保権を設定した場合には，建物所有権の移転は債権担保の趣旨でされたものであって，譲渡担保権者によって担保権が実行されるまでの間は，譲渡担保権設定者は受戻権を行使して建物所有権を回復することができるのであり，譲渡担保権設定者が引き続き建物を使用している限り，右建物の敷地について民法612条にいう賃借権の譲渡又は転貸がされたと解することはできない〔最二小判昭和40・12・17民集19巻9号2159頁参照〕。しかし，地上建物につき譲渡担保権が設定された場合であっても，譲渡担保権者が建物の引渡しを受けて使用又は収益をするときは，いまだ譲渡担保権が実行されておらず，譲渡担保権設定者による受戻権の行使が可能であるとしても，建物の敷地について民法612条にいう賃借権の譲渡又は転貸がされたものと解するのが相当であり，他に賃貸人に対する信頼関係を破壊すると認めるに足りない特段の事情のない限り，賃貸人は同条2項により土地賃貸借契約を解除することができるものというべきである。けだし，(1)民法612条は，賃貸借契約における当事者間の信頼関係を重視して，賃借人が第三者に賃借物の使用又は収益をさせるためには賃貸人の承諾を要するものとしているのであって，賃借人が賃借物を無断で第三者に現実に使用又は収益させることが，正に契約当事者間の信頼関係を破壊する行為となるものと解するのが相当であり，(2)譲渡担保権設定者が従前どおり建物を使用している場合には，賃借物たる敷地の現実の使用方法，占有状態に変更はないから，当事者間の信頼関係が破壊されるということはできないが，(3)譲渡担保権者が建物の使用収益をする場合には，敷地の使用主体が替わることによって，その使用方法，占有状態に変更を来し，当事者間の信頼関係が破壊されるものといわざるを得ないからである。」

本件では，「Ｂは，Ａから譲渡担保として譲渡を受けた本件建物をＹに賃貸

第5編　契　約

することによりこれの使用収益をしているものと解されるから，AのBに対する同建物の譲渡に伴い，その敷地である本件土地について民法612条にいう賃借権の譲渡又は転貸がされたものと認めるのが相当である。本件において，仮に，Bがいまだ譲渡担保権を実行しておらず，Aが本件建物につき受戻権を行使することが可能であるとしても，右の判断は左右されない」。「特段の事情の認められない本件においては，Xの本件賃貸借契約解除の意思表示は効力を生じたものというべきであ」る。

〔文献〕　道垣内弘人・重判〔平9〕，円谷峻・私リ18号

(4)　不動産の譲渡と賃貸人たる地位の移転

契約22　土地賃貸人の地位の譲渡

◆賃貸土地の所有者がその所有権とともに土地賃貸人の地位を譲渡する場合には，特段の事情のある場合を除き，土地賃借人の承諾を要しない。

最二小判昭和46・4・23民集25巻3号388頁
〔参照条文〕民466条・601条

【事実】本件は，差戻控訴審判決の上告事件である。Xは，Yから土地を建物所有目的で賃借したが，更地のまま放置していた。Yは，本件土地をAに売却し，所有権移転登記を経由した。そこで，XはYに対し，Xの借地権を不法に侵害して消滅させたとして，不法行為に基づく損害賠償を請求した。第1審はXの請求を棄却したが，第2審はXの請求を認容した。上告審は，原判決の認定した事実だけではYに帰責する理由としては不十分であるとして，破棄差戻とした。

　差戻控訴審は，Y・A間には賃貸人の地位を譲渡する旨の契約がなされたと認定し，賃貸人の地位の譲渡は有効で，YにはXに対する債務不履行はないとした。Xが上告。

【判旨】　上告棄却　「YがAに対し，本件土地の所有権とともにXに対する賃貸人たる地位をもあわせて譲渡する旨約したものであることは，原審の認定した事実であ」る。

　「土地の賃貸借契約における賃貸人の地位の譲渡は，賃貸人の義務の移転を伴なうものではあるけれども，賃貸人の義務は賃貸人が何びとであるかによつて履行方法が特に異なるわけのものではなく，また，土地所有権の移転があつ

8 賃貸借

たときに新所有者にその義務の承継を認めることがむしろ賃借人にとつて有利であるというのを妨げないから，一般の債務の引受の場合と異なり，特段の事情のある場合を除き，新所有者が旧所有者の賃貸人としての権利義務を承継するには，賃借人の承諾を必要とせず，旧所有者と新所有者間の契約をもつてこれをなすことができると解するのが相当である。」

本件をみると，「Y と X 間の賃貸借契約関係は A と X 間に有効に移行し，賃貸借契約に基づいて Y が X に対して負担した本件土地の使用収益をなさしめる義務につき，Y に債務不履行はないといわなければならない。」

〔文献〕 石田穣・法協 90 巻 5 号，水本浩・民商 66 巻 1 号，丸山絵美子・百選 II

参考 23 **賃貸中の宅地を譲り受けた者の賃貸人の地位の主張**

最三小判昭和 49・3・19 民集 28 巻 2 号 325 頁

【要旨】賃貸中の宅地を譲り受けた者は，所有権移転登記を経由しなければ，登記のある建物を所有する賃借人に対抗できず，賃貸人たる地位を主張することはできない。

〔文献〕 永田眞三郎・民商 72 巻 1 号，岡本裕樹，百選 II
〔参照〕 賃貸人の地位の対抗要件⇨〔物権 5〕

---

(5) 借地借家法

契約 23 **正当事由と建物賃借人の事情**

◆借地契約の更新拒絶について正当事由（借地法 4 条 1 項〔現借地借家法 6 条〕）の有無を判断するにあたっては，特段の事情のない限り，借地人側の事情として借地上の建物賃借人の事情を斟酌することは許されない。

最一小判昭和 58・1・20 民集 37 巻 1 号 1 頁
〔参照条文〕借地 4 条 1 項・6 条 2 項（現借地借家 5 条 1 項・6 条）

【事実】A は，Y₁ との間で，建物所有を目的とする期間 20 年の借地権を地上建物賃貸禁止特約付きで設定した。Y₁ は，本件土地上に木造 2 階建ての店舗兼住宅用建物を建築し，その一部を Y₂・Y₃ に賃貸していた。A の死亡により A を相続した X らは，本件借地契約の更新を拒絶する旨を Y₁ に申し入れ，Y₁ に建物収去土

第5編 契 約

地明渡しを求め，Y₂・Y₃に対して建物退去土地明渡しを求めた。

第1審・原審とも，借地上建物賃借人の事情をも考慮して正当事由を否定し，Xらの請求を棄却した。Xらが上告。

【判旨】 破棄差戻 「建物所有を目的とする借地契約の更新拒絶につき借地法4条1項所定の正当の事由があるかどうかを判断するにあたつては，土地所有者側の事情と借地人側の事情を比較考量してこれを決すべきものであるが〔最大判昭和37・6・6民集16巻7号1265頁〕，右判断に際し，借地人側の事情として借地上にある建物賃借人の事情をも斟酌することの許されることがあるのは，借地契約が当初から建物賃借人の存在を容認したものであるとか又は実質上建物賃借人を借地人と同一視することができるなどの特段の事情の存する場合であり，そのような事情の存しない場合には，借地人側の事情として建物賃借人の事情を斟酌することは許されないものと解するのが相当である〔最三小判昭和56・6・16裁判集民133号47頁参照〕。」

(文献) 石外克喜・重判〔昭58〕，同・民商91巻3号，中田裕康・法協103巻7号，武川幸嗣・百選Ⅱ

参考24 **立退料の提供と正当事由**

最二小判平成3・3・22民集45巻3号293頁

【要旨】建物賃貸人が解約申入れ後に立退料の提供を申し出，または，解約時に申し出ていた立退料の増額を申し出た場合においても，これを当初の解約申入れの正当事由（借家法1条の2〔現借地借家28条〕）を判断するにあたって参酌することができる。

(文献) 岩城謙二・重判〔平3〕，奈良次郎・私リ5号，田中宏治・法協113巻6号

参考25 **建物賃貸借契約における更新料条項の効力**

最二小判平成23・7・15民集65巻5号2269頁

【要旨】賃貸借契約書に一義的かつ具体的に記載された更新料条項は，更新料の額が賃料の額，契約が更新される期間等に照らし高額に過ぎるなどの特段の

事情がない限り，消費者契約法 10 条（平 28 法 61 号による改正前のもの）に反しない。

〔文献〕 桑岡和久・民商 146 巻 1 号，幡野弘樹・法協 130 巻 2 号，松本恒雄・私リ 46 号，磯村保・重判〔平 23〕，大澤彩・百選 II
〔参照〕 更新料条項の有効性⇨〔総則参考 15〕

(6) サブリース

〔契約 24〕 サブリース契約と賃料減額請求

◆いわゆるサブリース契約にも借地借家法が適用され，当事者間に賃料自動増額特約が存しても強行法規たる同法 32 条の適用を排除することはできず，当事者は，賃料増減額請求権の行使を妨げられない。

最三小判平成 15・10・21 民集 57 巻 9 号 1213 頁
〔参照条文〕 借地借家 32 条 1 項

【事実】 X は，Y の勧めで，自社の所有地上に賃貸用高層ビルを建築して Y に一括賃貸することを計画・実行した。Y は本件賃貸部分を一括して賃借し，自己の責任と負担において第三者に転貸し，賃貸用オフィスビルとして運用すること，賃貸期間は 15 年として原則中途解約できないこと，賃料は年額約 20 億円として 3 年経過毎に 10% 値上げすること（賃料自動増額特約），急激なインフレその他経済事情に著しい変動があった結果，値上率および敷金が不相当になったときは X・Y 協議のうえ値上率を変更できること（調整条項），Y は X に対し約 50 億円の敷金を差し入れること，Y が賃料等の支払を遅滞したときは，X は，通知催告なしに敷金をもって弁済に充当できること等が契約の内容とされた。その後，バブル経済の崩壊に伴って賃料水準が大きく低下したため，Y は X に対し，借地借家法 32 条に基づく賃料の減額請求を行うとともに，X に対して約定の金額に満たない額の賃料を支払い続けた。

そこで，X は，Y に対し，賃料自動増額特約に基づく約定賃料と Y の支払った賃料額の差額分等を敷金から充当のうえ，敷金の不足分等の支払を訴求した。Y は，借地借家法 32 条によって賃料が減額されたことの確認を求めて反訴した。

第 1 審は，Y が賃料保証をしていたことを重視して，約定通りの賃料増額を認めて X の請求を認容した。原審は，本件契約は典型的な賃貸借契約ではないとして借地借家法 32 条の適用を制限し，上記調整条項の解釈によって 3 年毎の賃料の値上率を 0% としたうえで X の請求を一部認容した。X・Y 双方が上告。

【判旨】 破棄差戻 「本件契約における合意の内容は，X が Y に対して本件賃

貸部分を使用収益させ，ＹがＸに対してその対価として賃料を支払うというものであり，本件契約は，建物の賃貸借契約であることが明らかであるから，本件契約には，借地借家法が適用され，同法 32 条の規定も適用されるものというべきである。

本件契約には本件賃料自動増額特約が存するが，借地借家法 32 条 1 項の規定は，強行法規であって，本件賃料自動増額特約によってもその適用を排除することができないものであるから……，本件契約の当事者は，本件賃料自動増額特約が存するとしても，そのことにより直ちに上記規定に基づく賃料増減額請求権の行使が妨げられるものではない。」

「本件契約は，不動産賃貸等を目的とする会社であるＹが，Ｘの建築した建物で転貸事業を行うために締結したものであり，あらかじめ，ＹとＸとの間において賃貸期間，当初賃料及び賃料の改定等についての協議を調え，Ｘが，その協議の結果を前提とした収支予測の下に，建築資金としてＹから約 50 億円の敷金の預託を受けるとともに，金融機関から約 180 億円の融資を受けて，Ｘの所有する土地上に本件建物を建築することを内容とするものであり，いわゆるサブリース契約と称されるものの 1 つであると認められる。そして，本件契約は，Ｙの転貸事業の一部を構成するものであり，本件契約における賃料額及び本件賃料自動増額特約等に係る約定は，ＸがＹの転貸事業のために多額の資本を投下する前提となったものであって，本件契約における重要な要素であったということができる。これらの事情は，本件契約の当事者が，前記の当初賃料額を決定する際の重要な要素となった事情であるから，衡平の見地に照らし，借地借家法 32 条 1 項の規定に基づく賃料減額請求の当否（同項所定の賃料増減額請求権行使の要件充足の有無）及び相当賃料額を判断する場合に，重要な事情として十分に考慮されるべきである。

以上より，Ｙは，借地借家法 32 条 1 項の規定により，本件賃貸部分の賃料の減額を求めることができる。そして，上記のとおり，この減額請求の当否及び相当賃料額を判断するに当たっては，賃貸借契約の当事者が賃料額決定の要素とした事情その他諸般の事情を総合的に考慮すべきであり，本件契約において賃料額が決定されるに至った経緯や賃料自動増額特約が付されるに至った事情，とりわけ，当該約定賃料額と当時の近傍同種の建物の賃料相場との関係（賃料相場とのかい離の有無，程度等），Ｙの転貸事業における収支予測にかか

9 請　負

わる事情（賃料の転貸収入に占める割合の推移の見通しについての当事者の認識等），Xの敷金及び銀行借入金の返済の予定にかかわる事情等をも十分に考慮すべきである。」

（文献）内田貴・法協 121 巻 12 号，同・重判〔平 15〕，同・百選Ⅱ，近江幸治・私リ 30 号

9 請　負

契約25　建物建築請負における工事出来形部分の所有権の帰属

◆注文者と元請負人との間に，契約が中途解除されたときには工事の出来形部分の所有権は注文者に帰属する旨の約定がある場合には，下請負人が自ら材料を提供して工事を行っても，注文者と下請負人との間に格別の合意があるなど特段の事情のない限り，当該出来形の所有権は注文者に帰属する。

最三小判平成 5・10・19 民集 47 巻 8 号 5061 頁

〔参照条文〕民 632 条

【事実】注文者Yは，自己所有地上に建物を建築する請負契約（元請契約）を建設業者Aと締結したところ，Aは，この建築工事を一括してXに請け負わせた（下請契約）。本件元請契約には，注文者は工事中契約を解除することができ，その場合工事の出来形部分は注文者の所有とする旨の条項があった。工事はXが材料を提供して行っていたが，工事全体の約 26% の施行がなされた時点でAが倒産したため，YはAとの元請契約を解除し，Xは工事を取りやめた。Yは，それまでの工事の進捗に応じてAに対して代金の一部を支払っていたが，AからXに対する支払はなかった。他方，Yは，別の建設業者Bに依頼して建物を完成させ，Y名義の建物保存登記がなされた。Xは，出来形部分の所有権を主張して，建物の明渡し等を求めた。

　第 1 審は，Xの請求を棄却したが，原審は，出来部分の所有権はXに帰属するとして，Xの出来形価格相当分の償金請求を認容した。Yが上告。

【判旨】　破棄自判　「建物建築工事請負契約において，注文者と元請負人との間に，契約が中途で解除された際の出来形部分の所有権は注文者に帰属する旨の約定がある場合に，当該契約が中途で解除されたときは，元請負人から一括して当該工事を請け負った下請負人が自ら材料を提供して出来形部分を築造し

第5編　契　約

たとしても，注文者と下請負人との間に格別の合意があるなど特段の事情のない限り，当該出来形部分の所有権は注文者に帰属すると解するのが相当である。けだし，建物建築工事を元請負人から一括下請負の形で請け負う下請契約は，その性質上元請契約の存在及び内容を前提とし，元請負人の債務を履行することを目的とするものであるから，下請負人は，注文者との関係では，元請負人のいわば履行補助者的立場に立つものにすぎず，注文者のためにする建物建築工事に関して，元請負人と異なる権利関係を主張し得る立場にはないからである。」

「Yは，本件元請契約における出来形部分の所有権帰属に関する約定により，右契約が解除された時点で本件建前の所有権を取得したものというべきである。」

（文献）湯浅道男・重判〔平5〕，奥田昌道・私リ10号，坂本武憲・法協112巻4号，曽野裕夫・百選II

（契約26）瑕疵修補に代わる損害賠償請求権と報酬請求権との
　　　　　同時履行

◆請負契約の目的物に瑕疵がある場合には，注文者は，瑕疵の程度や各契約当事者の交渉態度等に鑑み信義則に反すると認められるときを除き，請負人から瑕疵の修補に代わる損害の賠償を受けるまでは，報酬全額の支払を拒むことができ，これについて履行遅滞の責任も負わない。

最三小判平成9・2・14民集51巻2号337頁
〔参照条文〕民1条2項・412条・533条・634条

【事実】Xは，Yとの間で住居建築を請け負い，工事が完成し，Yに引き渡された。工事代金は当初1650万円とされていたが，その後の追加工事もあり，また500万円は中途で支払われたため，残代金は1184万円余であった。引き渡された建物には瑕疵があったため，YはXにその修補を求めたが，Xは一部につき拒絶し，修補工事を中止した。Yは，残代金を1000万円として紛争を解決する提案をしたが，Xは拒否した。そして，Xは，Yに対し，請負残代金および約定の遅延損害金の支払をもとめて提訴した。これに対し，Yは，瑕疵修補に代わる損害賠償を請求し，同時履行の抗弁を主張した。

第1審・原審はXの請求を棄却した。Xが上告。

9 請　負

【判旨】　**上告棄却**　「請負契約において，仕事の目的物に瑕疵があり，注文者が請負人に対して瑕疵の修補に代わる損害の賠償を求めたが，契約当事者のいずれからも右損害賠償債権と報酬債権とを相殺する旨の意思表示が行われなかった場合又はその意思表示の効果が生じないとされた場合には，民法634条2項により右両債権は同時履行の関係に立ち，契約当事者の一方は，相手方から債務の履行を受けるまでは，自己の債務の履行を拒むことができ，履行遅滞による責任も負わないものと解するのが相当である。しかしながら，瑕疵の程度や各契約当事者の交渉態度等に鑑み，右瑕疵の修補に代わる損害賠償債権をもって報酬残債権全額の支払を拒むことが信義則に反すると認められるときは，この限りではない。そして，同条1項但書は『瑕疵カ重要ナラサル場合ニ於テ其修補カ過分ノ費用ヲ要スルトキ』は瑕疵の修補請求はできず損害賠償請求のみをなし得ると規定しているところ，右のように瑕疵の内容が契約の目的や仕事の目的物の性質等に照らして重要でなく，かつ，その修補に要する費用が修補によって生ずる利益と比較して過分であると認められる場合においても，必ずしも前記同時履行の抗弁が肯定されるとは限らず，他の事情をも併せ考慮して，瑕疵の修補に代わる損害賠償債権をもって報酬残債権全額との同時履行を主張することが信義則に反するとして否定されることもあり得るものというべきである。けだし，右のように解さなければ，注文者が同条1項に基づいて瑕疵の修補の請求を行った場合と均衡を失し，瑕疵ある目的物しか得られなかった注文者の保護に欠ける一方，瑕疵が軽微な場合においても報酬残債権全額について支払が受けられないとする請負人に不公平な結果となるからである」。

〔文献〕　森田宏樹・重判〔平9〕，潮見佳男・私リ16号，森田修・百選Ⅱ

参考26　建物の設計・施工者等の不法行為責任

最二小判平成19・7・6民集61巻5号1769頁

【要旨】　建物の建築に携わる設計者，施工者および工事監理者は，建物の建築にあたり，契約関係にない居住者等に対する関係でも，当該建物に建物としての基本的な安全性が欠けることがないように配慮すべき注意義務を負う。

〔文献〕　平野裕之・民商137巻4＝5号，円谷峻・重判〔平19〕，花立文子・私リ37号，

第5編　契　約

山本周平・百選Ⅱ

10 委 任

契約27 受任者の利益のためにも締結された委任契約の解除

◆受任者の利益のためにも締結された委任契約において，解除することがやむ
をえない事由が存しない場合であっても，委任者が解除権自体を放棄したも
のとは解されない事情があるときは，委任者は，解除によって受任者が被る
損害を賠償して，委任を解除することができる。

最二小判昭和56・1・19民集35巻1号1頁

〔参照条文〕民651条

【事実】　Aは，所有建物をBに賃貸することとし，Yに対して，賃料徴収および建
物管理を委託した。A・Y間の管理契約では，Yは徴収した賃料をAに引き渡す
こと，建物の公租公課の支払および修理はAの負担のもとでYが代行すること，
Yは賃貸借契約に基づく保証金を保管し毎月の利息をAに支払うことなどが定め
られていた。また，建物管理は無償である旨が合意されたが，同時に，AはYに
対して，保証金を自由に運用することを許諾し，Yはこれを自身の事業運営に充て
ていた。その後，AはYに対して本件管理契約の解除を申し入れ，Yに保管させ
ていた保証金の返還請求権をXに譲渡した。XがYに対して保証金の返還を請求
した。

　第1審・原審とも，本件管理契約はYにも利益を与えるものであり，契約継続
が困難と認められる特段の事情がない限り契約の解除は許されないとして，Xの請
求を棄却した。Xが上告。

【判旨】　破棄差戻　「本件管理契約の如く単に委任者の利益のみならず受任者
の利益のためにも委任がなされた場合であつても，委任契約が当事者間の信頼
関係を基礎とする契約であることに徴すれば，受任者が著しく不誠実な行動に
出る等やむをえない事由があるときは，委任者において委任契約を解除するこ
とができるものと解すべきことはもちろんであるが〔最二小判昭和40・12・17裁
判集民81号561頁，最二小判昭和43・9・20裁判集民92号329頁参照〕，さらに，か
かるやむをえない事由がない場合であつても，委任者が委任契約の解除権自体
を放棄したものとは解されない事情があるときは，該委任契約が受任者の利益

のためにもなされていることを理由として，委任者の意思に反して事務処理を継続させることは，委任者の利益を阻害し委任契約の本旨に反することになるから，委任者は，民法 651 条に則り委任契約を解除することができ，ただ，受任者がこれによつて不利益を受けるときは，委任者から損害の賠償を受けることによつて，その不利益を塡補されれば足りるものと解するのが相当である。」

〔文献〕 明石三郎・民商 85 巻 4 号，同・重判〔昭 56〕，大塚直・法協 99 巻 12 号，一木孝之・百選 II

参考 27 宅建業者を排除して売買契約を締結させた依頼者に対する報酬請求権

最一小判昭和 45・10・22 民集 24 巻 11 号 1599 頁

【要旨】宅地建物取引業者の仲介によってまもなく契約成立に至るべきことを熟知していた依頼者が，業者を排除して契約を成立させたときは，その業者は，依頼者に対して約定報酬を請求することができる。

〔文献〕 明石三郎・民商 65 巻 3 号，四宮和夫・法協 89 巻 6 号

11 消費寄託

契約 28 誤振込金の返還請求と預金債権

◆振込依頼人と受取人との間に振込みの原因となる法律関係が存在しないにもかかわらず，振込みによって受取人が振込金額相当の預金債権を取得したときは，振込依頼人は，受取人に対し，同額の不当利得返還請求権を有することがあるにとどまり，前記預金債権の譲渡を妨げる権利を取得するわけではないから，受取人の債権者がした前記預金債権に対する強制執行の不許を求めることはできない。

最二小判平成 8・4・26 民集 50 巻 5 号 1267 頁

〔参照条文〕民 91 条・**666 条**

【事実】X は，A 銀行甲支店に依頼して，B に対する債務の弁済に充てるために 558 万円を振り込む手続をしようとしたが，誤って A 銀行乙支店における C の普通預金口座への振込依頼を行ってしまった。その入金記帳のなされた C の口座に

第5編 契　約

対して，Cの債権者であるYが，公正証書に基づき差押えを行った。Yの差押えに対しXが第三者異議の訴を提起した。

第1審・原審は，預金債権の成立には振込依頼人と受取人の間の原因関係が必要であるとして，Cの預金債権は成立していないとして，Xの請求を認容した。Yが上告。

【判旨】　破棄自判　「振込依頼人から受取人の銀行の普通預金口座に振込みがあったときは，振込依頼人と受取人との間に振込みの原因となる法律関係が存在するか否かにかかわらず，受取人と銀行との間に振込金額相当の普通預金契約が成立し，受取人が銀行に対して右金額相当の普通預金債権を取得するものと解するのが相当である。けだし，前記普通預金規定には，振込みがあった場合にはこれを預金口座に受け入れるという趣旨の定めがあるだけで，受取人と銀行との間の普通預金契約の成否を振込依頼人と受取人との間の振込みの原因となる法律関係の有無に懸からせていることをうかがわせる定めは置かれていないし，振込みは，銀行間及び銀行店舗間の送金手続を通して安全，安価，迅速に資金を移動する手段であって，多数かつ多額の資金移動を円滑に処理するため，その仲介に当たる銀行が各資金移動の原因となる法律関係の存否，内容等を関知することなくこれを遂行する仕組みが採られているからである。」

「また，振込依頼人と受取人との間に振込みの原因となる法律関係が存在しないにかかわらず，振込みによって受取人が振込金額相当の預金債権を取得したときは，振込依頼人は，受取人に対し，右同額の不当利得返還請求権を有することがあるにとどまり，右預金債権の譲渡を妨げる権利を取得するわけではないから，受取人の債権者がした右預金債権に対する強制執行の不許を求めることはできないというべきである。」

文献　秦光昭・私リ15号，松岡久和・重判〔平8〕，岩原紳作・百選Ⅱ

参考28　預金債権の帰属

最二小判平成 15・2・21 民集 57 巻 2 号 95 頁

【要旨】損害保険代理店委託契約に基づき保険料を預け入れた預金口座に関する預金債権は，口座の開設者・名義人・管理者等の実態，さらに，保険契約者

から収受した保険料の所有権はいったん保険会社代理店に帰属することからみると，保険会社ではなく，保険会社代理店に帰属する。

(文献) 加毛明・法協 121 巻 11 号，同・百選Ⅱ，森田宏樹・重判〔平 15〕，中西正明・私リ 28 号

12 組 合

契約 29　任意の脱退を許さない旨の組合契約の約定の効力

◆民法 678 条が，組合員は，やむをえない事由がある場合には，組合の存続期間の定めの有無にかかわらず，常に組合から任意に脱退することができる旨を規定する部分は，強行法規であり，これに反する組合契約における約定は効力を有しない。

最三小判平成 11・2・23 民集 53 巻 2 号 193 頁

〔参照条文〕民 90 条・91 条・678 条

【事実】X らは，Y らとともに，1 口 100 万円を出資してヨットを共同購入し，ヨットクラブを結成する組合契約を締結した。本件クラブの規約には，会員の権利の譲渡および退会に関して「オーナー会議で承認された相手方に対して譲渡することができる。譲渡した月の月末をもって退会とする。（これは，不良なオーナーをふせぐ為である。）」との規定があった。その後，X らは，Y らに対して訴えを起こし，本件クラブから脱退する旨の意思表示をしたとして，組合持分の払戻金の支払等を求めた。

　　第 1 審は X らの請求を認容したが，原審は，本件組合からの任意脱退は上記の本件規定により会員の権利を譲渡する方法によってのみ行うことができるとして，X らの請求を棄却した。X らが上告。

【判旨】　一部破棄差戻，一部却下　「民法 678 条は，組合員は，やむを得ない事由がある場合には，組合の存続期間の定めの有無にかかわらず，常に組合から任意に脱退することができる旨を規定しているものと解されるところ，同条のうち右の旨を規定する部分は，強行法規であり，これに反する組合契約における約定は効力を有しないものと解するのが相当である。けだし，やむを得ない事由があっても任意の脱退を許さない旨の組合契約は，組合員の自由を著しく制限するものであり，公の秩序に反するものというべきだからである。」

297

第5編 契 約

「本件規定は，……やむを得ない事由があっても任意の脱退を許さないものとしていることになるから，その限度において，民法 678 条に違反し，効力を有しないものというべきである。このことは，本件規定が設けられたことについて……理由があり，本件クラブの会員は，会員の権利を譲渡し，又は解散請求することができるという事情があっても，異なるものではない。」

(文献) 中舎寛樹・民商 122 巻 1 号，松本恒雄・私リ 20 号，山田誠一・重判〔平 11〕，大村敦志・百選 I

第6編

不法行為等

概　　説	…………………………	300
1	不当利得	…………………………	309
2	不法原因給付	…………………………	315
3	一般的不法行為の要件	………………	318
4	不法行為の効果	………………………	342
5	特殊不法行為	…………………………	355
6	損害賠償請求権と消滅時効	…………	369

第6編　不法行為等

概　　説

　　第6編不法行為等は，契約以外によって債権が発生する事由である，事務管理，不当利得，不法行為を扱うが，事務管理については取りあげるべき判例が見当たらない。したがって，以下においては，不当利得（*1・2*），不法行為（*3〜6*）に関する判例を取りあげる。なお，事務管理，不当利得，不法行為によって発生する債権は法定債権と呼ばれることがある。

　　近時，不法行為の果たす役割は拡大し，その判例の数もきわめて多い。本書では，不法行為を民法709条が規定する一般的不法行為と714条以下で規定される特殊不法行為とに大別して，解釈上重要な論点毎に各種の事案を類型化して概観する。なお，一般的不法行為と特殊不法行為とでは成立要件は異なるが，その効果は同じなので，一般的不法行為の効果について挙げる判例の見解が特殊不法行為についても妥当する。

1　不当利得　〔不法行為等1〕は，存在しない抵当権が実行され，その売却代金から債権者が配当を受けた場合に，抵当権の実行によって所有権を喪失した者からのその債権者に対する不当利得返還請求を肯定した。

　　A・B・Cの三者間（四者間以上の場合もありうる）において，AとBとの関係でAが損失を被り，BとCとの関係でCが利得を得たような場合，AからCに対して不当利得返還請求ができるかどうかに関しては，しばしば難しい問題が生じる。〔不法行為等2〕は，金銭を騙取した者が騙取金を債務の弁済として債権者に支払った場合に，当該債権者に悪意または重過失が認められるときには，騙取された者からの当該債権者に対する不当利得返還請求が認められるとした。〔不法行為等3〕は，いわゆる転用物訴権とされる事例を扱う。すなわち，建物賃借人との請負契約で建物の修繕工事をした者がその賃借人の無資力を理由に賃貸人である建物所有者に対して請負代金未回収分を不当利得として返還請求した事例について，賃貸借契約を全体としてみて，賃貸人が対価関係なしに修繕工事による利益を得た場合に限られるとして，転用物訴権の成立を認めることについて従前の判例よりも厳格な立場に立つ。〔不法行為等4〕は，強迫によって締結された金銭消費貸借契約において，借主の指示により，貸主がその貸付金を第三者に給付した後，借主が強迫を理由に当該金銭消費貸借契約を取り消した場合，借主と第三者との間に法律上または事実上の関係がないとき

概　説

には，貸主から借主に対する不当利得返還請求はできないとする。

2　不法原因給付　公序良俗に反する法律行為を有効として扱うことが妥当でないのと同様に，不法な原因（つまり，公序良俗などを理由として無効とされる行為）によってなされた給付の返還請求を認めることも妥当ではない。なぜならば，国家が違法な目的の実現に手を貸すことになるからである。〔不法行為等5〕は，不法原因給付としてなされた未登記建物は，それが引渡済みである場合には，返還請求できないとするとともに，その反射的効果として，給付者がその建物について保存登記を経由したときは，建物の引渡を受けている者はその登記の抹消を請求できるとした。なお，既登記建物の引渡が不法原因給付となる場合について判断した〔参考6〕と比較しておきたい。

3　一般的不法行為の要件　一般的不法行為の成立要件は，「故意または過失（ただし，故意が認定されることは稀である）」，「因果関係」，「違法性（権利または法益の侵害）」および「損害の発生」である。これらは，相互に密接に関係し，ときに（部分的にではあるが）混同されることがある。そこで展開される叙述を丁寧に読み込むことが求められる。

(1)　過　失　〔不法行為等6〕は，遊び仲間によるレール上への置き石遊びによって電車が脱線転覆した事故について，その遊びの企てには加わっていたが，置き石の実行行為には加わらなかった者の過失を認定した事案である。共同の企てに加わっており，その実行行為を現実に知っており，事故発生を予見できた以上，事故回避の義務があるとしたのである。共同不法行為に連続する事案として興味深い。〔不法行為等7〕は，日々進歩を遂げる医学において新たに開発された治療法を患者に実施すべき注意義務が医師・医療機関に課されることになる基準を示す。そこでは，有効性と安全性とが是認され，医師・医療機関に臨床上要求される治療法の実施が医師・医療機関の注意義務の基準とされるべきであり，それを医療水準といい，その認定は，医療機関の性格，その所在する地域の医療環境の特性，医師の専門分野等の諸般の事情を考慮して行うと判示する。

(2)　因果関係　因果関係は，責任成立要件としての事実的因果関係と賠償範囲確定のための因果関係である相当因果関係とに区分できる。

事実的因果関係については，これまで単独の原因が争いの対象になる場合がほとんどであったため，それほど議論の対象とはされてこなかった。しかしな

301

第6編　不法行為等

がら，公害，医療過誤などが新たな紛争として現れ，そこでは，原因とされる因子と結果との間に時間的・空間的な隔たりがあったり，結果発生の機序が明らかでないという事情が存在することから，事実的因果関係を実体法概念としてどのように捉え，それをどのように証明するべきかという法的課題が登場した。

　最先端の医学によっても病理機序が明らかにされていない傷病が違法行為に続いて発生した場合などにおいては，その傷病が当該違法行為が原因であるとの認定ができるかは，非常に難しい。この問題について判断したのが，〔不法行為等8〕である。そこでは，化膿性髄膜炎の患者がルンバール実施直後にショック症状を発症し，後に，知能障害等の後遺障害を残した事故について，ルンバール実施と当該後遺障害との因果関係の有無が争われたのであるが，〔不法行為等8〕は，「訴訟上の因果関係の立証は，一点の疑義も許されない自然科学的証明ではなく，経験則に照らして全証拠を総合検討し，特定の事実が特定の結果発生を招来した関係を是認しうる高度の蓋然性を証明することであり，その判定は，通常人が疑を差し挟まない程度に真実性の確信を持ちうるものであることを必要とし，かつ，それで足りるものである」として，因果関係を肯定した。この判決は，因果関係の証明基準に関して，伝統的な考えを確認したものといえる。しかし，そこでいわれる経験則の内容が明らかにされていないことが問題点といえよう。さて，因果関係の証明の基準が高度の蓋然性であるとするのが判例・通説の立場であるが，臨床医療においては，治療行為の奏功率がそれほど高くなく，適切な医療が施されていたならば，治癒ないし寛解したはずであると，高度の蓋然性をもっていえないことも稀ではない。このような場合，過失によって適切な医療を施さなかったために疾病が進行・悪化し，死亡に至ったとしても，その過失行為と死亡との間の因果関係が証明できそうにもない。この問題に対処したのが，〔不法行為等9〕であり，患者が死亡した時点においてなお生存していたであろう高度の蓋然性が認められるならば，医師の注意義務違反と患者の死亡との因果関係が認められるとした。

　賠償範囲確定のための因果関係である相当因果関係に債務不履行における相当因果関係を規定する民法416条の適用があるかどうかは，学説上議論のあるところであるが，〔不法行為等10〕は，同条の適用を肯定した。

　*(3)　**違法性**　違法性は，加害行為の態様と被侵害利益の性質・程度とを相関

302

的に考慮して，その有無が判断される。生命・身体や所有権のようないわゆる絶対権とされる法益は，加害行為の悪質さがそれほど大きくなくとも，違法性が肯定される。しかしながら，絶対権に属さない法益の侵害が違法性を帯びるかどうかは，しばしば議論となる。〔不法行為等11〕は，前科を公表されないという法的利益が著作物の公表によって侵害されたことに関して，違法性があると判示した。なお，報道による名誉毀損が争われる事案においては，その報道によって被害者の社会的評価が低下したことが名誉毀損とされるが，〔不法行為等14〕は，名誉毀損と同様の判断がなされる信用毀損に関して，「当該報道番組により摘示された事実がどのようなものであるかという点については，当該報道番組の全体的な構成，これに登場した者の発言の内容や，画面に表示されたフリップやテロップ等の文字情報の内容を重視すべきことはもとより，映像の内容，効果音，ナレーション等の映像及び音声に係る情報の内容並びに放送内容全体から受ける印象等を総合的に考慮して，判断すべきである」と判示した。そして，報道によって被害者の社会的評価が低下した場合であっても，その報道内容が真実であるか，または，真実であると信じるに相当な理由がある場合には，故意・過失ないし違法性が阻却されるとするのが判例・通説であるところ，〔不法行為等12〕は，通信社からの虚偽の内容の配信記事をそのまま掲載した新聞社には，それを真実と信ずるについて相当の理由があるとはいえないとした。我が国では，通信社からの配信記事が摘示する事実の真実性について高い信頼性が確立しているとはいえない，というのがその理由である。プライバシーも保護に値する法益ではあるが，その侵害に違法性があるかどうかの判断は加害行為の態様に応じて微妙である。〔不法行為等13〕は，講演会参加者の名簿を参加者に無断で警察に開示した講演主催大学の行為をプライバシー侵害であるとした。参加者名簿を警察に開示することについて，参加希望者の同意を事前に得ることが容易であったにもかかわらず，それを怠ったことが違法性を認めるポイントになったといえる。〔不法行為等15〕は，宗教上の信念という保護法益が侵害された事案を扱う。輸血を忌避する宗教的信念を有し，その旨の意思を明確に表示する患者に対して，救命のために必要であるとして輸血を実施した医師について，自己決定権を奪い，人格権を侵害したとして，不法行為責任を認めた。〔不法行為等16〕は，不当訴訟が違法性を帯びることを明確にした。裁判を受ける権利は憲法上保障された権利ではあるが，濫

第6編　不法行為等

訴その他裁判制度の趣旨・目的に照らして著しく相当性を欠く場合には，訴え
を提起する行為が違法になるというのである。前掲〔不法行為等9〕は，過失に
よって医療行為の遅延があった場合，死亡の時点でなお生存していたであろう
ことが高度の蓋然性をもって認められるならば，その過失による医療行為とそ
の死亡との間に因果関係が認められるとしたが，死亡の時点でなお生存してい
たという点に関して高度の蓋然性が認められなかったときにはどのように考え
るべきであるかが，問題になる。因果関係の証明がないとして，請求を棄却す
ることも考えられる。しかし，〔不法行為等17〕は，患者が死亡した時点にお
いてなお生存していた「相当程度の可能性」が認められる場合には，その「相
当程度の可能性」は法によって保護されるべき利益であるとして，過失ある医
療行為を行った医師の責任を肯定した。

(4) **損害の発生**　民法709条は，その文言から明かなように，既に発生した
損害が賠償の対象であると定める。加害行為が継続して行われ，将来も継続す
ることが予測されるような場合，現に発生していなくとも，その将来の損害の
賠償が認められるべきかどうかが，〔不法行為等18〕において争われた。同判
決は，損害賠償請求権の基礎となる事実関係および法律関係が既に存在する場
合ならばともかく，そうでない場合には，具体的に請求権が成立した時点では
じめて賠償請求ができると判示した。

4　不法行為の効果　民法722条1項は，不法行為責任が成立した場合，原
則として，金銭による損害賠償が命ぜられるとする（金銭賠償の原則）。以下に
おいては，この原則のもとで行われる賠償額の算定に関する判例を概観する。

(1) **損害額の算定**　〔不法行為等19〕は，逸失利益の算定においては，その
算定基礎として賃金センサスの平均賃金が用いられる結果，そこにみられる金
額について男女の間で格差が存在するため，男子に比べて女子の逸失利益額が
低いものになるとしても，不合理とはいえないとした。〔不法行為等20〕は，
交通事故で後遺障害を負った被害者が，その損害賠償請求訴訟の口頭弁論終結
前に，別の事故で死亡したとしても，その逸失利益算定にあたっては，交通事
故当時の就労可能期間によるべきであり，その死亡時までを就労期間とすべき
ではないと判示した。この判決は，後遺障害による逸失利益は事故時に発生す
るのであり，就労可能期間の認定はその賠償額を算定するための資料にすぎな
いとするものといえる。なお，類似の事案で，介護費用に関しては，死亡時ま

304

でを限度として認めるべきであるとした〔参考22〕を比較検討しておきたい。

(2) **損益相殺** 〔不法行為等21〕は、不法行為被害者がその不法行為による被害について労災保険金の受給権を取得した者である場合に、受給済みの保険金額については損害額から控除されるが、給付を受けることが確定していたとしても、現実に受給されていない給付額については損害額から控除されないとした。不法行為による損害賠償請求権と労災保険金の受給権との調整を図ることに関するリーディング・ケースの1つである。そして、その延長線において、〔不法行為等22〕は、不法行為によって死亡した被害者の損害賠償請求権を相続した者が、その被害者の遺族として、労災保険法に基づく遺族補償年金の受給権を得た場合、その受給権と損害賠償請求権との調整を図るものである。同判決は、遺族補償年金の受給権者であることが確定したときは、受給済みであるか、または、受給できることが確定したかを問わず、損害賠償額から受給し、または、受給できるであろう年金額を損害額から控除すべきであるとした。

(3) **近親者の慰謝料請求権** 有形的な被害を伴わない、いわゆる純粋な精神的苦痛に対して慰謝料を無限定に肯定するとなると、賠償責任の範囲が際限なく拡がることになる。そのこともあって、民法711条は、被害者死亡の場合に限って、被害者の一定範囲の親族に固有の慰謝料請求権を認めることにしている。しかし、〔参考26〕は、同条を類推適用することによって、その範囲を拡大した。この拡大がどこまで及ぶかは今後の課題であるとともに、パンドラの箱を開けたことにもなりかねないという問題も含む。

(4) **過失相殺** 不法行為による損害の発生またはその拡大に被害者の過失も寄与している場合について、民法722条2項は、被害者の過失割合に応じて損害賠償額を減額しうると定める。〔不法行為等24〕は、共同不法行為において被害者にも過失が認められる場合について、損害発生の原因となったすべての過失の割合が認定できるときには、その割合（絶対的過失割合）に応じて被害者の過失割合に応じて過失相殺をし、その残額について共同不法行為者は連帯責任を負うと判示した。同じく共同不法行為とはされたが、交通事故と医療事故とが競合した事例において、交通事故に関して被害者の過失が認められるとき、その過失を医療事故加害者との関係では過失相殺できないとし、いわゆる相対的過失割合による過失相殺を認めた〔不法行為等31〕と比べることは興味深い。

第 6 編　不法行為等

　過失相殺は，加害者と被害者との間の公平を図ることをその趣旨としており，被害者の過失とまでは評価できない場合であっても，加害者に全損害の賠償を命じることが公平でないと考えられるようなときには，過失相殺規定がしばしば類推適用される。〔不法行為等25〕は，通常人よりも首が長いという被害者の身体的特徴が頸椎捻挫等の被害発生または拡大に寄与しているとしても，その身体的特徴が損害をもたらしたことについて被害者に特段の責められるべき理由がないとして，過失相殺の類推適用を否定した。被害者の心因的素因が損害発生・拡大に寄与した場合において，過失相殺の類推適用を認めた〔参考29〕，および，被害者の疾患が損害発生・拡大に寄与した場合において，過失相殺の類推適用を認めた〔参考30〕と比較されたい。

　損害賠償額の調整を図る手段としては，過失相殺と前述の損益相殺とがあるが，両者に該当する事実がある場合に，その適用順位をどのようにするのかは，かつてより議論があった。〔不法行為等23〕は，過失相殺をまず行って，その後に損益相殺をすべきであるとした。この判決は，交通事故による不法行為損害賠償請求権と労災保険請求権との調整が争点となったのであるが，他の場面でも同様の結論となるのかは不明といえよう。

　(5)　*差止請求*　不法行為の効果は，金銭による賠償が原則であり，例外的に，原状回復として，民法723条が定める名誉回復が認められている。〔不法行為等26〕は，出版物の発表による名誉毀損の事例について，表現の自由と名誉権との調整において，憲法の定める表現の自由を制約する差止請求の可否は慎重に判断されるべきであり，表現内容が真実でなく，専ら公益を図る目的のものではないことが明白であり，かつ，被害者が重大で，かつ著しく回復困難な損害を被る虞があるときには，出版の事前差止めが認められると判示した。

5　特殊不法行為

　(1)　**監督義務者責任**　民法712条および713条は，判断能力の乏しい者について責任能力を否定したうえで，それらの者による不法行為について，その法定監督義務者に責任を課す民法714条を用意する。〔不法行為等27〕は，法定監督義務者の監督義務の内容について判断した。同判決は，責任能力のない者が通常は人身に危害を及ぶようなものではない行為によって他人に人身被害をもたらした場合，危険な行為をしないように日頃からその者に対して通常のしつけをしていれば，監督義務を尽くしたことになると判示した。責任能力のな

概　説

い者について，法定監督義務者が存在しない場合，法定監督義務に準じる立場にある者（準法定監督義務者）が監督義務を負うとするのが判例の立場であるが，この準法定監督義務者に該当するかどうかの判断を示したのが〔不法行為等28〕であり，重度の認知症患者が鉄道事故を起こし，それによって鉄道会社に多大な損害を及ぼした事故について，責任能力のない者との身分関係や日常における接触状況に照らして，第三者に対する加害を防止するための監督義務を引き受けたとみるべき特段の事情が認められる者が法定監督義務者に準じる者といえるとした。この判決に対しては，責任能力のない者を一生懸命に世話する者ほど責任が問われることになるとの懸念も出されている。

(2)　**使用者責任**　〔不法行為等29〕は，組織暴力団の組長とその下部組織の構成員との間には使用者と被用者の関係が成立しており，対立抗争における暴力行為を組織として賞揚していた事情のもとでは，対立している他の暴力団との抗争においてその構成員が行った殺傷行為は「事業の執行につき」行われたものというべきであるとした。危険な活動を管理・支配する者にその危険活動に従事する者によって惹起された損害について賠償責任を負わせるという使用者責任の趣旨を踏まえた判断といえる。なお，被用者の不法行為について責任を負った使用者が被害者に対して賠償した場合，民法715条は，使用者から被用者への求償を肯定している。しかし，この求償権をめぐっては，使用者の事業に伴うリスクによる損害を被用者に負担させることになるとの批判がなされてきた。〔不法行為等30〕は，こうした批判を踏まえて，事業の性格・規模，業務内容，被用者の労働条件，加害行為の態様などの他，保険などを掛けてリスクの分散を図るなどの対応を怠ってきた点を考慮して，信義則を理由に，使用者による求償権の行使を制限した。

(3)　**工作物責任**　被害者救済の観点から，無過失責任が課される「土地工作物」の定義は次第に拡張されてきている。〔参考35〕は，そうした動きを端的に示す。

(4)　**共同不法行為**　共同不法行為として複数の者に連帯責任が課されるための要件である「関連共同性」をどのように解するのかに関しては，学説上争いがあるが，判例は一貫して客観的関連共同性があればよいとしてきている。〔不法行為等31〕は，交通事故加害者とそれによって被害を受けた者に対して過失ある医療行為を行った者との共同不法行為を肯定し，客観的関連共同説に

307

第6編　不法行為等

立つことを端的に示した。上述したように，共同不法行為者は連帯責任を負う
のであるが，共同不法行為者が被害者との間で和解を成立させ，和解金の支払
に引き換えて，その余の損害賠償額の支払を免除するとの約定を結んだ場合，
その免除が他方の共同不法行為者に及ぶかどうかは議論のあるところである。
〔不法行為等32〕は，共同不法行為者が負う連帯債務は不真正連帯債務であり，
債権者による免除の絶対的効力を定めた民法437条の規定は適用されず，1
人の不真正連帯債務者に対してなされた免除の効力は当然に他の不真正連帯債
務者に当然に及ぶものではないとしたうえで，債権者に他の不真正連帯債務者
の残債務をも免除する意思が認められる場合には，その免除の効力は当該他の
不真正連帯債務者にも及ぶとした。

6　損害賠償請求権と消滅時効　民法724条は，不法行為を理由とする損害
賠償請求権について，前段において，3年の消滅時効を定め，後段において，
20年の期間制限を定める。後段の期間制限の法的性質については，中断が考
えられないので，除斥期間であると捉える見解が判例・通説となっていた。
〔不法行為等33〕は，この判例・通説の立場を継承する。ただし，平成29年に
改正された民法（債権法）においては，時効期間であると明文化されるに至っ
ている。

〔新美育文〕

1 不当利得

不法行為等 1　存在しない根抵当権の実行と不当利得

◆存在しない抵当権の実行により所有権を喪失した者は，その競売における売
　却代金から弁済金の交付を受けた債権者に対して不当利得を返還請求できる。

最二小判昭和 63・7・1 民集 42 巻 6 号 477 頁

〔参照条文〕民 703 条，民執 84 条・184 条・188 条（平 15 法 134 号による改正前）

【事実】Y から総額 3500 万円の融資を受けた A 会社は，Y のために B 所有の本件
不動産に根抵当権を設定し，登記を経由した。この根抵当権設定契約は，A 会社
代表者 C が B を無権代理して締結したものであった。Y は，後日，この根抵当権
を実行して，その売却代金からその債権の満足を得た。本件不動産を含む全財産を
包括遺贈された長男 X は，Y に対して，無効な根抵当権の実行から得た弁済は不
当利得であるとして，その返還を請求した。

　第 1 審判決は X 勝訴。原審判決は，X 敗訴。X 上告。

【判旨】　破棄自判　「債権者が第三者所有の不動産のうえに設定を受けた根抵
当権が不存在であるにもかかわらず，その根抵当権の実行による競売の結果，
買受人の代金納付により右第三者が不動産の所有権を喪失したときは，その第
三者は，売却代金から弁済金の交付を受けた債権者に対し民法 703 条の規定に
基づく不当利得返還請求権を有するものと解するのが相当である。けだし，右
債権者は，競売の基礎である根抵当権が存在せず，根抵当権の実行による売却
代金からの弁済金の交付を受けうる実体上の権利がないにもかかわらず，その
交付を受けたことになり，すなわち，その者は，法律上の原因なくして第三者
に属する財産から利益を受け，そのために第三者に損失を及ぼしたものという
べきだからである。」

文献　加藤雅信・重判〔昭 63〕，同・民商 101 巻 4 号，森田宏樹・法協 107 巻 5 号，生
熊長幸・判評 363（判時 1303）号

第6編　不法行為等

不法行為等2　金銭を騙取した者から弁済を受けた者と不当
利得の因果関係

◆金銭を騙取した者がその騙取金を債務の弁済に充てた場合，弁済受領者に悪
意または重過失があるときには，弁済受領者は被騙取者または被横領者との
関係で不当利得を得たものというべきである。

最一小判昭和 49・9・26 民集 28 巻 6 号 1243 頁
〔参照条文〕民 703 条

【事実】Aは，X共済組合連合会経理課長Bと結託して，国庫負担金から金銭を騙
取したことから，国庫負担金に不足が生じ，C農業共済組合連合会への国庫負担金
が未交付であったため，Cから交付の催促を受けるに至った。犯行を隠すために，
Aは，BにXから金銭を詐取させ，これをXに対する国庫負担金過払分の返済と
の名目でAに交付させた。Aは，この金銭を国Yに与えた損害の一部弁済として
Yに支払い，この金銭は，YからCに対する割当国庫負担金として交付されるべ
きものに当てられた。XがYに対して，不当利得の返還を請求した。
　　第1審判決および原審判決は，Xの損失とYの利得との間に因果関係がないと
して，X敗訴。X上告。

【判旨】　一部破棄差戻，一部棄却　「およそ不当利得の制度は，ある人の財産
的利得が法律上の原因ないし正当な理由を欠く場合に，法律が，公平の観念に
基づいて，利得者にその利得の返還義務を負担させるものであるが，いま甲が，
乙から金銭を騙取又は横領して，その金銭で自己の債権者丙に対する債務を弁
済した場合に，乙の丙に対する不当利得返還請求が認められるかどうかについ
て考えるに，騙取又は横領された金銭の所有権が丙に移転するまでの間そのま
ま乙の手中にとどまる場合にだけ，乙の損失と丙の利得との間に因果関係があ
るとなすべきではなく，甲が騙取又は横領した金銭をそのまま丙の利益に使用
しようと，あるいはこれを自己の金銭と混同させ又は両替し，あるいは銀行に
預入れ，あるいはその一部を他の目的のため費消した後その費消した分を別途
工面した金銭によつて補填する等してから，丙のために使用しようと，社会通
念上乙の金銭で丙の利益をはかつたと認められるだけの連結がある場合には，
なお不当利得の成立に必要な因果関係があるものと解すべきであり，また，丙
が甲から右の金銭を受領するにつき悪意又は重大な過失がある場合には，丙の
右金銭の取得は，被騙取者又は被横領者たる乙に対する関係においては，法律

310

1　不当利得

上の原因がなく，不当利得となるものと解するのが相当である。」

（文献）　加藤雅信・判評 198（判時 780）号，石田穣・法協 93 巻 4 号，谷口知平・民商 73 巻 1 号，平田健治・百選 II

（不法行為等 3）　**転用物訴権**

◆建物賃借人との請負契約で建物の修繕工事をした者がその賃借人の無資力を理由に賃貸人である建物所有者に対して請負代金未回収分を不当利得として返還請求できるのは，賃貸借契約を全体としてみて，賃貸人が対価関係なしに修繕工事による利益を得た場合に限られる。

最三小判平成 7・9・19 民集 49 巻 8 号 2805 頁

〔参照条文〕民 703 条

【事実】賃借人 A は，レストラン等を使用目的とする本件建物の修繕工事を X に請け負わせた。本件建物は，所有者である Y から賃借したものである。その賃貸契約においては，本件建物の修繕等に要する費用はすべて A の負担とし，本件建物返還時には A が Y に金銭的要求を一切しない代わりに権利金を A が支払わないとの特約，および，無断転貸禁止の特約が付されていた。X が修繕工事を完了して A に引き渡したが，A は工事代金の一部を支払っただけで，行方不明となった。また，本件建物賃貸借契約も A の無断転貸を理由に Y が解除した。そこで，X は Y に対して工事代金の未回収分を不当利得を理由に返還請求をした。

第 1 審判決は，X 一部勝訴。原審判決は，X 敗訴。X 上告。

【判旨】　上告棄却　「甲が建物賃借人乙との間の請負契約に基づき右建物の修繕工事をしたところ，その後乙が無資力になったため，甲の乙に対する請負代金債権の全部又は一部が無価値である場合において，右建物の所有者丙が法律上の原因なくして右修繕工事に要した財産及び労務の提供に相当する利益を受けたということができるのは，丙と乙との間の賃貸借契約を全体としてみて，丙が対価関係なしに右利益を受けたときに限られるものと解するのが相当である。けだし，丙が乙との間の賃貸借契約において何らかの形で右利益に相応する出捐ないし負担をしたときは，丙の受けた右利益は法律上の原因に基づくものというべきであり，甲が丙に対して右利益につき不当利得としてその返還を請求することができるとするのは，丙に二重の負担を強いる結果となるからである。」

不法行為等

❸

第6編　不法行為等

「本件建物の所有者である Y が X のした本件工事により受けた利益は，本件建物を営業用建物として賃貸するに際し通常であれば賃借人である A から得ることができた権利金の支払を免除したという負担に相応するものというべきであって，法律上の原因なくして受けたものということはできず，これは，……本件賃貸借契約が A の債務不履行を理由に解除されたことによっても異なるものではない。」

文献　磯村保・重判〔平7〕，好美清光・私リ 14 号，平田健治・民商 115 巻 6 号，松岡久和・百選 II

不法行為等4　三者間の給付不当利得

◆強迫によって締結された金銭消費貸借契約において，借主の指示により，貸主がその貸付金を第三者に給付した後，借主が強迫を理由に当該金銭消費貸借契約を取り消した場合，借主と第三者との間に法律上または事実上の関係がないときには，借主にはその給付によって利益を得たとみることができないので，貸主から借主に対する不当利得返還請求はできない。

最三小判平成 10・5・26 民集 52 巻 4 号 985 頁

〔参照条文〕民 96 条 1 項・537 条・587 条・703 条

【事実】A による強迫を受けた Y は，貸金業者 X との間で金銭消費貸借契約を締結し，A の指示を受けて，その借受金を A の関係者である Z 会社の預金口座に振り込んだ。X から Y に対して貸金返還請求がなされたのに対して，Y は，A による強迫を理由に本件金銭消費貸借契約を取り消した。そこで，X は Y が Z への振込金相当額を不当利得したとしてその返還を請求した。

　　原審は，Z への振込みが Y の指示によるものであり，X・Y 間に金銭の交付があったと認められることを理由に，Y の不当利得を肯定し，X の請求を認容。Y 上告。

【判旨】　破棄自判　「消費貸借契約の借主甲が貸主乙に対して貸付金を第三者丙に給付するよう求め，乙がこれに従って丙に対して給付を行った後甲が右契約を取消した場合，乙からの不当利得返還請求に関しては，甲は，特段の事情のない限り，乙の丙に対する右給付により，その価額に相当する利益を受けたものとみるのが相当である。けだし，そのような場合に，乙の給付による利益は直接には右給付を受けた丙に発生し，甲は外見上は利益を受けないようにも見えるけれども，右給付により自分の丙に対する債務が弁済されるなど丙との

関係に応じて利益を受け得るのであり，甲と丙との間には事前に何らかの法律上又は事実上の関係が存在するのが通常だからである。また，その場合，甲を信頼しその求めに応じた乙は必ずしも常に甲丙間の事情の詳細に通じているわけではないので，このような乙に甲丙間の関係の内容及び乙の給付により甲の受けた利益につき主張立証を求めることは乙に困難を強いるのみならず，甲が乙から給付を受けた上で更にこれを丙に給付したことが明らかな場合と比較したとき，両者の取扱いを異にすることは衡平に反するものと思われるからである。

　しかしながら，本件の場合，前記事実関係によれば，ＹとＺとの間には事前に何らの法律上又は事実上の関係はなく，Ｙは，Ａの強迫を受けて，ただ指示されるままに本件消費貸借契約を締結させられた上，貸付金をＺの右口座へ振り込むようＸに指示したというのであるから，先にいう特段の事情があった場合に該当することは明らかであって，Ｙは，右振込みによって何らの利益を受けなかったというべきである。」

（文献）　平田健治・重判〔平10〕，同・私リ19号，藤原正則・百選Ⅱ

（参考1）　先登記抵当権の実行により所有権を喪失した劣後所有権者による当該所有権者に劣後する抵当権者になされた配当についての不当利得返還請求の可否

最一小判昭和63・12・1民集42巻10号719頁

【要旨】　先登記抵当権者に対抗できないために競売手続において抹消された所有権仮登記の権利者は，その仮登記の後に登記を経由した抵当権者に対して，その者が交付を受けた代価を不当利得として返還請求することはできない。

（文献）　滝沢聿代・判評366（判時1312）号，生熊長幸・民商101巻1号，内田貴・法協107巻7号，加藤雅信・私リ1号

（参考2）　仮登記の抹消と後順位抵当権者の不当利得

最二小判平成3・3・22民集45巻3号322頁

第6編　不法行為等

【要旨】　抵当不動産競売による売却代金から債権または優先権を持たない者が
配当を受けた場合，抵当権者は，配当期日に配当異議の申出をしなかったとし
ても，自己が配当を受けることができなかった金銭相当額を当該債権者に対し
て不当利得を理由に返還請求できる。

文献　栗田隆・重判〔平3〕，大村敦志・法協111巻6号，滝沢聿代・判評393（判時
1394）号

参考3　金銭の交付による不当利得を得た者の返還義務の範
囲

最三小判平成3・11・19民集45巻8号1209頁

【要旨】　不当利得者に現存利益が存在しないことについては，不当利得返還請
求権の消滅を主張する者が主張・立証すべきである。金銭交付による不当利得
を得た者がその利得に法律上の原因がないことを認識した後の利益の消滅は，
返還義務の範囲を縮小させる理由にはならない。

文献　池田清治・法協112巻10号，磯村保・私リ5号，平田健治・民商106巻6号，
土田哲哉・判評401（判時1418）号

参考4　法律上の原因なくして利得した代替物を売却処分し
た受益者の不当利得返還義務の範囲

最一小判平成19・3・8民集61巻2号479頁

【要旨】　法律上の原因なくして利得した代替性のある物を第三者に売却処分し
た受益者は，原則として，売却代金相当額の金員の不当利得返還義務を負う。

文献　平田健治・判評587（判時1984）号，同・私リ36号，大杉謙一・民商137巻2号，
加藤雅信・重判〔平19〕，原恵美・百選Ⅱ

参考5　民法704条後段の趣旨

最二小判平成21・11・9民集63巻9号1987頁

2 不法原因給付

【要旨】　民法704条後段の規定は，悪意の受益者が不法行為の要件を充足する限りにおいて，不法行為責任を負うことを注意的に規定したものであり，悪意の受益者に不法行為責任とは異なる特別の責任を負わせたものではない。

〔文献〕　川角由和・民商142巻3号，藤原正則・私リ42号，大久保邦彦・重判〔平22〕

2　不法原因給付

不法行為等5　不法原因給付の目的物の所有権帰属

◆①不法な原因によって贈与された未登記建物の引渡は，民法708条の定める「給付」に当たる。
②不法な原因による贈与において引き渡された建物については，贈与者は所有権に基づいて返還を請求できない。
③建物の贈与による引渡が不法原因給付に該当し，贈与者がその返還を請求できない場合には，その反射的効果として，その建物の所有権は受贈者に帰属する。
④不法な原因による贈与に基づいて引き渡された建物が受贈者の所有となった場合，贈与者が当該建物の所有権保存登記を経由したときは，受贈者はその保存登記の抹消を請求できる。

最大判昭和45・10・21民集24巻11号1560頁
〔参照条文〕民177条・708条，不登68条・77条

【事実】　Xがその妾であるYとの不倫関係を維持継続する目的で未登記建物を贈与し，引き渡した。その後，Xは，本件贈与が公序良俗に反し，無効であるとしたうえで，無権限による占有を理由として，Yらに対して本件建物の明渡し等を求めた。Yは，不法原因給付であることを抗弁として提出するとともに，Xが本件建物について所有権保存登記を経由したので，その取消を求めて反訴を提起した。
　第1審判決および原審判決は，Xの請求を棄却するとともに，Yの反訴請求も棄却。Y上告。

【判旨】　破棄自判　「原審の認定した右事実関係のもとにおいては，右贈与は公序良俗に反し無効であり，また，右建物の引渡しは不法の原因に基づくものというのを相当とするのみならず，本件贈与の目的である建物は未登記のものであつて，その引渡しにより贈与者の債務は履行を完了したものと解されるから，右引渡しが民法708条本文にいわゆる給付に当たる旨の原審の前示判断も，

不法行為等

❺

315

第6編　不法行為等

正当として是認することができる。」

　「前述のように右贈与が無効であり，したがつて，右贈与による所有権の移転は認められない場合であつても，Xがした該贈与に基づく履行行為が民法708条本文にいわゆる不法原因給付に当たるときは，本件建物の所有権はYに帰属するにいたつたものと解するのが相当である。けだし，同条は，みずから反社会的な行為をした者に対しては，その行為の結果の復旧を訴求することを許さない趣旨を規定したものと認められるから，給付者は，不当利得に基づく返還請求をすることが許されないばかりでなく，目的物の所有権が自己にあることを理由として，給付した物の返還を請求することも許されない筋合であるというべきである。かように，贈与者において給付した物の返還を請求できなくなつたときは，その反射的効果として，目的物の所有権は贈与者の手を離れて受贈者に帰属するにいたつたものと解するのが，最も事柄の実質に適合し，かつ，法律関係を明確ならしめる所以と考えられるからである。」

　「前述のように，不法原因給付の効果として本件未登記建物の所有権がYに帰属したことが認められる以上，YがXに対しその所有権に基づいて右所有権保存登記の抹消登記手続を求めることは，不動産物権に関する法制の建前からいつて許されるものと解すべきであつてこれを拒否すべき理由は何ら存しない。そうとすれば，本件不動産の権利関係を実体に符合させるため，Yが右保存登記の抹消を得たうえ，改めて自己の名で保存登記手続をすることに代え，Xに対し所有権移転登記手続を求める本件反訴請求は，正当として認容すべきものである。原判決が，本件贈与は公序良俗に反するものとして無効であるから，右贈与が有効であることを前提とするYの反訴請求は失当である旨判示したのみで，右請求を棄却したのは違法であり，論旨は，理由があるに帰する。」

　文献　水津太郎・百選Ⅱ，松坂佐一・民商65巻2号

参考6　不法原因給付と既登記建物の引渡し

最一小判昭和46・10・28民集25巻7号1069頁

【要旨】　不法の原因によって既登記建物が贈与された場合，その引渡がなされ

316

ただけでは，民法 708 条にいう給付があったとはいえず，贈与者からの返還請求を拒むことができるのは，既登記建物については，その占有の移転のみならず，所有権移転登記が経由されていることが必要である。

文献　谷口知平・民商 67 巻 1 号，能見善久・法協 90 巻 9 号

参考 7　不法原因給付と損益相殺ないし損益相殺的調整の可否

最三小判平成 20・6・10 民集 62 巻 6 号 1488 頁

【要旨】　反倫理・反道徳的な醜悪な行為に該当する不法行為の被害者がその醜悪な行為によって損害を被るとともに，当該醜悪な行為に係る給付を受けて利益を得た場合には，当該利益については，加害者からの不当利得返還請求が許されないだけでなく，被害者からの不法行為に基づく損害賠償請求において損益相殺ないし損益相殺的な調整の対象として被害者の損害額から控除することも，民法 708 条の趣旨に反するものとして許されない。

文献　藤原正則・重判〔平 20〕，長谷川隆・判評 603（判時 2033）号，島川勝・私リ 39 号

第6編　不法行為等

3　一般的不法行為の要件

(1)　過　失

不法行為等6　鉄道のレール上への置き石遊びをしていた者の注意義務

◆中学生グループが鉄道のレール上に置き石をするいたずらによって電車が脱線転覆した事故について，同グループの中にいたが直接は置き石をしなかった少年について，重大事故発生の蓋然性の高い置き石行為がされた場合には，その実行行為者と当該行為をすることについて共同の認識ないし共謀がない者であっても，この者が仲間の関係にある実行行為者とともに事前に動機となった話合いをしたのみでなく，これに続いてなされた実行行為の現場において，置き石行為を現に知り，事故の発生についても予見可能であったときには，先行行為に基づく義務として，事故回避のための措置を講じて事故の発生を未然に防止すべき義務がある。

最一小判昭和62・1・22民集41巻1号17頁

〔参照条文〕民709条

【事実】同じ中学2年生の遊び仲間であるY，A，B，C，Dは，鉄道線路の脇で遊んでいる内に，線路のレールに物を置いて遊ぼうということになり，B，Cが線路に立ち入り，レール上にガムなどを置いて遊んでいた。続いてDが線路に立ち入り，京都行き路線のレールと大阪行き路線のレールの両者に拳大の石を置いた。YとAは，線路内に立ち入ることなく，Bらの行為を見ており，Dに対しては置き石は止めるように注意した。しかし，Dはその石を放置したままであった。Cは大阪行き路線のレール上の置き石は取り除いたが，京都行き路線のレール上の石はそのままであった。なお，Yは，京都行き路線上の置き石については認識がなかった。その時，京都行きの列車が進行してきて，置き石に乗り上げ，脱線転覆して，X鉄道会社に多大な損害を負わせる事故が生じた。XとA，B，C，Dとの間では和解が成立したが，Yはこれに応じなかったので，XはYに対して総損害額の5分の1について賠償を請求した。

　第1審判決は，Yの過失を認め，X勝訴。原審判決は，Yらの間に共同の認識があったとはいえず，Yには置き石を阻止または除去すべき注意義務はないとして，X敗訴。X上告。

【判旨】　**破棄差戻**　「およそ列車が往来する電車軌道のレール上に物を置く行

318

為は，多かれ少なかれ通過列車に対する危険を内包するものであり，ことに当該物が拳大の石である場合には，それを踏む通過列車を脱線転覆させ，ひいては不特定多数の乗客等の生命，身体及び財産並びに車両等に損害を加えるという重大な事故を惹起させる蓋然性が高いといわなければならない。このように重大な事故を生ぜしめる蓋然性の高い置石行為がされた場合には，その実行行為者と右行為をするにつき共同の認識ないし共謀がない者であつても，この者が，仲間の関係にある実行行為者と共に事前に右行為の動機となつた話合いをしたのみでなく，これに引き続いてされた実行行為の現場において，右行為を現に知り，事故の発生についても予見可能であつたといえるときには，右の者は，実行行為と関連する自己の右のような先行行為に基づく義務として，当該置石の存否を点検確認し，これがあるときにはその除去等事故回避のための措置を講ずることが可能である限り，その措置を講じて事故の発生を未然に防止すべき義務を負うものというべきであり，これを尽くさなかつたため事故が発生したときは，右事故により生じた損害を賠償すべき責任を負うものというべきである。」

「Ｙは，本件事故発生の 19 分前ころから，中学校の友人である本件グループの雑談に加わり，各自の経験談をまじえ，電車軌道のレール上に物を置くという，重大事故の発生の危険を内包する行為をすることの話に興じていたばかりでなく，本件事故の発生時まで本件道路上にいて，Ｄら 3 名が順次金網柵を乗り越えて軌道敷内に入り，そのうちＤが軌道敷から拳大の石を拾つてレール上に置くのを見ており，少なくとも同人が大阪行軌道のレール上にその石を置いたのを事前に現認していたというのである。そうすると，Ｙは，置石行為をすることそれ自体についてＤと共同の認識ないし共謀がなく，また，本件事故の原因となつた本件置石について事前の認識がなかつたとしても，Ｄが大阪行軌道のレール上に拳大の石を置くのを現認した時点において，同人が同一機会において大阪行軌道よりも本件道路に近い京都行軌道のレール上にも拳大の本件置石を置くこと及び通過列車がこれを踏み本件事故が発生することを予見することができたと認めうる余地が十分にあるというべきであり，これが認められ，かつまた，Ｙにおいて本件置石の存否を点検確認し，その除去等事故回避のための措置を講ずることが可能であつたといえるときには，その措置を講じて本件事故の発生を未然に防止すべき義務を負うものというべきである。Ｙ

第 6 編　不法行為等

が本件事故の発生前に D に対し置石行為をやめるように言つた事実があると
しても，それだけでは直ちに右注意義務に消長を来たすものとはいえない。」

(文献) 神田孝夫・重判〔昭 62〕，中井美雄・判評 364（判時 1306）号

不法行為等 7　医療水準の判断要素

◆医療機関（医師）の注意義務の基準となる医療水準の判断は，当該（医師の所
属する）医療機関の性格やその所在地域の医療環境の特性その他の諸事情を
考慮してなされるべきである。

最二小判平成 7・6・9 民集 49 巻 6 号 1499 頁

〔参照条文〕民 415 条・709 条

【事実】昭和 49 年 12 月に未熟児として生まれた X は，Y が設営する A 病院に入
院した。Y は，X を保育器に収容するとともに，酸素投与を継続した。その間，未
熟児網膜症を発見するための眼底検査を 1 度だけ実施した。X は，未熟児網膜症の
発見の遅れとそれによる未熟児網膜症の治療法として新たに開発されつつあった光
凝固法を受ける機会を失った。そして，その結果，X の未熟児網膜症は進行し，高
度の視力障害を残すこととなった。

　X は，Y に対して，適切な眼底検査の実施を懈怠したこと，および，光凝固法の
実施またはそれを受けるための転医措置の懈怠を理由に，診療契約上の注意義務違
反があるとして，損害賠償を請求。

　原審判決は，X 出生当時，光凝固法は未熟児網膜症のための有効な治療法として
は確立していなかったとして，Y の注意義務違反を否定し，X の請求を棄却。X
上告。

【判旨】　破棄差戻　「当該疾病の専門的研究者の間でその有効性と安全性が是
認された新規の治療法が普及するには一定の時間を要し，医療機関の性格，そ
の所在する地域の医療環境の特性，医師の専門分野等によってその普及に要す
る時間に差異があり，その知見の普及に要する時間と実施のための技術・設備
等の普及に要する時間との間にも差異があるのが通例であり，また，当事者も
このような事情を前提にして診療契約の締結に至るのである。したがって，あ
る新規の治療法の存在を前提にして検査・診断・治療等に当たることが診療契
約に基づき医療機関に要求される医療水準であるかどうかを決するについては，
当該医療機関の性格，所在地域の医療環境の特性等の諸般の事情を考慮すべき

であり，右の事情を捨象して，すべての医療機関について診療契約に基づき要求される医療水準を一律に解するのは相当でない。そして，新規の治療法に関する知見が当該医療機関と類似の特性を備えた医療機関に相当程度普及しており，当該医療機関において右知見を有することを期待することが相当と認められる場合には，特段の事情が存しない限り，右知見は右医療機関にとっての医療水準であるというべきである。そこで，当該医療機関としてはその履行補助者である医師等に右知見を獲得させておくべきであって，仮に，履行補助者である医師等が右知見を有しなかったために，右医療機関が右治療法を実施せず，又は実施可能な他の医療機関に転医をさせるなど適切な措置を採らなかったために患者に損害を与えた場合には，当該医療機関は，診療契約に基づく債務不履行責任を負うものというべきである。また，新規の治療法実施のための技術・設備等についても同様であって，当該医療機関が予算上の制約等の事情によりその実施のための技術・設備等を有しない場合には，右医療機関は，これを有する他の医療機関に転医をさせるなど適切な措置を採るべき義務がある。」

「A の医療機関としての性格，X が A の診療を受けた昭和 49 年 12 月中旬ないし昭和 50 年 4 月上旬の兵庫県及びその周辺の各種医療機関における光凝固法に関する知見の普及の程度等の諸般の事情について十分に検討することなくしては，本件診療契約に基づき A に要求される医療水準を判断することができない筋合いであるのに，光凝固法の治療基準について一応の統一的な指針が得られたのが厚生省研究班の報告が医学雑誌に掲載された同年 8 月以降であるというだけで，X が A の診療を受けた当時において光凝固法は有効な治療法として確立されておらず，A を設営する Y に当時の医療水準を前提とした注意義務違反があるとはいえないとした原審の判断には，診療契約に基づき医療機関に要求される医療水準についての解釈適用を誤った違法があるものというべきであり，右違法は原判決の結論に影響を及ぼすことが明らかである。」

⟨文献⟩ 新美育文・重判〔平7〕，金川琢雄・判評 444（判時 1549）号，手嶋豊・私リ 13 号，同・百選 II

参考8 体育授業中の事故と担当教師の注意義務

最二小判昭和 62・2・13 民集 41 巻 1 号 95 頁

第6編 不法行為等

【要旨】 小学6年生の児童が体育の授業中に，プレーヤーの1人が蹴ったサッカーボールで右眼を強く直撃され，1年後に外傷性網膜剥離による失明に陥った事故につき，小学校の担当教師には，本件事故に基づく身体障害の発生を未然防止するため保護者に事故の状況等を通知して保護者からの対応措置を要請すべき義務を負っていたものと解することはできない。

(文献) 稲葉馨・重判〔昭62〕，窪田充見・民商97巻3号，吉田邦彦・判評352（判時1269）号

参考9 能書と異なる医療慣行による医療事故

最三小判平成8・1・23民集50巻1号1頁

【要旨】 麻酔剤を使用する医師が，当時の開業医においては麻酔剤に添付される能書とは異なった血圧測定間隔（5分間）で麻酔剤を使用するのが常識とされていたとしても，能書に記載された血圧測定間隔（2分間）での血圧測定をすべき義務がある。

(文献) 松原昌樹・判評457（判時1588）号，浦川道太郎・私リ14号，手嶋豊・重判〔平8〕

参考10 証券取引における適合性原則違反と不法行為の成否

最一小判平成17・7・14民集59巻6号1323頁

【要旨】 証券取引においては，適合性の原則から著しく逸脱するような勧誘がなされた場合に不法行為が成立する。

(文献) 近江幸治・判評570（判時1931）号，黒沼悦郎・重判〔平17〕，潮見佳男・私リ33号

参考11 貸金業者の取引履歴開示義務違反と不法行為

最三小判平成17・7・19民集59巻6号1783頁

【要旨】 貸金業者は，債務者から取引履歴の開示請求がなされた場合には，特

段の事情がない限り，貸金業の規制等に関する法律の適用を受ける金銭消費貸借契約の付随義務として，信義則上，その開示請求に応じる義務があり，これに違反する違法があれば，不法行為が成立し，その違反によって被害者が被った精神的損害を賠償しなければならない。

〔文献〕　角田美穂子・判評 568（判時 1925）号，小粥太郎・重判〔平 17〕，板東俊矢・私リ 33 号

参考 12　**プロバイダー責任制限法にいう重大な過失**

最三小判平成 22・4・13 民集 64 巻 3 号 758 頁

【要旨】　プロバイダーがインターネット上の掲示板の書込みによって名誉を毀損されたと主張する者からの開示請求に応じなかった場合，書込みの文言自体が社会通念上許される限度を超えていることが一見明白であるということができず，権利侵害が明白か否かの判断が容易ではないときには，プロバイダー責任制限法 4 条 1 項の重大な過失があったということはできない。

〔文献〕　和田真一・民商 143 巻 4 = 5 号，加賀山茂・私リ 43 号，河上正二・重判〔平 22〕

参考 13　**医薬品の欠陥**（イレッサ事件）

最三小判平成 25・4・12 民集 67 巻 4 号 899 頁

【要旨】　医療用医薬品について製造物責任法 2 条 2 項にいう「通常有すべき安全性」が確保されるためには，その引渡し時点で予見できる副作用に係る情報が添付文書に適切に記載されているべきである。医療用医薬品の副作用に係る情報の記載が適切かどうかは，副作用の内容ないし程度，当該医療用医薬品の効能または効果から通常想定される処方者ないし使用者の知識および能力，添付文書における副作用に係る記載の形式ないし体裁等の諸般の事情を総合考慮して，予見しうる副作用の危険性が処方者等に十分明らかにされているといえるか否かという観点から判断すべきものと解するのが相当であり，輸入医薬品であるイレッサの輸入承認時点における添付文書が「使用上の注意」欄中の「重大な副作用」の欄に間質性肺炎について記載していたことは，当該時点で

第6編　不法行為等

予見できる副作用についての記載として適切でないとはいえないので，イレッサに欠陥があるとはいえない。

（文献）　大塚直・重判〔平25〕，吉村良一・私リ49号，大澤逸平・法協132巻5号，橋本佳幸・百選Ⅱ

(2)　因果関係

（不法行為等8）　ルンバール施術直後の発作とルンバール実施
との因果関係（ルンバールショック事件）

◆化膿性髄膜炎の治療として腰椎穿刺による髄液採取とペニシリンの髄腔内注入（ルンバール）を実施したところ，直後に患者におう吐，けいれん等の発作が生じ，後遺症として知能障害，運動障害が残った場合，ルンバールと発作等およびこれにつづく病変との因果関係を否定するのは，経験則に反する。

最二小判昭和50・10・24民集29巻9号1417頁
〔参照条文〕民709条，民訴185条（現行247条），国賠1条

【事実】Xは化膿性髄膜炎の治療のため，Yが経営するZ病院に入院していた。担当医A・Bの治療のもと，Xは快方に向かっていた。治療の一環として，Aによるルンバール注射を受けたところ，Xはショック症状をきたし，その後に知能障害，運動障害の後遺障害を残すことになった。Xは，Aにルンバール実施上の過失があるとして，Yに損害賠償を請求。Yは，化膿性髄膜炎の再燃がXに生じた障害等の原因であるとして争った。

　第1審判決は，ルンバールが本件結果の原因であるとしたが担当医の過失は否定し，X敗訴。原審判決は，ルンバールと本件結果との因果関係を否定するとともに，担当医の過失も否定し，X敗訴。X上告。

【判旨】破棄差戻　「一　訴訟上の因果関係の立証は，一点の疑義も許されない自然科学的証明ではなく，経験則に照らして全証拠を総合検討し，特定の事実が特定の結果発生を招来した関係を是認しうる高度の蓋然性を証明することであり，その判定は，通常人が疑を差し挟まない程度に真実性の確信を持ちうるものであることを必要とし，かつ，それで足りるものである。」

　「四　……本件発作は，Xの病状が一貫して軽快しつつある段階において，本件ルンバール実施後15分ないし20分を経て突然に発生したものであり，他方，化膿性髄膜炎の再燃する蓋然性は通常低いものとされており，当時これが再燃するような特別の事情も認められなかつたこと，以上の事実関係を，因果

324

3 一般的不法行為の要件

関係に関する前記一に説示した見地にたつて総合検討すると，他に特段の事情が認められないかぎり，経験則上本件発作とその後の病変の原因は脳出血であり，これが本件ルンバールに因つて発生したものというべく，結局，Xの本件発作及びその後の病変と本件ルンバールとの間に因果関係を肯定するのが相当である。」

(文献) 新美育文・百選Ⅱ〔4版〕，米村滋人・百選Ⅱ，桜井節夫・重判〔昭50〕，中村
惠・民商81巻2号，森島昭夫・判評209（判時813）号，石田穣・法協93巻12号

(不法行為等9) **不作為による医療事故と患者死亡との因果関係**

◆肝硬変の患者が後日肝細胞がんによって死亡した場合，医師が注意義務を尽くして細胞がんの早期発見のために適切な検査をしていたならば，死亡の6か月前には，がん切除術の実施も可能な程度の大きさの肝細胞がんを発見できたと思われ，患者はその死亡した時点においてなお生存していたであろう高度の蓋然性が認められるので，医師の注意義務違反と患者の死亡との間には因果関係が認められる。

最一小判平成11・2・25民集53巻2号235頁

〔参照条文〕民416条・709条

【事実】 53歳のアルコール性肝硬変の患者Aは，B病院の紹介により，肝臓病を専門とするY医院で診療を受けていた。Yでの受診当初，Aには肝細胞がんの存在は認められなかったが，年齢・性別のほか，肝硬変に罹患していることなどから，肝細胞がん発見のための注意を怠ってはならない高危険群の患者に属していた。Yは，Aがそのような高危険群に属する患者であることを認識できたにもかかわらず，診療開始から約2年8か月の間の771回の診療において，問診をし，肝硬変の内科的治療を行うほか，1，2か月に1度触診を行うだけで，当時肝細胞がんの発生の有無を知るうえで有効とされていた各検査については，容態が悪化したため，Yの紹介によって診察を受けたC病院で肝細胞がんの確定診断がなされる17日前に，1回だけAFP検査を受けただけであった。そして，Cにおいて肝細胞がんの確定診断がなされた時点では，もはや有効な治療を施すことができない状況にあり，Aは確定診断から数日後に肝細胞がんおよび肝不全で死亡した。Aの相続人XがYに対して損害賠償請求。

　第1審判決および原審判決は，Yの過失によって，Aの死亡がもたらされたと

325

第6編　不法行為等

はいえないが，Aの延命の可能性が奪われたとして，請求の一部認容，一部棄却。X上告。

【判旨】　破棄差戻 「訴訟上の因果関係の立証は，一点の疑義も許されない自然科学的証明ではなく，経験則に照らして全証拠を総合検討し，特定の事実が特定の結果発生を招来した関係を是認し得る高度の蓋然性を証明することであり，その判定は，通常人が疑いを差し挟まない程度に真実性の確信を持ち得るものであることを必要とし，かつ，それで足りる」。

「右は，医師が注意義務に従って行うべき診療行為を行わなかった不作為と患者の死亡との間の因果関係の存否の判断においても異なるところはなく，経験則に照らして統計資料その他の医学的知見に関するものを含む全証拠を総合的に検討し，医師の右不作為が患者の当該時点における死亡を招来したこと，換言すると，医師が注意義務を尽くして診療行為を行っていたならば患者がその死亡の時点においてなお生存していたであろうことを是認し得る高度の蓋然性が証明されれば，医師の右不作為と患者の死亡との間の因果関係は肯定されるものと解すべきである。患者が右時点の後いかほどの期間生存し得たかは，主に得べかりし利益その他の損害の額の算定に当たって考慮されるべき事由であり，前記因果関係の存否に関する判断を直ちに左右するものではない。」

「Aの肝細胞癌が昭和61年1月に発見されていたならば，以後当時の医療水準に応じた通常の診療行為を受けることにより，同人は同年7月27日の時点でなお生存していたであろうことを是認し得る高度の蓋然性が認められるというにあると解される。そうすると，肝細胞癌に対する治療の有効性が認められないというのであればともかく，このような事情の存在しない本件においては，Yの前記注意義務違反と，Aの死亡との間には，因果関係が存在するものというべきである。」

（文献） 新美育文・重判〔平11〕，吉田邦彦・判評490（判時1688）号，鎌田薫・私リ20号，窪田充見・民商121巻4＝5号

3 一般的不法行為の要件

不法行為等 10 不法行為による損害賠償への民法 416 条類推適用

◆不法行為を理由とする損害賠償請求についても，民法 416 条が類推適用される。

最一小判昭和 48・6・7 民集 27 巻 6 号 681 頁

〔参照条文〕民 416 条・709 条

【事実】X は，Y による処分禁止の仮処分決定の執行によって，担保提供が不可能となり，銀行融資が受けられなくなったりなどして，事業の開始が遅延したため，それによって営業利益の喪失および精神的苦痛を被ったとして，Y に対して損害賠償請求。

　第 1 審判決は，X の損害は特別事情による損害であり，予見可能性がないので認められないとして，請求棄却。原審では，X は事業の計画遅延による費用増大も損害として追加。原審判決も，特別事情による損害であるとして，請求棄却。X 上告。

【判旨】　上告棄却　「不法行為による損害賠償についても，民法 416 条が類推適用され，特別の事情によつて生じた損害については，加害者において，右事情を予見しまたは予見することを得べかりしときにかぎり，これを賠償する責を負うものと解すべきであることは，判例の趣旨とするところであ」る。

　「X の主張する財産および精神上の損害は，すべて，Y の本件仮処分の執行によつて通常生ずべき損害にあたらず，特別の事情によつて生じたものと解すべきであり，そして，Y において，本件仮処分の申請およびその執行の当時，右事情の存在を予見しまたは予見することを得べかりし状況にあつたものとは認められないとした原審の認定判断は，原判決（その引用する第 1 審判決を含む。）挙示の証拠関係に照らして，正当として肯認することができる。」

（文献）　前田陽一・百選Ⅱ，中井美雄・民商 70 巻 5 号，石田穣・法協 91 巻 12 号

参考 14 妻と未成年の子のある男性と同棲した女性の，未成年の子に対する不法行為

最二小判昭和 54・3・30 民集 33 巻 2 号 303 頁

327

第6編　不法行為等

【要旨】　女性が妻と未成年の子のある男性と肉体関係を持ち，同棲した結果，その未成年の子が父親からの愛情，監護，教育を受けることができなくなったとしても，愛情を注ぎ，監護，教育を行うことは父親自らの意思によって行うことができるのであるから，その女性の行為とそれら愛情，監護，教育を受けられなくなった不利益との間に相当因果関係がないというべきであり，その女性の行為は，特段の事情がないかぎり，未成年の子に対する不法行為を構成しない。

(文献)　泉久雄・重判〔昭54〕，前田達明・民商82巻4号，水野紀子・法協98巻2号

参考15　集団予防接種とB型肝炎との因果関係

最二小判平成18・6・16民集60巻5号1997頁

【要旨】　幼児期に集団予防接種等を受けたXらがB型肝炎ウィルスに感染した場合，(1)B型肝炎ウィルスが血液を介して感染し，その感染力の強さに照らして，集団予防接種等の被接種者中に感染者が存在したとき，注射器の連続使用によって感染する危険性があること，(2)Xらはもっとも持続感染者となりやすいとされる幼少期に集団予防接種等を受け，その際に注射器の連続使用がなされたこと，(3)Xらはその幼少期にB型肝炎ウィルスに感染して持続感染者となり，うち2人は成人期に入ってB型肝炎を発症したこと，(4)Xらは，出産時にB型肝炎ウィルスの持続感染者である母親の血液がこの体内に入ることによる感染（いわゆる垂直感染）により感染したものではなく，それ以外の感染（いわゆる水平感染）により感染したものであること，(5)昭和61年から母子間感染阻止事業が開始された結果，同年以後に生まれた世代における新たな持続感染者の発生がほとんどみられなくなったことは，少なくとも，幼少児については，垂直感染を阻止することにより同世代の水平感染も防ぐことができたことを意味し，一般に，幼少児については，集団予防接種等における注射器の連続使用によるもの以外は，家庭内感染を含む水平感染の可能性が極めて少なかったことを示すものであること，(6)Xらについて，集団予防接種等の他には，感染原因となる可能性の高い具体的な事実の存在はうかがわれず，他の原因による感染の可能性は，一般的，抽象的なものにすぎないことなどの事情

があるもとでは，本件集団予防接種等と X らの B 型肝炎ウィルス感染との間の因果関係を肯定するのが相当である。

（文献）　松久三四彦・判評 585（判時 1978）号，同・重判〔平 18〕，鹿野菜穂子・私リ 35号

(3) 違法性

（不法行為等 11）　前科の公表と不法行為

◆前科等に関わる事実が著作物で実名で公表された者は，その者のその後の生活状況，当該刑事事件それ自体の歴史的または社会的な意義，その者の事件における当事者としての重要性，その者の社会的活動およびその影響力について，その著作物の目的，性格等に照らした実名使用の意義および必要性を合わせて判断し，前科等に関わる事実を公表されない法的利益がこれを公表する理由に優越する場合，その公表によって被った精神的苦痛の賠償を求めることができる。

最三小判平成 6・2・8 民集 48 巻 2 号 149 頁

〔参照条文〕憲 21 条，民 709 条

【事実】沖縄が米軍統治下にあった頃，米軍兵士に対する傷害致死等で有罪判決を受け，懲役刑に服した X は，この裁判で陪審員として関与した Y が書いたノンフィクション作品の中で実名を公表された。X はこれによって人格権を侵害され，精神的苦痛を受けたとして，Y に対して損害賠償を請求。

　　第 1 審判決および原審判決は，X の請求を一部認容。Y 上告。

【判旨】　上告棄却　「前科等にかかわる事実については，これを公表されない利益が法的保護に値する場合があると同時に，その公表が許されるべき場合もあるのであって，ある者の前科等にかかわる事実を実名を使用して著作物で公表したことが不法行為を構成するか否かは，その者のその後の生活状況のみならず，事件それ自体の歴史的又は社会的な意義，その当事者の重要性，その者の社会的活動及びその影響力について，その著作物の目的，性格等に照らした実名使用の意義及び必要性をも併せて判断すべきもので，その結果，前科等にかかわる事実を公表されない法的利益が優越するとされる場合には，その公表によって被った精神的苦痛の賠償を求めることができるものといわなければならない。なお，このように解しても，著作者の表現の自由を不当に制限するものではない。けだし，表現の自由は，十分に尊重されなければならないもので

第6編　不法行為等

あるが，常に他の基本的人権に優越するものではなく，前科等にかかわる事実
を公表することが憲法の保障する表現の自由の範囲内に属するものとして不法
行為責任を追求される余地がないものと解することはできないからである。」

文献　松井茂記・重判〔平6〕，田島泰彦・憲百選Ⅰ〔4版〕，前田陽一・法協113巻2
号

不法行為等12　配信記事による名誉毀損についての新聞社の責任

◆通信社から配信を受けた記事をそのまま掲載した新聞社には，一定の信頼性
を有しているとされる通信社からの配信記事であるとの一事をもって，その
内容を真実と信じるについて相当の理由があるとは認められない。

最三小判平成14・1・29民集56巻1号185頁
〔参照条文〕民709条，刑35条・230条の2

【事実】新聞社Yらは，警視庁当局の情報については，通信社Aから配信された
記事を原則としてそのまま新聞に掲載することによって報道してきた。AはXの
名誉を毀損する記事をYに配信し，Yがこれを新聞報道した。Xは，Yに対して
名誉毀損を理由に損害賠償請求。

　第1審判決は，Xの請求を認容。原審判決は，Aからの配信記事を真実と信じ
るについて相当の理由があるとして，Xの請求を棄却。X上告。

【判旨】　破棄差戻　「民事上の不法行為たる名誉毀損については，その行為が
公共の利害に関する事実に係り，その目的が専ら公益を図るものである場合に
は，摘示された事実がその重要な部分において真実であることの証明があれば，
同行為には違法性がなく，また，真実であることの証明がなくても，行為者が
それを真実と信ずるについて相当の理由があるときは，同行為には故意又は過
失がなく，不法行為は成立しないとするのが当裁判所の判例とするところであ
る」。

　「本件各記事は，Aが配信した記事を，Yらにおいて裏付け取材をすること
なく，そのまま紙面に掲載したものである。そうすると，このような事情のみ
で，他に特段の事情もないのに，直ちにYらに上記相当の理由があるといい
得るかについて検討すべきところ，今日までの我が国の現状に照らすと，少な

くとも，本件配信記事のように，社会の関心と興味をひく私人の犯罪行為やスキャンダルないしこれに関連する事実を内容とする分野における報道については，通信社からの配信記事を含めて，報道が加熱する余り，取材に慎重さを欠いた真実でない内容の報道がまま見られるのであって，取材のための人的物的体制が整備され，一般的にはその報道内容に一定の信頼性を有しているとされる通信社からの配信記事であっても，我が国においては当該配信記事に摘示された事実の真実性について高い信頼性が確立しているということはできないのである。したがって，現時点においては，新聞社が通信社から配信を受けて自己の発行する新聞紙に掲載した記事が上記のような報道分野のものであり，これが他人の名誉を毀損する内容を有するものである場合には，当該掲載記事が上記のような通信社から配信された記事に基づくものであるとの一事をもってしては，記事を掲載した新聞社が当該配信記事に摘示された事実に確実な資料，根拠があるものと受け止め，同事実を真実と信じたことに無理からぬものがあるとまではいえないのであって，当該新聞社に同事実を真実と信ずるについて相当の理由があるとは認められないというべきである。」

(文献) 窪田充見・重判〔平 14〕，神田孝夫・私リ 26 号

(不法行為等 13) 大学主催講演会の参加者名簿の警察への開示とプライバシー侵害

◆大学が主催する講演会への参加申込者の名簿を警察に開示した行為はプライバシー侵害として不法行為を構成する。

最二小判平成 15・9・12 民集 57 巻 8 号 973 頁

〔参照条文〕民 709 条

【事実】Y 大学は，中華人民共和国国家主席の講演会を開催するに際して，参加希望者 X らに学籍番号，氏名，住所，電話番号の記入欄のある参加申込者名簿へ記入させ，X らに無断でその写しを警備目的のために警視庁に提供した。X らは，プライバシー侵害を理由に Y に対して損害賠償請求。

原審判決は，Y の名簿開示は社会通念上許容される程度を逸脱した違法なものとはいえないとして，Y の不法行為責任を否定。X ら上告・上告受理申立て。

【判旨】 破棄差戻 「本件個人情報は，Y が重要な外国国賓講演への出席希

第6編　不法行為等

望者をあらかじめ把握するため，学生に提供を求めたものであるところ，学籍
番号，氏名，住所及び電話番号は，Yが個人識別等を行うための単純な情報で
あって，その限りにおいては，秘匿されるべき必要性が必ずしも高いものでは
ない。また，本件講演会に参加を申し込んだ学生であることも同断である。し
かし，このような個人情報についても，本人が，自己が欲しない他者にはみだ
りにこれを開示されたくないと考えることは自然なことであり，そのことへの
期待は保護されるべきものであるから，本件個人情報は，Xらのプライバシー
に係る情報として法的保護の対象となるというべきである。」

　「このようなプライバシーに係る情報は，取扱い方によっては，個人の人格
的な権利利益を損なうおそれのあるものであるから，慎重に取り扱われる必要
がある。本件講演会の主催者として参加者を募る際にXらの本件個人情報を
収集したYは，Xらの意思に基づかずにみだりにこれを他者に開示すること
は許されないというべきであるところ，Yが本件個人情報を警察に開示するこ
とをあらかじめ明示した上で本件講演会参加希望者に本件名簿へ記入させるな
どして開示について承諾を求めることは容易であったものと考えられ，それが
困難であった特別の事情がうかがわれない本件においては，本件個人情報を開
示することについてXらの同意を得る手続を執ることなく，Xらに無断で本
件個人情報を警察に開示したYの行為は，Xらが任意に提供したプライバ
シーに係る情報の適切な管理についての合理的な期待を裏切るものであり，Xら
のプライバシーを侵害するものとして不法行為を構成するというべきである。
原判決の説示する本件個人情報の秘匿性の程度，開示による具体的な不利益の
不存在，開示の目的の正当性と必要性などの事情は，上記結論を左右するに足
りない。」

（文献）　髙井裕之・重判〔平 15〕，前田陽一・同，德本伸一・私リ 30 号

不法行為等

⑭

（不法行為等14）　**テレビ報道による名誉毀損の有無の判断基準**

　◆テレビ放送の報道番組の内容が人の社会的評価を低下させるか否かは，一般
　の視聴者の普通の注意と視聴の仕方とを基準として判断される。

　　　　　　　　　　　　　最一小判平成 15・10・16 民集 57 巻 9 号 1075 頁
　　　　　　　　　　　　　　　　　　〔参照条文〕民 709 条，刑 230 条の 2

332

3　一般的不法行為の要件

【事実】テレビ放送事業者Yは，その報道番組の中で，A市産の野菜類がダイオキシンに汚染されているとの報道を行った。その番組によって摘示された事実の重要な部分は，ほうれん草を中心とするA市産の葉物野菜が全般的にダイオキシン類によって高度に汚染された状況にあるとみるべきである。しかし，別の調査結果において，A市産のラベルが付けられた白菜1検体から高濃度汚染と近似する測定値が得られただけであった。

　A市で野菜を生産する農家であるXらは，Yの報道番組によって，Xらの生産する野菜の安全性に対する信頼が傷つけられ，Xらの社会的評価が低下したとして，YおよびYの番組制作に協力したZに対して，損害賠償請求。

　第1審判決および原審判決は，番組で報道された事実は主要な部分で真実であるとして，Xの請求を棄却。X上告。

【判旨】　**破棄差戻**　「テレビジョン放送をされた報道番組の内容が人の社会的評価を低下させるか否かについても，同様に，一般の視聴者の普通の注意と視聴の仕方とを基準として判断すべきである。

　そして，テレビジョン放送をされた報道番組によって摘示された事実がどのようなものであるかという点についても，一般の視聴者の普通の注意と視聴の仕方とを基準として判断するのが相当である。テレビジョン放送をされる報道番組においては，新聞記事等の場合とは異なり，視聴者は，音声及び映像により次々と提供される情報を瞬時に理解することを余儀なくされるのであり，録画等の特別の方法を講じない限り，提供された情報の意味内容を十分に検討したり，再確認したりすることができないものであることからすると，当該報道番組により摘示された事実がどのようなものであるかという点については，当該報道番組の全体的な構成，これに登場した者の発言の内容や，画面に表示されたフリップやテロップ等の文字情報の内容を重視すべきことはもとより，映像の内容，効果音，ナレーション等の映像及び音声に係る情報の内容並びに放送内容全体から受ける印象等を総合的に考慮して，判断すべきである。」

（文献）　紙谷雅子・民商130巻4＝5号，森田修・法協121巻9号，新美育文・重判〔平15〕，田井義信・私リ30号

不法行為等

⑭

333

第6編　不法行為等

不法行為等15　宗教上の理由による輸血拒否と自己決定権

◆宗教上の信念に基づいて輸血を伴う医療行為を拒否する旨の明確な意思を有する患者に対して，救命のために必要な場合においては輸血を実施するとの方針をとっていることを説明しないまま，手術を実施して輸血を行った医師は，患者の自己決定権を奪い，その人格権を侵害したものとして，その患者の精神的苦痛に対する損害賠償を支払う義務がある。

最三小判平成 12・2・29 民集 54 巻 2 号 582 頁

〔参照条文〕憲 13 条・20 条，民 709 条

【事実】 A は，宗教上の信念から，いかなる場合にも輸血を受けることは拒否するとの固い意思を有していた。B は，Y が設置・運営する C 病院に勤務しており，輸血を伴わない手術例を有していた。しかし，C では，輸血拒否の意思を尊重して，できる限り輸血をしないが，他に救命手段がない事態に至ったときは，患者やその家族の諾否にかかわらず，輸血をするという方針を採っていた。

A は，D 病院で悪性肝臓血管腫と診断され，輸血しないで手術することはできないといわれたため，C に入院し，輸血を受けることができない旨と無輸血によって生じたいかなる損害も医師らを免責するとの記載のある証書を提出したうえで，肝臓腫瘍摘出手術を受けた。

B らは，大量出血に備えて輸血用の血液を確保したうえで，手術を開始し，患部の腫瘍を摘出した段階で出血量が多くなったため，輸血を行った。

退院後，輸血の事実を知った A の夫 X らは，Y に対して自己決定権侵害を理由に損害賠償を請求。

第 1 審判決は，X らの請求を棄却。原審判決は，X らの請求を認容。Y 上告，X ら附帯上告。

【判旨】 上告棄却，附帯上告棄却 「患者が，輸血を受けることは自己の宗教上の信念に反するとして，輸血を伴う医療行為を拒否するとの明確な意思を有している場合，このような意思決定をする権利は，人格権の一内容として尊重されなければならない。そして，A が，宗教上の信念からいかなる場合にも輸血を受けることは拒否するとの固い意思を有しており，輸血を伴わない手術を受けることができると期待して C に入院したことを B らが知っていたなど本件の事実関係の下では，B らは，手術の際に輸血以外には救命手段がない事態が生ずる可能性を否定し難いと判断した場合には，A に対し，C としてはそのような事態に至ったときには輸血するとの方針を採っていることを説明して，

334

Cへの入院を継続した上，Bらの下で本件手術を受けるか否かをA自身の意思決定にゆだねるべきであったと解するのが相当である。」

「Bらは，本件手術に至るまでの約1か月の間に，手術の際に輸血を必要とする事態が生ずる可能性があることを認識したにもかかわらず，Aに対してCが採用していた右方針を説明せず，同人及びXらに対して輸血する可能性があることを告げないまま本件手術を施行し，右方針に従って輸血をしたのである。そうすると，本件においては，Bらは，右説明を怠ったことにより，Aが輸血を伴う可能性のあった本件手術を受けるか否かについて意思決定をする権利を奪ったものといわざるを得ず，この点において同人の人格権を侵害したものとして，同人がこれによって被った精神的苦痛を慰謝すべき責任を負うものというべきである。」

(文献) 吉田邦彦・判評521（判時1782）号，植木哲・私リ23号

不法行為等16 訴訟提起と不法行為の成否

◆訴訟を提起する行為は，そこにおいて提起者が主張した権利・法律関係が事実的，法律的根拠を欠いており，かつ，そのことを提起者自らが知り，または，容易に知りえたにもかかわらず，あえて訴訟を提起したなど，裁判制度の趣旨・目的に照らして著しく相当性を欠く場合に限り，相手方に対する違法な行為となる。

最三小判昭和63・1・26民集42巻1号1頁
〔参照条文〕民709条，民訴2編1章

【事実】土地所有者Yの承諾のもと，AがBとの間で，売買代金については後日実測のうえ精算するとの約定で土地売買契約を締結した。Xは，Bの依頼に基づき土地の測量図を作成したが，その際に，Aの指示で過小に測量した。そのため，Yは，Xに測量を依頼したのはYであることを前提に，Xの過小な測量のため実際の面積より不足する分の土地代金額の損害を被ったとして，Xに損害賠償を求める訴えを提起したが，Xに測量を依頼したのはBであってYではないとする，Y敗訴の判決が確定（前訴）。そこで，XはYに対して，Yによる前述の訴訟提起は不法行為を形成するとして，損害賠償を請求。

第1審判決は，Xの請求を棄却。原審判決は，YはXに対して損害賠償請求をするのは筋違いであることを容易に知り得たとして，Xの請求を認容。Y上告。

第6編　不法行為等

【判旨】　**破棄自判**　「法的紛争の当事者が当該紛争の終局的解決を裁判所に求めうることは，法治国家の根幹にかかわる重要な事柄であるから，裁判を受ける権利は最大限尊重されなければならず，不法行為の成否を判断するにあたつては，いやしくも裁判制度の利用を不当に制限する結果とならないよう慎重な配慮が必要とされることは当然のことである。したがつて，法的紛争の解決を求めて訴えを提起することは，原則として正当な行為であり，提訴者が敗訴の確定判決を受けたことのみによつて，直ちに当該訴えの提起をもつて違法ということはできないというべきである。一方，訴えを提起された者にとつては，応訴を強いられ，そのために，弁護士に訴訟追行を委任しその費用を支払うなど，経済的，精神的負担を余儀なくされるのであるから，応訴者に不当な負担を強いる結果を招くような訴えの提起は，違法とされることのあるのもやむをえないところである。

　以上の観点からすると，民事訴訟を提起した者が敗訴の確定判決を受けた場合において，右訴えの提起が相手方に対する違法な行為といえるのは，当該訴訟において提訴者の主張した権利又は法律関係（以下『権利等』という。）が事実的，法律的根拠を欠くものであるうえ，提訴者が，そのことを知りながら又は通常人であれば容易にそのことを知りえたといえるのにあえて訴えを提起したなど，訴えの提起が裁判制度の趣旨目的に照らして著しく相当性を欠くと認められるときに限られるものと解するのが相当である。けだし，訴えを提起する際に，提訴者において，自己の主張しようとする権利等の事実的，法律的根拠につき，高度の調査，検討が要請されるものと解するならば，裁判制度の自由な利用が著しく阻害される結果となり妥当でないからである。

　これを本件についてみるに，原審の確定した事実関係は前記のとおりであり，Ｙは，ＸがＹの依頼に基づき本件土地の測量図を作成した際過小に測量したため，実際の面積より不足する分について土地代金をもらえず損害を被つたと主張し，Ｘに対して損害賠償を求める前訴を提起し，Ｘに実際に測量を依頼したのはＢであつてＹではないことを理由とする敗訴判決を受けたが，前訴提起の当時，Ｂに本件土地を売り渡したのはＹで，Ｘに対する測量の依頼もＢを通じてＹがしたことであつて，Ｘの誤つた測量により損害を被つたと考えていたところ，本件土地がＹの買い受けたもので，訴外Ａは，破産管財人との関係を慮り，Ｙの承諾を得たうえ自己の名でこれをＢに売り渡す契約をし

たのであり，しかも，右契約は精算のため後日測量することを前提としていたのであるから，実質上，AがYの代理人として売買契約及び測量依頼をしたものと考える余地もないではないこと，Yが，AにおいてBに働きかけて本件土地の面積を実際の面積よりも少なくし，その分の代金相当額をBと折半しようとしているとの情報を得て，Bに対し，本件土地の所有者はYであるから残代金を支払つて欲しい旨の通知をしていたのに，BがXの測量結果を盾にとつて精算に応じようとしなかつたことなどの事情を考慮すると，YがXに対して損害賠償請求権を有しないことを知つていたということはできないのみならず，いまだ通常人であれば容易にそのことを知りえたともいえないので，Xに対して測量図等が何人のどのような依頼や指示に基づいて作成されたかという点につき更に事実を確認しなかつたからといつて，Yのした前訴の提起が裁判制度の趣旨目的に照らして著しく相当性を欠くものとはいえず，したがつて，Xに対する違法な行為であるとはいえないから，Xに対する不法行為になるものではないというべきである。」

（文献）　吉田邦彦・判評 362（判時 1300）号，梅善夫・重判〔昭 63〕

不法行為等 17　相当程度の生存可能性と保護法益

◆医療水準にかなった医療が行われていたならば，患者がその死亡の時点においてなお生存していた相当程度の可能性の存在が認められるときは，医師は，患者に対して不法行為による損害賠償責任を負う。

最二小判平成 12・9・22 民集 54 巻 7 号 2574 頁
〔参照条文〕民 709 条

【事実】 Aは，自宅で狭心症発作に見舞われ，Y病院に赴く途中で再度の発作を起こし，心筋梗塞に移行した。Yにおいて診察を開始した時点では，Aの心筋梗塞が相当に増悪し，点滴中に致死的不整脈を生じ，容体が急変し，不安定性狭心症から切迫性急性心筋梗塞に至り，心不全によって死亡した。Yの医師Bは，Aについて，触診および聴診を行っただけで，胸部疾患の可能性のある患者に対する初期治療として行うべき基本的義務を果たしていなかった。

　Aの遺族Xらは，Bが医療水準にかなった診療をしていたならば，救命できたか，救命できた可能性があったとして，Yに対して損害賠償を請求。

第6編　不法行為等

　　第1審判決は，適切な医療がなされていたならば，救命できたとは認められず，
　　Bの不作為とAの死亡との因果関係が認められないとして，Xの請求を棄却。原
　　審判決は，Aが適切な医療を受ける機会を不当に奪われ，精神的苦痛を被ったと
　　して，Xの請求を一部認容。Y上告。

【判旨】　上告棄却　「疾病のため死亡した患者の診療に当たった医師の医療行
為が，その過失により，当時の医療水準にかなったものでなかった場合におい
て，右医療行為と患者の死亡との間の因果関係の存在は証明されないけれども，
医療水準にかなった医療が行われていたならば患者がその死亡の時点において
なお生存していた相当程度の可能性の存在が証明されるときは，医師は，患者
に対し，不法行為による損害を賠償する責任を負うものと解するのが相当であ
る。けだし，生命を維持することは人にとって最も基本的な利益であって，右
の可能性は法によって保護されるべき利益であり，医師が過失により医療水準
にかなった医療を行わないことによって患者の法益が侵害されたものというこ
とができるからである。」

文献　稲垣喬・民商 123 巻 6 号，溜箭将之・法協 118 巻 12 号，新美育文・私リ 24 号

参考 16　刑事事件第 1 審判決の事実認定とそれを真実と信じ
　　　　ることの相当性

最三小判平成 11・10・26 民集 53 巻 7 号 1313 頁

【要旨】　名誉毀損の行為者が刑事第 1 審の判決を資料としてその認定事実と同
一性のある事実を真実と信じて摘示する内容の記事を作成・掲載した場合，そ
の認定事実は慎重な手続に基づいて裁判官が証拠によって心証を得た事実であ
るから，後に控訴審においてこれと異なる事実が認定されたとしても，特段の
事情がない限り，摘示した事実を真実と信ずるについて相当の理由がある。

文献　浦川道太郎・私リ 22 号

参考 17　論評と名誉毀損の成否

最一小判平成 16・7・15 民集 58 巻 5 号 1615 頁

　　　　　　　　　　　　　　　　　　　　3　一般的不法行為の要件

【要旨】　名誉毀損の成否が問題となっている法的な見解の表明それ自体は，事実の摘示ではなく，意見ないし論評の表明に当たり，名誉毀損とはならない。

文献　山口成樹・判評 552（判時 1876）号，窪田充見・重判〔平 16〕，愛知靖之・同

参考 18　パブリシティ権（ピンク・レディー事件）

最一小判平成 24・2・2 民集 66 巻 2 号 89 頁

【要旨】　人の氏名，肖像等を無断で使用する行為は，専ら氏名，肖像等の有する顧客吸引力の利用を目的とするといえる場合に，当該顧客吸引力を排他的に利用する権利（いわゆるパブリシティ権）を侵害するものとして，不法行為法上違法となる。本件における，歌手を被写体とする写真を同人に無断で週刊誌の記事に使用して掲載した行為は，当該記事を補足する目的で使用されたものというべきであり，パブリシティ権を侵害するものではない。

文献　辰巳直彦・民商 147 巻 1 号，久保野恵美子・重判〔平 24〕，奥邨弘司・同，斉藤博・私リ 46 号

参考 19　忘れられる権利

最三小決平成 29・1・31 民集 71 巻 1 号 63 頁

【要旨】　検索事業者が，ある者のプライバシーに属する事実を含む記事等が掲載されたウェブサイトの URL ならびに表題および抜粋を検索結果の一部として提供する行為の違法性の有無は，当該事実の性質および内容，当該事実が伝達される範囲とその者が被る具体的被害の程度，その者の社会的地位や影響力，上記記事等の目的や意義，上記記事等が掲載された時の社会的状況とその後の変化，上記記事等において当該事実を記載する必要性など，当該事実を公表されない法的利益と検索結果を提供する理由に関する諸事情を比較衡量して判断される。当該事実を公表されない法的利益が優越することが明らかな場合には，違法性があるとして，上記の者は，上記事業者に対し，当該 URL 等を検索結果から削除することを求めることができる。

文献　木下昌彦・重判〔平 28〕

第6編　不法行為等

(4) 損害の発生

不法行為等 18　将来の損害（大阪空港騒音訴訟判決）

◆現在不法行為が行われており，同一態様の行為が将来も継続することが予測
されても，損害賠償請求権の成否および損害賠償額を予め一義的に認定する
ことができず，かつ，その権利の成立要件の具備については債権者が立証す
べきものと考えられる場合には，将来の損害についての賠償請求であって，
これを認めることはできない。

最大判昭和 56・12・16 民集 35 巻 10 号 1369 頁

〔参照条文〕民 709 条，民訴 226 条（現行 135 条）

【事実】Ｘらは，大阪国際空港の周辺に住んでおり，同空港を離着陸する航空機の
振動，排ガス，騒音等によって生活環境が破壊されたことを理由に，空港の設置お
よび管理者である国Ｙに対して，人格権あるいは環境権に基づく午後 9 時から午
前 7 時までの航空機の離着陸の差止めと国家賠償法などに基づく損害賠償を請求し
た（本書では，将来の損害に関する賠償請求についてのみ扱う）。

　　第 1 審判決は，Ｘらの損害賠償請求について一部を認容したが，将来分の損害は
棄却。原審判決は，将来分の損害も含めて，Ｘらの損害賠償請求を認容。Ｙ上告。

【判旨】　一部棄却，一部破棄差戻，一部破棄自判　「民訴法 226 条はあらかじ
め請求する必要があることを条件として将来の給付の訴えを許容しているが，
同条は，およそ将来に生ずる可能性のある給付請求権のすべてについて前記の
要件のもとに将来の給付の訴えを認めたものではなく，主として，いわゆる期
限付請求権や条件付請求権のように，既に権利発生の基礎をなす事実上及び法
律上の関係が存在し，ただ，これに基づく具体的な給付義務の成立が将来にお
ける一定の時期の到来や債権者において立証を必要としないか又は容易に立証
しうる別の一定の事実の発生にかかつているにすぎず，将来具体的な給付義務
が成立したときに改めて訴訟により右請求権成立のすべての要件の存在を立証
することを必要としないと考えられるようなものについて，例外として将来の
給付の訴えによる請求を可能ならしめたにすぎないものと解される。このよう
な規定の趣旨に照らすと，継続的不法行為に基づき将来発生すべき損害賠償請
求権についても，例えば不動産の不法占有者に対して明渡義務の履行完了まで
の賃料相当額の損害金の支払を訴求する場合のように，右請求権の基礎となる
べき事実関係及び法律関係が既に存在し，その継続が予測されるとともに，右

不法行為等

⑱

340

3　一般的不法行為の要件

請求権の成否及びその内容につき債務者に有利な影響を生ずるような将来における事情の変動としては，債務者による占有の廃止，新たな占有権原の取得等のあらかじめ明確に予測しうる事由に限られ，しかもこれについては請求異議の訴えによりその発生を証明してのみ執行を阻止しうるという負担を債務者に課しても格別不当とはいえない点において前記の期限付債権等と同視しうるような場合には，これにつき将来の給付の訴えを許しても格別支障があるとはいえない。しかし，たとえ同一態様の行為が将来も継続されることが予測される場合であつても，それが現在と同様に不法行為を構成するか否か及び賠償すべき損害の範囲いかん等が流動性をもつ今後の複雑な事実関係の展開とそれらに対する法的評価に左右されるなど，損害賠償請求権の成否及びその額をあらかじめ一義的に明確に認定することができず，具体的に請求権が成立したとされる時点においてはじめてこれを認定することができるとともに，その場合における権利の成立要件の具備については当然に債権者においてこれを立証すべく，事情の変動を専ら債務者の立証すべき新たな権利成立阻却事由の発生としてとらえてその負担を債務者に課するのは不当であると考えられるようなものについては，前記の不動産の継続的不法占有の場合とはとうてい同一に論ずることはできず，かかる将来の損害賠償請求権については，冒頭に説示したとおり，本来例外的にのみ認められる将来の給付の訴えにおける請求権としての適格を有するものとすることはできないと解するのが相当である。」

（文献）澤井裕・重判〔昭56〕，近藤昭三・同，田原睦夫・民商87巻4号

参考20　懲罰的損害賠償の可否

最二小判平成9・7・11民集51巻6号2573頁

【要旨】　不法行為の当事者間において，被害者が加害者から，実際に生じた損害の賠償に加えて，制裁および一般予防を目的とする賠償金の支払を受けうるとすることは，被害者に生じた現実の損害を金銭的に評価し，加害者にこれを賠償させることにより，被害者が被った不利益を補填して，不法行為がなかったときの状態に回復させることを目的とする我が国における不法行為に基づく損害賠償制度の基本原則ないし基本理念と相いれない。

341

第6編　不法行為等

(文献)　早川吉尚・民商 119 巻 1 号，道垣内正人・私リ 18 号，森田博志・法協 117 巻 11 号

参考21　有価証券報告書虚偽記載による損害

最三小判平成 23・9・13 民集 65 巻 6 号 2511 頁

【要旨】　有価証券報告書等に虚偽の記載がされている上場株式を取引所市場において取得した投資者が当該虚偽記載がなければこれを取得することはなかったとみるべき場合，その投資者に生じた当該虚偽記載と相当因果関係のある損害の額は，(1)投資者が，当該虚偽記載の公表後，取得した株式を取引所市場において処分したときはその取得価額と処分価額との差額を，(2)その株式を保有し続けているときはその取得価額と事実審の口頭弁論終結時のその株式の市場価額（上場が廃止された場合にはその非上場株式としての評価額）との差額をそれぞれ基礎として，経済情勢，市場動向，当該会社の業績等当該虚偽記載に起因しない市場価額の下落分を上記差額から控除して，算定すべきである。

　そして，この場合，当該虚偽記載が公表された後のいわゆるろうばい売りが集中することによる上場株式の市場価額の過剰な下落による損害は，当該虚偽記載と相当因果関係がないとはいえない。

(文献)　飯田秀総・重判〔平 23〕，行澤一人・判評 643（判時 2154）号，難波譲治・私リ 46 号，龍田節・民商 148 巻 6 号

4　不法行為の効果

(1)　損害額の算定

不法行為等 19　女子中学生の逸失利益算定

◆女子中学生の死亡による逸失利益の算定にあたり，男子のそれと格差のある，賃金センサスの女子労働者，旧中・新高卒等の平均給与額を基準として収入額を算定したことは不合理なものとはいえない。

最二小判昭和 62・1・19 民集 41 巻 1 号 1 頁

〔参照条文〕民 709 条・710 条

4　不法行為の効果

【事実】　A（14才，女子）は，自転車に乗って国道の左端を進行中に，Y保有の大型貨物自動車に追突され，死亡。Aは成績優秀で，将来教師になる希望を有しており，大学進学も十分に可能な環境にあった。Aの遺族Xらは，Aの死亡による損害について賠償請求。

　第1審判決は，逸失利益として，賃金センサスの女子労働者，旧中・新高卒の平均給与額に平均的なベース・アップ分を加算し，さらに，家事労働分として年額60万円を加算した額を基礎にして算定した。原審判決は，男女の平均賃金に格差があるとしても，これに家事労働分を加算すべきではないとして，賃金センサスの女子労働者，旧中・新高卒の平均給与額を基礎として，逸失利益を算定。Xら上告。

【判旨】　上告棄却　「Aのような死亡時に現実収入のない就労前の年少女子の場合には，当該女子の将来の就労の時期，内容，程度及び結婚後の職業継続の有無等将来につき不確定な要因が多いのであるが，原審が，Aの将来の得べかりし利益の喪失による損害賠償額を算定するに当たり，賃金センサス昭和56年第1巻第1表中の女子労働者，旧中・新高卒，企業規模計（パートタイム労働者を除いたもの）の表による平均給与額を基準として収入額を算定したことは，交通事故により死亡した女子の将来の得べかりし利益の算定として不合理なものとはいえず〔最三小判昭和54・6・26裁判集民127号129頁，最一小判昭和56・10・8裁判集民134号39頁参照〕，Aが専業として職業に就いて受けるべき給与額を基準として将来の得べかりし利益を算定するときには，Aが将来労働によつて取得しうる利益は右の算定によつて評価し尽くされることになると解するのが相当であり，したがつて，これに家事労働分を加算することは，将来労働によつて取得しうる利益を二重に評価計算することに帰するから相当ではない。そして，賃金センサスに示されている男女間の平均賃金の格差は現実の労働市場における実態を反映していると解されるところ，女子の将来の得べかりし利益を算定するに当たつて，予測困難な右格差の解消ないし縮少という事態が確実に生じるものとして現時点において損害賠償額に反映させ，これを不法行為者に負担させることは，損害賠償額の算定方法として必ずしも合理的なものであるとはいえない。したがつて，Aの得べかりし利益を算定するにつき，Aの受けるべき給与額に更に家事労働分を加算すべきではないとした原審の認定判断は，正当として是認することができる。」

文献　鈴木眞次・法協111巻4号，浅野直人・判評344（判時1243）号，水野謙・百選Ⅱ

第6編　不法行為等

不法行為等 20　後遺障害を負った交通事故被害者が別の事故で死亡した場合の逸失利益算定

◆交通事故によって後遺障害を残した被害者が，事故後，口頭弁論終結前に，別の原因で死亡したとしても，逸失利益の算定における就労可能期間の認定においてその死亡事実は考慮すべきではない。

最一小判平成8・4・25民集50巻5号1221頁

〔参照条文〕民709条・710条

【事実】Y保有の大型貨物自動車は，Aの同乗する貨物自動車と衝突し，Aは脳挫傷，頭蓋骨骨折等の傷害を負った。Aは，B病院での入通院を経て，知能低下等の後遺障害を残して症状が固定した。症状固定後，Aは，毎日のように自宅付近の海で貝を採るなどしていたところ，ある日，貝を採っている際に，心臓麻痺を起こして死亡した。

Aの相続人Xらは，Aの死亡にかかわらず，67才まで就労可能であったとして逸失利益を算定して，その賠償を請求した。

原審判決は，事実審の口頭弁論終結前に被害者の死亡の事実が発生し，その生存期間が確定して，その後に逸失利益の生ずる余地のないことが判明した場合には，後遺障害による逸失利益の算定にあたり死亡の事実を斟酌すべきものであるとして，Aの死亡後の期間についての逸失利益を認めなかった。X上告。

【判旨】　破棄差戻　「交通事故の被害者が事故に起因する傷害のために身体的機能の一部を喪失し，労働能力の一部を喪失した場合において，いわゆる逸失利益の算定に当たっては，その後に被害者が死亡したとしても，右交通事故の時点で，その死亡の原因となる具体的事由が存在し，近い将来における死亡が客観的に予測されていたなどの特段の事情がない限り，右死亡の事実は就労可能期間の認定上考慮すべきものではないと解するのが相当である。けだし，労働能力の一部喪失による損害は，交通事故の時に一定の内容のものとして発生しているのであるから，交通事故の後に生じた事由によってその内容に消長を来すものではなく，その逸失利益の額は，交通事故当時における被害者の年齢，職業，健康状態等の個別要素と平均稼働年数，平均余命等に関する統計資料から導かれる就労可能期間に基づいて算定すべきものであって，交通事故の後に被害者が死亡したことは，前記の特段の事情のない限り，就労可能期間の認定に当たって考慮すべきものとはいえないからである。また，交通事故の被害者

344

4　不法行為の効果

が事故後にたまたま別の原因で死亡したことにより，賠償義務を負担する者が
その義務の全部又は一部を免れ，他方被害者ないしその遺族が事故により生じ
た損害のてん補を受けることができなくなるというのでは，衡平の理念に反す
ることになる。」

〔文献〕　樫見由美子・民商 116 巻 3 号，同・百選Ⅱ，潮見佳男・私リ 15 号，山下純司・
法協 115 巻 8 号
〔参照〕交通事故被害者が別の原因で死亡した場合の介護費用の算定⇨〔不法行為等参
考 22〕

参考 22　**交通事故被害者が別の原因で死亡した場合の介護費用の算定**

最一小判平成 11・12・20 民集 53 巻 9 号 2038 頁

【要旨】　交通事故によって介護を要する後遺障害を負った被害者が，その後に，
胃がんによって死亡した場合，死亡後の介護費用を損害として請求することは
できない。被害者が死亡すれば，その時点以降の介護は不要となるのであるか
ら，もはや介護費用の賠償を命ずべき理由はなく，その費用をなお加害者に負
担させることは，被害者ないしその遺族に根拠のない利得を与える結果となり，
かえって衡平の理念に反することになるからである。

〔文献〕　松原哲・判評 499（判時 1715）号，山田卓生・私リ 22 号

参考 23　**不法残留外国人の逸失利益算定**

最三小判平成 9・1・28 民集 51 巻 1 号 78 頁

【要旨】　一時的に我が国に滞在し将来出国が予定される外国人の事故による逸
失利益を算定するにあたっては，予測される我が国での就労可能期間内は我が
国での収入等を基礎とし，その後は想定される出国先での収入等を基礎とする
のが合理的である。そして，我が国における就労可能期間は，来日目的，事故
の時点における本人の意思，在留資格の有無，在留資格の内容，在留期間，在
留期間更新の実績および蓋然性，就労資格の有無，就労の態様等の事実的およ

345

第6編　不法行為等

び規範的な諸要素を考慮して，認定するのが相当であり，原審が，本件外国人
Xの我が国での就労可能期間について，事故後に勤めた会社を退社した日の翌
日から3年間を超えて認めなかったことは不合理ではない。

文献　吉村良一・私リ16号，中野俊一郎・民商117巻3号

参考24　中間利息控除は法定利率によらなければならない

最三小判平成17・6・14民集59巻5号983頁

【要旨】　損害賠償額の算定にあたり被害者の将来の逸失利益を現在価額に換算
するについては，法的安定および統一的処理が必要とされ，民法は，民事法定
利率により中間利息を控除することを予定しているものと考えられる。このよ
うに考えることによって，事案ごとに，また，裁判官ごとに中間利息の控除割
合についての判断が区々に分かれることを防ぎ，被害者相互間の公平の確保，
損害額の予測可能性による紛争の予防も図ることができる。したがって，損害
賠償額の算定にあたり，被害者の将来の逸失利益を現在価額に換算するために
控除すべき中間利息の割合は，民事法定利率によらなければならない。

文献　高橋眞・重判〔平17〕，新美育文・私リ33号

---

(2)　損益相殺

不法行為等21　労災保険金の控除の可否

◆労災保険金の受給権者が不法行為被害者である場合，すでに受給した金額に
　ついては損害額から控除されるが，将来にわたり継続し給付されることが確
　定していても，いまだ現実に給付されていない給付額については，損害額か
　ら控除することは要しない。

最三小判昭和52・5・27民集31巻3号427頁

〔参照条文〕民709条

【事実】　Yが中古自動車のエンジンを試動する際に，自動車が驀進したことによっ
て，Xは左下腿複雑骨折の被害を受けた。Xは，この事故はYの不注意によるも
のであるとして，Yに対して不法行為を理由に，逸失利益等の損害賠償を請求。な
お，Xは，労災保険および厚生年金保険の受給資格を取得しており，一定の給付を

受けていた。

　第1審判決および原審判決は、受給済みの保険給付は損害額から控除されるが、将来の給付は控除しなくともよいと判示。Y上告。

【判旨】　**上告棄却**　「政府が保険給付又は災害補償をしたことによつて、受給権者の第三者に対する損害賠償請求権が国に移転し、受給権者がこれを失うのは、政府が現実に保険金を給付して損害を填補したときに限られ、いまだ現実の給付がない以上、たとえ将来にわたり継続して給付されることが確定していても、受給権者は第三者に対し損害賠償の請求をするにあたり、このような将来の給付額を損害額から控除することを要しないと解するのが、相当である。」

　文献　西村健一郎・民商78巻3号、柿島美子・法協96巻1号、谷口知平・重判〔昭52〕

　不法行為等22　**受給した労災遺族補償年金と死亡による損害賠償請求権との損益相殺的調整**

◆被害者が不法行為によって死亡した場合に、その損害賠償請求権を取得した相続人が遺族補償年金の支給を受け、または、支給を受けることが確定したときは、それによって填補される対象となる損害は不法行為の時に填補されたものと法的に評価して、損益相殺的な調整をすることが相当である。

　　　　　　　　　　　　　　最大判平成27・3・4民集69巻2号178頁
　　　　　　　　　　　　　　　　　　〔参照条文〕民709条・710条

【事実】　Aは過度の飲酒による急性アルコール中毒から心停止を来たし、死亡した。Aの相続人Xらは、Aの死亡は長時間の時間外労働等による心理的負荷の蓄積によって精神障害を発症し、正常な判断能力を欠く状態で飲酒したためであるとして、Aの雇用主Yに対して不法行為を理由に損害賠償請求。Xらは、労災保険法に基づく葬祭料、遺族補償年金の支給を受け、または受けることが確定していた。

　原審判決は、Yの不法行為を認め、支給済みまたは支給されることが確定した葬祭料および遺族補償年金について損益相殺的調整をするのが相当であると判示した。X上告。

【判旨】　**上告棄却**　「労災保険法に基づく保険給付は、その制度の趣旨目的に従い、特定の損害について必要額を填補するために支給されるものであり、遺族補償年金は、労働者の死亡による遺族の被扶養利益の喪失を填補することを

347

第6編　不法行為等

目的とするものであって（労災保険法1条，16条の2から16条の4まで），その填補の対象とする損害は，被害者の死亡による逸失利益等の消極損害と同性質であり，かつ，相互補完性があるものと解される。」

「したがって，被害者が不法行為によって死亡した場合において，その損害賠償請求権を取得した相続人が遺族補償年金の支給を受け，又は支給を受けることが確定したときは，損害賠償額を算定するに当たり，上記の遺族補償年金につき，その填補の対象となる被扶養利益の喪失による損害と同性質であり，かつ，相互補完性を有する逸失利益等の消極損害の元本との間で，損益相殺的な調整を行うべきものと解するのが相当である。」

「被害者が不法行為によって死亡した場合において，その損害賠償請求権を取得した相続人が遺族補償年金の支給を受け，又は支給を受けることが確定したときは，制度の予定するところと異なってその支給が著しく遅滞するなどの特段の事情のない限り，その填補の対象となる損害は不法行為の時に填補されたものと法的に評価して損益相殺的な調整をすることが公平の見地からみて相当であるというべきである。」

（文献）　若林三奈・民商 151 巻 3 号，米村滋人・重判〔平 27〕，佐藤康紀・法協 134 巻 6 号，西村健一郎・私リ 52 号

参考 25　幼児死亡の場合の養育費の控除

最二小判昭和 53・10・20 民集 32 巻 7 号 1500 頁

【要旨】　死亡した幼児の損害賠償額の算定において，幼児の損害賠償請求権を相続した者が幼児の死亡によってその養育費の支出を必要としなくなったとしても，幼児の将来得べかりし収入額から養育費を控除すべきではない。

（文献）　谷口知平・民商 81 巻 2 号，前田達明・判評 246（判時 928）号，伊藤高義・重判〔昭 53〕

(3)　近親者の慰謝料請求権

参考 26　民法 711 条の類推適用

最三小判昭和 49・12・17 民集 28 巻 10 号 2040 頁

4 不法行為の効果

【要旨】 文言上，民法711条に該当しない者であっても，被害者との間に同条所定の者と実質的に同視しうべき身分関係が存し，被害者の死亡により甚大な精神的苦痛を受けた者は，同条の類推適用により，加害者に対し直接に固有の慰藉料を請求することができる。

〔文献〕 右近健男・民商73巻3号

(4) 過失相殺

不法行為等23 過失相殺と損益相殺との優先順位

◆第三者による不法行為が被害者の労働災害にも該当する場合，不法行為による損害賠償額の算定においては，その損害額から被害者の過失割合による控除をし，その残額から労災保険法に基づく保険給付の価額を控除するのが相当である。

最三小判平成元・4・11民集43巻4号209頁
〔参照条文〕民709条・710条・722条，労災12条の4

【事実】Xは普通貨物自動車を運転中，一旦停止を怠り，Y運転の普通乗用車と衝突し，これにより，Xは左肋軟骨骨折，頸椎捻挫等の傷害を負った。なお，Xは，事故以来勤務を休んだ期間について休業給付金を労災保険から受給されていた。

Xは，Yに対して不法行為を理由に，損害賠償請求。

原審判決は，損害賠償額の算定において，まず，Xの過失割合に従って損害額を減額し，労災保険の休業補償と自賠責保険からの支払額とを控除すべきであると判示。X上告。

【判旨】 上告棄却 「労働者災害補償保険法……に基づく保険給付の原因となつた事故が第三者の行為により惹起され，第三者が右行為によつて生じた損害につき賠償責任を負う場合において，右事故により被害を受けた労働者に過失があるため損害賠償額を定めるにつきこれを一定の割合で斟酌すべきときは，保険給付の原因となつた事由と同一の事由による損害の賠償額を算定するには，右損害の額から過失割合による減額をし，その残額から右保険給付の価額を控除する方法によるのが相当である。」

〔文献〕 西村健一郎・民商101巻5号，同・私リ1号，倉澤康一郎・重判〔平元〕

不法行為等 ㉓

349

第6編　不法行為等

不法行為等 24　絶対的過失割合による過失相殺

◆複数の加害者の過失と被害者の過失とが競合する1つの交通事故において，交通事故の原因となったすべての過失の割合（いわゆる絶対的過失割合）を認定することができる場合には，絶対的過失割合に基づく被害者の過失による過失相殺をした損害賠償額について，加害者らは連帯して共同不法行為に基づく賠償責任を負う。

最二小判平成15・7・11民集57巻7号815頁

〔参照条文〕民719条・722条

【事実】 X_1 会社の被用者 A は，X_1 保有の X_1 車両を運転中，Y 会社の被用者 B が非常点滅表示灯等を点灯させず路側帯から車線にはみ出して駐車していた Y 保有の Y 車両を避けるため，中央線からはみ出したところ，速度超過で反対車線を進行してきた C 運転の C 車両（X_2 共済組合と自動車共済保険契約を締結している）と衝突し，その反動で X_1 車両と Y 車両が衝突した。それにより，X_1 車両と C 車両が破損するとともに C が負傷した。この交通事故について，A：B：C の過失割合は，4：1：1であった。X_2 は，自動車共済保険契約により，X_1 に代わって C に対して損害賠償を支払った後，保険代位に基づいて，Y に対して，Y が X_1 に対して負う求償義務の履行を求めて訴えを提起。

　原審判決は，各加害者と被害者との関係毎に相対的に過失割合を求める方法（相対的過失割合）によって，C は自己過失分を控除した6分の5を上限として，X_1 と Y に対して，5分の4と2分の1を請求できるとして，X_2 の Y に対する求償額を算定した。Y 上告。

【判旨】　一部棄却，一部破棄自判　「複数の加害者の過失及び被害者の過失が競合する1つの交通事故において，その交通事故の原因となったすべての過失の割合（以下「絶対的過失割合」という。）を認定することができるときには，絶対的過失割合に基づく被害者の過失による過失相殺をした損害賠償額について，加害者らは連帯して共同不法行為に基づく賠償責任を負うものと解すべきである。これに反し，各加害者と被害者との関係ごとにその間の過失の割合に応じて相対的に過失相殺をすることは，被害者が共同不法行為者のいずれからも全額の損害賠償を受けられるとすることによって被害者保護を図ろうとする民法719条の趣旨に反することになる。」

　「X_1 及び Y は，C の損害581万1400円につき C の絶対的過失割合である6

4　不法行為の効果

分の 1 による過失相殺をした後の 484 万 2833 円（円未満切捨て。以下同じ。）の限度で不真正連帯責任を負担する。このうち，X_1 の負担部分は 5 分の 4 に当たる 387 万 4266 円であり，Y の負担部分は 5 分の 1 に当たる 96 万 8566 円である。X_1 に代わり C に対し損害賠償として 474 万 7654 円を支払った X_2 は，Y に対し，X_1 の負担部分を超える 87 万 3388 円の求償権を代位取得したというべきである。」

（文献）　青野博之・判評 544（判時 1852）号，窪田充見・民商 131 巻 6 号，水野謙・重判〔平 15〕，國井和郎・私リ 29 号

不法行為等 25　被害者の身体的特徴と 722 条 2 項（過失相殺）の類推適用（首長事件）

◆交通事故被害者に首が長いという身体的特徴があったとしても，この身体的特徴と事故とが競合して頸椎捻挫等の傷害を発生させ，または，損害の拡大に寄与していたとしても，これを損害賠償額の算定にあたって斟酌すべきではない。

最三小判平成 8・10・29 民集 50 巻 9 号 2474 頁

〔参照条文〕民 709 条・722 条

【事実】　X 運転の車両が，Y 所有の車両を運転する A に追突され，X は，頸椎捻挫および頸部外傷症候群による視力低下等の症状の被害を負った。X は平均的体格に比べて首が長く多少の頸椎不安定症があるという身体的特徴を有しており，これと本件事故による損傷とが加わって，左胸郭出口症候群やバレリュー症候群を生じた。バレリュー症候群については，少なくとも上記身体的特徴がその症候群に起因する症状を悪化ないし拡大させた。また，上記視力低下等についても，上記身体的特徴がその拡大に寄与した。X は，Y に対して損害賠償請求。

原審判決は，X の身体的特徴が本件事故による損傷の症状を悪化・拡大させたとし，また，心因的素因も症状の拡大に寄与しているとして，民法 722 条 2 項を類推適用して，損害賠償額を 4 割減額して，X の請求を一部認容。X 上告。

【判旨】　破棄差戻　「被害者に対する加害行為と加害行為前から存在した被害者の疾患とが共に原因となって損害が発生した場合において，当該疾患の態様，程度などに照らし，加害者に損害の全部を賠償させるのが公平を失するときは，裁判所は，損害賠償の額を定めるに当たり，民法 722 条 2 項の規定を類推適用

不法行為等

㉕

351

第 6 編　不法行為等

して，被害者の疾患を斟酌することができることは，当裁判所の判例〔最一小判平成 4・6・25 民集 46 巻 4 号 400 頁〕とするところである。しかしながら，被害者が平均的な体格ないし通常の体質と異なる身体的特徴を有していたとしても，それが疾患に当たらない場合には，特段の事情の存しない限り，被害者の右身体的特徴を損害賠償の額を定めるに当たり斟酌することはできないと解すべきである。けだし，人の体格ないし体質は，すべての人が均一同質なものということはできないものであり，極端な肥満など通常人の平均値から著しくかけ離れた身体的特徴を有する者が，転倒などにより重大な傷害を被りかねないことから日常生活において通常人に比べてより慎重な行動をとることが求められるような場合は格別，その程度に至らない身体的特徴は，個々人の個体差の範囲として当然にその存在が予定されているものというべきだからである。

　これを本件についてみるに，X の身体的特徴は首が長くこれに伴う多少の頸椎不安定症があるということであり，これが疾患に当たらないことはもちろん，このような身体的特徴を有する者が一般的に負傷しやすいものとして慎重な行動を要請されているといった事情は認められないから，前記特段の事情が存するということはできず，右身体的特徴と本件事故による加害行為とが競合して X の右傷害が発生し，又は右身体的特徴が被害者の損害の拡大に寄与していたとしても，これを損害賠償の額を定めるに当たり斟酌するのは相当でない。」

〔文献〕　橋本佳幸・民商 117 巻 1 号，浦川道太郎・私リ 16 号，久保野恵美子・法協 115 巻 3 号，藤村和夫・判評 464（判時 1609）号，窪田充見・重判〔平 8〕，同・百選 II

参考 27　不法行為損害賠償請求訴訟の訴訟物の個数および一部請求と過失相殺

最一小判昭和 48・4・5 民集 27 巻 3 号 419 頁

【要旨】　同一事故から生じた人身被害を理由とする財産上の損害と精神上の損害とは，原因事実と被侵害利益を共通にしており，その賠償請求権は 1 個であり，その両者の賠償を訴訟上併せて請求する場合にも訴訟物は 1 個である。そして，1 個の損害賠償請求権のうちの一部が訴訟上請求されている場合，過失相殺にあたっては，損害の全額から過失割合による減額を行い，その残額が請

4 不法行為の効果

求額を超えないときは，その残額を認容し，超えるときは請求の全額を認容できる。

文献　谷口知平・重判〔昭48〕，住吉博・民商69巻6号，石田穣・法協91巻8号，前田達明・判評184（判時737）号

参考28　夫運転の車両に同乗する妻が第三者運転の車両との交通事故で負傷した場合の夫の過失の斟酌

最一小判昭和51・3・25民集30巻2号160頁

【要旨】　夫が運転する自動車に同乗していた妻が第三者が運転する自動車との衝突事故で負傷した場合，妻から当該第三者への損害賠償請求において，その賠償額を定めるについて，夫の過失を民法722条2項にいう被害者の過失として斟酌することができる。

文献　品川孝次・重判〔昭51〕，内田貴・法協94巻9号，佐々木宏・判評218（判時841）号，畑郁夫・民商75巻3号

参考29　心因的素因と民法722条2項（過失相殺）の類推適用

最一小判昭和63・4・21民集42巻4号243頁

【要旨】　軽微な追突事故の被害者に生じた損害が通常発生する程度，範囲を超えるものであって，かつ，その損害の拡大について被害者の心因的要因が寄与していることが明らかであるような場合，損害の公平な分担という損害賠償法の理念に照らして，その損害賠償額を定めるにあたっては，民法722条2項を類推適用して，その損害の拡大に寄与した被害者の事情を斟酌することができる。

文献　窪田充見・百選Ⅱ〔3版〕，同・判評358（判時1288）号，新美育文・重判〔昭63〕

353

第6編　不法行為等

参考30 被害者の疾患と民法 722 条 2 項（過失相殺）の類推適用

最一小判平成 4・6・25 民集 46 巻 4 号 400 頁

【要旨】　被害者に対する加害行為と被害者が罹患していた疾患との両者が原因となって損害が発生した場合，当該疾患の態様，程度などに照らして，加害者に損害の全部を賠償させるのが公平を失するとき，損害賠償の額を算定するにあたって，民法 722 条 2 項を類推適用して，被害者の当該疾患を斟酌することができる。

（文献）　窪田充見・民商 109 巻 1 号，本井巽・私リ 7 号，前田陽一・法協 110 巻 8 号

(5)　差止請求

不法行為等26 名誉毀損と差止め（北方ジャーナル事件）

◆名誉毀損の被害者は，人格権としての名誉権に基づいて，現在または将来の侵害行為の差止めを加害者に対して求めることができる。

最大判昭和 61・6・11 民集 40 巻 4 号 872 頁
〔参照条文〕民 1 条の 2（平 16 法 147 号による改正前）・198 条・199 条・709 条・710 条，民訴 226 条（現行 135 条）

【事実】　かつて知事選に立候補し，次の知事選にも立候補を予定していた Y に関する記事を月刊誌に掲載する予定をしていた X は，裁判所の仮処分によって，当該記事が Y の名誉を侵害するとして，印刷・頒布を禁止された。X は，その仮処分およびその申請が違法であるとして，Y と国に対して損害賠償を請求。

　　第 1 審判決および原審判決は，当該仮処分は適法であるとして，X の請求を棄却。X は，出版物の事前差止めは検閲に該当し，言論・出版の自由を侵害するなどを理由として上告。

【判旨】　**上告棄却**　「表現行為に対する事前抑制は，新聞，雑誌その他の出版物や放送等の表現物がその自由市場に出る前に抑止してその内容を読者ないし聴視者の側に到達させる途を閉ざし又はその到達を遅らせてその意義を失わせ，公の批判の機会を減少させるものであり，また，事前抑制たることの性質上，予測に基づくものとならざるをえないこと等から事後制裁の場合よりも広汎に

わたり易く，濫用の虞があるうえ，実際上の抑止的効果が事後制裁の場合より大きいと考えられるのであつて，表現行為に対する事前抑制は，表現の自由を保障し検閲を禁止する憲法 21 条の趣旨に照らし，厳格かつ明確な要件のもとにおいてのみ許容されうるものといわなければならない。

　出版物の頒布等の事前差止めは，このような事前抑制に該当するものであつて，とりわけ，その対象が公務員又は公職選挙の候補者に対する評価，批判等の表現行為に関するものである場合には，そのこと自体から，一般にそれが公共の利害に関する事項であるということができ，前示のような憲法 21 条 1 項の趣旨……に照らし，その表現が私人の名誉権に優先する社会的価値を含み憲法上特に保護されるべきであることにかんがみると，当該表現行為に対する事前差止めは，原則として許されないものといわなければならない。ただ，右のような場合においても，その表現内容が真実でなく，又はそれが専ら公益を図る目的のものでないことが明白であつて，かつ，被害者が重大にして著しく回復困難な損害を被る虞があるときは，当該表現行為はその価値が被害者の名誉に劣後することが明らかであるうえ，有効適切な救済方法としての差止めの必要性も肯定されるから，かかる実体的要件を具備するときに限つて，例外的に事前差止めが許される」。

（文献）　斉藤博・百選Ⅰ〔3 版〕，山本敬三・百選Ⅰ

5　特殊不法行為

(1)　監督義務者責任

不法行為等 27　責任弁識能力に欠ける未成年者の監督義務者の監督義務の内容・程度

　◆責任弁識能力に欠ける未成年の子の監督義務者である親権者は，その子が通常は人身に危害を及ぶようなものではない行為によって他人に人身被害をもたらした場合，危険な行為に及ばないよう日頃から子に通常のしつけをしていたならば，監督義務を怠っていなかったというべきである。

最一小判平成 27・4・9 民集 69 巻 3 号 455 頁

〔参照条文〕民 709 条・712 条・714 条

第6編　不法行為等

【事実】Aは小学校校庭横の道路を自動二輪車で進行していたところ，B（当時11才）の蹴ったボールが校庭から転がり出てきたため，これを避けようとして転倒し，その後死亡した。Aの相続人Xらは，Bの両親Yらに対して，民法709条または714条1項に基づく損害賠償を請求。

　本件事故の発生状況の概略は以下の通りである。

　当時，Bらは，放課後に開放されていた校庭で友人らとともに，サッカーボールを用いてフリーキックの練習をしていた。校庭南端近くにはゴールネットが張られたサッカーゴールが設置されており，そのゴール後方約10mの場所には門扉の高さ約1.3mの南門があり，その左右には，校庭の南端に沿って高さ約1.2mのネットフェンスが設置されていた。そして，校庭の南側には幅約1.8mの側溝を隔てて道路があり，南門とこの道路との間には橋が架かっていた。

　Bがゴールに向けてボールを蹴ったところ，ボールが南門の門扉を越えて橋の上を転がり，上記道路に出た。折から自動二輪車で進行してきたAは，このボールを避けようとして転倒した。Aは，この転倒事故により，左脛骨および左腓骨を骨折し，入院中に誤嚥性肺炎を来して死亡した。

　原審判決は，Yらには，本件校庭のような場所では周囲に危険が及ぶような行為をしないように指導する義務，すなわちそもそも本件ゴールに向けてサッカーボールを蹴らないように指導する監督義務があり，Yらはこれを怠ったなどとして，Xらの損害賠償請求を一部認容。Yらが上告。

【判旨】　**破棄自判**　「責任能力のない未成年者の親権者は，その直接的な監視下にない子の行動について，人身に危険が及ばないよう注意して行動するよう日頃から指導監督する義務があると解されるが，本件ゴールに向けたフリーキックの練習は，上記各事実に照らすと，通常は人身に危険が及ぶような行為であるとはいえない。また，親権者の直接的な監視下にない子の行動についての日頃の指導監督は，ある程度一般的なものとならざるを得ないから，通常は人身に危険が及ぶものとはみられない行為によってたまたま人身に損害を生じさせた場合は，当該行為について具体的に予見可能であるなど特別の事情が認められない限り，子に対する監督義務を尽くしていなかったとすべきではない。

　Bの父母であるYらは，危険な行為に及ばないよう日頃からBに通常のしつけをしていたというのであり，Bの本件における行為について具体的に予見可能であったなどの特別の事情があったこともうかがわれない。そうすると，本件の事実関係に照らせば，Yらは，民法714条1項の監督義務者としての義務を怠らなかったというべきである。」

356

5 特殊不法行為

> 〔文献〕 久保野恵美子・重判〔平27〕，大澤逸平・判評 687（判時 2286）号，柴田彬史・法協 134 巻 1 号，吉村良一・私リ 53 号

不法行為等 28　認知症による精神障害者の準監督義務者該当性の判断

◆認知症に罹患した精神障害者の同居配偶者およびその長男は，民法 714 条 1 項に定められる監督義務者に準ずべき者には該当しない。

最三小判平成 28・3・1 民集 70 巻 3 号 681 頁
〔参照条文〕民 709 条・713 条・714 条・752 条

【事実】A（大正 5 年生まれ）と Y₁（大正 11 年生まれ）は，昭和 20 年に結婚し，以後愛知県にある自宅で同居してきた。両者の間には 4 人の子がおり，長男である Y₂ とその妻 B は，昭和 57 年に A の自宅から横浜市に転居し，その他の子らもそれぞれ独立していた。平成 12 年頃から A には認知症の徴候がみられるようになり，平成 14 年頃から，Y₁，B は Y₂ の妹 C との間で，A の介護について話合いをするようになった。その結果，C の意見を踏まえ，B が単身で A 宅の近隣に転居し，Y₁ による A の介護を補助することが決まった。その後，B は A 宅に毎日通って A の介護をするようになり，A 宅に宿泊することもあった。横浜に居住する Y₂ は，本件事故の直前の時期には 1 か月に 3 回程度週末に A 宅を訪れるとともに，B から A の状況について頻繁に報告を受けていた。そして，平成 14 年 8 月頃に A は認知症の悪化をうかがわせる症状を示すようになり，平成 15 年 3 月にアルツハイマー型認知症と診断された。その後，A の認知症はますます悪化し，しばしば迷子となって警察に保護されるなどするようになった。B は，A の着衣に氏名・連絡先電話番号等を記載した布を縫い付けるなどし，Y₂ は，A 宅玄関付近にセンサー付きチャイムを設置し，A の出入りを感知できるようにするなどの措置をとった。平成 19 年 2 月には，A には，日常生活に支障を来すような症状・行動や意思疎通の困難さが頻繁に見られるようになり，常に介護を要する状態になった。平成 19 年 12 月，B が所用で目を離し，Y₁ がまどろんで目を閉じている隙に，A は，1 人で外出し，自宅近くの駅から列車に乗り，隣の駅で降り，排尿のためホーム先端のフェンス扉を開けてホーム下に降りた。そして，直後に，同駅構内において，進行してきた列車に衝突して死亡した。

　列車事故によって列車の遅れが生じるなどの損害を被った X 鉄道会社は，Y₁，Y₂ 他の A の相続人らに対して，民法 709 条の義務違反または民法 714 条による監

第 6 編　不法行為等

督義務者またはそれに準じる者としての監督義務違反があるとして，損害賠償を請
求。

第 1 審判決は，Y_1 について民法 709 条の注意義務違反が，Y_2 には事実上の監督
義務者としての義務違反があったとして，X の請求を認容。原審判決は，Y_1 は民
法 714 条の定める監督義務者に該当し，Y_2 は該当しないとしたうえで，公平な損
害の分担という観点から，Y_1 の賠償すべき額を 5 割に縮減した。X と Y_1 とが上告。

【判旨】　X の上告につき棄却，Y_1 の上告につき一部破棄自判　「民法 714 条 1
項の規定は，責任無能力者が他人に損害を加えた場合にはその責任無能力者を
監督する法定の義務を負う者が損害賠償責任を負うべきものとしているところ，
このうち精神上の障害による責任無能力者について監督義務が法定されていた
ものとしては，平成 11 年法律第 65 号による改正前の精神保健及び精神障害者
福祉に関する法律 22 条 1 項により精神障害者に対する自傷他害防止監督義務
が定められていた保護者や，平成 11 年法律第 149 号による改正前の民法 858
条 1 項により禁治産者に対する療養看護義務が定められていた後見人が挙げら
れる。しかし，保護者の精神障害者に対する自傷他害防止監督義務は，上記平
成 11 年法律第 65 号により廃止された（なお，保護者制度そのものが平成 25
年法律第 47 号により廃止された。）。また，後見人の禁治産者に対する療養看
護義務は，上記平成 11 年法律第 149 号による改正後の民法 858 条において成
年後見人がその事務を行うに当たっては成年被後見人の心身の状態及び生活の
状況に配慮しなければならない旨のいわゆる身上配慮義務に改められた。この
身上配慮義務は，成年後見人の権限等に照らすと，成年後見人が契約等の法律
行為を行う際に成年被後見人の身上について配慮すべきことを求めるものであ
って，成年後見人に対し事実行為として成年被後見人の現実の介護を行うこと
や成年被後見人の行動を監督することを求めるものと解することはできない。
そうすると，平成 19 年当時において，保護者や成年後見人であることだけで
は直ちに法定の監督義務者に該当するということはできない。」

「民法 752 条は，夫婦の同居，協力及び扶助の義務について規定しているが，
これらは夫婦間において相互に相手方に対して負う義務であって，第三者との
関係で夫婦の一方に何らかの作為義務を課するものではなく，しかも，同居の
義務についてはその性質上履行を強制することができないものであり，協力の
義務についてはそれ自体抽象的なものである。また，扶助の義務はこれを相手

358

方の生活を自分自身の生活として保障する義務であると解したとしても，その
ことから直ちに第三者との関係で相手方を監督する義務を基礎付けることはで
きない。そうすると，同条の規定をもって同法714条1項にいう責任無能力者
を監督する義務を定めたものということはできず，他に夫婦の一方が相手方の
法定の監督義務者であるとする実定法上の根拠は見当たらない。

　したがって，精神障害者と同居する配偶者であるからといって，その者が民
法714条1項にいう『責任無能力者を監督する法定の義務を負う者』に当たる
とすることはできないというべきである。」

　「もっとも，法定の監督義務者に該当しない者であっても，責任無能力者と
の身分関係や日常生活における接触状況に照らし，第三者に対する加害行為の
防止に向けてその者が当該責任無能力者の監督を現に行いその態様が単なる事
実上の監督を超えているなどその監督義務を引き受けたとみるべき特段の事情
が認められる場合には，衡平の見地から法定の監督義務を負う者と同視してそ
の者に対し民法714条に基づく損害賠償責任を問うことができるとするのが相
当であり，このような者については，法定の監督義務者に準ずべき者として，
同条1項が類推適用されると解すべきである〔最一小判昭和58・2・24裁判集民
138号217頁参照〕。その上で，ある者が，精神障害者に関し，このような法定
の監督義務者に準ずべき者に当たるか否かは，その者自身の生活状況や心身の
状況などとともに，精神障害者との親族関係の有無・濃淡，同居の有無その他
の日常的な接触の程度，精神障害者の財産管理への関与の状況などその者と精
神障害者との関わりの実情，精神障害者の心身の状況や日常生活における問題
行動の有無・内容，これらに対応して行われている監護や介護の実態など諸般
の事情を総合考慮して，その者が精神障害者を現に監督しているかあるいは監
督することが可能かつ容易であるなど衡平の見地からその者に対し精神障害者
の行為に係る責任を問うのが相当といえる客観的状況が認められるか否かとい
う観点から判断すべきである。」

　「Y₁は，長年Aと同居していた妻であり，Y₂，B及びCの了解を得てAの
介護に当たっていたものの，本件事故当時85歳で左右下肢に麻ひ拘縮があり
要介護1の認定を受けており，Aの介護もBの補助を受けて行っていたとい
うのである。そうすると，Y₁は，Aの第三者に対する加害行為を防止するた
めにAを監督することが現実的に可能な状況にあったということはできず，

359

第6編　不法行為等

その監督義務を引き受けていたとみるべき特段の事情があったとはいえない。したがって，Y_1 は，精神障害者である A の法定の監督義務者に準ずべき者に当たるということはできない。」

「Y_2 は，A の長男であり，A の介護に関する話合いに加わり，妻 B が A 宅の近隣に住んで A 宅に通いながら Y_1 による A の介護を補助していたものの，Y_2 自身は，横浜市に居住して東京都内で勤務していたもので，本件事故まで20 年以上も A と同居しておらず，本件事故直前の時期においても 1 箇月に 3回程度週末に A 宅を訪ねていたにすぎないというのである。そうすると，Y_2 は，A の第三者に対する加害行為を防止するために A を監督することが可能な状況にあったということはできず，その監督を引き受けていたとみるべき特段の事情があったとはいえない。したがって，Y_2 も，精神障害者である A の法定の監督義務者に準ずべき者に当たるということはできない。」

〔文献〕　瀬川信久・重判〔平 28〕，同・民商 153 巻 5 号，前田陽一・私リ 54 号

参考31　責任無能力者による失火と失火責任法

最三小判平成 7・1・24 民集 49 巻 1 号 25 頁

【要旨】　民法 714 条 1 項と失火責任法の趣旨とを併せて考えるならば，責任弁識能力のない未成年者が火災を発生させた場合，未成年者の監督義務者がその損害賠償義務を負うが，監督義務者に未成年者の監督について重大な過失がなかったときは，これを免れる。

〔文献〕　織田博子・私リ 12 号

参考32　責任能力のある未成年者の不法行為と監督義務者の責任

最二小判昭和 49・3・22 民集 28 巻 2 号 347 頁

【要旨】　未成年者が責任能力を有する場合であっても，監督義務者の義務違反が当該未成年者の不法行為によって生じた結果との間に相当因果関係が認められる場合には，監督義務者に民法 709 条の不法行為が成立する。

5　特殊不法行為

（文献）　石黒一憲・法協 92 巻 10 号，山口純夫・重判〔昭 49〕，前田達明・百選 II〔5 版〕，久保野恵美子・百選 II〔7 版〕

(2)　使用者責任

（不法行為等 29）　暴力団員による暴力行為と組長の使用者責任

◆階層的に組織化されている暴力団が下部組織の構成員に対して同暴力団の威力を利用して資金獲得活動をすることを容認していたなどの事情があれば，同暴力団の最上位の組長と下部組織の構成員との間には，民法 715 条 1 項にいう使用者と被用者の関係が成立し，下部組織における対立抗争においてその構成員がした殺傷行為は，その資金獲得活動に伴って発生する対立抗争における暴力行為を賞揚していたという事情のもとでは，民法 715 条 1 項にいう「事業の執行について」行われたものというべきである。

最二小判平成 16・11・12 民集 58 巻 8 号 2078 頁
〔参照条文〕民 715 条

【事実】　指定暴力団 A は，同じく指定暴力団 B との間で度々対立抗争を繰り広げてきた。A の 3 次組織 C（A の直参組員 D が組長として組織する暴力団 E の組員 F が組長として組織する暴力団）の構成員 G と H らは，B 系列の暴力団 I の組長 J，K の組長 L および M の組長 N らと繁華街でいさかいを起こしたが，警察が動き出したことから，直ちにいさかいをやめて逃走した。C の組員 O は，G が B の関係者ともめて負傷したと聞き，B の構成員を殺害して C および A への貢献をしようと考え，C の組員 P とその配下 Q を呼び出し，拳銃を所持して K 事務所および I 事務所を探して回り，I 事務所前において警戒配備の職務に就いていた警察官 R を I 組員と誤認して，拳銃 3 発を発射し，R を大動脈損傷，右外側上胸部盲管銃創による失血によって死亡させた。

R の妻子 X らは，O の系列最上位の組長である Y に対して，本件殺害行為について民法 715 条に基づいて損害賠償を請求。

第 1 審判決および原審判決は，X の請求を認容。Y 上告。

【判旨】　上告棄却　「①A は，その威力をその暴力団員に利用させ，又はその威力をその暴力団員が利用することを容認することを実質上の目的とし，下部組織の構成員に対しても，A の名称，代紋を使用するなど，その威力を利用して資金獲得活動をすることを容認していたこと，②Y は，A の 1 次組織の構成員から，また，A の 2 次組織以下の組長は，それぞれその所属組員から，毎月上納金を受け取り，上記資金獲得活動による収益が Y に取り込まれる体

不法行為等
㉙

361

第6編　不法行為等

制が採られていたこと，③Ｙは，ピラミッド型の階層的組織を形成するＡの頂点に立ち，構成員を擬制的血縁関係に基づく服従統制下に置き，Ｙの意向が末端組織の構成員に至るまで伝達徹底される体制が採られていたことが明らかである。以上の諸点に照らすと，Ｙは，Ａの下部組織の構成員を，その直接間接の指揮監督の下，Ａの威力を利用しての資金獲得活動に係る事業に従事させていたということができるから，ＹとＡの下部組織の構成員との間には，同事業につき，民法715条1項所定の使用者と被用者の関係が成立していたと解するのが相当である。

　また，上記の諸点及び①暴力団にとって，縄張や威力，威信の維持は，その資金獲得活動に不可欠のものであるから，他の暴力団との間に緊張対立が生じたときには，これに対する組織的対応として暴力行為を伴った対立抗争が生ずることが不可避であること，②Ａにおいては，下部組織を含むＡの構成員全体を対象とする慶弔規定を設け，他の暴力団との対立抗争に参加して服役した者のうち功績のあった者を表彰するなど，その資金獲得活動に伴い発生する対立抗争における暴力行為を賞揚していたことに照らすと，Ａの下部組織における対立抗争においてその構成員がした殺傷行為は，Ａの威力を利用しての資金獲得活動に係る事業の執行と密接に関連する行為というべきであり，Ａの下部組織の構成員がした殺傷行為について，Ｙは，民法715条1項による使用者責任を負うものと解するのが相当である。

　そして，前記事実関係等に照らせば，Ｏの本件殺害行為は，Ａの下部組織であるＣとＢ系の暴力団との間に対立が生じた中で，Ａの威力，威信を維持回復するための対立抗争行為として行われたものとみることができるから，Ｙの事業の執行と密接に関連する行為として，Ｙが使用者責任を負うものというべきである。」

（文献）浦川道太郎・重判〔平16〕，浅野直人・私リ32号

5 特殊不法行為

不法行為等30 使用者からの求償権の制限

◆被用者が業務としてのタンクローリー運転中に交通事故を起こして第三者に物損を被らせたことによって，使用者である運送業者が第三者にその損害を賠償したことから被った損害を被用者に対してする賠償ないし求償は，信義則上，その額は縮減されうる。

最一小判昭和 51・7・8 民集 30 巻 7 号 689 頁

〔参照条文〕民 1 条・709 条・715 条

【事実】石油等の運送業を営む X 会社の従業員 Y は，タンクローリーを運転している際に，車間距離不保持および前方不注視によって，急停止した先行者 A に追突した。X は A に対して車両修理費や休車損害その他の損害を賠償した後，損害賠償に要した費用を Y に対して求償請求。

第 1 審判決および原審判決は，信義則を理由に，求償額を 4 分の 1 の限度で認容。X 上告。

【判旨】 **上告棄却** 「使用者が，その事業の執行につきなされた被用者の加害行為により，直接損害を被り又は使用者としての損害賠償責任を負担したことに基づき損害を被つた場合には，使用者は，その事業の性格，規模，施設の状況，被用者の業務の内容，労働条件，勤務態度，加害行為の態様，加害行為の予防若しくは損失の分散についての使用者の配慮の程度その他諸般の事情に照らし，損害の公平な分担という見地から信義則上相当と認められる限度において，被用者に対し右損害の賠償又は求償の請求をすることができるものと解すべきである。」

(文献) 古賀哲夫・判評 217（判時 838）号，國井和郎・民商 77 巻 6 号，能見善久・法協 95 巻 3 号，田上富信・百選 II〔5 版〕，神田孝夫・重判〔昭 51〕，中原太郎・百選 II

参考33 自家用車による出張と業務の執行

最一小判昭和 52・9・22 民集 31 巻 5 号 767 頁

【要旨】 Y 会社の従業員 A が社命を受けての出張に A の自家用車を用いて往復し，その帰途，X の運転する車両と衝突する事故を起こした場合，A がマ

363

第 6 編　不法行為等

イカーを利用して出張することを Y が許容していた事実や A がマイカーを利用しなければならない事情も認められないので，A の本件運転行為は Y の業務の執行に当たるとはいえず，Y の使用者責任は否定される。

文献　錦織成史・民商 79 巻 2 号，能見善久・法協 96 巻 1 号，神田孝夫・重判〔昭 52〕

参考 34　運転初心者の弟と指揮監督していた兄との使用者・被用者関係

最二小判昭和 56・11・27 民集 35 巻 8 号 1271 頁

【要旨】　運転経験の長い兄が出先から連絡し，運転経験の浅い弟に兄所有の自動車を運転して迎えに来させ，そのまま弟に運転させて自宅に戻る途中に事故が起きた場合，一時的にせよ，兄が弟を指揮監督して，自分の送迎えをさせるという仕事に従事させていたといえるので，兄と弟との間には民法 715 条 1 項にいう使用者・被用者の関係が成立する。

文献　田上富信・民商 86 巻 6 号，吉村良一・判評 287（判時 1058）号

(3)　工作物責任

参考 35　鉄道踏切事故と民法 717 条

最二小判昭和 46・4・23 民集 25 巻 3 号 351 頁

【要旨】　踏切道は，列車運行の確保と交通安全とを調整するために存在するのであり，必要な保安のための施設が設けられてはじめて踏切道の機能を果たすことができるのであるから，土地の工作物である踏切道の踏切施設は，保安設備と併せて一体として考察されるべきであり，あるべき保安設備を欠く場合には，土地工作物である軌道施設の設置に瑕疵があるというべきであるところ，横断者からみた踏切付近の見通しが悪く，電車の通過回数・歩行者の通行人数の多さ等からして，本件踏切に警報器を設置していなかったことは，土地の工作物である軌道施設の設置に瑕疵があったというべきである。

文献　川井健・法協 90 巻 3 号，徳本鎮・民商 66 巻 5 号

5 特殊不法行為

(4) 共同不法行為

> **不法行為等 31** 交通事故と医療過誤の競合

◆交通事故で重傷を負った被害者が，搬入された医療機関の医師の過失による
医療ミスと重なって死亡した場合，運転行為および医療行為とが結果との間
に相当因果関係が認められるときには，両者は共同不法行為にあたるが，過
失相殺は，各不法行為の加害者と被害者との過失割合に応じて相対的にすべ
きである。

最三小判平成 13・3・13 民集 55 巻 2 号 328 頁

〔参照条文〕民 719 条・722 条

【事実】A は自転車で交差点を進入した際，減速することなく交差点に進入してき
た B 会社の従業員 C の運転するタクシーと接触・転倒した。この事故直後，A は
Y₁ 病院に搬入され，Y₂ の診察を受けた。Y₂ は，A には挫傷が認められたが，そ
の意識が清明であったことに加えて，事故態様が軽い衝突であるとの A の説明も
あって，軽微な事故による負傷と考えた。そして，Y₂ は，A の頭部 X 線写真にお
いても，頭蓋骨骨折を認めなかったことから，更なる CT 検査をしたり，病院内で
の経過観察の必要はないと判断して，何かあったら来院するようにとの指示をして，
A を帰宅させた。A は母親 X とともに帰宅した。A は，帰宅直後，おう吐，眠気
を訴えた。そして，夜になって，いびきをかいたり，よだれを流し始め，深夜にな
って体温上昇，けいれん様の症状を呈し，いびきもかかなくなり，重篤な状況が疑
われるようになった。そこで，救急車で Y₁ 病院に搬送されたが，死亡した。

A の死因は，頭蓋外面線状骨折による硬膜動脈損傷を原因とする硬膜外血腫で
あった。Y₂ が A を診察した時点で，A を病院内に止めて経過観察をするか，硬膜
外血腫の発生に至る脳出血の進行があることおよびその典型的な症状を具体的に説
明し，その症状の疑いが発見されたときには直ちに医師の診察を受ける必要がある
ことなどを指導していれば，硬膜外血腫の早期発見・早期除去が可能であり，高い
確率で救命可能性があった。A の相続人 X らは，Y₁・Y₂ に対して，B および Y₁
らの共同不法行為を理由に損害賠償請求。

第 1 審判決は，X らの請求を認容。原審判決は，B および Y₁ らの共同不法行為
を認めたうえで，共同不法行為とされる各不法行為につき一方または双方に被害者
側の過失相殺事由が存する場合には，B および Y₁ らそれぞれの損害発生に対する
寄与度を定め，それに応じて過失相殺をすべきであるとし，B と Y₁ らの寄与度を
それぞれ 5 割とし X らの過失を 1 割とし，X らの Y₁ らに対して請求できる賠償額
を 4 割 5 分 (0.5×0.9) に縮減した。X ら上告。

365

第6編　不法行為等

【判旨】　一部破棄自判，一部棄却　「本件交通事故により，Aは放置すれば死亡するに至る傷害を負ったものの，事故後搬入されたY₁において，Aに対し通常期待されるべき適切な経過観察がされるなどして脳内出血が早期に発見され適切な治療が施されていれば，高度の蓋然性をもってAを救命できたということができるから，本件交通事故と本件医療事故とのいずれもが，Aの死亡という不可分の1個の結果を招来し，この結果について相当因果関係を有する関係にある。したがって，本件交通事故における運転行為と本件医療事故における医療行為とは民法719条所定の共同不法行為に当たるから，各不法行為者は被害者の被った損害の全額について連帯して責任を負うべきものである。本件のようにそれぞれ独立して成立する複数の不法行為が順次競合した共同不法行為においても別異に解する理由はないから，被害者との関係においては，各不法行為者の結果発生に対する寄与の割合をもって被害者の被った損害の額を案分し，各不法行為者において責任を負うべき損害額を限定することは許されないと解するのが相当である。けだし，共同不法行為によって被害者の被った損害は，各不法行為者の行為のいずれとの関係でも相当因果関係に立つものとして，各不法行為者はその全額を負担すべきものであり，各不法行為者が賠償すべき損害額を案分，限定することは連帯関係を免除することとなり，共同不法行為者のいずれからも全額の損害賠償を受けられるとしている民法719条の明文に反し，これにより被害者保護を図る同条の趣旨を没却することとなり，損害の負担について公平の理念に反することとなるからである。」

「本件は，本件交通事故と本件医療事故という加害者及び侵害行為を異にする2つの不法行為が順次競合した共同不法行為であり，各不法行為については加害者及び被害者の過失の内容も別異の性質を有するものである。ところで，過失相殺は不法行為により生じた損害について加害者と被害者との間においてそれぞれの過失の割合を基準にして相対的な負担の公平を図る制度であるから，本件のような共同不法行為においても，過失相殺は各不法行為の加害者と被害者との間の過失の割合に応じてすべきものであり，他の不法行為者と被害者との間における過失の割合をしん酌して過失相殺をすることは許されない。」

文献　吉田邦彦・判評516（判時1767）号，橋本佳幸・民商125巻4＝5号，國井和郎・私リ25号，窪田充見・重判〔平13〕，大塚直・百選Ⅱ，吉村良一・百選Ⅱ〔7版〕

5 特殊不法行為

不法行為等 32 共同不法行為者の 1 人に対する債務免除の他方に対する効果

◆共同不法行為者の 1 人と被害者との間で成立した訴訟上の和解によって，被害者が和解金の支払と引換えに，残債務を免除した場合，被害者が共同不法行為の他方加害者の残債務をも免除する意思を有していると認められるときは，その他方加害者に対しても残債務の免除の効力が及ぶ。そして，和解金を支払った一方加害者が他方加害者に求償する場合，その求償額は，確定した損害額である和解金額を基準として，双方の責任割合に従って負担部分を定めて算定すべきである。

最一小判平成 10・9・10 民集 52 巻 6 号 1494 頁

〔参照条文〕民 719 条・437 条・442 条

【事実】自動車販売業者 X と自動車販売業者 Y の被用者 A とが B の扱うオートローンを利用して仮装の自動車販売を企て，仮装の買主 33 名と B との架空のオートローン契約の締結を仲介し，これによって，B は 3300 万円余を X に立替払し，X はほぼその全額を A に交付した。B は X に対してオートローン契約の債務不履行に基づく損害賠償の別件訴えを提起し，その後，X が A と共同して B に加えた損害につき，2000 万円の支払義務があることを認め，B はその余の請求を放棄するとの訴訟上の和解が B・X 間で成立し，X は同日に和解金 2000 万円を B に支払った。X は，A の使用者 Y に対して X の負担部分を超えて支払った額を求償。

　第 1 審判決および原審判決は，X と A との過失割合を 4：6 であるとして，X の B に対して負担する損害賠償額がこの過失割合よって定まる自己の負担額を超えた部分について，X は Y に求償できるとした。X 上告。

【判旨】一部破棄差戻，一部棄却 「甲と乙が共同の不法行為により他人に損害を加えた場合において，甲が乙との責任割合に従って定められるべき自己の負担部分を超えて被害者に損害を賠償したときは，甲は，乙の負担部分について求償することができる」。

　「甲と乙が負担する損害賠償債務は，いわゆる不真正連帯債務であるから，甲と被害者との間で訴訟上の和解が成立し，請求額の一部につき和解金が支払われるとともに，和解調書中に『被害者はその余の請求を放棄する』旨の条項が設けられ，被害者が甲に対し残債務を免除したと解し得るときでも，連帯債務における免除の絶対的効力を定めた民法 437 条の規定は適用されず，乙に対

第6編　不法行為等

して当然に免除の効力が及ぶものではない」。

「しかし，被害者が，右訴訟上の和解に際し，乙の残債務をも免除する意思を有していると認められるときは，乙に対しても残債務の免除の効力が及ぶものというべきである。そして，この場合には，乙はもはや被害者から残債務を訴求される可能性はないのであるから，甲の乙に対する求償金額は，確定した損害額である右訴訟上の和解における甲の支払額を基準とし，双方の責任割合に従いその負担部分を定めて，これを算定するのが相当であると解される。」

「以上の理は，本件のように，被用者Aがその使用者Yの事業の執行につき第三者Xとの共同の不法行為により他人に損害を加えた場合において，Xが，自己と被用者との責任割合に従って定められるべき自己の負担部分を超えて被害者に損害を賠償し，被用者の負担部分について使用者に対し求償する場合においても異なるところはない」。

(文献)　青野博之・判評483（判時1667）号，平野裕之・私リ19号，淡路剛久・重判〔平10〕，福田誠治・百選Ⅱ

参考36 被用者と第三者による共同不法行為における，賠償した第三者から使用者への求償の可否

最二小判昭和63・7・1民集42巻6号451頁

【要旨】　被用者と第三者とが共同不法行為によって他人に損害を与えた場合において，第三者が自己と被用者との過失割合に従って定められるべき自己の負担部分を超えて被害者に対して損害を賠償したときは，第三者は，被用者の負担部分についてその使用者に求償することができる。

(文献)　田上富信・判評363（判時1303）号，前田達明・重判〔昭63〕，大澤逸平・百選Ⅱ

参考37 異なる使用者の被用者達による共同不法行為において賠償した一方使用者から他方使用者に対する求償の範囲

最二小判平成3・10・25民集45巻7号1173頁

6　損害賠償請求権と消滅時効

【要旨】　複数の加害者とその使用者らが関与して生じたクレーン事故によって被害を受けた者に損害賠償金を支払った使用者が他の使用者に対して求償を求める場合，各使用者の責任割合はそれぞれが指揮監督する被用者である各加害者の過失割合に従って定められるべきであり，自己の負担部分を超えて賠償した一方の加害者の使用者は，その超過部分について，他方加害者の使用者に対して，その者の負担部分を限度として求償することができる。

〔文献〕　浦川道太郎・重判〔平3〕，田山輝明・判評409（判時1442）号，窪田充見・民商108巻2号，椿寿夫・私リ6号

6　損害賠償請求権と消滅時効

不法行為等 33　民法 724 条後段の期間制限の性質

◆民法 724 条後段の規定は，不法行為を理由とする損害賠償請求権の除斥期間を定めたものであり，不法行為の時から 20 年を超える期間が経過した時点で，その損害賠償請求権は法律上当然に消滅する。

最一小判平成元・12・21 民集 43 巻 12 号 2209 頁

〔参照条文〕民 724 条

【事実】　X は，昭和 24 年 2 月，国 Y の公務員である派出所の巡査 A の要請で，山林中で発見された不発油脂焼夷弾の処理作業に伴う防火活動に従事したところ，不発弾の 1 個が至近距離で爆発したため，重傷を負った。この爆発事故は，A の過失によって発生したものであった。X は，一命をとりとめたが，重大な後遺障害を残した。Y は，療養見舞金，療養費，特別障害給付金等を X および X の妻 B に支払った。本件事故発生から 28 年余を経過した時点で，X らは，Y に対して国家賠償法 1 条に基づいて，本件事故による損害の賠償を請求。

　　原審判決は，損害賠償義務の存在が明白であり，A らはこれを知りまたは容易に知りうべき状況にあったこと，X らは何度となく市や県に救済を求めていたなどの事情が認められる本件事情のもとでは，Y による時効の援用が信義則に反し，権利の濫用として許されないとして，請求の一部を認容。Y が上告。

【判旨】　破棄自判　「民法 724 条後段の規定は，不法行為によって発生した損害賠償請求権の除斥期間を定めたものと解するのが相当である。けだし，同条がその前段で 3 年の短期の時効について規定し，更に同条後段で 20 年の長期

369

第6編　不法行為等

の時効を規定していると解することは，不法行為をめぐる法律関係の速やかな確定を意図する同条の規定の趣旨に沿わず，むしろ同条前段の3年の時効は損害及び加害者の認識という被害者側の主観的な事情によってその完成が左右されるが，同条後段の20年の期間は被害者側の認識のいかんを問わず一定の時の経過によって法律関係を確定させるため請求権の存続期間を画一的に定めたものと解するのが相当であるからである。」

「Xらの本件請求権は，すでに本訴提起前の右20年の除斥期間が経過した時点で法律上当然に消滅したことになる。そして，このような場合には，裁判所は，除斥期間の性質にかんがみ，本件請求権が除斥期間の経過により消滅した旨の主張がなくても，右期間の経過により本件請求権が消滅したものと判断すべきであり，したがって，Xら主張に係る信義則違反又は権利濫用の主張は，主張自体失当であって採用の限りではない。」

文献　半田吉信・民商103巻1号，内池慶四郎・私リ2号，大村敦志・法協108巻12号

参考38　被害者が禁治産宣告を受けた場合の民法724条後段の効果発生時期

最二小判平成10・6・12民集52巻4号1087頁

【要旨】　不法行為の被害者が不法行為の時から20年を経過する前6か月内において，その不法行為によって心神喪失の常況にあるにもかかわらず，法定代理人を有していなかった場合，その後に，その被害者が禁治産宣告（現行・後見審判の開始）を受け，後見人に就職した者がその時から6か月内に不法行為による損害賠償請求権を行使したなどの特段の事情があるときは，民法158条の法意に照らして，同法724条後段の効果は生じない。

文献　半田吉信・判評481（判時1661）号，大塚直・重判〔平10〕

参考39　民法724条前段の起算点

最三小判平成14・1・29民集56巻1号218頁

6　損害賠償請求権と消滅時効

【要旨】　民法 724 条の短期消滅時効の趣旨は，損害賠償の請求を受けるかどうか，いかなる範囲まで賠償義務を負うか等が不明である結果，極めて不安定な立場に置かれる加害者の法的地位を安定させ，加害者を保護することにあるが，それも，あくまで被害者が不法行為による損害の発生および加害者を現実に認識しながら 3 年も放置していた場合に加害者の法的地位の安定を図ろうとしているものにすぎず，それ以上に加害者を保護しようという趣旨ではない。

（文献）　松本克美・民商 129 巻 3 号，新美育文・重判〔平 14〕，前田陽一・判評 528（判時 1803）号

参考 40　殺人事件の被害者である被相続人の死亡の事実を相続人が不知の場合の民法 724 条後段の起算点

最三小判平成 21・4・28 民集 63 巻 4 号 853 頁

【要旨】　被害者を殺害した加害者が，その死体を加害者宅の床下に掘った穴に埋めて隠匿し，その居宅の周囲をブロック塀やアルミ製の目隠しなどで囲んで内部の様子を外部から容易にうかがうことができないようにするなど，被害者の相続人において被害者の死亡の事実を知りえない状況を殊更に作出したことによって，被害者の相続人はその事実を知ることができず，相続人が確定しないまま殺害の時から 20 年が経過した場合において，その後相続人が確定した時から 6 か月内に相続人が上記殺害に係る不法行為に基づく損害賠償請求権を行使したなど特段の事情があるときは，民法 160 条の法意に照らして，同法 724 条後段の効果は生じないものと解する。

（文献）　辻伸行・判評 615（判時 2069）号，松久三四彦・重判〔平 21〕，石綿はる美・法協 128 巻 3 号，橋本佳幸・私リ 41 号

不法行為等

40

判例索引

最一小判昭和 45・3・26 民集 24 巻 3 号 151 頁　総則参考 18……………31

最一小判昭和 45・5・21 民集 24 巻 5 号 393 頁　総則参考 30……………48

最大判昭和 45・6・24 民集 24 巻 6 号 625 頁【総則 6】……………11

最大判昭和 45・6・24 民集 24 巻 6 号 587 頁【債権総論 39】……………238

最二小判昭和 45・7・24 民集 24 巻 7 号 1177 頁　総則参考 31……………51

最三小判昭和 45・7・28 民集 24 巻 7 号 1203 頁【総則 23】……………36

最一小判昭和 45・8・20 民集 24 巻 9 号 1243 頁　契約参考 4……………261

最一小判昭和 45・9・10 民集 24 巻 10 号 1389 頁【総則 34】……………49

最三小判昭和 45・9・22 民集 24 巻 10 号 1424 頁【総則 16】……………26

最大判昭和 45・10・21 民集 24 巻 11 号 1560 頁【不法行為等 5】……………315

最一小判昭和 45・10・22 民集 24 巻 11 号 1599 頁　契約参考 27……………295

最一小判昭和 45・11・19 民集 24 巻 12 号 1916 頁【総則 17】……………27

最二小判昭和 45・12・4 民集 24 巻 13 号 1987 頁　物権参考 8……………90

最三小判昭和 45・12・15 民集 24 巻 13 号 2081 頁　総則参考 23……………39

最三小判昭和 45・12・15 民集 24 巻 13 号 2051 頁　総則参考 45……………57

最一小判昭和 45・12・24 民集 24 巻 13 号 2230 頁【総則 25】……………38

最三小判昭和 46・1・26 民集 25 巻 1 号 90 頁【物権 3】……………71

最一小判昭和 46・3・25 民集 25 巻 2 号 208 頁【担保物権 16】……………142

最一小判昭和 46・4・23 民集 25 巻 3 号 388 頁【契約 22】……………286

最二小判昭和 46・4・23 民集 25 巻 3 号 351 頁　不法行為等参考 35……………364

最一小判昭和 46・6・3 民集 25 巻 4 号 455 頁　総則参考 22……………39

最二小判昭和 46・6・18 民集 25 巻 4 号 550 頁　物権参考 15……………100

最二小判昭和 46・7・16 民集 25 巻 5 号 749 頁　担保物権参考 1……………111

最一小判昭和 46・10・14 民集 25 巻 7 号 933 頁　物権参考 6……………81

最一小判昭和 46・10・28 民集 25 巻 7 号 1069 頁　不法行為等参考 6……………316

最二小判昭和 46・11・5 民集 25 巻 8 号 1087 頁　総則参考 43……………56

最三小判昭和 46・11・16 民集 25 巻 8 号 1182 頁【物権 4】……………72

最二小判昭和 46・11・19 民集 25 巻 8 号 1321 頁【債権総論 13】……………193

最一小判昭和 46・12・16 民集 25 巻 9 号 1472 頁【債権総論 9】……………187

最三小判昭和 46・12・21 民集 25 巻 9 号 1610 頁　担保物権参考 17……………132

最二小判昭和 47・2・18 民集 26 巻 1 号 63 頁　契約参考 5……………262

最一小判昭和 47・3・23 民集 26 巻 2 号 274 頁【債権総論 17】……………199

最二小判昭和 47・4・14 民集 26 巻 3 号 483 頁　物権参考 11……………92

最一小判昭和 47・4・20 民集 26 巻 3 号 520 頁　債権総論参考 12……………186

最一小判昭和 47・5・25 民集 26 巻 4 号 805 頁　契約参考 13……………265

373

最二小判昭和 47・6・2 民集 26 巻 5 号 957 頁【総則 8】……………………14

最一小判昭和 47・9・7 民集 26 巻 7 号 1327 頁【契約 2】……………………252

最一小判昭和 47・11・16 民集 26 巻 9 号 1619 頁【担保物権 1】……………………110

最一小判昭和 47・11・16 民集 26 巻 9 号 1603 頁　契約参考 6……………………262

最二小判昭和 48・2・2 民集 27 巻 1 号 80 頁【契約 18】……………………279

最一小判昭和 48・4・5 民集 27 巻 3 号 419 頁　不法行為等参考 27……………………352

最一小判昭和 48・6・7 民集 27 巻 6 号 681 頁【不法行為等 10】……………………327

最三小判昭和 48・7・3 民集 27 巻 7 号 751 頁　総則参考 24……………………42

最一小判昭和 48・7・19 民集 27 巻 7 号 823 頁【債権総論 22】……………………205

最三小判昭和 48・10・9 民集 27 巻 9 号 1129 頁【総則 7】……………………13

最二小判昭和 48・12・14 民集 27 巻 11 号 1586 頁　総則参考 28……………………47

最一小判昭和 49・3・7 民集 28 巻 2 号 174 頁【債権総論 24】……………………207

最三小判昭和 49・3・19 民集 28 巻 2 号 325 頁【物権 5】，契約参考 23……………73, 287

最二小判昭和 49・3・22 民集 28 巻 2 号 347 頁　不法行為等参考 32……………………360

最二小判昭和 49・4・26 民集 28 巻 3 号 527 頁【契約 5】……………………257

最二小判昭和 49・4・26 民集 28 巻 3 号 467 頁　契約参考 7……………………262

最三小判昭和 49・6・28 民集 28 巻 5 号 666 頁【債権総論 38】……………………237

最一小判昭和 49・9・2 民集 28 巻 6 号 1152 頁【契約 3】……………………253

最大判昭和 49・9・4 民集 28 巻 6 号 1169 頁【契約 10】……………………266

最一小判昭和 49・9・26 民集 28 巻 6 号 1213 頁【総則 20】……………………31

最一小判昭和 49・9・26 民集 28 巻 6 号 1243 頁【不法行為等 2】……………………310

最三小判昭和 49・11・29 民集 28 巻 8 号 1670 頁　債権総論参考 13……………………189

最三小判昭和 49・12・17 民集 28 巻 10 号 2040 頁　不法行為等参考 26……………………348

最三小判昭和 49・12・24 民集 28 巻 10 号 2117 頁　物権参考 5……………………80

最一小判昭和 50・2・20 民集 29 巻 2 号 99 頁【契約 6】……………………258

最三小判昭和 50・2・25 民集 29 巻 2 号 143 頁　債権総論参考 7……………………180

最二小判昭和 50・2・28 民集 29 巻 2 号 193 頁　総則参考 3……………………8

最一小判昭和 50・3・6 民集 29 巻 3 号 220 頁　総則参考 10……………………21

最一小判昭和 50・3・6 民集 29 巻 3 号 203 頁【債権総論 10】……………………188

最三小判昭和 50・4・22 民集 29 巻 4 号 433 頁　総則参考 44……………………56

最三小判昭和 50・4・25 民集 29 巻 4 号 481 頁　契約参考 3……………………256

最二小判昭和 50・7・14 民集 29 巻 6 号 1012 頁　総則参考 6……………………12

最三小判昭和 50・7・15 民集 29 巻 6 号 1029 頁【債権総論 1】……………………171

最三小判昭和 50・7・25 民集 29 巻 6 号 1147 頁　契約参考 1……………………254

最一小判昭和 50・9・25 民集 29 巻 8 号 1320 頁　総則参考 47……………………58

最二小判昭和 50・10・24 民集 29 巻 9 号 1417 頁【不法行為等 8】……………………324

最一小判昭和 50・12・8 民集 29 巻 11 号 1864 頁【債権総論 26】……………………210

最二小判昭和 51・2・13 民集 30 巻 1 号 1 頁【契約 7】……………………259

374

最一小判昭和 51・3・4 民集 30 巻 2 号 48 頁　債権総論参考 34‥‥‥‥‥236
最一小判昭和 51・3・4 民集 30 巻 2 号 25 頁　契約参考 20‥‥‥‥‥282
最一小判昭和 51・3・25 民集 30 巻 2 号 160 頁　不法行為等参考 28‥‥‥‥‥353
最二小判昭和 51・4・9 民集 30 巻 3 号 208 頁　総則参考 20‥‥‥‥‥35
最三小判昭和 51・5・25 民集 30 巻 4 号 554 頁　総則参考 2‥‥‥‥‥8
最二小判昭和 51・6・25 民集 30 巻 6 号 665 頁【総則 24】‥‥‥‥‥37
最一小判昭和 51・7・8 民集 30 巻 7 号 689 頁【不法行為等 30】‥‥‥‥‥363
最一小判昭和 51・12・2 民集 30 巻 11 号 1021 頁【物権 11】‥‥‥‥‥83
最二小判昭和 51・12・17 民集 30 巻 11 号 1036 頁　契約参考 8‥‥‥‥‥263
最二小判昭和 51・12・24 民集 30 巻 11 号 1104 頁　総則参考 46‥‥‥‥‥57
最三小判昭和 52・2・22 民集 31 巻 1 号 79 頁【契約 4】‥‥‥‥‥255
最二小判昭和 52・3・11 民集 31 巻 2 号 171 頁　担保物権参考 20‥‥‥‥‥138
最三小判昭和 52・5・27 民集 31 巻 3 号 427 頁【不法行為等 21】‥‥‥‥‥346
最一小判昭和 52・9・22 民集 31 巻 5 号 767 頁　不法行為等参考 33‥‥‥‥‥363
最三小判昭和 52・10・11 民集 31 巻 6 号 785 頁　担保物権参考 14‥‥‥‥‥127
最二小判昭和 53・3・6 民集 32 巻 2 号 135 頁　物権参考 7‥‥‥‥‥87
最三小判昭和 53・7・4 民集 32 巻 5 号 785 頁　担保物権参考 19‥‥‥‥‥136
最一小判昭和 53・10・5 民集 32 巻 7 号 1332 頁【債権総論 14】‥‥‥‥‥194
最二小判昭和 53・10・20 民集 32 巻 7 号 1500 頁　不法行為等参考 25‥‥‥‥‥348
最二小判昭和 53・12・22 民集 32 巻 9 号 1768 頁【契約 19】‥‥‥‥‥281
最一小判昭和 54・1・25 民集 33 巻 1 号 26 頁【物権 16】‥‥‥‥‥93
最一小判昭和 54・1・25 民集 33 巻 1 号 12 頁　債権総論参考 18‥‥‥‥‥195
最一小判昭和 54・2・15 民集 33 巻 1 号 51 頁　担保物権参考 25‥‥‥‥‥148
最一小判昭和 54・3・8 民集 33 巻 2 号 187 頁　債権総論参考 36‥‥‥‥‥238
最二小判昭和 54・3・30 民集 33 巻 2 号 303 頁　不法行為等参考 14‥‥‥‥‥327
最三小判昭和 54・7・10 民集 33 巻 5 号 533 頁【債権総論 40】‥‥‥‥‥241
最一小判昭和 54・9・6 民集 33 巻 5 号 630 頁　総則参考 19‥‥‥‥‥31
最三小判昭和 55・1・11 民集 34 巻 1 号 42 頁【債権総論 25】‥‥‥‥‥209
最一小判昭和 55・1・24 民集 34 巻 1 号 110 頁　債権総論参考 15‥‥‥‥‥192
最二小判昭和 55・2・29 民集 34 巻 2 号 197 頁　総則参考 51‥‥‥‥‥60
最二小判昭和 55・7・11 民集 34 巻 4 号 628 頁　債権総論参考 14‥‥‥‥‥190
最一小判昭和 55・12・18 民集 34 巻 7 号 888 頁　債権総論参考 4‥‥‥‥‥177
最二小判昭和 56・1・19 民集 35 巻 1 号 1 頁【契約 27】‥‥‥‥‥294
最二小判昭和 56・2・16 民集 35 巻 1 号 56 頁　債権総論参考 8‥‥‥‥‥180
最一小判昭和 56・3・19 民集 35 巻 2 号 171 頁　物権参考 9‥‥‥‥‥91
最二小判昭和 56・3・20 民集 35 巻 2 号 219 頁【物権 20】‥‥‥‥‥101
最三小判昭和 56・3・24 民集 35 巻 2 号 300 頁【総則 10】‥‥‥‥‥17
最三小判昭和 56・6・16 民集 35 巻 4 号 763 頁　契約参考 9‥‥‥‥‥263

最一小判昭和 56・6・18 民集 35 巻 4 号 798 頁　物権参考 16・・・・・・・・・・・100

最二小判昭和 56・11・27 民集 35 巻 8 号 1271 頁　不法行為等参考 34・・・・・・・・364

最大判昭和 56・12・16 民集 35 巻 10 号 1369 頁【不法行為等 18】・・・・・・・・340

最一小判昭和 56・12・17 民集 35 巻 9 号 1328 頁　担保物権参考 26・・・・・・・・150

最一小判昭和 57・1・21 民集 36 巻 1 号 71 頁【契約 11】・・・・・・・・・・・・・268

最二小判昭和 57・3・12 民集 36 巻 3 号 349 頁　担保物権参考 13・・・・・・・・・126

最二小判昭和 57・4・30 民集 36 巻 4 号 763 頁　契約参考 14・・・・・・・・・・・266

最三小判昭和 57・9・7 民集 36 巻 8 号 1527 頁【物権 13】・・・・・・・・・・・・・88

最二小判昭和 57・12・17 民集 36 巻 12 号 2399 頁【債権総論 16】・・・・・・・・198

最一小判昭和 58・1・20 民集 37 巻 1 号 1 頁【契約 23】・・・・・・・・・・・・・287

最一小判昭和 58・3・24 民集 37 巻 2 号 131 頁【物権 10】・・・・・・・・・・・・・81

最二小判昭和 58・5・27 民集 37 巻 4 号 477 頁　債権総論参考 9・・・・・・・・・180

最一小判昭和 58・6・30 民集 37 巻 5 号 835 頁　担保物権参考 8・・・・・・・・・117

最三小判昭和 58・9・6 民集 37 巻 7 号 901 頁【債権総論 4】・・・・・・・・・・176

最一小判昭和 59・2・2 民集 38 巻 3 号 431 頁　担保物権参考 5・・・・・・・・・114

最二小判昭和 59・2・23 民集 38 巻 3 号 445 頁【債権総論 29】・・・・・・・・・216

最三小判昭和 59・4・10 民集 38 巻 6 号 557 頁【債権総論 5】・・・・・・・・・・178

最二小判昭和 59・4・20 民集 38 巻 6 号 610 頁　契約参考 19・・・・・・・・・・278

最三小判昭和 59・4・24 民集 38 巻 6 号 687 頁　総則参考 41・・・・・・・・・・・55

最三小判昭和 59・5・29 民集 38 巻 7 号 885 頁【債権総論 32】・・・・・・・・・223

最一小判昭和 60・5・23 民集 39 巻 4 号 940 頁【担保物権 12】, 債権総論参考 32
・・・133, 230

最一小判昭和 60・5・23 民集 39 巻 4 号 972 頁【債権総論 21】・・・・・・・・・203

最二小判昭和 60・7・19 民集 39 巻 5 号 1326 頁　担保物権参考 6・・・・・・・・114

最二小判昭和 60・11・29 民集 39 巻 7 号 1760 頁【総則 5】・・・・・・・・・・・10

最二小判昭和 60・11・29 民集 39 巻 7 号 1719 頁【契約 9】・・・・・・・・・・264

最一小判昭和 61・2・20 民集 40 巻 1 号 43 頁　債権総論参考 30・・・・・・・・226

最二小判昭和 61・3・17 民集 40 巻 2 号 420 頁　総則参考 29・・・・・・・・・・・47

最二小判昭和 61・4・11 民集 40 巻 3 号 558 頁【債権総論 27】・・・・・・・・・212

最大判昭和 61・6・11 民集 40 巻 4 号 872 頁【総則 4】,【不法行為等 26】・・・9, 354

最一小判昭和 61・11・20 民集 40 巻 7 号 1167 頁【総則 11】・・・・・・・・・・18

最二小判昭和 61・11・27 民集 40 巻 7 号 1205 頁【債権総論 33】・・・・・・・・227

最三小判昭和 61・12・16 民集 40 巻 7 号 1236 頁【総則 9】・・・・・・・・・・・15

最二小判昭和 62・1・19 民集 41 巻 1 号 1 頁【不法行為等 19】・・・・・・・・・342

最一小判昭和 62・1・22 民集 41 巻 1 号 17 頁【不法行為等 6】・・・・・・・・・318

最一小判昭和 62・2・12 民集 41 巻 1 号 67 頁【担保物権 17】・・・・・・・・・143

最二小判昭和 62・2・13 民集 41 巻 1 号 95 頁　不法行為等参考 8・・・・・・・・321

最二小判昭和 62・2・20 民集 41 巻 1 号 159 頁【総則 14】・・・・・・・・・・・24

最大判昭和 62・4・22 民集 41 巻 3 号 408 頁【物権 17】‥‥‥‥‥‥‥‥‥‥95
最三小判昭和 62・7・7 民集 41 巻 5 号 1133 頁【総則 26】‥‥‥‥‥‥‥‥‥40
最一小判昭和 62・10・8 民集 41 巻 7 号 1445 頁　契約参考 10‥‥‥‥‥‥263
最三小判昭和 62・11・10 民集 41 巻 8 号 1559 頁【担保物権 19】‥‥‥‥147
最三小判昭和 63・1・26 民集 42 巻 1 号 1 頁【不法行為等 16】‥‥‥‥‥335
最一小判昭和 63・4・21 民集 42 巻 4 号 243 頁　不法行為等参考 29‥‥‥353
最二小判昭和 63・7・1 民集 42 巻 6 号 477 頁【不法行為等 1】‥‥‥‥‥309
最二小判昭和 63・7・1 民集 42 巻 6 号 451 頁　不法行為等参考 36‥‥‥368
最一小判昭和 63・12・1 民集 42 巻 10 号 719 頁　不法行為等参考 1‥‥‥313
最一小判平成 1・2・9 民集 43 巻 2 号 1 頁　契約参考 11‥‥‥‥‥‥‥‥264
最三小判平成 1・4・11 民集 43 巻 4 号 209 頁【不法行為等 23】‥‥‥‥349
最一小判平成 1・4・20 民集 43 巻 4 号 234 頁　債権総論参考 38‥‥‥‥242
最三小判平成 1・9・19 民集 43 巻 8 号 955 頁【物権 15】‥‥‥‥‥‥‥‥91
最二小判平成 1・10・27 民集 43 巻 9 号 1070 頁【担保物権 4】‥‥‥‥‥117
最二小判平成 1・11・24 民集 43 巻 10 号 1220 頁【物権 19】‥‥‥‥‥‥98
最一小判平成 1・12・21 民集 43 巻 12 号 2209 頁【不法行為等 33】‥‥‥369
最二小判平成 2・1・22 民集 44 巻 1 号 314 頁【担保物権 10】‥‥‥‥‥129
最三小判平成 2・6・5 民集 44 巻 4 号 599 頁【総則 32】‥‥‥‥‥‥‥‥47
最一小判平成 2・9・27 民集 44 巻 6 号 995 頁　契約参考 12‥‥‥‥‥‥264
最三小判平成 2・11・20 民集 44 巻 8 号 1037 頁　物権参考 10‥‥‥‥‥‥92
最三小判平成 2・12・18 民集 44 巻 9 号 1686 頁【担保物権 14】‥‥‥‥137
最二小判平成 3・3・22 民集 45 巻 3 号 293 頁　契約参考 24‥‥‥‥‥‥288
最二小判平成 3・3・22 民集 45 巻 3 号 322 頁　不法行為等参考 2‥‥‥‥313
最三小判平成 3・4・2 民集 45 巻 4 号 349 頁【契約 12】‥‥‥‥‥‥‥‥269
最三小判平成 3・7・16 民集 45 巻 6 号 1101 頁　担保物権参考 2‥‥‥‥111
最三小判平成 3・9・3 民集 45 巻 7 号 1121 頁　債権総論参考 33‥‥‥‥232
最二小判平成 3・10・25 民集 45 巻 7 号 1173 頁　不法行為等参考 37‥‥368
最三小判平成 3・11・19 民集 45 巻 8 号 1209 頁　不法行為等参考 3‥‥‥314
最一小判平成 4・2・27 民集 46 巻 2 号 112 頁　債権総論参考 19‥‥‥‥196
最一小判平成 4・3・19 民集 46 巻 3 号 222 頁【総則 31】‥‥‥‥‥‥‥‥46
最一小判平成 4・6・25 民集 46 巻 4 号 400 頁　不法行為等参考 30‥‥‥354
最三小判平成 4・10・20 民集 46 巻 7 号 1129 頁　契約参考 15‥‥‥‥‥274
最二小判平成 4・11・6 民集 46 巻 8 号 2625 頁【担保物権 13】‥‥‥‥‥135
最一小判平成 4・12・10 民集 46 巻 9 号 2727 頁【総則 22】‥‥‥‥‥‥‥34
最三小判平成 5・1・19 民集 47 巻 1 号 1 頁【総則 15】‥‥‥‥‥‥‥‥‥25
最一小判平成 5・1・21 民集 47 巻 1 号 265 頁【総則 27】‥‥‥‥‥‥‥‥41
最三小判平成 5・3・16 民集 47 巻 4 号 3005 頁　契約参考 16‥‥‥‥‥‥274
最三小判平成 5・3・30 民集 47 巻 4 号 3334 頁　債権総論参考 23‥‥‥‥210

377

最三小判平成 5・10・19 民集 47 巻 8 号 5061 頁【契約 25】………291
最三小判平成 6・1・25 民集 48 巻 1 号 18 頁　物権参考 13………94
最三小判平成 6・2・8 民集 48 巻 2 号 373 頁【物権 2】………68
最三小判平成 6・2・8 民集 48 巻 2 号 149 頁【不法行為等 11】………329
最三小判平成 6・2・22 民集 48 巻 2 号 441 頁　総則参考 48………59
最三小判平成 6・2・22 民集 48 巻 2 号 414 頁【担保物権 18】………145
最一小判平成 6・4・7 民集 48 巻 3 号 889 頁　担保物権参考 18………132
最三小判平成 6・5・31 民集 48 巻 4 号 1029 頁【総則 28】………43
最三小判平成 6・5・31 民集 48 巻 4 号 1065 頁　物権参考 17………104
最二小判平成 6・7・18 民集 48 巻 5 号 1165 頁【債権総論 30】………218
最三小判平成 6・9・13 民集 48 巻 6 号 1263 頁　総則参考 4………10
最三小判平成 6・12・20 民集 48 巻 8 号 1470 頁【担保物権 11】………130
最三小判平成 7・1・24 民集 49 巻 1 号 25 頁　不法行為等参考 31………360
最一小判平成 7・3・23 民集 49 巻 3 号 984 頁　総則参考 35………53
最二小判平成 7・6・9 民集 49 巻 6 号 1499 頁【不法行為等 7】………320
最二小判平成 7・6・23 民集 49 巻 6 号 1737 頁【債権総論 35】………231
最三小判平成 7・9・5 民集 49 巻 8 号 2733 頁　総則参考 52………60
最三小判平成 7・9・19 民集 49 巻 8 号 2805 頁【不法行為等 3】………311
最二小判平成 7・12・15 民集 49 巻 10 号 3088 頁【総則 36】………55
最三小判平成 8・1・23 民集 50 巻 1 号 1 頁　不法行為等参考 9………322
最三小判平成 8・3・19 民集 50 巻 3 号 615 頁　総則参考 5………12
最一小判平成 8・3・28 民集 50 巻 4 号 1172 頁　総則参考 36………53
最一小判平成 8・4・25 民集 50 巻 5 号 1221 頁【不法行為等 20】………344
最二小判平成 8・4・26 民集 50 巻 5 号 1267 頁【契約 28】………295
最二小判平成 8・7・12 民集 50 巻 7 号 1901 頁　総則参考 40………54
最二小判平成 8・9・27 民集 50 巻 8 号 2395 頁　総則参考 37………53
最二小判平成 8・10・14 民集 50 巻 9 号 2431 頁【契約 17】………276
最三小判平成 8・10・29 民集 50 巻 9 号 2506 頁【物権 8】………77
最三小判平成 8・10・29 民集 50 巻 9 号 2474 頁【不法行為等 25】………351
最一小判平成 8・10・31 民集 50 巻 9 号 2563 頁【物権 18】………97
最三小判平成 8・11・12 民集 50 巻 10 号 2591 頁【物権 12】………85
最三小判平成 8・11・12 民集 50 巻 10 号 2673 頁【契約 8】………260
最二小判平成 8・11・22 民集 50 巻 10 号 2702 頁　担保物権参考 24………146
最三小判平成 8・12・17 民集 50 巻 10 号 2778 頁【契約 16】………275
最三小判平成 9・1・28 民集 51 巻 1 号 78 頁　不法行為等参考 23………345
最三小判平成 9・2・14 民集 51 巻 2 号 375 頁【担保物権 9】………126
最三小判平成 9・2・14 民集 51 巻 2 号 337 頁【契約 26】………292
最三小判平成 9・2・25 民集 51 巻 2 号 398 頁【契約 20】………283

判例索引

最三小判平成 9・3・25 民集 51 巻 3 号 1609 頁　総則参考 17·············26
最二小判平成 9・4・11 裁判集民 183 号 241 頁　担保物権参考 3·············112
最一小判平成 9・4・24 民集 51 巻 4 号 1991 頁　債権総論参考 25·············217
最一小判平成 9・6・5 民集 51 巻 5 号 2116 頁　担保物権参考 15·············128
最一小判平成 9・6・5 民集 51 巻 5 号 2053 頁【債権総論 23】·············206
最三小判平成 9・7・1 民集 51 巻 6 号 2452 頁【契約 1】·············251
最二小判平成 9・7・11 民集 51 巻 6 号 2573 頁　不法行為等参考 20·············341
最三小判平成 9・7・15 民集 51 巻 6 号 2581 頁　契約参考 2·············255
最一小判平成 9・7・17 民集 51 巻 6 号 2882 頁【契約 21】·············284
最一小判平成 9・9・4 民集 51 巻 8 号 3619 頁　総則参考 11·············21
最二小判平成 10・1・30 民集 52 巻 1 号 1 頁【担保物権 5】·············119
最二小判平成 10・2・13 民集 52 巻 1 号 65 頁【物権 6】·············74
最一小判平成 10・3・26 民集 52 巻 2 号 483 頁　担保物権参考 10·············120
最三小判平成 10・5・26 民集 52 巻 4 号 985 頁【不法行為等 4】·············312
最一小判平成 10・6・11 民集 52 巻 4 号 1034 頁【総則 21】·············33
最二小判平成 10・6・12 民集 52 巻 4 号 1087 頁【総則 35】，不法行為等参考 38

·············50, 370
最二小判平成 10・6・12 民集 52 巻 4 号 1121 頁【債権総論 12】·············191
最二小判平成 10・6・22 民集 52 巻 4 号 1195 頁【総則 30】·············45
最二小判平成 10・7・17 民集 52 巻 5 号 1296 頁　総則参考 25·············42
最一小判平成 10・9・3 民集 52 巻 6 号 1467 頁　契約参考 21·············282
最一小判平成 10・9・10 民集 52 巻 6 号 1494 頁【不法行為等 32】·············367
最三小判平成 10・11・24 民集 52 巻 8 号 1737 頁　総則参考 42·············55
最三小決平成 10・12・18 民集 52 巻 9 号 2024 頁【担保物権 2】·············113
最三小判平成 11・1・29 民集 53 巻 1 号 151 頁　担保物権参考 29·············153
最三小判平成 11・2・23 民集 53 巻 2 号 193 頁【契約 29】·············297
最一小判平成 11・2・25 民集 53 巻 2 号 235 頁【不法行為等 9】·············325
最一小判平成 11・3・11 民集 53 巻 3 号 451 頁　総則参考 27·············44
最三小判平成 11・4・27 民集 53 巻 4 号 840 頁　総則参考 38·············54
最二小決平成 11・5・17 民集 53 巻 5 号 863 頁　担保物権参考 27·············151
最二小判平成 11・6・11 民集 53 巻 5 号 898 頁　債権総論参考 16·············192
最一小判平成 11・10・21 民集 53 巻 7 号 1190 頁【総則 29】·············44
最三小判平成 11・10・26 民集 53 巻 7 号 1313 頁　不法行為等参考 16·············338
最三小判平成 11・11・9 民集 53 巻 8 号 1403 頁　総則参考 54·············61
最大判平成 11・11・24 民集 53 巻 8 号 1899 頁【物権 1】·············67
最一小判平成 11・12・20 民集 53 巻 9 号 2038 頁　不法行為等参考 22·············345
最三小判平成 12・2・29 民集 54 巻 2 号 582 頁【不法行為等 15】·············334
最一小判平成 12・3・9 民集 54 巻 3 号 1013 頁　債権総論参考 17·············192

379

最二小決平成 12・4・14 民集 54 巻 4 号 1552 頁　担保物権参考 9······118
最三小判平成 12・6・27 民集 54 巻 5 号 1737 頁【物権 14】······89
最二小判平成 12・9・22 民集 54 巻 7 号 2574 頁【不法行為等 17】······337
最三小判平成 13・3・13 民集 55 巻 2 号 363 頁　担保物権参考 12······122
最三小判平成 13・3・13 民集 55 巻 2 号 328 頁【不法行為等 31】······365
最三小判平成 13・3・27 民集 55 巻 2 号 434 頁【総則 2】······5
最一小判平成 13・11・22 民集 55 巻 6 号 1056 頁　担保物権参考 30······154
最一小判平成 13・11・22 民集 55 巻 6 号 1033 頁【債権総論 11】······189
最三小判平成 13・11・27 民集 55 巻 6 号 1311 頁【総則 37】，契約参考 17······58, 274
最三小判平成 13・11・27 民集 55 巻 6 号 1154 頁【債権総論 7】······183
最三小判平成 13・11・27 民集 55 巻 6 号 1380 頁【契約 13】······270
最三小判平成 14・1・29 民集 56 巻 1 号 185 頁【不法行為等 12】······330
最三小判平成 14・1・29 民集 56 巻 1 号 218 頁　不法行為等参考 39······370
最三小判平成 14・3・12 民集 56 巻 3 号 555 頁　担保物権参考 11······120
最一小判平成 14・3・28 民集 56 巻 3 号 662 頁【総則 1】······4
最一小判平成 14・3・28 民集 56 巻 3 号 689 頁【担保物権 6】······121
最二小判平成 15・2・21 民集 57 巻 2 号 95 頁　契約参考 28······296
最三小判平成 15・4・8 民集 57 巻 4 号 337 頁【債権総論 28】······214
最二小判平成 15・4・18 民集 57 巻 4 号 366 頁【総則 12】······19
最二小判平成 15・7・11 民集 57 巻 7 号 787 頁　物権参考 3······70
最二小判平成 15・7・11 民集 57 巻 7 号 815 頁【不法行為等 24】······350
最二小判平成 15・7・18 民集 57 巻 7 号 895 頁　債権総論参考 1，【債権総論 31】
　　······173, 219
最二小判平成 15・9・12 民集 57 巻 8 号 973 頁【不法行為等 13】······331
最一小判平成 15・10・16 民集 57 巻 9 号 1075 頁【不法行為等 14】······332
最三小判平成 15・10・21 民集 57 巻 9 号 1213 頁【契約 24】······289
最二小判平成 15・10・31 判時 1846 号 7 頁　担保物権参考 22······141
最二小判平成 16・4・23 民集 58 巻 4 号 959 頁　総則参考 53······61
最三小判平成 16・7・13 民集 58 巻 5 号 1368 頁　総則参考 21······35
最一小判平成 16・7・15 民集 58 巻 5 号 1615 頁　不法行為等参考 17······338
最二小判平成 16・11・12 民集 58 巻 8 号 2078 頁【不法行為等 29】······361
最一小判平成 17・1・27 民集 59 巻 1 号 200 頁【債権総論 34】······228
最三小判平成 17・2・22 民集 59 巻 2 号 314 頁　担保物権参考 7······115
最一小判平成 17・3・10 民集 59 巻 2 号 356 頁　物権参考 1，【担保物権 8】······69, 124
最三小判平成 17・6・14 民集 59 巻 5 号 983 頁　不法行為等参考 24······346
最一小判平成 17・7・14 民集 59 巻 6 号 1323 頁　不法行為等参考 10······322
最三小判平成 17・7・19 民集 59 巻 6 号 1783 頁　総則参考 1，不法行為等参考 11
　　······6, 322

最一小判平成 17・9・8 民集 59 巻 7 号 1931 頁【債権総論 15】·············196
最二小決平成 17・12・9 民集 59 巻 10 号 2889 頁【債権総論 3】·············175
最二小判平成 17・12・16 民集 59 巻 10 号 2931 頁　総則参考 9·············16
最二小判平成 18・1・13 民集 60 巻 1 号 1 頁【債権総論 2】·············172
最三小判平成 18・1・17 民集 60 巻 1 号 27 頁【物権 7】·············76
最三小判平成 18・2・7 民集 60 巻 2 号 480 頁　担保物権参考 23，契約参考 18
　　·············143, 274
最一小判平成 18・2・23 民集 60 巻 2 号 546 頁【総則 18】·············28
最一小判平成 18・3・16 民集 60 巻 3 号 735 頁　物権参考 12·············93
最二小判平成 18・3・17 民集 60 巻 3 号 773 頁　総則参考 13·············22
最二小判平成 18・4・14 民集 60 巻 4 号 1497 頁　債権総論参考 5·············178
最二小判平成 18・6・16 民集 60 巻 5 号 1997 頁　不法行為等参考 15·············328
最一小判平成 18・7・20 民集 60 巻 6 号 2499 頁【担保物権 20】·············148
最一小判平成 18・7・20 民集 60 巻 6 号 2475 頁【債権総論 36】·············233
最二小決平成 18・9・11 民集 60 巻 7 号 2622 頁　債権総論参考 3·············176
最三小判平成 18・11・14 民集 60 巻 9 号 3402 頁　総則参考 39·············54
最二小判平成 18・11・27 民集 60 巻 9 号 3437 頁【総則 13】·············20
最一小判平成 18・12・21 民集 60 巻 10 号 3964 頁【担保物権 3】·············115
最三小判平成 19・2・13 民集 61 巻 1 号 182 頁　債権総論参考 26·············221
最一小判平成 19・2・15 民集 61 巻 1 号 243 頁【担保物権 22】·············152
最一小判平成 19・3・8 民集 61 巻 2 号 479 頁　不法行為等参考 4·············314
最三小判平成 19・4・24 民集 61 巻 3 号 1073 頁　総則参考 49·············59
最一小判平成 19・6・7 民集 61 巻 4 号 1537 頁　債権総論参考 27·············221
最一小判平成 19・7・5 判時 1985 号 58 頁　担保物権参考 21·············139
最二小判平成 19・7・6 民集 61 巻 5 号 1940 頁　担保物権参考 16·············130
最二小判平成 19・7・6 民集 61 巻 5 号 1769 頁　契約参考 26·············293
最二小判平成 20・1・18 民集 62 巻 1 号 28 頁　債権総論参考 28·············222
最一小判平成 20・4・24 民集 62 巻 5 号 1178 頁　債権総論参考 11·············184
最三小判平成 20・6・10 民集 62 巻 6 号 1488 頁　不法行為等参考 7·············317
最一小判平成 20・7・17 民集 62 巻 7 号 1994 頁【物権 21】·············102
最二小判平成 20・10・10 民集 62 巻 9 号 2361 頁【総則 3】·············7
最二小判平成 21・1・19 民集 63 巻 1 号 97 頁【債権総論 8】·············185
最一小判平成 21・1・22 民集 63 巻 1 号 247 頁　総則参考 50·············60
最三小判平成 21・3・10 民集 63 巻 3 号 385 頁　物権参考 2，【担保物権 24】·······70, 156
最二小判平成 21・3・27 民集 63 巻 3 号 449 頁　債権総論参考 22·············207
最三小判平成 21・4・28 民集 63 巻 4 号 853 頁　総則参考 33，不法行為等参考 40
　　·············52, 371

381

最二小判平成 21・7・3 民集 63 巻 6 号 1047 頁【担保物権 7】，債権総論参考 37
·· 122, 241
最一小決平成 21・8・12 民集 63 巻 6 号 1406 頁　総則参考 12······················22
最二小判平成 21・11・9 民集 63 巻 9 号 1987 頁　不法行為等参考 5·············314
最一小判平成 22・4・8 民集 64 巻 3 号 609 頁　総則参考 7·························13
最三小判平成 22・4・13 民集 64 巻 3 号 758 頁　不法行為等参考 12·············323
最三小判平成 22・4・20 民集 64 巻 3 号 921 頁　債権総論参考 2···················174
最三小判平成 22・6・1 民集 64 巻 4 号 953 頁【契約 14】··························271
最二小判平成 22・6・4 民集 64 巻 4 号 1107 頁【担保物権 23】··················155
最一小決平成 22・12・2 民集 64 巻 8 号 1990 頁【担保物権 21】·················150
最一小判平成 22・12・16 民集 64 巻 8 号 2050 頁【物権 9】··························79
最一小判平成 23・3・24 民集 65 巻 2 号 903 頁　総則参考 14，契約参考 22·······22, 283
最二小判平成 23・4・22 民集 65 巻 3 号 1405 頁【債権総論 6】···················181
最二小判平成 23・7・15 民集 65 巻 5 号 2269 頁　総則参考 15，契約参考 25······23, 288
最三小判平成 23・9・13 民集 65 巻 6 号 2511 頁　不法行為等参考 21············342
最三小判平成 23・10・18 民集 65 巻 7 号 2899 頁　総則参考 26····················42
最三小判平成 23・10・25 民集 65 巻 7 号 3114 頁【契約 15】······················272
最三小判平成 23・11・22 民集 65 巻 8 号 3165 頁　債権総論参考 31···············226
最一小判平成 24・2・2 民集 66 巻 2 号 89 頁　不法行為等参考 18·················339
最二小判平成 24・3・16 民集 66 巻 5 号 2216 頁　総則参考 16······················23
最二小判平成 24・3・16 民集 66 巻 5 号 2321 頁　物権参考 4，【担保物権 15】······80, 140
最二小判平成 24・5・28 民集 66 巻 7 号 3123 頁　債権総論参考 21···············202
最三小判平成 24・9・11 民集 66 巻 9 号 3227 頁　債権総論参考 29···············222
最二小判平成 24・12・14 民集 66 巻 12 号 3559 頁【債権総論 20】···············202
最一小判平成 25・2・28 民集 67 巻 2 号 343 頁【債権総論 37】···················234
最三小判平成 25・4・12 民集 67 巻 4 号 899 頁　不法行為等参考 13·············323
最一小判平成 25・6・6 民集 67 巻 5 号 1208 頁　総則参考 32······················51
最二小判平成 25・9・13 民集 67 巻 6 号 1356 頁【総則 33】·························48
最一小判平成 26・2・27 民集 68 巻 2 号 192 頁　総則参考 8·························15
最二小判平成 26・3・14 民集 68 巻 3 号 229 頁　総則参考 34······················52
最三小判平成 27・2・17 民集 69 巻 1 号 1 頁【債権総論 19】······················201
最大判平成 27・3・4 民集 69 巻 2 号 178 頁【不法行為等 22】····················347
最一小判平成 27・4・9 民集 69 巻 3 号 455 頁【不法行為等 27】··················355
最二小判平成 27・6・1 民集 69 巻 4 号 672 頁　債権総論参考 24··················212
最一小判平成 27・11・19 民集 69 巻 7 号 1988 頁【債権総論 18】···············200
最三小判平成 28・1・12 民集 70 巻 1 号 1 頁【総則 19】·····························29
最二小判平成 28・2・26 民集 70 巻 2 号 195 頁　債権総論参考 6··················178
最三小判平成 28・3・1 民集 70 巻 3 号 681 頁【不法行為等 28】··················357

判例索引

最一小判平成 28・4・21 民集 70 巻 4 号 1029 頁　債権総論参考 10……………………181
最二小判平成 28・7・8 民集 70 巻 6 号 1611 頁　債権総論参考 35……………………236
最大決平成 28・12・19 民集 70 巻 8 号 2121 頁　物権参考 14, 債権総論参考 20
　　………………………………………………………………………………99, 197
最三小決平成 29・1・31 民集 71 巻 1 号 63 頁　不法行為等参考 19………………339
最二小決平成 29・5・10 民集 71 巻 5 号 789 頁　担保物権参考 28………………152
最一小判平成 29・12・14 民集 71 巻 10 号 2184 頁　担保物権参考 4………………112

■編著者紹介

新美 育文　明治大学名誉教授
長坂 純　明治大学教授
難波 譲治　中央大学教授
川地 宏行　明治大学教授
武川 幸嗣　慶應義塾大学教授
青木 則幸　早稲田大学教授

民法[財産法]基本判例
Basic Cases on Property and Obligation Law

2018年7月30日　初版第1刷発行
2025年6月20日　初版第6刷発行

編著者	新美 育文 長坂 純 難波 譲治 川地 宏行 武川 幸嗣 青木 則幸
発行者	江草 貞治

〔101-0051〕東京都千代田区神田神保町2-17
発行所　株式会社　有斐閣
https://www.yuhikaku.co.jp/

印刷　大日本法令印刷株式会社　製本　大口製本印刷株式会社
©2018, I. Niimi, J. Nagasaka, J. Nanba, H. Kawachi, K. Mukawa, N. Aoki.
Printed in Japan
落丁・乱丁本はお取替えいたします
★定価はカバーに表示してあります。

ISBN 978-4-641-13801-8

[JCOPY]　本書の無断複写(コピー)は、著作権法上での例外を除き、禁じられています。複写される場合は、そのつど事前に(一社)出版者著作権管理機構(電話03-5244-5088, FAX03-5244-5089, e-mail:info@jcopy.or.jp)の許諾を得てください。